Diplomatic and Military History R

VOL. 3

外交与军事历史评论

（第三辑）

梁占军／主　编

张北晨／副主编

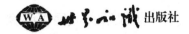世界知识出版社

图书在版编目（CIP）数据

外交与军事历史评论.第三辑／梁占军主编.--北京：世界知识出版社，2023.10

ISBN 978-7-5012-6578-7

Ⅰ.①外… Ⅱ.①梁… Ⅲ.①国际关系史—文集 Ⅳ.①D819-53

中国版本图书馆 CIP 数据核字（2022）第 205676 号

责任编辑	狄安略
责任出版	赵　玥
责任校对	陈可望

书　　名	**外交与军事历史评论（第三辑）** Waijiao yu Junshi Lishi Pinglun（Disanji）
主　　编	梁占军
副主编	张北晨

出版发行	世界知识出版社
地址邮编	北京市东城区干面胡同 51 号（100010）
网　　址	www.ishizhi.cn
电　　话	010-65233645（市场部）
经　　销	新华书店
印　　刷	北京虎彩文化传播有限公司
开本印张	710 毫米×1000 毫米　1/16　21⅜印张
字　　数	340 千字
版次印次	2023 年 10 月第一版　2023 年 10 月第一次印刷
标准书号	ISBN 978-7-5012-6578-7
定　　价	80.00 元

《外交与军事历史评论》

编者说明

第二次世界大战后，由于意识形态和战略利益的矛盾和冲突，以美苏为首的两大阵营经历了长达40多年的冷战状态。虽然有时出现过缓和与妥协，但是对抗与斗争是这个时期的主旋律，整个世界也因此长期被战争的阴云所笼罩。回顾冷战时期：70年前的今天，经历三年的剧烈冲突，战后两大阵营的第一次"热战"——朝鲜战争刚刚结束；60年前的今天，人们从古巴导弹危机中度过了人类命运中"最危险的时刻"一年后，美苏英三国在莫斯科签署了《部分禁止核试验条约》；50年前的今天，历经十多年的越南战争硝烟消散殆尽，美国同越南各方在巴黎签署了《关于在越南结束战争、恢复和平的协定》；40年前的今天，美国总统里根提出了"星球大战计划"，将美苏激烈的军备竞争推向了外太空。

20世纪80年代后期，随着东欧剧变，苏联解体并逐渐退出角逐，世界格局开始了从对抗与斗争转向对话与合作的局面，国际关系形势在总体上趋于缓和。然而，冷战思维仍在作祟。冷战时代的历史给我们留下了很多问题和挑战，值得我们去回顾、总结、探索和思考。更重要的是，它提供了审视现实国际问题的借鉴和视角，可以让我们更深入地反思人类的生存与发展、战争与和平等问题。

本辑我们以冷战为主题，旨在实事求是地分析冷战时期政治、军事、经济等国际关系方面的问题，力求准确科学地揭示这一时期风云变幻的历史进程及重要事件。本辑特别开设了"冷战中的'热战'专题"，收录的几篇文章从不同侧面对冷战时期的朝鲜战争、马岛战争和阿富汗战争等几场重要战争进行了研究。在附录部分，两位作者分别收集整理了21世纪以来关于冷战和第二次世界大战方面的译著书目及其简介，供读者查阅和参考。

在编写过程中，我们得到了中国世界近代现代史研究会世界现代史专业委员会2022年会的大力支持，谨在此表示诚挚的谢意。

编者

2023 年 5 月

目　录

冷战中的"热战"专题

专题研究

青年论坛

档案译介

书　评

学术动态

Content

Hot War during the Cold War

Case Study

Youth Forum

Translation and Introduction of Archives

Book Reviews

Academic Trends

里根政府对苏联入侵阿富汗的
隐蔽行动[*]

邵　煜　刘　磊^{**}

【摘　要】　美国应对苏联入侵阿富汗的策略是采取经济制裁并联合其他国家抵制莫斯科奥运会。在未达到预期目标后，卡特政府以隐蔽行动对苏联继续施压。里根就任美国总统后，美国联合巴基斯坦、沙特和埃及等国在阿富汗开展以体现"低烈度战争"思想的准军事行动为主、经济行动为辅、宣传战和政治战相配合的全方位活动，使苏联在军事、经济、政治等方面遭受重创，加速了苏联决定从阿富汗撤军的进程。里根政府实施的隐蔽行动作为美国历史上最大规模的隐蔽行动，具有投资少、代价小、效果明显的特征，缩小了阿富汗游击队和苏联军队之间军事力量的悬殊差距，削弱了苏联对中东的控制和影响，对结束美苏冷战、重塑地区秩序和世界格局产生了深远的影响。

【关键词】　冷战；里根政府；隐蔽行动；阿富汗战争

---

　　* 基金资助：陕西省教育厅科学研究项目（人文社科专项）"美国国会情报委员会之组织与运作研究"（项目批准号：15JK1716）的阶段性研究成果。

　　** 邵煜，西北大学期刊管理中心编辑，西北大学中东研究所世界史博士生，研究方向为中东国际关系；刘磊，西北大学历史学院副教授，硕士生导师，研究方向为美国史。

冷战时期，美国与苏联两个大国为争夺世界霸权展开了激烈的斗争。阿富汗作为与苏联南部接壤的邻国，对于苏联南部边疆的安全和中亚五国的稳定具有重要的战略意义。苏联在阿富汗的势力扩张引起了美国对阿富汗的重视，美国试图通过对阿援助计划以削弱苏联对阿富汗的影响，阿富汗也因此成为美苏冷战的前沿阵地。①

1979 年 12 月，苏联出兵阿富汗事件引起国际社会的广泛关注，美国迅速采取公开外交手段进行干预。但因对苏联的经济封锁、抵制 1980 年莫斯科奥运会等公开外交手段并未奏效，美国决定开始寻求代价小、成效好的行动手段以弥补外交手段的不足。隐蔽行动作为冷战时期的一个重要政策工具，进入了美国政府的视野。卡特总统推出了不排除动用军事力量的"卡特主义"，制定了针对阿富汗的隐蔽行动方案，开始向阿富汗反政府抵抗组织提供军事和经济支援，同时开展宣传战和心理战以抹黑苏联的形象，为美国在阿富汗的隐蔽行动建立了良好的开端。里根上任后强调运用军事和经济实力对抗苏联的重要性，"低烈度战争"是实现里根"实力求和平"外交思想的军事保障。里根认为，美国应避免大规模高烈度直接对抗的战争，而应依靠支援其他国家的武装力量或者反政府武装力量来消耗苏联和其扶植的代理人，从而实现遏制苏联在第三世界国家扩张势力的目标。隐蔽行动恰好符合"低烈度战争"的思想，因此里根在执政时期不仅增加了美国军费和军事力量投入，还升级了准军事行动的规模，使在阿富汗的隐蔽行动成为历届政府中最具攻击性的隐蔽行动。美国与巴基斯坦、沙特等国家密切合作，通过一系列隐蔽行动配合公开的战略防御计划，消耗了苏联的军事国防力量，加剧了苏联的经济危机，在结束阿富汗战争和动摇苏联大国根基中发挥了不可忽视的作用。

国外学界对美国在阿富汗实施的隐蔽行动的研究较为丰富。美国学者认为在冷战期间美国用"黑色行动"替代对外政策，中央情报局成为政府

---

① 邵煜：《美国对阿富汗的隐蔽行动研究（1979—1989 年）》，硕士毕业论文，西北大学，2020。

所依赖的一个决策者，对阿富汗事件中实施隐蔽行动起到了重要的作用。①
里根政府通过对苏联实施隐蔽的政治战、经济战、心理战和准军事行动，
使阿富汗反政府武装游击队得以与苏军开展长期的斗争，最终将苏联拖入
了战争泥潭，加速了苏联的崩溃。② 美国中情局和阿富汗是临时合作伙伴
关系，一旦阿富汗的外部威胁（苏联入侵）被消除，美国和阿富汗的关系
就会变得不那么友好。③ 俄罗斯学者指出，阿富汗反政府武装组织得到美
国援助与苏军作战，对战争结束起到一定作用。④ 国内学者将苏联入侵阿
富汗时期美国的外交政策作为研究对象，认为美国对阿富汗的隐蔽行动是
苏联走向衰落的重要原因；这场战争是苏联、阿富汗人民民主党、阿富汗
伊斯兰抵抗组织、美国三国四方的博弈；苏阿战争的爆发引发美国对外政
策的转折，里根政府对苏阿战争所采取的行动目标不再是将苏联势力清除
出去，而是彻底击垮苏联。⑤ 但是，对里根政府在苏联出兵阿富汗时期的
隐蔽行动政策的专门研究并不多见。

　　本文选取苏联出兵阿富汗期间美国里根政府对阿富汗实施的隐蔽行动
作为个案进行研究，旨在回答下列问题：里根政府如何制定和实施对阿富
汗的隐蔽行动，隐蔽行动产生了何种影响，是否达到了里根政府的预期。
故此，本文以美国原始档案为基本史料，借鉴国内外学者现有的研究成
果，以外交史和国际关系史的实证研究为基础，试图在冷战视域下厘清里

　　① John J. Nutter, *The CIA's Black Options：Covert Action, Foreign Policy, and Democracy* (New York：Prometheus Books, 2000).

　　② John Prados, *Presidents' Secret Wars：CIA and Pentagon Covert Operations from World War II through Persian Gulf* (Chicago：Ivan R. Dee Publisher, 1996).

　　③ Charles G. Cogan, "Partners in Time：The CIA and Afghanistan since 1979," *World Policy Journal*, Volume 25, Issue 3 (September 2008), pp. 153-156.

　　④ ［俄］A. 利亚霍夫斯基：《阿富汗战争的悲剧》，刘宪平译，社会科学文献出版社，2004。

　　⑤ 国内学界的代表作有：黄民兴：《阿富汗问题的历史根源探析》，《西安政治学院学报》2002 年第 4 期；白建才：《论美国对苏联入侵阿富汗的政策与隐蔽行动》，《陕西师范大学学报（哲学社会科学版）》2011 年第 6 期；白建才：《冷战期间美国对外隐蔽行动问题析论》，《世界历史》2010 年第 4 期；李琼：《苏联、阿富汗、美国：1979—1989 年三国四方在阿富汗地区的一场博弈》，博士学位论文，华东师范大学，2008；张树明：《冷战期间美国对阿富汗政策的发展演变》，硕士学位论文，陕西师范大学，2003。

根政府对阿富汗实施隐蔽行动的政策制定与实施过程，探讨隐蔽行动对阿富汗战争和美苏两国关系以及地区与世界格局带来的影响，以隐蔽行动的典型个案管窥冷战后期美苏两个大国从缓和走向激烈对抗的过程。

一、里根政府对阿富汗实施隐蔽行动的政策制定

隐蔽行动是美国实行军事遏制和外交对抗之外的"第三种选择"，[①] 是美国冷战时期干预他国政治和抗衡苏联的有力的战略武器，包括政治、经济、宣传和准军事行动。隐蔽行动通过操控选举、发动政变、政治谋杀、虚假宣传、提供经济和军事资助、扶植代理人发动局部战争等方式，在一些国家取得了显著效果，鼓舞了美国继续采用隐蔽行动来遏制苏联在第三世界国家的势力扩张，同时也为美国在苏联出兵阿富汗后采取隐蔽行动作为政策工具提供了现实依据。里根上任后继承了卡特政府对阿富汗实施的隐蔽行动计划，并在任期内对隐蔽行动进行了深化和升级。

（一）里根政府对隐蔽行动政策的变革

里根非常重视隐蔽行动在外交政策中的价值和作用。他认为隐蔽行动是外交政策的重要组成部分，是挫败苏联的良好政策工具，因此也成为批准隐蔽行动文件最多的总统。[②] 其中，对阿富汗的隐蔽行动是里根授权中情局秘密实施的最重要的隐蔽行动计划。里根任命威廉·凯西为中情局局长，负责美国对阿富汗隐蔽行动的实施，并制定和完善了隐蔽行动的相关政策和制度，为隐蔽行动的顺利开展保驾护航。

首先，里根成立了新的隐蔽行动执行机构，改变了卡特政府时期的相关组织架构。1981 年 12 月 4 日，里根签署了名为《美国情报活动》的第 12333 号行政命令（ED 12333），这是里根政府制定的有关隐蔽行动的第一份重

---

① 白建才：《冷战期间美国对外隐蔽行动问题析论》，第 40 页。

② William J. Daugherty, *Executive Secrets*：*Covert Action and the Presidency*（Lexington：University Press of Kentucky, 1996），p. 194.

要政策文件。文件规定国家安全委员会是对隐蔽行动进行审议、指导的最高行政机构,指出美国情报机构的一项主要任务是从事"特别行动",并授权中情局局长负责实施这项任务。该命令进一步扩展了隐蔽行动的概念,并对"特别行动"进行阐述:"特别行动是指在国外实施的支持国家对外政策目标的活动,以及为支持这些活动所采取的行动。这些行动应避免美国政府被暴露。"① 里根政府建立了审议隐蔽行动的专门机构"国家安全规划小组"(The National Security Planning Group,NSPG)来取代卡特政府时期的"特别协调委员会"(Special Coordination Committee,SCC),其成员包括副总统、国务卿、国防部长、总统国家安全事务助理、中情局局长,以及白宫总管、副总管和总统私人顾问。美国对外实施的隐蔽行动具体由凯西领导的国家安全规划小组负责。②

其次,里根政府为隐蔽行动的程序确立了规范。里根于 1985 年 1 月 18 日签署了《第 159 号国家安全决策指令》(NSDD 159),就隐蔽行动的批准和协调程序作出了相应的规定,明确了国家安全委员会和其成员在隐蔽行动中的权责范围和应该发挥的作用,并指出了隐蔽行动应该如何开展、何时开展的具体步骤。

最后,里根政府确立了以隐蔽行动为主的进攻性战略。1982 年 5 月,由里根签署的《第 32 号国家安全决策指令》(NSDD 32)制定了针对苏联的进攻性战略,在其第二任期内得以实施。这项战略的主要内容包括:以隐蔽手段对波兰团结工会的活动予以财政、情报和后勤方面的支持,以确保反对派得以生存;对阿富汗抵抗组织提供切实的财政与军事支持,把战争引向苏联;通过与沙特阿拉伯合作而压低石油价格,并且限制苏联向西方出口天然气,使苏联的外汇收入显著减少;发动心理战,在苏联领导层中煽风点火;发动包括秘密外交在内的全面的"全球性战役",减少苏联获得西方高科技的可能性;广泛散布虚假技术情报,瓦解苏联的经济;开展具有进攻性的高

---

① 白建才:《里根政府隐蔽行动政策文件的考察与解析》,《陕西师范大学学报(哲学社会科学版)》2008 年第 5 期,第 63 页。

② William J. Daugherty, *Executive Secrets: Covert Action and the Presidency*.

科技国防建设，使苏联在经济上感到严重的压力，并且加剧其资源危机。

（二）隐蔽行动的基本策略

美国对阿富汗的隐蔽行动是其地区战略的有机组成部分。里根政府开展隐蔽行动的基本策略主要包含以下几个方面。

一是针对阿富汗的国内外局势，开展准军事行动的部署与实施。准军事行动具有暴露性强、破坏性大的特点，因此容易在实施之前引起更多的争议。若目标国的政局对美国的利益产生严重威胁时，美国将使用最高级别的准军事行动来干扰其政权。美国会通过第三方收集和传递关于阿富汗的情报，并进行武器和军用设备的输送及对阿富汗游击队队员的培训。

二是实施隐蔽的经济行动削弱苏联经济。里根政府通过了对阿富汗反政府武装及支持隐蔽行动的盟友的经济援助计划，希望借助资金援助和有条件的债务减免政策刺激盟国推进隐蔽行动计划。此外，中情局还通过放纵和参与阿富汗毒品生产的方式来维持反政府抵抗组织的生存，并通过向阿富汗难民提供一定的经济援助来吸引他们加入游击队，以便和苏联展开激烈的对抗，将苏联拉入长期战争的深渊，给苏联的经济造成压力。

三是在意识形态方面和苏联展开较量，进行隐蔽的宣传行动。在里根总统的第 12333 号行政命令中，第一次规定了隐蔽行动可以在美国国内进行，其目标受众是外国人；此类活动不会影响美国国内政治，也不会激起媒体或舆论的批评。美国将通过在阿富汗境内和伊斯兰国家的媒体宣传，使信仰伊斯兰教的民众了解苏联在阿富汗别有用心的企图，以便吸引更多的人加入阿富汗反政府武装的队伍。

四是利用阿富汗的宗教和部落开展隐蔽的政治行动。美国针对阿富汗社会的特点制定了隐蔽的政治行动计划，希望通过宗教凝聚激进的伊斯兰宗教人士，并利用部落首领的力量号召阿富汗群众参与抵抗运动，使广大伊斯兰教徒和部落成员成为反苏、反阿富汗政府的中坚力量。此外，中情局和巴基斯坦三军情报局开展情报合作，为阿富汗反政府抵抗组织的暗杀和政变活动提供重要情报。

里根任职总统期间，对隐蔽行动的实施主体、具体内容、预期目标和权责范围作出修订和完善，也消除了隐蔽行动执行时面临国内政府机构（包括立法、司法机构和各种利益集团等）反对和干涉的隐患，为美国对阿富汗开展全面的隐蔽行动提供了良好的政策支持和制度保障。

二、里根政府对阿富汗隐蔽行动的具体实施

20世纪80年代至90年代是美国在阿富汗实施隐蔽行动的关键阶段。在"以实力求和平"的指导思想下，里根实施了以准军事行动为主、经济行动为辅的隐蔽行动战略，并开展隐蔽的政治战和宣传战，希望以此将苏联势力赶出阿富汗，削弱其在第三世界国家的影响，实现遏制苏联的大战略。

（一）体现里根政府"低烈度战争"思想的准军事行动

里根政府实施"低烈度战争"战略的主要内容是推行在阿富汗的准军事行动，而向阿富汗"圣战者"提供军事和资金援助继续成为准军事行动的主题。里根政府时期的对阿援助经历了两个阶段。第一阶段从1981年至1986年底，其间里根在出任总统初期沿用了卡特政府的隐蔽行动政策，主要为阿富汗反政府武装提供军事援助，包括提供武器和为阿富汗游击队间接提供军事培训和指导等方面。第二阶段从1986年至阿富汗战争结束，其间里根在成功连任后决定扩大对阿援助规模，制定了"低烈度战争"的新战略并向阿富汗抵抗组织提供美制"毒刺"导弹，升级了准军事行动的规模。此外，中情局制定了将战争引入苏联的决策，以期达到逼迫苏联撤军的目标。

在第一阶段，美国对阿富汗反政府抵抗组织进行了常规的援助。

1981年，里根的智囊团提出了"低烈度战争"思想，并由国防部和中情局负责执行体现这一思想的计划。根据国会议员的建议，美国增加了对阿富汗抵抗组织的军事援助。1981—1982年，里根政府花费了3000万—5000万美元为阿富汗反政府武装提供援助。1983年里根总统签署的国家安全指令第75号文件阐述了美国为反政府武装提供武器装备的措施，认为要向苏联

施加最大压力来迫使其撤军，使苏联在占领阿富汗期间付出沉重的代价。中情局开始向阿富汗"圣战者"提供苏联制造的各种武器，如地雷、迫击炮、便携式反坦克火箭炮等，改善了"圣战者"的游击队缺乏精良装备的状况。与此同时，美国在巴基斯坦靠近阿富汗边境的基地对阿富汗"圣战者"成员开展培训和指导，传授他们游击战术，并为其出动侦察卫星搜集军事情报。

苏联此时也加强了对阿富汗反政府武装的大规模攻击。1984年4月，苏联在阿富汗边境附近部署了中程轰炸机，意味着对"圣战者"的战争进入了一个新阶段。同年5月，苏联通过空降部队加强了对潘杰希尔山谷反政府武装的进攻，这是苏联自1979年出兵以来首次使用空降部队。6月，1万名苏军对赫拉特市及其周围的反政府基地发动了最大规模的进攻。① 苏联紧接着在喀布尔以南的洛加山谷、喀布尔以北的肖马里山谷和西部靠近伊朗边境的赫拉特发动了三次攻击。7月，美国众议院拨款委员会向阿富汗抵抗组织提供了5000万美元的援助。秋季，美国在瑞士银行开户，目的是利用存在该账户的经费购买苏联和其他国家生产的武器，以支援阿富汗反政府抵抗组织。在美国和其盟国的帮助和支持下，阿富汗反政府武装在9月发动了对喀布尔最大规模的一次袭击，② 而苏联在12月则针对阿富汗和巴基斯坦边境的阿富汗"圣战者"开展伏击和空袭等清扫行动。1985年1月，中央情报局从瑞士银行账户中拨出5000万美元为阿富汗境内的反政府武装购买了40门奥利康高射炮。③ 据《华盛顿邮报》报道，截至1985年初，美国向阿富汗反政府武装提供了大约6.25亿美元的援助，而1985年向阿富汗"圣战者"的援助由1984年的1.4亿美元上升到了2.5亿美元，提高了近1倍。④

1985年，阿富汗抵抗组织和苏军进行了最为惨烈的战争。该年3月，苏

① Afghanistan: The Making of U. S. Policy, 1973 – 1990, June 1984, Digital National Security Archive.

② Afghanistan: The Making of U. S. Policy, 1973 – 1990, September 24, 1984, Digital National Security Archive.

③ Afghanistan: The Making of U. S. Policy, 1973 – 1990, January 1985, Digital National Security Archive.

④ Torbjorn L. Knutsen, "The Reagan Doctrine and the Lessons from the Afghan War," *Australian Journal of Politics & History*, Volume 38, Issue 2（August 1992）, pp. 193–205.

联新任领导人戈尔巴乔夫要求在一年内解决阿富汗战局中的问题，为此向阿富汗大幅增加军事力量并封锁阿巴边界。1985 年 4 月，苏联士兵向阿富汗反政府武装发动了年初以来最大规模的进攻。此外，苏军动用包括苏-25 攻击机和 BMP-2 步兵战车在内的先进武器歼灭了 1.7 万名阿富汗反政府武装分子。面对苏联的大规模袭击，美国增加了对阿富汗的军事援助。与此同时，美国加快向巴基斯坦运送 AIM-9L"响尾蛇"空对空导弹。[1] 1985 年 7 月，美国参众两院提出了几项修正案，其中一项是将价值 1000 万美元的国防部多余的库存运送给阿富汗反政府武装和难民。[2]

美国提供的武器援助增强了阿富汗反政府抵抗组织的作战能力，也扩大了这些组织的影响力，这些组织的成员迅速发展到 5 万人以上。[3] 然而，散兵作战的阿富汗游击队还是难以应对苏联空军和第四十集团军的猛烈攻势。面对阿富汗战争的严峻形势，里根政府决定扩大对阿富汗反政府抵抗组织的支援，通过"低烈度战争"和提供"毒刺"导弹的方式升级准军事行动的规模。

1. "低烈度战争"战略的正式实施

1986 年 1 月，里根政府召开专门会议，确立了把"低烈度战争"作为美国的军事新战略，[4] 而对阿富汗的准军事行动是新战略中最重要的内容。同年 3 月，里根在向国会提交的国情咨文中提出要在第三世界进行"低烈度战争"，以抵制苏联在第三世界国家的扩张，为此美国将每年增加约 3 亿美元援助阿富汗"圣战者"。

这一阶段美国向反抗苏联的阿富汗抵抗组织运输了更多的日用品、武

① Afghanistan: The Making of U. S. Policy, 1973-1990, July 12, 1985, Digital National Security Archive.

② Afghanistan: The Making of U. S. Policy, 1973-1990, July 29-30, 1985, Digital National Security Archive.

③ Ibid.

④ 刘长新:《里根政府"低烈度战争"战略探析》，硕士学位论文，陕西师范大学，2009，第 17—18 页。

器和弹药，长期的对阿经济和军事援助使巴基斯坦成为美国对外第三大援助对象。巴基斯坦为阿富汗抵抗组织提供安全的新兵训练场和充足的后勤物资，而美国中情局和巴基斯坦三军情报局联合为其提供情报援助。美国还加强了和盟友的关系，与沙特、以色列、伊朗等国家的领导人进行互访，共同推进对阿富汗的准军事行动。美国和沙特等国负责提供资金、先进的武器装备和高级通信设备。1986年2月，美国和以色列政府官员在伦敦会见了伊朗官员，同意由伊朗中间商在以色列账户中存入资金，由此中情局可以通过以色列和伊朗将用这些资金购买的武器转交给阿富汗游击队。① 1986年夏末，美国中情局安排了一批前美国陆军专家在阿巴边境附近的营地训练阿富汗反政府武装。1986年9月，伊朗在阿富汗边界附近建立了一个后勤训练基地，尝试根据自己的经验来培训阿富汗"圣战者"。

美国通过巴基斯坦三军情报局向这些抵抗组织的成员提供武器弹药及资金，在1979—1992年训练了大约10万名"圣战者"，使阿富汗游击队的数量达到300支，他们通过顽强奋战摧毁了苏联大量的飞机和坦克。然而，苏联这时已经注意到美国对阿富汗反政府抵抗者的支持，决定开始对美国支持的反政府武装发起空袭，阿富汗游击队队员伤亡惨重。阿富汗反政府武装随即向美国提出提供有效防空武器的要求，以应对苏联空军猛烈的攻击。

2. 向阿富汗抵抗组织提供"毒刺"导弹

"毒刺"导弹是美国通用动力公司制造的一种肩射式近程防空导弹，具有极强的攻击性和干扰性，是美国制造的非常有效的防空武器之一，但一直没有用到实战当中，直到在阿富汗战场上它才显示出傲人的威力。

1986年，苏联利用控制阿富汗领空的优势，开始对反政府"圣战者"和平民支持者进行大规模空袭。4月初，有1000名阿富汗政府军对扎瓦尔堡的反政府武装基地发动了地面和直升机联合攻击，被苏军和阿富汗政府

① Afghanistan: The Making of U.S. Policy, 1973-1990, February 5-7, 1986, Digital National Security Archive.

军包围的"圣战者"要求美国向反政府武装组织提供有效的防空武器。在参谋长联席会议建议向阿富汗抵抗者提供数量有限的"毒刺"导弹后，里根政府下令通过中情局的秘密运输渠道将防空导弹交付到"圣战者"手中。5月，中情局从美国陆军手中购买了50枚"毒刺"防空导弹。6月，巴基斯坦军官在美国特种部队的帮助下建立了一个军事基地，开始训练使用"毒刺"导弹。

"毒刺"导弹在阿富汗首战表现出色。截至1986年底，超过100架苏军直升机被"毒刺"导弹摧毁。"毒刺"导弹使苏联的直升机部队备受困扰。为避免导弹的攻击，苏军直升机只能提升飞行高度。"毒刺"导弹的威力使固定翼飞机发现并毁灭目标的能力骤降，导致苏联武装直升机很难为地面部队提供近空支援。1986—1987年，苏联在阿富汗损失了300余架飞机，合计25亿美元，若计算培养飞行员的损失，至少共损失50亿美元左右。[①] 美军在1986—1988年向阿富汗反政府武装提供了约1000枚"毒刺"导弹，其中大约有340枚用于战斗，摧毁了苏军269架米-24飞机，成功率高达近80%。[②]

"毒刺"导弹的运用不仅是阿富汗战争的转折点，也是美国对阿富汗实施隐蔽行动的一个里程碑。"毒刺"导弹增强了阿富汗抵抗组织的防空能力，在一定程度上保证游击队自如地在阿富汗山地进行活动，增加了摧毁苏军飞机的概率。据不完全统计，"毒刺"导弹给苏军造成的损失每年高达60亿卢布，苏联由此失去了阿富汗战场的制空权优势。[③]

3. 将战争引进苏联境内

美国中情局局长凯西试图将战争引向苏联境内，以期让苏联承受更多的压力和负担。凯西和巴基斯坦情报局阿尔塔尔将军以及巴基斯坦三军情报局陆军准将穆罕默德·优素福会面时提出，阿富汗北部是通向苏联中亚

---

① 吴振根：《在阿富汗战场上扬名的"毒刺"导弹》，《世界知识》1998年第24期，第23页。

② 徐维源：《美国中央情报局：从罗斯福到小布什》，学林出版社，2002，第174页。

③ 白建才：《论美国对苏联入侵阿富汗的政策与隐蔽行动》，第32页。

地区的关键跳板，从这一地区向苏联境内运输宣传册，在激起苏联穆斯林对本国政府恶行的反感后，再往这一地区输送武器，由巴基斯坦的"第五纵队"来执行这项隐蔽行动。①

1984 年 4 月，苏联的一些穆斯林在乌兹别克斯坦进行示威活动，他们支持阿富汗"圣战者"与苏联军队作战。苏联军队和飞机后来对抗议地点特尔梅兹村进行了报复性袭击。② 同年 10 月，美国出资购买《古兰经》和揭发苏联在乌兹别克斯坦的暴行的书籍，暗中运送到巴基斯坦和苏联交界的首府白沙瓦，以便转交到苏联境内散发。③ 与此同时，中情局与阿富汗北部的伊斯兰激进主义组织在中亚建立了联系，这些组织也成为实施这项隐蔽行动计划的参与者。此外，巴基斯坦三军情报局组织突击队在中亚地区执行了制造火车脱轨，炸毁军事设施、工厂和燃料仓库等行动。④

尽管美国中情局策划并发起了将战争引向苏联的隐蔽行动，巴基斯坦也配合美国积极开展了各项工作，然而最终这项行动还是不了了之。该行动未能继续开展的主要原因在于第二次世界大战后没有一个国家愿意承担和苏联直接开战的风险。冷战期间，苏联大力增加了国防和军事支出。面对战斗力极强、拥有核武器震慑力的苏联，美国也不敢直接进行挑衅，因为一旦美苏爆发战争，后果将不堪设想。美国中途退缩的行为让巴基斯坦三军情报局极为恼火，最后不得已也放弃了这项计划。

总体而言，将战争引向苏联的隐蔽行动产生了一定的效果。靠近阿富汗和巴基斯坦边境的苏联设施遭到了一定的破坏，同时巴基斯坦修建了大批武器弹药库以及颠覆苏联政府性质的宣传书籍的转运站。而这些武器和书籍通过巴基斯坦分发给了乌兹别克斯坦、塔吉克斯坦和土库曼斯坦的极端主义分子，成为极端主义势力渗透中亚的主要途径。

① ［俄］A. 利亚霍夫斯基：《阿富汗战争的悲剧》，第 443 页。

② Afghanistan: The Making of U. S. Policy, 1973 - 1990, April 1984, Digital National Security Archive.

③ ［俄］A. 利亚霍夫斯基：《阿富汗战争的悲剧》，第 443 页。

④ D. Cordovez, S. S. Harrison, *Out of Afghanistan: The Inside Story of the Soviet Withdrawal* (New York: Oxford University Press, 1995).

(二) 围绕《第66号国家安全决策指令》实施的隐蔽经济行动

美国针对苏联的经济弱点开展了一系列的隐蔽经济行动。1981年4月，里根政府取消了对苏联的粮食禁运，因为它不再能够维护美国的利益，之后又逐渐取消了对苏联捕鱼权的限制。但美国政府结束公开的制裁并不意味着美国对苏联经济制裁的结束，而是以更为隐蔽的方式开展经济行动，以避免其因美国国内企业利益折损而面临的舆论压力。

1982年11月，美国出台了《第66号国家安全决策指令》（NSDD 66），意在通过和欧洲以及中东国家结盟，针对苏联开展持久的经济战争。[①] 在《第66号国家安全决策指令》中，里根政府制定了从技术、贸易、贷款方面与苏联开展经济战的战略方针，禁止向苏联出口技术设备，迫使苏联提高贷款利率。[②] 其主要目标是将苏联经济纳入全球化体系，以控制、诱导的方式促成苏联经济制度的演变，从而给苏联制造经济危机。[③] 它反映出美国对苏联从公开的经济封锁转向隐蔽的经济战，以此摧毁苏联的经济体制。

美国主要运用三种方式开展隐蔽的经济行动。

第一，美国通过三项措施压制苏联能源产业的发展，对苏联实施经济战。

第一项措施是联合欧洲国家限制从苏联进口石油和天然气的数量，将其控制在进口总量的30%以下。第二项措施是利用苏联急于发展经济技术的时机，间接通过西方国家向苏联转让有缺陷的技术和设备，提供篡改过的数据资料，以达到破坏苏联经济建设的目的。例如，1982年美国转让的有缺陷的涡轮机安装到苏联西伯利亚天然气管道上后，引起了管道的爆炸。第三项措施是和世界上最大的石油出口国沙特建立密切关系，影响沙特石油生产政策以降低世界油气资源的价格，使苏联蒙受出口贸易的损失。美国一方面向沙

---

① William J. Daugherty, *Executive Secrets*: *Covert Action and the Presidency*, p. 199.

② 白建才：《里根政府隐蔽行动政策文件的考察与解析》，第65页。

③ 陆轶之：《苏联解体的外部经济原因及启示》，《青海师范大学学报（哲学社会科学版）》2010年第1期，第83页。

特大量提供世界上最先进的石油生产、加工和提炼技术，另一方面促使沙特把额外的生产能力投入运营，从而扩大生产，间接引发了国际油价的全面下跌。由于苏联高度依赖石油销售所带来的经济收入，石油价格下跌成功地帮美国实现了削弱苏联经济的目标，使苏联在能源出口上损失巨大。

第二，美国中情局在阿富汗扶植反政府武装进行毒品贸易，使阿富汗抵抗运动组织走上了"以毒养战"的道路。

作为美国中情局实施隐蔽经济行动战略中一个重要的工具，毒品对阿富汗反苏势力的发展推波助澜。希克马蒂亚尔是美国中情局扶植阿富汗毒品产业的主要受益者。中情局使用卡车和骡队将武器装备输送给希克马蒂亚尔的游击队后，再将罂粟装载到这些交通工具上运往阿富汗和巴基斯坦边境的毒品加工厂，毒品的生产及非法走私等活动得以顺利展开。① 美国中情局和巴基斯坦三军情报局参与了希克马蒂亚尔的海洛因实验室和毒品加工厂的部分工作，为毒品生产、加工以及销售到世界市场"保驾护航"。毒品贸易为阿富汗反政府武装带来了源源不断的资金支持，在一定程度上消除了"圣战者"维持日常生活和补充武器装备的顾虑，使之能够专注于和苏联开展军事对抗活动。

美国甚至直接参与了阿富汗的毒品贸易。研究世界毒品问题的美国学者阿尔弗雷德·W.麦考伊认为，美国中情局卷入阿富汗的毒品贸易并从中获益，并将其在世界毒品贸易中所扮演的角色定义为"共谋"。阿富汗毒品贸易的发展是美国中情局与阿富汗当地反政府武装势力共同策划的结果，也是美国在"金新月"地区扶植毒品生产交易策略的另一个表现。中情局负责为阿富汗毒品与欧美海洛因市场之间的物流衔接提供有效信息和政治保护，使阿富汗在20世纪80年代成为世界毒品生产的主要供应地。②

第三，美国向阿富汗难民提供了一定的经济援助，以便博得阿富汗难民的好感，为阿富汗"圣战者"招募士兵做好铺垫。

① 杨鹏飞、李积顺主编《二十世纪以来的战争和平与世界发展：中国世界现代史研究会兰州会议论文集》，甘肃文化出版社，2015，第241页。
② 同上。

1985 年，美国政府对世界粮食计划署和联合国难民事务高级专员办事处在巴基斯坦的阿富汗难民救济计划的援助总额约为 6600 万美元，其中包括通过世界粮食计划署提供的 3800 万美元的商品。① 1986 年，美国向受战争影响的阿富汗人免费提供了 2000 万美元的农产品援助，这些援助帮助阿富汗难民在战争中维持生存，也激发了他们加入阿富汗反政府抵抗组织运动的决心。②

美国试图通过切断苏联从西方购买先进技术的渠道，打击苏联的石油工业，从根本上消除苏联对外扩张的资源基础。毒品的生产和出口为阿富汗反苏抵抗组织的发展提供了经济保障，再加上美国向阿富汗难民提供的经济援助缓解了难民的生存压力，促使更多的人投入到阿富汗反政府组织对抗苏联的运动中。隐蔽的经济行动给苏联制造了经济上的危机，使苏联面临严峻的经济考验。

（三）隐蔽的宣传战和心理战

美国利用媒体在国际社会和阿富汗同时开展了宣传战和心理战，在意识形态上攻击共产主义，将苏联塑造成极端丑恶的帝国，取得了一定的效果。

首先，美国通过广播等媒体进行隐蔽的宣传战和心理战。美国媒体利用苏联出兵阿富汗事件进行针对苏联的负面宣传，丑化苏联的国际形象。里根总统在一次新闻发布会上指责苏联为了在世界各地推行共产主义，采用犯罪、欺骗的手段做虚假宣传。1983 年，他向宗教人士声称苏联是"邪恶帝国"，是现代社会邪恶的中心。美国政府通过美国新闻署（U. S. Information Agency，USIA）、美国之音（Voice of America，VOA）和自由欧洲电台（Radio Free Europe，RFE），以及在古巴、巴基斯坦等国家新成立的广播电台，建立了一个全世界范围内的庞大广播和电视网络，宣传苏联的负面新闻，借此丑化苏联形象。尽管一些西方媒体和知识分子认为美国对苏联的宣传破

---

① Afghanistan: The Making of U. S. Policy, 1973 – 1990, Late December 1985, Digital National Security Archive.

② Afghanistan: The Making of U. S. Policy, 1973–1990, 1986, Digital National Security Archive.

坏了新闻自由、言论自由，但是美国通过这种方式，尤其是对苏联"邪恶帝国"的宣传，一方面使世界人民对苏联出兵阿富汗的行为产生质疑，另一方面连苏联内部的一些官员和民众也开始思考苏联是否是威权国家。

1985年12月，美国波士顿大学向美国新闻署提出了助力阿富汗媒体项目的提案，该项目旨在向阿富汗反政府武装传授报道阿富汗战争的方法。[①] 1986年7月，波士顿大学和美国新闻署签订了一项合同，由该大学负责对阿富汗通讯社（Afghanistan News Agency，ANA）的工作人员进行出版、摄影、广播和电视等媒体业务的相关培训。美国国王影像公司和赫斯特新闻集团负责作为阿富汗通讯社的顾问，提供一定的咨询服务。[②]

其次，美国通过巴基斯坦开展隐蔽的宣传战。根据美国中情局局长凯西的指示，巴基斯坦情报部门将包括《古兰经》在内的书籍运送到阿富汗和巴基斯坦交界的白沙瓦，通过隐蔽的宣传行动引起当地居民对苏联的反感情绪。美国还利用巴基斯坦向该地区输入武器，煽动群众自发展开对苏联的对抗。

美国通过与盟国的合作，成功利用阿富汗宗教和部落社会的特点，宣传苏联是"邪恶帝国"，激起阿富汗百姓和难民对苏联出兵阿富汗这一行径的愤恨，促使他们加入到反政府武装游击队中，和苏军开展长期对抗。美国实施隐蔽的宣传战和心理战无疑为诋毁苏联的形象，为吸引更多的反苏力量创造了重要的舆论环境。

（四）隐蔽的政治行动

冷战期间，美苏之间的较量主要体现在两种政治制度的较量。美国一方面提出要持续地支持民主运动，揭露苏联入侵阿富汗的违反国际法的行动；另一方面利用苏联的弱点在外交上使第三世界国家疏远苏联，鼓励阿

---

① Afghanistan：The Making of U.S. Policy, 1973-1990, December 9, 1985, Digital National Security Archive.

② Afghanistan：The Making of U.S. Policy, 1973-1990, July 14, 1986, Digital National Security Archive.

富汗的反政府武装扩大自己的势力范围。

美国对苏联的隐蔽政治行动主要体现在搜集和分析情报方面。美国在阿富汗开展了广泛的侦察活动，并将有关苏联军队的情报通过巴基斯坦情报机构转交给阿富汗"圣战者"。中情局通过卫星获取了苏军设施和占地目标的情报资料，"圣战者"截获了苏联特工无线电筛选的作战计划，中情局和国防部的人员将这些情报汇总，通过提供苏军高级指挥官的照片和其下达的指令撰写出苏军作战计划的分析报告，它们成为阿富汗"圣战者"开展军事行动主要的参照。①

美国中情局间接参与了巴基斯坦情报机构计划的针对苏联高层军官的暗杀行动。1985 年，在巴基斯坦的阿富汗反政府武装要求美国中情局驻伊斯兰堡站长提供带有夜视功能的远程狙击枪，以及对苏军将领的跟踪侦察情报。虽然中情局法律专家担心这项计划有违 1977 年卡特总统关于禁止中情局参与暗杀行动的指示，② 但中情局局长凯西对此项活动仍暗中支持，为负责隐蔽行动的阿富汗"圣战者"提供了不带夜视镜的近百支狙击枪。

美国中情局通过第三方给阿富汗"圣战者"提供情报，支持他们参与暗杀活动。这些隐蔽的政治行动成为里根政府实施的隐蔽行动的有机组成部分，在某种程度上实现了干扰阿富汗政治进程的目标。

三、里根政府对阿富汗实施隐蔽行动的影响

里根政府通过阿富汗的准军事行动和政治、经济、宣传行动的全面实施，将隐蔽行动推上了历史高峰，对阿富汗战争、美苏关系以及地区秩序与格局产生了重大影响。

第一，隐蔽行动间接影响了阿富汗战争的走势。里根政府通过准军事行动和其他隐蔽行动相配合，给苏联军队制造了严重障碍，拖延了战争进程，加速了苏联作出撤离阿富汗战场的决定。美国和盟国向阿富汗抵抗组

---

① ［俄］A. 利亚霍夫斯基：《阿富汗战争的悲剧》，第 273 页。

② 同上，第 273—274 页。

织提供的军事援助改变了后者与苏军的武器和物资的悬殊对比，打破了苏军的战术计划，拉长了苏联在阿富汗战争中的战线。美国提供的武器和间接提供的军事培训增强了阿富汗抵抗组织的战斗力，使之能够与武器装备精良、训练有素的苏军进行持久战，给予苏军沉重的打击。尤其是阿富汗游击队在使用美国提供的"响尾蛇"和"毒刺"等防空导弹后，对苏军的武装直升机、空降突击部队构成一定威胁，破坏了苏军的空中优势。根据1992年苏联的解密档案，美国向阿富汗游击队提供"毒刺"导弹是促使戈尔巴乔夫下决心从阿富汗撤军的"决定性因素"。[①] 阿富汗这样弱小的国家使苏联付出了惨重的代价，苏联投入了11万兵力，阵亡人数将近1.5万人，受伤人数为4万人左右。[②] 苏联在阿富汗战场折戟的原因离不开阿富汗人民的斗争精神，也和美国通过隐蔽行动提供给阿富汗反政府抵抗组织的各种支持不无关系。

　　第二，隐蔽行动直接影响了美苏关系。首先，隐蔽行动对美苏冷战格局产生了影响。美国对阿富汗的隐蔽行动是自越南战争以来中情局实施的最大规模的对外隐蔽行动，在美苏冷战中发挥了重要作用，使美苏从缓和走向了对抗，并通过在阿富汗的"代理人战争"改变了苏联在中东的战略优势地位，成为美国向中东国家渗透和加深影响的转折点。其次，在阿富汗的隐蔽行动削弱了苏联在中东地区的影响，美国以此为契机迅速取代苏联成为影响该地区的头号国家。美国支持阿富汗抵抗组织的准军事行动从客观上将苏联卷入了十年战争深渊，使苏联的经济雪上加霜，政治危机四伏，而隐蔽的宣传战激起了有宗教信仰的阿富汗人和伊斯兰世界同情阿富汗的国家对苏联的憎恶和反抗，"丧失信息传播的垄断是苏联统治垮台的关键"。[③] 因此，苏阿战争被一些学者认为是苏联走向溃败的开始。阿富汗战争结束后，随着苏联撤军，东欧各国纷纷脱离社会主义阵营，走上了资

---

① ［英］理查德·克罗卡特：《50年战争》，王振西译，新华出版社，2003，第521页。

② 白建才：《"第三种选择"——冷战期间美国对外隐蔽行动战略研究》，人民出版社，2012，第361页。

③ 白建才：《"第三种选择"——冷战期间美国对外隐蔽行动战略研究》，第392页。

本主义发展道路,美苏冷战就此落幕。

第三,隐蔽行动对地区秩序和世界格局产生了一定影响。美国扶植阿富汗反政府组织的目标是培训反苏的"自由战士",后来这些组织势力发展壮大,衍生出了"基地组织"这样的恐怖主义组织,其在多个国家策划自杀式爆炸和恐怖袭击,使全球陷入了严重的安全危机。巴基斯坦和中亚的伊斯兰极端主义都因此而进一步发展,成为威胁地区秩序乃至世界和平的不安定因素。中情局制定的把战争引向苏联的计划虽然未能成功,但导致了中亚极端主义势力的发展。乌兹别克斯坦、土库曼斯坦和塔吉克斯坦的极端主义分子不断在阿苏边境制造事端,破坏了中亚国家的稳定局势。一些曾经参加苏阿战争的中亚老兵在苏联解体后和当地的极端分子一起加入了车臣的反政府武装,参与了对抗俄罗斯的车臣战争,加深了俄罗斯的政治和经济危机以及民族矛盾。此外,隐蔽行动为美国势力进入欧亚大陆打开了缺口,并且在欧亚大陆西南边缘地带产生重大的地缘政治后果,中东已变成美国公开地和独一无二地占有优势的地区。①

四、结语

在美苏两个超级大国主导的冷战中,使用核武器会给双方乃至世界带来毁灭性的影响,局部的战争也会导致激烈的军事对抗。当传统的外交手段经实践证明起不到遏制对方的理想效果,隐蔽行动就成为美国实现遏制苏联大战略的"第三种选择"。② 由于隐蔽行动包括秘密实施的政治、经济、宣传和准军事行动,避免了经济的大量投入和人员的伤亡损失,因此可弥补战争和公开外交政策的不足。从里根政府在阿富汗的使用状况来看,它具有投资少、代价小和效果较为明显的特点。但是,美国对阿富汗的隐蔽行动也存在着一定的缺陷,留下了许多后遗症。苏联撤军后,中情局放纵并参与的毒品生产和贸易破坏了原有的经济平衡,使阿富汗成为全

---

① [美]兹比格涅夫·布热津斯基:《大失控与大混乱》,潘嘉玢、刘瑞祥译,中国社会科学出版社,1995。

② 白建才:《"第三种选择"——冷战期间美国对外隐蔽行动战略研究》,第398—399页。

球最大的毒品生产基地和输出国。个别曾受隐蔽行动支持的组织由于不满美国对阿富汗内政的干预、对中东石油的控制和掠夺以及偏袒以色列人的行为，针对美国和其盟友开始发动恐怖袭击，不仅扰乱了阿富汗人民的正常生活，使美阿关系走向对立，还对中东地区乃至全球的和平与发展构成了严重威胁。"基地组织"策划的"9·11"恐怖袭击事件成为美国发动反恐战争的借口，美国从2001年开始进行了长达近20年的阿富汗战争。和冷战时期的对手苏联一样，美国陷入了大国折戟阿富汗的怪圈。

里根政府对阿富汗的隐蔽行动在遏制苏联在第三世界国家的势力扩张、维护美国霸权的战略中发挥了重要作用，使苏联出兵阿富汗成为美苏双方从缓和走向激烈对抗的高潮，最终以苏联解体、冷战结束告别了两个超级大国争霸的时代。里根政府注意到苏联经济的脆弱性，利用苏联缺乏实力却渴望超越美国成为世界霸主的野心，借助苏联发动阿富汗战争的契机，综合利用各种政策工具，通过自身强大的政治、经济、军事和国防实力，全方位地与苏联进行公开和隐蔽的较量，演绎了"以实力求和平"的"里根主义"，使苏联为这场战争付出了巨大的代价。隐蔽行动作为美国冷战时期常用的"第三种选择"，经常使用的手段如支持目标国反政府武装、颠覆目标国政府以及策划政变等，与美国宣传的民主、和平的国家形象大相径庭。隐蔽行动被媒体曝光进入公众视野后，受到美国国会制度的严格监督和国内外舆论的强烈谴责。然而，即使冷战结束后，美国国会的政策法规和舆论的反对声音依然阻止不了美国利用隐蔽行动干预他国内政的脚步，如美国在伊朗和伊拉克开展隐蔽行动颠覆当权政府，支持乌克兰等国的"颜色革命"，以便推行美国的价值观，试图建立以美国主导的单极世界格局。由此可以预见，基于美国维护国家利益和国家安全的需要，隐蔽行动会继续成为美国外交和国家安全政策的重要组成部分。

时至今日，百年不遇的新冠疫情给世界政治和经济带来新的挑战，美国和中国作为世界第一大和第二大经济体，本应加强团结、合作抗疫，然而美国政府却借机打压中国。故此，在发展中美关系和制定外交政策时，我国需要注意美国隐蔽行动所带来的挑战。

中国红十字会与朝鲜战争中美军的细菌战*

高 翠**

【摘　要】　1952 年初，美国当局在朝鲜和中国东北发动了细菌战。中国红十字会发表声明，谴责美军违反人道主义的暴行，并组织调查团进行调查，证明了美军在朝鲜和中国东北实施细菌战的事实。中国红十字会会员还在报刊上发表文章，对调查团的结果表示支持。为了支援朝鲜军民，中国红十字会还分批派遣国际医疗服务队参与抗疫斗争。在国际上，中国红十字会也在国际红十字大会等场合对国际红十字会袒护美军侵略的行为加以谴责。中国红十字会对于美军侵略行径的揭露表明了其维护世界和平的态度，也促进了朝鲜战争最终通过谈判方式加以解决。

【关键词】　中国红十字会；朝鲜战争；国际红十字会；国际医疗服务队；细菌战

中国红十字会成立于 1904 年，1950 年 8 月召开了协商改组大会，成为人民卫生救护团体。改组后，中国红十字会积极主张维护和平，对外宣

---

　* 本文为 2021 年度中国国家博物馆科研项目"马海德当代文献整理和研究"（GBkX2021Y28）的成果。

　** 高翠，中国国家博物馆馆刊编辑部研究馆员，历史学博士，研究方向为当代中外关系史。

传爱国主义、国际主义和革命人道主义思想，国际红十字会随后对其予以承认。1950 年 10 月 16—21 日，中国红十字会即派代表参加了国际红十字会第 21 届理事会会议，并顺利当选为大会执委。1952 年初，美国当局在朝鲜和中国东北发动了细菌战。为了维护世界和平，揭露美军实施细菌战的野蛮行径，中国红十字会发表声明，谴责美军违反人道主义的暴行，并组织调查团进行调查，还在国际上与国际红十字会进行斗争，对其袒护美军侵略的行为加以声讨。现有关于中国红十字会外交活动的研究成果均未对这一历史事件进行深入研究，[①] 本文拟利用档案和报刊等资料对其进行考察，梳理相关史实，再现当年中国红十字会为了维护世界和平所做的各项工作。

一、对美国细菌战的抗议和调查

1952 年 1 月 28 日美国在朝鲜发动细菌战之后，自 2 月 29 日至 3 月 5 日还先后在中国东北部分地区大量撒布传播细菌的昆虫。在美国政府的影响下，红十字国际委员会组成的调查团却偏袒美方，企图掩盖其为全人类所共同反对的细菌战罪行。2 月 22 日，朝鲜外务相朴宪永抗议美国的罪恶行为，并号召全世界人民共同制止美军暴行，追究美国细菌战组织者的国际责任。

2 月 24 日，中国外交部长周恩来发表声明，向全世界人民控诉美国政府这一违反人道、破坏国际公约的滔天罪行，并号召全世界人民制止美国政府的罪恶行为。[②] 2 月 23 日，美帝国主义细菌战罪行调查团团长、中国红十字会总会会长李德全谴责美国的细菌战严重破坏人类正义和人道的原则，号召全世界人民和红十字会会员立即制裁美军的暴行，共同维

---

① 现有研究成果有吴佩华：《中国红十字外交（1949—2009）》，合肥工业大学出版社，2012；徐国普：《新中国成立初期中国红十字会研究（1949—1956）》，人民出版社，2013；高中华：《中国红十字会与建国初期的外交》，《晋阳学刊》2018 年第 3 期；等等。

② 《我中央人民政府外交部部长周恩来支持朝鲜朴宪永外务相抗议美国政府进行细菌战的声明》，《人民日报》1952 年 2 月 25 日，第 1 版。

护世界和平。① 2 月 24 日，中国红十字会常务理事傅连暲在《全国医药工作者积极行动起来，给美国侵略者以有力的回击!》一文中揭露美国违反人类正义和国际法的滔天罪行，号召广大医学工作者加紧宣传防疫知识，提高防疫技术，大量制造疫苗，到朝鲜前线给美国侵略者的细菌战以有力的回击。②

3 月 6—14 日，美军继续在中国东北撒布细菌毒虫并把细菌战扩展到青岛。3 月 8 日，中国红十字会总会和救济总会联合抗议美国扩大细菌战。抗议声明揭露美军的细菌战是一项肆无忌惮、变本加厉地扩大侵略战争的滔天罪行，号召全中国和全世界的红十字工作者和救济福利工作者为了保卫世界和平，维护人道与正义，要以全力制裁挑拨战争的罪魁祸首。③ 这一声明得到全国各地红十字会分会的一致拥护，它们表示要坚决扑灭美军细菌战的毒焰。

3 月 15 日，美帝国主义细菌战罪行调查团团长、中国红十字会总会会长李德全发表讲话，号召我国卫生科学界和全世界爱好和平的人民一致行动，制止美军的滔天罪行，恢复和巩固远东和世界和平。

为了逃避全世界对美国在朝鲜和我国东北发动细菌战的谴责，3 月 4 日美国国务院发表公报，公开否认美军进行细菌战。公报指出，"共产党正力图通过宣传中所有的各种手段来使朝鲜人民和世界人民相信联合国军正在朝鲜使用细菌战"，"如果不是因为共产党在他们拖延停战谈判的当儿向全世界散播这种指责。我们原用不着再加以否认"，同时欢迎像红十字国际委员会这样的机构来进行公正的调查。④ 3 月 11 日，美国国务卿艾奇逊致电红十字国际委员会，指定该会作为"公正的机构"对朝鲜细菌战进

---

① 李德全：《全世界人民和红十字会会员们　立即行动起来制裁美军的暴行》，《人民日报》1952 年 2 月 23 日，第 1 版。

② 傅连暲：《全国医药工作者积极行动起来，给美国侵略者以有力的回击!》，《人民日报》1952 年 2 月 24 日，第 4 版。

③ 《我红十字会总会和救济总会发表联合声明　抗议美国侵略者疯狂扩大细菌战　各地红十字会分会一致表示决心打败美军细菌战　坚决扑灭美国侵略者细菌战的毒焰》，《人民日报》1952 年 3 月 9 日，第 3 版。

④ 世界知识出版社编《中美关系资料汇编（第二辑）》上，世界知识出版社，1960，第 705 页。

行调查。3 月 19 日，美国驻联合国裁军委员会代表柯文建议红十字国际委员会调查我方对美军发动细菌战的谴责。

3 月 22 日，新华社记者就美国侵略者要求红十字国际委员会来调查美国发动细菌战一事发表评论指出：红十字国际委员会调查的目的是要替美军洗脱侵略者、杀人犯的罪名；中朝人民绝不能容许这种美帝国主义者的同谋犯和掩护者进行其可耻的阴谋；美帝国主义在朝鲜和中国公然进行细菌战的行径将让全世界人民正义的愤怒化为伟大的有力的行动，来打断美帝国主义者罪恶的血手。[①]

3 月 24 日，新华社记者再次批评红十字国际委员会和世界卫生组织帮助美国侵略者掩盖其进行细菌战的滔天罪行，并使美国特务分子得以进入朝中人民军队的后方开展罪恶活动。[②]

3 月中旬，为了彻底戳穿美国的抵赖，揭露美国进行细菌战的真相，中国人民保卫世界和平反对美国侵略委员会组成了以李德全为团长，由中国红十字总会、各人民团体、各民主党派、基督教界的代表以及各方面专家组成的"美帝国主义细菌战罪行调查团"到达朝鲜进行调查（表 1）。调查团于 3 月 15 日由北京出发，其中一部分人员抵达沈阳后组成东北调查分团，到沈阳、抚顺、安东、宽甸等地进行了实地调查，搜集了人证和物证，直到 3 月 31 日；其余人员则于 3 月 20 日到达朝鲜基地。调查团在中国东北和朝鲜建立了检验站，开展了全方位的检验。调查团成员还来到朝鲜元山一带和三八线中部附近搜集了各种物证。4 月 10 日，调查团完成任务后回到北京。4 月 25 日，《人民日报》公布了调查团的调查报告，肯定美国侵略者在朝鲜进行了细菌战。调查团认定美国政府利用飞机、炮弹及其他方法散布了大量昆虫及其他毒物，它们携带鼠疫、霍乱、伤寒、副伤寒、痢疾等致病细菌。[③] 9 月 15 日，《人民日报》发表社论，指出国际科

---

① 《揭穿"红十字国际委员会"的假面具》（1952 年 3 月 22 日），《新华月报》1952 年 4 月号。

② 《再次揭穿"红十字国际委员会"和"世界卫生组织"的假面具》（1952 年 3 月 24 日），《新华月报》1952 年 4 月号。

③ 新华社：《"美帝国主义细菌战罪行调查团"关于美帝国主义在朝鲜撒布细菌罪行调查报告书》，《人民日报》1952 年 4 月 25 日，第 1 版。

学委员会以昆虫学、细菌学、病理学、流行病学及其他证据，证实美国军队自1952年1月开始确以许多不同的方法使用了细菌武器，并且这是由日本帝国主义在第二次世界大战期间进行细菌战所采用的方法发展而成。①

表1　美帝国主义细菌战罪行调查团成员详情②

领域	专家名称	单位和特长
临床医学	李宗恩	中国协和医学院院长、热带病学专家
	方石珊	中华医学会总干事、内科专家
	宫乃泉	上海医学院院长、外科专家
	严仁英	北京大学医学院妇产科副教授、妇幼卫生专家
细菌学	魏曦	大连医学院细菌学系主任、教授
	谢少文	中国协和医院细菌学系主任、教授
	杨叔雅	医学科学院研究员、细菌学专家
	谢知母	医学科学院研究员、细菌学专家
	刘纬通	医学科学院研究员、立克次体学专家
	郭成周	医学科学院研究员、细菌学专家
	沈鼎鸿	医学科学院研究员、细菌学专家
	方亮	北京大学医学院细菌学副教授
	程知义	医学科学院副研究员、细菌学专家
昆虫学	刘崇乐	北京农业大学昆虫系主任、教授
	何琦	大连医学院生物系主任、教授、昆虫学专家
	柳支英	浙江大学农学院教授、昆虫学专家
流行病学	严镜清	北京大学医学院公共卫生系主任、流行病学专家
	俞焕文	医学科学院流行病学主任、流行病学专家
	何观清	中国协和医学院公共卫生系副教授、流行病学专家
	朱聘	北京大学医学院公共卫生系讲师、流行病学专家

① 《国际科学家证实了美国的细菌战罪行》，《人民日报》1952年9月15日，第1版。
② 新华社：《"美帝国主义细菌战罪行调查团"关于美帝国主义在朝鲜撒布细菌罪行调查报告书》。

领域	专家名称	单位和特长
病理学	严家贵	上海医学院病理学系副教授
寄生虫学	吴光	医学科学院寄生虫系主任
	赵振声	北京大学医学院寄生虫系副教授
	包鼎丞	上海医学院寄生虫系副教授
兽医学	程绍迥	兽医学专家
	房晓文	兽医细菌学专家
生物化学	杨恩孚	中央卫生科学研究院研究员、生物化学专家
	俞永祥	医学科学院药学研究系助理研究员、毒物学专家
其他学科	曾昭抡	北京大学化学系教授、中华全国自然科学专家学会联合会副主席
	张景钺	北京大学植物学系主任
	周建人	生物学专家
	杨显东	农学专家
	沈其益	北京农业大学植物病理学教授

3月3—19日，奥地利、意大利、英国、法国、中国、比利时、巴西、波兰八国的知名法学家组成"国际民主法律工作者协会调查团"，对美军实施细菌战的情况进行了实地调查，确认美军在朝鲜和中国部分地区大规模使用了细菌武器。该调查团的报告指出："在朝美军蓄意向朝鲜人民军并在朝鲜平民中散布苍蝇及其他人工感染细菌的昆虫，意图散布死亡和疾病，是违反1907年有关陆战法规和惯例的《海牙公约》的规定，违反普遍承认的1925年《日内瓦议定书》重申的禁止细菌战法律的极严重的可怖的罪行。"[①]

1952年4月3日，全国政协学习委员会举行反对美国细菌战罪行的报告会，会上美帝国主义细菌战罪行调查团证实美国侵略者有计划、大规模

---

① 《国际民主法律工作者协会调查团关于美国在朝鲜的罪行的报告》（1952年3月31日），《新华月报》1952年4月号。

地在我国东北领土撒布大量带菌毒虫和毒物，构成违反国际公法的残杀人类的滔天罪行。

调查团的报告公布后引起了国内医学工作者的共鸣，中国红十字会成员对此纷纷表示支持，号召全国医学工作者积极投入到反对美国细菌战的斗争中。卫生部长李德全在《我们有力量粉碎美帝国主义的细菌战》一文中指出："美帝国主义在朝鲜还在设法破坏停战谈判，最近片面宣布无限期休会，证明这个心余力绌的野兽并没有从侵朝战争的失败中得到应有的教训，还在企图扩大战争。细菌武器的使用，也可能不会就此为止。但是，不管敌人怎样扩大战争，使用什么细菌武器，只要我们坚持正确的方针，坚决依靠群众，彻底做好卫生工作，我们就能战胜它的细菌战。我们相信，敌人在朝鲜战场上，在板门店和平谈判会场上，所不能得到的东西，就是使用细菌武器也仍然永远得不到的。"[①] 中国红十字会常务理事傅连暲在《我国科学研究工作的重大胜利》一文中指出："自从美帝国主义开始进行细菌战以来，曾有许多国际上知名的正义人士和科学家们到朝鲜和中国来进行调查，他们都以公正的态度、实事求是的精神发表了要求制止细菌战的有力文件。特别是国家科学界权威人士组成的国际科学委员会，（其发表的文件）内容尤为充实，结论尤为有力。现在美帝国主义这一滔天罪行已经大白于天下，任何狡辩抵赖都已彻底破产。由于在世界人民面前揭发了美帝国主义的反人类罪行，就使美帝国主义愈加陷于孤立，毫无疑问，这是和平人民一个大的胜利。"[②] 5月28日，傅连暲在《拥护调查在朝鲜和中国的细菌战事实国际科学委员会报告书》一文中指出，调查在朝鲜和中国的细菌战事实国际科学委员会报告书以高度科学性使美国政府一切诡辩抵赖归于彻底的失败。这一文献将进一步激发起全世界爱好和平的人们的义愤，将更广泛地触发世界上有正义的科学家们的良心，更

---

① 李德全：《我们有力量粉碎美帝国主义的细菌战》，《科学通报》（反细菌战特刊）1952年第7期。

② 傅连暲：《我国科学研究工作的重大胜利》，《科学通报》（反细菌战特刊）1952年第7期。

有效地制止美国政府这种空前的野蛮行为。[①]

二、组织国际医防服务队，支援朝鲜军民

从 1951 年 3 月 17 日至 9 月 27 日，为了维护世界和平，中国红十字会与保卫世界和平反对美国侵略委员会联合向全国各地医务工作者发出通知，制定了统一组织全国各地支援医防队的办法，先后分三批组织了七支国际医防服务大队，辖 43 个小队（606 人），支援朝鲜军民。

为了加强医防队的思想准备和技术条件，医疗志愿服务人员在北京接受了政治和业务学习。在政治学习方面，"以认识美帝侵略本质，和为什么要抗美援朝为重点"，在学习过程中"进一步了解爱国主义和国际主义的精神，更好地掌握医防工作中的群众观点和群众路线"。在业务学习方面，以防疫和救护为中心，以斑疹伤寒、回归热和霍乱的防治以及战伤的急救为重点。[②]

3 月 10 日下午，中国人民保卫世界和平反对美国侵略委员会等单位举行了盛大欢送会。中国人民保卫世界和平反对美国侵略委员会副主席陈叔通致开幕词，指出国际医防服务队的组成"是中国人民深厚的国际主义精神的具体表现，是中国医务工作者革命的人道主义的伟大实践"。[③] 中国红十字总会会长李德全也向国际医防服务队献旗并致词。[④]

国际医防队在朝鲜前线物资匮乏的条件下刻苦耐劳，针对美军细菌战做了大量医疗救护工作。国际医防队第一大队于 4 月 3 日深夜到达平壤。同时，由于前方江原道淮阳、黄海道绥安地区发现疫情，医防队便抽调了三个队去这些地区工作。随后六个队赴前方，配合军医局担任战伤外科和

---

① 傅连暲：《拥护调查在朝鲜和中国的细菌战事实国际科学委员会报告书》，《人民日报》1952 年 9 月 18 日，第 3 版。

② 李德全：《中国红十字会国际医防服务队的组织经过及其任务》，《新中国红十字》1951 年第 7 期。

③ 陈叔通：《医务工作者与全国人民并肩前进》，《新中国红十字》1951 年第 7 期。

④ 《李德全会长向国际医防服务队献旗致词》，《新中国红十字》1951 年第 7 期。

一般传染病的预防及治疗工作，其他五个队留在后方平北道、平安道各郡、面、里（省、县、乡）配合保健省担任地方防疫和一般性医疗工作，以防治斑疹伤寒、回归热为重点进行治疗。① 国际医防队第一大队依靠群众，成功防止了疫情蔓延。该大队第一阶段 75 天分散在朝鲜的前后方，共进行了一般治疗 24762 人次，传染病治疗 9058 人次，预防注射 28823人次。②

赴朝鲜前线从事医护工作的中国国际医防队成员苦心钻研，不断创造方法来克服困难。在相互学习的过程中，医防队还成功地治疗了各种急性传染病。国际医防服务队第一大队前方防疫队医生张士加和吴念伯用树皮和木片处方，都皎然队长用皮内注射的针头，为 1000 多人注射血清，克服了器材的困难；张宇和队长在药品用完时寻找代用药物以克服药品缺乏的困难；第八队的护理员赵伟成研制了一种小型疫苗，接种者有 80—100 人之多，经过检查，80% 是阳性反应，效果很好。③

国际医防服务队发扬了高度的国际主义和爱国主义精神，在敌机的疯狂轰炸下完成了工作任务，得到了朝鲜军民的一致好评，加强了中朝人民的团结友爱，鼓舞了朝鲜人民的抗战和生产情绪。医防服务队大队部和各工作队先后收到朝鲜人民献赠的锦旗 50 多面、感谢信 200 多封。军医局外科医院的三位朝鲜人民军伤员在感谢信中说："我们负伤后没有担架就不能移动，没有卫生员的帮助就不能吃东西，而现在居然可以漫步在春天的原野里，不久就能回到战斗的行列中去了。这就是你们医生和护士同志们不分昼夜治疗照顾的结果。亲爱的中国同志们！为了答谢你们的救护，我们坚决向你们保证，我们不怕任何牺牲，一定要把美国侵略军完全消灭在朝鲜国土上。"④ 1952 年 12 月 19 日，朝鲜驻华大使权五稷在北京授予中国红十字会国际医防服务队第一、第七两大队模范工作者薛炳坤、吴云田、

① 《国际医防服务队第一大队工作简略报告》，《新中国红十字》1951 年第 8 期。
② 《国际医防服务队第一大队胜利归来》，《新中国红十字》1951 年第 12 期。
③ 《国际医防服务队第一大队在朝鲜各地忘我工作》，《新中国红十字》1951 年第 10 期。
④ 同上。

祖厚等 30 人朝鲜最高人民会议功劳章。

三、中国红十字会在国际上对美国细菌战展开积极斗争

1951 年 4 月 9 日，美国《新闻周刊》发表《黑死病》一文，声称美国海军陆战队在朝鲜东岸元山港对在该港小岛上抓获的志愿军进行试验，检查他们是否患有黑死病。5 月 3 日，在获悉美军对我国志愿军进行细菌试验后，中国红十字总会致电红十字国际委员会控诉美军的罪行。声明指出美国侵略军这种灭绝人性的行为是稍有正义感的人们都不能容忍的，提出了对破坏人道公约的罪魁进行制裁的要求，并促请国际红十字会会员国家以及全世界爱好和平的人民消灭这批不可饶恕的人民公敌。[1]

1952 年 4 月 28 日，李德全向全世界国际红十字会会员国发出公开信，揭露美军进行细菌战的罪行，指出美国企图挽救它所狂妄鼓吹的"海空优势"的惨败，达到它在朝鲜停战谈判会议桌上和在朝鲜战场上无法实现的侵略目的，并表示中国和朝鲜人民已有充分的信心来扑灭美国侵略者可能继续的细菌战，号召国际红十字会会员国联合国内所有爱好和平、维护人道的人士，对美国威胁全人类的残酷狂暴行为施以正义的声讨和有效的制裁。[2] 5 月 4 日，中国红十字会副会长胡兰生对美国使用细菌武器的行径进行谴责，称其为"科学的罪人、文明的死敌、和平的蟊贼"，号召全世界正直的红十字会工作者和医务工作者以及全世界爱好和平的人民制止美国侵略者的细菌战。[3] 7 月 30 日，中国政府代表团首席代表苏井观参加国际红十字大会总务委员会会议，揭露美军在朝鲜北部和中国东北撒布用人工

---

① 《中国红十字总会致电国际红十字委员会及国际红十字协会 控诉美军把我被俘志愿军作细菌武器试验》，中国红十字会总会编《中国红十字会历史资料选编（1950—2004）》，民族出版社，2005，第 31 页。

② 《李德全向全世界红十字会员发出公开信 呼吁一致制止美国细菌战罪行》，《人民日报》1952 年 4 月 29 日，第 4 版。

③ 《全世界正直的红十字会工作者 一致起来制止美国侵略者的细菌战》，《人民日报》1952 年 5 月 4 日，第 3 版。

使之带菌的昆虫来传播疾病和死亡。①

1952 年 8 月，中国代表团在加拿大参加了第十八届国际红十字大会，带去了大量的证据，如影片、录音、照片、书籍和其他文件等，并公开谴责美军进行细菌战等罪行。中国代表团首席代表李德全发言指出，一切以无可辩驳的证据为依据的报告都证明美国的暴行及细菌战是千真万确的。②7 月 30 日，国际红十字会在美国的操纵下否决了中国代表团关于要求谴责美国细菌战暴行的提案，企图混淆视听。李德全表达了中国代表团的意见：出于军事安全上的考虑，朝鲜和中国人民拒绝同意作为"某些国家御用工具"的个人或团体进行调查，如吕格领导下的红十字国际委员会。为了确保调查的公正，调查机构的成员必须是被朝中两个受害国都认为公正的人士，其一切活动必须有朝中两个受害国的代表参加。她要求大会必须重新考虑中国提案并审查中国提供的证据。

8 月 4 日下午，中国红十字会代表团在约克饭店召开记者招待会，苏联、英国、法国、美国和加拿大的 30 多名记者和澳大利亚、加拿大红十字会的代表参加，记者们阅览了美军实施细菌战的证据。随后，李德全发表谈话指出，大会当局拒绝审查中国代表团所提供的所有证据，以及提供电影放映机和适当的房间之类的技术帮助，因此无法在这里放映关于美国进行细菌战和我们宽待战俘的影片。大会当局支持某些人的不公正的态度进一步证明了他们害怕美军进行细菌战的罪行被揭发；犯了细菌战罪行的人们害怕大家审查证据。任何阻扰、新闻封锁、诽谤和歪曲，都不能永远掩盖住真理。③

8 月 6 日，国际红十字会举行全体会议，讨论大会通过的英国和比利时对美国违反《日内瓦公约》一事进行调查的联合提案。在表决之前，李

---

① 《中华人民共和国政府代表团首席代表苏井观在国际红十字大会总务委员会会议上的发言》（1952 年 7 月 30 日），《中华人民共和国对外关系文件集（1951—1953）》第二集，世界知识出版社，1958，第 83 页。

② 《苏井观、李德全在国际红十字大会上的发言》，《新华月报》1952 年 8 月号。

③ 《本会代表团在加拿大举行记者招待会　邀请各国记者参观侵朝美军暴行和进行细菌战证据》，《新中国红十字》1952 年第 8 期。

德全再次发表演说指出，大会不顾中国代表团对美军在朝鲜的不人道行为进行谴责的意见，现在又决定对英比提案进行表决，中国代表团不得不正告大会，英比提案措辞含糊，可以作各种不同的解释，并且它又没有把中国代表团要求的真正公正、真诚和独立的调查所必要的一些条件包含在内，因此中国代表团认为没有理由使自己受这种提案的约束，① 并且提请大会将中国代表团的这一重要声明记入大会记录。在大会表决时，中苏代表团投票表示反对英比提案。但是，大会总务委员会几乎没有进行讨论就否决了中国代表团"维护《日内瓦公约》尊严的措施"的提案。苏井观要求大会捐弃成见，关切人道主义和上述公约的实施，尊重中国作为1949年《日内瓦公约》签约国的权利，重新考虑中国代表团谴责美军进行细菌战的意见。②

为了维护人道主义原则和国际公约，中国红十字会遵循人道和和平的传统，在会议上进行了坚决的斗争，"向全世界证明了美国是人道主义与和平的敌人"。美国政府拒绝谴责细菌战的历史，"实际上公开宣布了他们使用细菌武器和进行细菌战的侵略意图"。"人们从这些事实上再一次看清楚了美国侵略者危害和平、反对人类的罪恶阴谋"。③

针对中国对美军实施细菌战的宣传，美国开始从心理宣传战的战略层面进行应对。美国心理战略委员会与国务院和国防部等机构密切配合，积极研究制定对外心理战的方案。1952年10月21日，联合国第七届大会在美国代表的操纵下将美国政府提出的所谓调查指控美国进行细菌战的提案列入议程，同时拒绝了苏联代表所提出的邀请当事国——中国和朝鲜出席参加讨论的合理建议。10月28日，《人民日报》发表了周恩来外长关于要求参加细菌战讨论致七届联大主席皮尔逊电。电文指出："中华人民共和

① 《我国代表李德全在国际红十字大会上关于英比联合提案的声明》，《新华月报》1952年9月号。

② 《中华人民共和国政府代表团首席代表苏井观在国际红十字大会全体会议上谴责美国违反日内瓦公约和进行细菌战的声明》（1952年8月6日），《中华人民共和国对外关系文件集(1951—1953)》第二集，第86—87页。

③ 东方明：《参加第十八届国际红十字大会胜利归来》，《新中国红十字》1952年第12期。

国中央人民政府认为，中国人民以美国干涉者进行细菌战的直接对象和直接受害者的资格，有权并有必要派遣代表出席本届联合国大会，参加关于所谓调查指控美国进行细菌战提案的讨论。联合国第七届大会应立即邀请中华人民共和国中央人民政府派遣代表出席本届大会，向大会提出关于美国在中国进行细菌战的报告，并提供关于这一事实的充分证据。""中华人民共和国中央人民政府郑重声明，没有中华人民共和国中央人民政府代表参加，大会任何关于所谓调查指控美国进行细菌战的讨论和决定都将是非法的，因而是无效的。"① 1953 年 2 月 25—26 日，《人民日报》发表了两篇美俘关于美军在朝鲜进行细菌战的供词。

1953 年 4 月 23 日，针对中国和苏联对美国在朝鲜进行细菌战的指控，美国代表葛罗斯在七届联大关于"联合国军"被指控进行细菌战问题的发言中提出，由巴西、埃及、巴基斯坦、瑞典和乌拉圭组成联合国委员会，主持对上述指控进行公正的调查。②

联合国大会当天决定，在大会主席得到所有有关政府和当局接受本决议所建议的调查的表示后，成立一个由巴西、埃及、巴基斯坦、瑞典和乌拉圭组成的委员会。该委员会应立即对业已提出的指控进行调查；要求各有关政府和当局使该委员会得以自由旅行于朝鲜、韩国、中国大陆和日本等委员会认为为执行其任务所必须前往的地区；允许委员会自由地接触它认为为完成任务所必需的人、地方和有关文件；允许委员会在它所决定的保障和条件下，讯问包括战俘在内的任何证人；所有据称已对细菌战的进行作出供词的战俘，在委员会讯问之前，应送到一中立地区，并在朝鲜战争结束前留由委员会负责和看管。③

1953 年 10 月 26 日，美国代表梅奥在第八届联大政委会上诬蔑共产党

① 新华社：《周恩来外长致电联合国大会 抗议片面将调查指控细菌战提案列入议程 要求邀请我代表出席报告美国细菌战罪行》，《人民日报》1952 年 10 月 28 日，第 1 版。

② 《美国代表葛罗斯在七届联大关于联合国军被指控进行细菌战问题的发言》，《中美关系资料汇编（第二辑）》上，第 1129—1130 页。

③ 《七届联大关于公正调查"联合国军"被指控进行细菌战问题的决议》，《中美关系资料汇编（第二辑）》上，第 1130—1131 页。

国家逼取从事细菌战的战俘的供词，宣称整个细菌战宣传运动是"为了使美国在'自由世界'的人们面前声名狼藉，从而有助于使其在盟国中被孤立起来"。①

1953年11月7日，中国卫生部顾问马海德撰写了揭露美军进行细菌战的文章。文章指出："自美国在中国和朝鲜开始细菌战以来的三年中，迪特里克营地②至少发表了30篇文章，深入研究病原生物或与其密切相关的生物：流产布鲁氏菌、羊布鲁氏杆菌、猪布鲁氏菌、炭疽芽孢杆菌、鼠伤寒沙门氏菌、痢疾志贺氏菌、土拉热杆菌、新城疫、枯草芽孢杆菌、蜡状芽孢杆菌。美国细菌战研究涉及以下几个方面：增强'军事用途'病原生物的毒性；寻找促进细菌大量生产的生长因子；进行研究以求在致病原中研制出更能耐热和耐寒的菌株；寻找更具毒性的突变体的生产手段；测试免疫学可能性以求找到无可行免疫方法的变体；研制'能够大量产生细菌'的合成培养基等。"马海德还在文章中发出警告："美国确实正在进行激烈的细菌战研究，如果不采取任何措施加以阻止的话，人类可能会遭受巨大的灾难。"③马海德所撰写的文章获得了中国细菌学专家谢少文的肯定，后者表示："马海德大夫的文章已经阅过，文章很好，我完全同意他的分析和结论。"④

中国红十字会密切关注美国针对细菌战在国际上的宣传，并准备从医学专业角度对美国的抵赖进行抗争。中国红十字会邀请了中国流行病学专家何观清对马海德撰写的揭露美军细菌战的文章提意见。1953年12月21日，何观清在致中国红十字会负责同志的信中指出："本人完全同意马海德大夫对于揭露美帝国主义还正在制造细菌武器的见解。他所收集的事实

---

① 《美国代表梅奥在八届联大政委会诬蔑共产党国家逼取从事细菌战战俘供词》，《中美关系资料汇编（第二辑）》上，第1427页。
② 即德特里克堡生物实验室，位于美国马里兰州弗雷德里克市，是美国生物化学武器的研发基地。
③ 《马海德撰写的揭露美国在朝鲜战争中使用细菌武器的文章》，中国国家博物馆藏。
④ 《谢少文为给马海德揭露美国在朝鲜战争中使用细菌武器文章提意见事写的便函》，中国国家博物馆藏。

和证据是多方面的，同时彼此之间亦有所联系"，"马海德大夫的文章是一篇很生动和很有系统的分析资料"。① 此外，《人民日报》1953 年 11 月 13—22 日发表了多篇美俘关于美军在朝鲜和中国东北进行细菌战的供词。

四、结语

面对美国在朝鲜和中国东北发动的细菌战，中国红十字会坚持正义，站在人道主义立场上多次发表严正声明，积极参与调查美方的侵略事实。中国红十字会成员也对美国的侵略进行揭露。为了支援抗美援朝战争，中国红十字会还派出国际医疗服务队，抵制美军在朝鲜发动细菌战，以实际行动表明其维护世界和平的态度。此外，中国红十字会还在国际舞台上抗议国际红十字会袒护侵略，以确凿的证据揭露并抗议美军在朝鲜和中国东北进行细菌战的侵略行径。中国红十字会对于美军在朝鲜和中国东北进行细菌战的罪行的揭露有利于世界爱好和平的人民了解美国进行细菌战的真相，有利于树立新中国维护世界和平的国际形象。这在一定程度上配合了中国政府在朝鲜战争中的外交行动，促使美军最终以和平谈判的方式解决朝鲜问题。

---

① 《何观清为给马海德揭露美国在朝鲜战争中使用细菌武器文章提意见事致中国红十字会负责同志函》，中国国家博物馆藏。

马岛战争期间里根政府对英、对阿关系的演变

许可人*

【摘 要】 马岛战争期间，里根政府在处理美英、美阿关系上的政策变化大致经历了以下三个阶段：战争前夕，在左右为难之中确立了表面保持"中立"、暗中支持英国的政策；战争前期，为了避免战争升级，主要以调停为手段，经历了从"居中调停"到"平衡调停"的变化；战争后期，支持英国的政策从公开走向强化。里根政府的上述政策变化给国际社会留下了深刻的历史启示：第一，与美为伍的国家须谨防自己成为美国的"弃子"；第二，在美国的"朋友圈"中，各国既不是铁板一块，也不会总是唯美国"马首是瞻"；第三，阳奉阴违、表里不一是美国的一贯作风，与美国交往既要听其言，更要观其行。

【关键词】 美国外交；马岛战争；美英关系；美阿关系

马尔维纳斯群岛（Malvinas Islands）简称"马岛"，英国称之为福克兰群岛（Falkland Islands）。马岛地处南大西洋，距离阿根廷海岸最近处约500公里，距离英国本土约1.3万公里。英国与阿根廷之间关于马岛的主

---

* 许可人，首都师范大学历史学院博士研究生，研究方向为现代国际关系史。

权争端由来已久，联合国大会 1965 年第 2065 号决议确认马岛问题属于历史遗留下来的殖民地问题，并敦促英阿双方通过和平谈判解决。英阿双方按照这一决议进行了旷日持久的谈判，但马岛问题始终没有得到解决。1982 年 4 月 2 日至 6 月 14 日，英阿之间爆发了一场自第二次世界大战以来规模最大的岛屿争夺战，英国取得了最终的胜利。

在马岛战争中，美国扮演了至关重要的角色。对于这一问题，国内外学术界都给予了极大的关注。劳伦斯·弗里德曼（Lawrence Freedman）的《福克兰战争官方史》① 是马岛战争研究领域最为系统和权威的著作。该书分析了国际社会各方面包括美国从危机开始到战争结束后的立场和反应，但限于文章主旨，其并未深入探讨美国在马岛战争中的政策。拉米罗·胡安·弗劳斯托（Ramiro Juan Frausto）在《危险的中立：罗纳德·里根，阿根廷和南大西洋危机》② 一文中指出，正是由于美国没有偏袒英国，因此引发了英阿马岛战争，这一观点否定了基本的历史事实。赵万里的硕士论文《马岛战争与英美阿关系》③ 从英美阿相互误判与错误认知的角度对马岛战争中的英美阿关系进行了研究。作者通过对英美阿外交的分析来论证美国的立场是中立的，但这一观点也是难以成立的。忻怿在《里根政府就马岛战争的危机决策与外交战略》④ 一文中认为，马岛战争中美国基于"重英轻阿"的战略作出了各项决策，给美阿关系留下了负面的历史记忆和消极的历史遗产。然而，这一观点只看到了上述表象，而没有揭示美国的国家利己主义本质。鉴于以上众说纷纭、莫衷一是的研究现状，本文以2015 年美国国务院出版的《美国对外关系文件集》（1981—1988）第 13 卷

---

① Lawrence Freedman, *The Official History of the Falklands Campaign*, Vol. 2 (London and New York: Routledge, 2005).

② Ramiro Juan Frausto, "A Dangerous Neutrality: Ronald Reagan, Argentina, and the South Atlantic Crisis" (Master's Thesis, San Diego State University, 2016).

③ 赵万里：《马岛战争与英美阿关系》，硕士学位论文，山东师范大学，2008。

④ 忻怿：《里根政府就马岛战争的危机决策与外交战略》，《拉丁美洲研究》2017 年第 1 期。

"南大西洋冲突（1981—1984）"① 以及撒切尔基金会②披露的相关档案为主要资料，试图系统分析马岛战争期间美国处理美英、美阿关系的政策变化，并以此为基础来揭示其历史启示。

一、战争前夕：表面保持"中立"，暗中支持英国

英美特殊关系有着深厚的渊源，美国早在殖民时代就是英国的殖民地，两国可以用同宗同源来形容。1946年3月5日，丘吉尔在美国发表了名为《和平砥柱》的演讲，他宣称："要想有效防止战争和继续发展世界组织"，英国和美国必须"建立特殊的关系"。③ 此后，英美特殊关系逐步建立。1956年，英美关系因苏伊士运河事件④而一度降至冰点。然而，自1981年罗纳德·里根（Ronald Reagan）当选美国总统后，英美特殊关系迅速得到恢复和加强。究其原因，在整个20世纪70年代的美苏争霸中，呈现出苏攻美守的总体态势，里根政府上台后把对外政策的重心重新转移到对抗苏联势力的扩张上。但是，越南战争的失败使美国实力大幅削弱，在美苏争霸中深感力不从心，需要团结和依靠盟国才能维持其在两极格局中的实力平衡。当时，英国为了对抗苏联、缓和其国内外诸多矛盾，也希望恢复和加强同美国的特殊关系。1979年玛格丽特·撒切尔（Margaret Thatcher）的上台为美英特殊关系的恢复提供了契机。撒切尔认为，对抗

---

① "Conflict in the South Atlantic（1981-1984），" *Foreign Relations of the United States*（*FRUS*），1981-1988，Vol.13（Washington：United States Government Publishing Office，2015）.

② 参见：https://www.margaretthatcher.org。该网站提供有关撒切尔夫人的私人和官方文件，包括撒切尔夫人任首相期间的秘书、主要官员的私人和官方文件，以及大量来自美国总统图书馆和美国国家档案馆的文件。

③ 陈乐民：《战后英国外交史》，世界知识出版社，1994，第62页。

④ 1956年10月29日，英法两国为了继续霸占苏伊士运河，联合以色列，对宣布收回该运河的埃及发动战争。这一侵略行为引起了包括美、苏两个超级大国在内的国际社会的普遍反对。在国际舆论和英镑暴跌的双重压力下，英国政府于11月6日宣布翌日停火。从此，英国失去了埃及特别是苏伊士运河这一重要的战略据点。1957年1月，英国首相艾登被迫辞职。

苏联是英美的共同目标，她有责任尽一切可能帮助里根赢得冷战。^① 里根总统与撒切尔首相的战略共识及其良好的私人关系成为英美特殊关系得以迅速恢复的"润滑剂"。从此，英美特殊关系进入复兴时期，双方在国际事务上协调一致，在军事防务上相互支持。

在美英特殊关系得到恢复和强化的同时，美阿关系也进入了蜜月期。在卡特政府时期，美阿关系曾因美国的"人权外交"而陷入紧张状态。里根上台后，"力图利用美国的经济实力，联合第三世界国家，有限推回苏联的势力，夺回或扩大20世纪70年代所失去的势力范围，继续保持美国在第三世界的垄断地位"。^② 根据里根政府的这一全球战略，阿根廷作为南美洲的重要国家之一，自然成为美国在南美洲对抗共产主义的堡垒和盟友。在美国的扶持下，阿根廷于1981年12月成立了以莱奥波尔多·加尔铁里（Leopoldo Galtieri）为总统的军政府。加尔铁里军政府投桃报李，承诺为美国在南美洲的反叛乱作战提供军事支持。随着美阿关系的日益亲密，阿根廷军政府甚至产生了对美国而言阿根廷比英国更重要的错觉，进而作出了一个极为严重的战略误判：美国出于战略上的需要会同阿根廷保持良好关系，1956年的苏伊士危机中，美国未能支持英国，因此美国在马岛问题上是有可能中立的。除此之外，他们还认为英国政府缺乏对军事压力作出反应的民族意志，皇家海军缺乏在离家1.3万公里的地方作出反应的能力。^③ 正是根据这一误判，阿根廷作出了武力夺回马岛的重大决策。

然而，在马岛主权归属问题上，美国实际上一直是偏袒英国的。负责美洲事务的副国务卿托马斯·恩德斯（Thomas Enders）和负责欧洲事务的副国务卿霍姆斯·艾伦（Holmes Allen）给国务卿亚历山大·黑格（Alexander Haig）的备忘录中指出："美国在这个问题上没有立场，但承认

---

① ［英］玛格丽特·撒切尔：《唐宁街岁月》（上册），李宏强译，国际文化出版公司，2009，第146页。

② 洪国起、王晓德：《冲突与合作：美国和拉丁美洲关系的历史考察》，山西高校联合出版社，1994，第336页。

③ Michael Charlton, *The Little Platoon: Diplomacy and the Falklands Dispute* (Oxford: Basil Blackwell, 1989), pp. 116–120.

英国政府的管理和控制。"① 美国政府的这种"承认"明显有利于英国，是"没有立场"的"立场"。里根在日记中也写道："自 1540 年左右以来马岛就一直是英国的财产。149 年来，阿根廷一直试图宣称对这些岛屿拥有主权。但是岛上人口只有 2000 人，而且几乎全部是英国人。"② 由此可见，在里根看来，马岛是属于在那里殖民已久的英国人的。

随着英国占领马岛 150 周年纪念日的日益临近，虽然英阿之间的谈判还在勉强维持，里根政府也在其中积极斡旋，但英阿关系日渐紧张。同时，由于阿根廷的国内矛盾不断激化，爆发了 1976 年以来最大规模的群众运动，加尔铁里军政府希望通过强硬的对外政策转移民众视线、缓解国内矛盾。因此，加尔铁里军政府一方面将装甲兵部署于阿根廷与智利边境，导致阿智之间的比格尔海峡争端急剧升温，另一方面又暗中积极策划和筹备武力夺回马岛。

1982 年 3 月 19 日发生的南乔治亚岛事件使英阿之间的紧张关系骤然升温。这一天，阿根廷废旧金属商人康斯坦丁诺·大卫杜夫（Constantino Davidoff）带领矿工登上马岛附属岛屿——南乔治亚岛（South Georgia Islands），并在岛上竖起了阿根廷国旗。英国政府当即向阿根廷军政府提出强烈抗议，英阿关系急剧恶化。3 月 26 日，阿根廷军政府重申了对马岛的主权要求，并宣布将不惜采取一切行动保护岛上工人的合法权益。对此，英国外交大臣卡林顿勋爵（Lord Carrington）立即致信美国国务卿黑格，希望美国向阿根廷施压以缓和局势。③

南乔治亚岛事件使美国开始陷入左右为难的窘境。正如黑格提醒里根所说：美国的两个朋友之间的军事冲突是对美国国家利益的重大打击。一方面，如果英国人夺回马岛的努力失败，可能会导致撒切尔政府垮台，从

---

① "Information Memorandum from the Assistant Secretary of State for Inter - American Affairs (Enders) and the Acting Assistant Secretary of State for European Affairs (Holmes) to Secretary of State Haig," April 1, 1982, *FRUS*, 1981-1988, Vol. 13, pp. 63-66.

② Ronald Reagan, *The Reagan Diaries* (New York: Harper Press), p. 77.

③ "FCO telegram 588 to UKE Washington," March 28, 1982, Margaret Thatcher Foundation, PREM 19/613 f22.

而上台一个对美国利益的支持远不如撒切尔夫人的政府，进而动摇美欧对苏防务体系。另一方面，冲突可能导致阿根廷与苏联的关系更加紧密，美国与阿根廷军政府建立的新关系将遭到破坏。①

据美国国务院美洲司分析，因为联合国认定马岛问题属于殖民地问题，因此美国不应公开支持英国。最好的办法是建议英阿双方避免匆忙采取行动，使它们都冷静下来，从而找到妥协的方案而不至于得罪任何一方。②因此，3月29日，美国副国务卿沃尔特·斯托塞尔（Walter Stoessel）分别向英国和阿根廷大使传达了美国政府的意见：美国对南乔治亚岛局势和发生冲突的可能性表示关切；感谢阿根廷和英国公众对这一问题的关注；希望双方能够和平解决问题，因为双方都是美国的朋友；敦促双方保持克制；解决问题的关键在于双方自身，美国无法在这些问题上发挥作用；但是，美国对南乔治亚岛目前的局势感到关切，如果双方都认为美国能够发挥有益的作用，美国愿意倾听并进行斡旋；国务卿黑格对这次事件尤为关注。③可见，在英阿马岛之争问题上，里根政府采取了"不公开支持英国"的暧昧立场和"准备提供斡旋"的有限介入政策。其中，"不公开支持英国"意味着可以"暗中支持英国"；而"准备提供斡旋"则反映了里根政府既不想得罪任何一方，又不愿完全置身事外而丧失其影响力的投机心态。

3月31日，黑格给卡灵顿回电，表示美国将尽力协助英国解决这次危机。对美国来说，如果在阿根廷看来美国不偏袒英阿中的任何一方，美国将有更大的可能影响阿根廷的行为。④从黑格的这一回电可以进一步看出：

① "Memorandum from Secretary of State Haig to President Reagan," April 5, 1982, *FRUS*, 1981-1988, Vol. 13, pp. 113-114.

② "Briefing Memorandum from the Assistant Secretary of State for Inter-American Affairs (Enders) and the Acting Assistant Secretary of State for European Affairs (Scanlan) to the Deputy Secretary of State (Stoessel)," March 29, 1982, *FRUS*, 1981-1988, Vol. 13, pp. 46-47.

③ "Telegram from the Department of State to the Embassies in Argentina and the United Kingdom," March 30, 1982, *FRUS*, 1981-1988, Vol. 13, p. 49.

④ "Telegram from the Department of State to the Embassy in the United Kingdom," March 31, 1982, *FRUS*, 1981-1988, Vol. 13, p. 52.

美国同英国、阿根廷的关系显然有主次、亲疏之分；美国之所以在英阿马岛之争中采取貌似公正的立场，只不过是为了协助英国解决面临的危机，对阿根廷施加更加有效的影响。事实证明，黑格高估了美国对阿根廷的影响力和控制力。

就在 3 月 31 日晚上，撒切尔惊悉阿根廷舰队已经出海，可能在 4 月 2 日入侵马岛。于是，她连夜召集国防部、外交部的官员开会，作出了以下决定：立即组建特遣舰队，在 48 小时内准备出发。① 同时，由撒切尔首相致信里根总统，请求他紧急同加尔铁里联系，敦促加尔铁里不要批准任何登陆行动，更不要采取任何敌对行动。撒切尔称，英国不会让争端升级，而是正在寻求通过紧急的外交措施来达成和解。② 然而，在里根与加尔铁里的通话中，加尔铁里强硬地表示除非英国承认阿根廷对马岛的完全主权，并同意在今后几个月内移交控制权，否则阿根廷将拒绝任何形式的谈判。③ 对于这一前提条件，英国是不可能答应的，这就意味着阿根廷武力夺岛势在必行。于是，里根立即将通话结果告知撒切尔，并明确表示：美国对马岛主权持中立态度，但在阿根廷使用武力问题上不会保持中立。"我们非常重视你们在应对我们两国在世界许多不同地区共同面临的挑战方面的合作。我们将尽我们所能来帮助你。"④ 简言之，只要阿根廷对马岛采取军事行动，美国就会尽其所能支持英国。里根的这一表态给撒切尔吃下了一颗"定心丸"。

---

① "Minutes of Full Cabinet - CC（82）14th," April 2, 1982, Margaret Thatcher Foundation, CAB 128/73 f135.

② "Message from British Prime Minister Thatcher to President Reagan," March 31, 1982, *FRUS*, 1981-1988, Vol. 13, p. 58.

③ "Telegram from the Department of State to the Embassies in Argentina and the United Kingdom," April 2, 1982, *FRUS*, 1981-1988, Vol. 13, p. 73.

④ "President Reagan's Letter to MT," April 2, 1982, Margaret Thatcher Foundation, PREM 19/657 f7（T55B/82）.

二、战争前期：从"居中调停"到"平衡调停"

1982 年 4 月 2 日，阿根廷不顾美国劝阻，武力收复了马岛，并在岛上建立了行政机构，这标志着马岛战争的爆发。对此，英国政府迅速作出以下四项强硬决定：断绝同阿根廷的外交关系；冻结其部分资产；开展外交攻势；向马岛派出特遣舰队。① 其中，所谓的外交攻势主要是为英国进一步行使"自卫权"抢占国际舆论的道德制高点。

《联合国宪章》第 51 条规定，"自卫权"这一"自然权利"的行使须以"受武力攻击"为前提，"在安全理事会采取必要办法"之前"应立即向安全理事会报告"。② 根据这一规定，英国政府在马岛战争爆发当天就指示其驻联合国代表报告联合国安理会，并提交了一份如何解决马岛危机的决议草案。其主要内容有：要求英阿双方立即停止敌对行动，要求阿根廷立即从马岛撤军；呼吁英阿双方按照《联合国宪章》的原则以外交途径解决分歧。③ 同时，英国政府也将这一决议草案告知了美国政府，并请求支持。因此，美国国务院指示其驻联合国代表：对英国提出的决议草案"应该投赞成票"，"应在安理会辩论期间发表简短声明，支持英国决议中的原则，强调和平谈判解决的必要性。美国的声明不应以任何方式对福克兰群岛的主权问题发表评论"。④ 4 月 3 日，安理会经过激烈辩论，通过了英国政府提出的上述草案，形成了安理会 1982 年第 502 号决议。这一决议貌似公正，实际上是英国政府的一项重大外交胜利。它不仅造成了英国在遭受"入侵"后仍努力谋求外交解决的假象，而且为英国后来以阿根廷破坏调

---

① "Minutes of Full Cabinet – CC（82）15th," April 2, 1982, Margaret Thatcher Foundation, CAB 128/73 f140.

② 刘颖、昌国民主编《国际法资料选编》，中信出版社，2004，第 413 页。

③ "Press Office Bulletin No. 78: Draft British Resolution and Statement by British Permanent Representative," April 2, 1982, Margaret Thatcher Foundation, INGH 2/4/1/5 f117.

④ "Telegram from the Department of State to the Mission to the United Nations," April 2, 1982, *FRUS*, 1981-1988, Vol. 13, p. 69.

停为借口，进而行使"自卫权"埋下了伏笔。可见，在马岛战争爆发之初，里根政府虽然在外交上支持英国，反对阿根廷武力改变马岛现状，但仍然希望避免战争升级，和平解决这场危机，同时也极力避免直接介入马岛主权之争。

由于英国是北约成员国，美国在马岛战争中是否会为英国提供军事援助就成为人们关心的问题。4月5日，里根在接受记者采访时表示，他把英国和阿根廷置于同等地位，这对美国来说是一个非常困难的局面，因为美国与卷入这场争端的两个国家都是朋友；美国准备尽一切努力帮助它们，美国希望并愿意帮助它们在没有使用武力和流血的情况下和平解决这个问题。[1] 在这种公开场合，里根作为美国总统，除表现出左右为难、暗示美国愿意出面进行调停之外，实在不宜表态支持任何一方。然而，英国本土距马岛1.3万公里，如果没有阿森松岛的美军基地作为军事补给站，英国的战斗机根本无法完成作战任务。就在这一天，美国国务院发言人在被问及英国特遣部队是否可能使用在阿森松岛的美军基地时表示，在通知美国军事指挥官后，英国有权在机场降落军用飞机，这并不构成美国参与争端。[2] 美国国防部长卡斯帕·温伯格（Caspar Weinberger）后来也在回忆录中承认：国防部从一开始就支持英国，允许英国利用美国在阿森松岛的设施，并为英国提供情报和各类后勤帮助。[3]

4月6日，美国国务院初步制定了以下应对策略：表达最强烈的反对态度；要求阿方立即撤军；暂停对阿军售，实施经济制裁；在联合国等平台支持英国。[4]

---

① Lawrence Freedman and Virginia Gamba-Stonehouse, *Signals of War: The Falklands Conflict of 1982* (Princeton: Princeton University Press, 1991), p. 168.

② "UKE Washington telegram 1119 to FCO," April 5, 1982, Margaret Thatcher Foundation, PREM 19/614 f10.

③ Caspar Weinberger, *Fighting for Peace: Seven Critical Years in the Pentagon* (New York: Warner Books, 1990), p. 214.

④ "Information Memorandum from the Assistant Secretary of State for Inter – American Affairs (Enders) and the Acting Assistant Secretary of State for European Affairs (Holmes) to Secretary of State Haig," April 1, 1982, *FRUS*, 1981–1988, Vol. 13, p. 65.

4月7日，里根召开国家安全规划小组会议，进一步全面讨论美国在这场冲突中应采取何种对策。会上主要围绕美国是否应当介入英阿两国冲突，何时介入，以及用何种方式介入等问题展开讨论。当讨论到美国应当采取何种立场的时候，以国防部长温伯格为代表的"亲英派"主张全力支持英国。他们认为，1956年苏伊士运河危机时期，英国因为没有得到美国的援助所以在战争中惨败，导致美英关系可谓降至冰点，直至撒切尔夫人上台才有所缓和。近年来，英国在国际事务上支持和援助美国，在美国"反共防苏"的全球防御体系中扮演着重要角色。因此，在马岛问题上，美国应该给予英国百分之百的支持。而作为里根政府拉丁美洲政策的支持者，美国常驻联合国代表珍妮·柯克帕特里克（Jeane Kirkpatrick）则主张美国应继续保持"不偏不倚"的立场。柯克帕特里克认为，阿根廷对南美洲团结事业至关重要，美国"必须帮助其解决马岛问题，而不是被英国牵着鼻子走"。黑格也认为，美国不应"一边倒"地偏袒和支持英国而破坏美阿友好关系。现阶段美国最主要的任务是在劝说阿根廷从马岛撤军的同时，阻止英国舰艇继续前往马岛。① 会议的最终结果是，国务卿黑格提出由他充当调停者，先带领小组人员前往伦敦了解英国的态度。

从4月8日起，黑格开始在英、阿首都进行"穿梭调停"。伦敦是黑格调停之旅的第一站。他首先与英国外交大臣弗朗西斯·皮姆（Francis Pym）进行了会谈。黑格表示，美国人是作为朋友和盟友来到这里的，不会让苏伊士运河事件再现；美国的目标是帮助英国，出于策略上的原因，美国将避免"高调的倾斜"，但在幕后会尽可能提供一切帮助。② 接着，黑格又会晤了撒切尔首相。撒切尔表示，她在阿根廷立刻撤军、恢复马岛战前原状和保留岛民自决三个方面不会妥协。对此，黑格给出三点修改建议，并希望撒切尔夫人接受：第一，阿根廷撤军；第二，成立一个由美国、加拿大和两个拉美国家组成的临时过渡政府，为英国恢复对马岛的主

---

① "Editorial Note," April 7, 1982, *FRUS*, 1981–1988, Vol. 13, pp. 148–152.

② "FCO record of conversation (afternoon) (Pym–Haig)," April 8, 1982, Margaret Thatcher Foundation, PREM 19/615 f12.

权提供保障；第三，迅速恢复谈判。① 然而，英国坚持要求获得马岛完全主权的基本立场，因此黑格这次赴英调停收效甚微，因此他转而寄希望于阿根廷作出更多让步。

4月10日，黑格在布宜诺斯艾利斯与加尔铁里进行了会谈。黑格向加尔铁里表示，如果阿根廷坚持下去，撒切尔将会下台。无论以何种形式，阿根廷最终都将获得马岛的主权；但美国不希望英国人看起来输了。② 同时，黑格强调，英国既然说了要用军事行动重新夺回群岛，就一定能够做到。如果真的出现这样的局面，美国毋庸置疑是会支持英国的。③ 在黑格的软硬兼施之下，双方终于达成了黑格认为有些价值的和解草案。然而，4月11日，阿根廷外交部长科斯塔·门德斯（Costa Mendez）将一份文件交给了黑格，文件内容次日被《纽约时报》曝光：（1）马岛应处于阿根廷的控制之下；（2）在1982年12月31日前，英国将马岛主权归还给阿根廷。④ 这引起了英国的强烈不满，黑格只能暂时终止调解。黑格的第一轮调停宣告结束。

在黑格的第一轮调停期间，美国国务院和国防部对待英国请求援助的态度截然不同。国务院一般采取较为谨慎的态度，尽量避开英美已有协议之外的支持以及调解的关键时间点。而国防部虽然公开宣称"不偏不倚"，但它从一开始就一直在暗中援助英国，甚至超出了美英已有协议的范围。4月13—25日，美国媒体陆续曝光了美国援助英国的内幕。例如，4月13日美国广播公司的"今晚世界新闻"报道："美国正在为英国提供通信链路、阿根廷军方活动的情报、天气预报以及阿森松岛上的装备。"⑤ 4月15

① "Paper Prepared in the Department of State," April 11, 1982, *FRUS*, 1981-1988, Vol. 13, p. 201.

② "Memorandum of Conversation," April 10, 1982, *FRUS*, 1981-1988, Vol. 13, pp. 184-192.

③ Douglas Kinney, *National Interest, National Honor: The Diplomacy of the Falklands Crisis* (New York: Praeger, 1989), p. 115.

④ "Telegram from Secretary of State Haig to the Embassy in Argentina," April 12, 1982, *FRUS*, 1981-1988, Vol. 13, p. 209.

⑤ "Memorandum for the Files by the President's Assistant for Communications (Gergen)," April 14, 1982, *FRUS*, 1981-1988, Vol. 13, p. 248.

日,《纽约时报》再次报道美国在情报、后勤物资等方面对英国进行了援助。① 不仅如此,温伯格还发表声明,确认了国防部对英国的支持。美国援助英国事实的曝光特别是温伯格的声明撕去了美国一直标榜的"中立立场"的伪装,引起了阿根廷的强烈不满,使它对美国产生了不信任感。

如果说黑格的第一轮调停还貌似是公正的"居中调停"的话,那么他的第二轮调停则完全撕下了"中立"的伪装,变成了以传统关系为基础的"平衡调停"。黑格在再次前往阿根廷的途中会晤了委内瑞拉外交部长,其间他没有再使用"中立"和"不偏不倚"等词,而是多次强调自己的立场是"平衡调停",② 并声称:"认识到局势从一开始就不平衡,因此我们正在努力保持一个平衡的立场。我们与英国有着长期的、极为亲密的关系,当我们说平衡立场时,我们的意思是我们不会超越我们的传统关系。"③ 这就意味着,在接下来的调解中,黑格将会区别对待双方,分亲疏、论主次。

4月16日,黑格抵达布宜诺斯艾利斯进行第二轮调停。在美英巨大的外交和军事压力下,加尔铁里与黑格于4月19日达成了《布宜诺斯艾利斯草案》。在这一草案中,阿根廷政府表示愿意撤军、谈判。这是阿根廷所能作出的最大让步,但英国对此并不满意。英国外交大臣皮姆表示,英国认为美阿达成的草案在马岛主权归属问题上仍然偏向阿根廷,没有维护必须由岛民自己决定归属的基本原则。④ 皮姆对草案内容进行了修改,试图将英国的利益诉求最大化。对此,黑格认为阿根廷肯定不会接受,但仍向皮姆承诺:"美国要让国际社会相信,美国斡旋失败的原因不在于美英,而在阿根廷。"⑤ 这表明,为了给英国行使所谓的"自卫权"制造新的借

---

① "U. S. Providing British a Wide Range of Intelligence," April 15, 1982, *New York Times*, p. A11.

② "Memorandum of Conversation," April 15, 1982, *FRUS*, 1981-1988, Vol. 13, p. 262.

③ Ibid. , p. 261.

④ "Message from British Foreign Secretary Pym to Secretary of State Haig," April 21, 1982, *FRUS*, 1981-1988, Vol. 13, p. 351.

⑤ "Memorandum of Conversation," April 23, 1982, *FRUS*, 1981-1988, Vol. 13, p. 370.

口，美国在阿根廷拒绝接受皮姆修改后的草案之前就决定将"破坏调停"的罪名扣在阿根廷头上。

4月25日，英国特遣舰队在南乔治亚岛登陆，并夺回该岛控制权。同日，黑格将皮姆修改的草案交给阿根廷外长门德斯。果然不出黑格所料，门德斯于4月29日正式拒绝皮姆修改的草案。4月30日，黑格正式宣布调停失败，并将责任归咎于阿根廷。与此同时，英国特遣舰队完成了对马岛周围200海里海空的全面封锁，预示着马岛战争即将全面升级。

三、战争后期：支援英国的政策由公开走向强化

1982年4月30日，美国国务卿黑格发表声明称，鉴于阿根廷未能接受妥协，美国必须采取具体步骤，美国不能也不会宽恕使用非法武力解决争端。美国将暂停对阿根廷的所有军事出口，扣留对阿根廷军售资格的证明，以及暂停新的进出口银行信贷和担保。同时，美国将积极回应对英国军队的物资支持的请求，但是美国不会直接参与军事行动。① 同日，里根在接受采访时被问道："美国向英国提供军事物资的性质是什么？"里根回答说，这是符合美国通过北大西洋联盟与英国签订的各项条约的，目前美国还没有收到来自英国的任何此类帮助的请求。② 但是，就在这一天，温伯格批准了英国请求美国转让最新空射型"鱼叉"反舰导弹的请求。③ 5月2日，温伯格还向皮姆保证："只要在美国力所能及的范围内，美国会尽可能地在第一时间满足英国提出的一切援助请求。"④

事实也是如此。仅仅在5月，英国从美国一共采购了价值约1.2亿美元的物资。这些物资可以在很短的时间内（通常是24小时）获得，并且经常是从用于美国作战需求的库存中获得。这些装备包括"响尾蛇"导

---

① "Editorial Note," FRUS, 1981–1988, Vol. 13, p. 428.

② "Presidential Remarks on Falklands," https://www.margaretthatcher.org/document/114274.

③ "Memorandum from the Chairman of the Joint Chiefs of Staff (Jones) to Secretary of Defense Weinberger," April 30, 1982, FRUS, 1981–1988, Vol. 13, p. 430.

④ Caspar Weinberger, *Fighting for Peace: Seven Critical Years in the Pentagon*, p. 146.

弹、"密集阵"系统、为斯坦利机场提供的近4700吨的飞机跑道防滑垫、"斯特纳巡视员"号修理船、直升机发动机、潜艇探测装置、"毒刺"地对空导弹等。[1]

尽管美国已经决心公开支持英国,但为了缓解国际反战舆论压力,并降低因援助英国而给美国带来的负面影响,美国参与了对秘鲁和平方案的修改。5月1日,秘鲁总统费尔南多·贝朗德(Fernando Belaunde)主动联系黑格,向他提供了一份关于英阿马岛危机的解决方案。黑格、贝朗德分别站在英国、阿根廷的立场对方案进行了一定的调整,最终制定了一个由七点计划组成的美秘方案。5月2日,黑格、贝朗德将美秘方案分别交给英国、阿根廷。然而,就在这一天,英国海军"征服者"号潜艇击沉了阿根廷的"贝尔格拉诺将军"号巡洋舰,造成阿军321人死亡。因此,阿根廷拒绝了美秘方案。5月4日,阿军还以颜色,击沉了英国"谢菲尔德"号驱逐舰,造成20人死亡、26人受伤。由此,美秘方案在战火升级中无果而终。

5月6日,联合国秘书长哈维尔·佩雷斯·德奎利亚尔(Javier Perez de Cuellar)提出英阿立即停火撤军、由联合国暂管马岛的和平方案。迫于国际舆论的压力,英国和阿根廷接受了联合国的调停,但是双方都没有停止军事行动。在美国的援助下,英军逐渐在战争中取得优势。阿根廷则因战事失利而逐渐软化。然而,英国得势不饶人,认为一场扬眉吐气的胜利远好过旷日持久的谈判。5月20日,撒切尔正式宣布,由于阿根廷"顽固、拖延、欺骗、不守信用",拒绝联合国调解,英国政府授权特遣舰队总司令约翰·菲尔德豪斯(John Fieldhouse)收复马岛。[2] 由此,联合国的调停宣告失败。

5月21日,阿根廷开始向美国请求停火谈判。5月29日,加尔铁里表示,阿根廷可能会被迫向苏联寻求援助。为此,里根当天致电撒切尔,敦

---

① Lawrence Freedman and Virginia Gamba-Stonehouse, *Signals of War: The Falklands Conflict of 1982* (London: Faber, 1990), p. 329.

② "Falkland Islands," May 20, 1982, House of Commons Parliamentary Papers, Vol. 24, p. 477.

促英国政府考虑停火。对于美国的这一要求，撒切尔深感不满，并拒绝了停火。她表示，英国在这场战争中损失了很多东西，只有重新夺回马岛后她才能接受谈判。[①] 在没有说服撒切尔改变武力夺岛的态度后，美国为了帮助英国尽快取得战争胜利，进一步加大了对英国的军事援助力度。与此同时，为了保证阿根廷在战后不倒向苏联，美国还与阿根廷军方高层建立秘密的沟通渠道。

6月14日，阿根廷军队投降，英军取得了马岛战争的最终胜利。其中，美国"功不可没"。如果没有美国的军事援助，英军在马岛战争中将很难取胜；即使能够取胜，也要付出更为巨大的代价。正如撒切尔夫人所说："从一开始，我们就确信美国的态度是左右最终结果的关键因素。"[②]

阿根廷战败后，加尔铁里于6月17日被迫下台。美国违背"中立"诺言、支持英国的行为激起了阿根廷和其他拉美国家的强烈不满，使它们产生了严重的反美情绪。马岛战争之后，美国为了抚平这种情绪并稳定拉美这个"后院"，不仅积极修补美阿以及美拉之间的关系，而且加大了对拉美国家的经济援助力度。然而，"一朝被蛇咬，十年怕井绳"。美国在马岛战争期间表里不一、背信弃义的卑劣表演给阿根廷人民造成的巨大心理创伤和阴影很难在短期内消除。

四、结语

纵观马岛战争期间美国处理英阿关系的政策，它大致经历了以下三个时期。在战争前夕，美国在处理南乔治亚岛事件引发的危机中，经过短暂的左右为难之后，确立了表面保持"中立"、暗中支持英国的政策。在战争前期，美国为了维持其同英阿两国的友好关系，希望通过黑格的调停和平解决马岛危机，避免战争升级。然而，美国从一开始就或暗或明地支持

---

① "Transcript of a Telephone Conversation between President Reagan and British Prime Minister Thatcher," May 31, 1982, *FRUS*, 1981-1988, Vol. 13, pp. 651-656.

② ［英］玛格丽特·撒切尔：《唐宁街岁月》（上册），第172页。

英国，貌似公正的"居中调停"和区别对待的"平衡调停"先后都归于失败。在战争后期，美国公开支持英国，在未能说服英国停战谈判之后，美国进一步加大了对英国援助的力度。

马岛战争结束40多年了，但美国在战争期间的政策仍能让人们获得深刻的历史启示。第一，美国政府的各项政策始终是以自己的国家利益为最终考量，与美为伍的国家须谨防自己成为美国的"弃子"而"被坑"。为了维护自身利益，美国总是"两害相权取其轻"：当其"核心盟友"与其"外围伙伴"发生矛盾和冲突时，它会"弃卒保车"；当美国自己与其"核心盟友"发生矛盾和冲突时，它也会毫不犹豫地"弃车保帅"。第二，在美国的"朋友圈"中，其盟友和伙伴都有各自的国家利益，既不是铁板一块，也不会总是"唯美国马首是瞻"。例如，阿根廷就曾不听美国劝阻，以武力收复马岛，而英国在马岛战争后期也拒绝了美国停火谈判的要求。第三，阳奉阴违、表里不一是美国在国际交往中的一贯做法。它常常以各种理由和手段，"架空"和"虚化"它曾经作出的重大承诺。因此，同美国交往不能光听其言，而要听其言、观其行。

冷战边缘：20世纪60年代美国和非洲之角边界冲突之研究

张亚庆*

【摘　要】　20世纪60年代，非洲民族独立的浪潮使大批非洲国家脱离前殖民宗主国，由此形成了大量"权力真空带"。这一局面促使美苏将冷战触角伸向非洲大陆尤其是非洲之角——这里地理位置优越且有对美国十分重要的卡格纽基地。因此，当60年代索马里与肯尼亚、埃塞俄比亚发生边界冲突时，美国出于削弱苏联对非洲之角的影响以及维护其在该地区利益和势力的考虑，倡导"和平"解决非洲之角边界冲突，并为此作了诸多努力。最终，在美国的斡旋下，索马里和肯尼亚达成了暂时的和解。

【关键词】　冷战；美国；非洲之角；索马里；肯尼亚

近年来，关于非洲之角问题的研究层见叠出，但多侧重于20世纪70年代的欧加登战争和美埃（塞）、美索关系方面。本文研究的主题主要集中在1962—1967年美国在冷战思维和多方利益关系的影响下，对处于冷战

---

* 张亚庆，鲁东大学历史文化学院讲师，研究方向为冷战史、美国和非洲关系史。

边缘的非洲之角边界冲突的态度立场，以及为维护其在该地区的利益和影响而采取的行动措施。在这一时期，埃塞俄比亚与美国关系十分密切，肯尼亚则是美国在东非关系最友好的国家。而索马里与苏联交往密切，在与肯尼亚、埃塞俄比亚的冲突中得到了苏联的支持和武器援助。实际上，冲突最初就是肯尼亚东北省的索马里族人在索马里政府的煽动和支持下要求回到索马里统治下而发动的暴乱，继而引发了肯尼亚、埃塞俄比亚与索马里的边界冲突战争。

一、20 世纪 60 年代美国的非洲政策

20 世纪 60 年代是非洲迅速变化、激烈动荡的时期。轰轰烈烈的民族独立运动使大部分非洲国家摆脱了殖民统治获得独立，也促使欧洲帝国主义在非洲大陆的殖民体系最终崩溃。这种形势给了美国和苏联进一步介入非洲事务的机会。为了维护和扩大美国在非洲的利益和影响，以及在该地区与"苏联集团"的竞争中占据优势，美国 20 世纪 60 年代对非洲政策的基调主要有以下几点。

（一）公开表示"同情"非洲人民，"支持"非洲国家独立，从而提升在非洲的形象和影响力

在艾森豪威尔政府后期，美国看到非洲民族独立运动的规模和气势，以及非洲人民走向独立和自决的热情和决心，就很少再提及"非洲国家过早独立的危险"[①]——美国认为东非国家过早独立对它在该地区的利益所造成的损害不亚于 19 世纪殖民主义的延续——并公开表示对非洲民族主义运动的"同情"，标榜支持非洲宗主国在其殖民地、附属国进行统治和管

[①] "National Security Council Report, NSC 581, 1958," United States Department of State, *Foreign Relations of the United States* (*FRUS*), 1958-1960, Vol. XIV, Africa, No. 8, p. 28; "Memorandum of Discussion at the 432nd Meeting of the National Security Council, 1960," *FRUS*, 1958-1960, Vol. XIV, Africa, No. 21, p. 75.

理方面的"改革"，"允许"一些国家取得独立和自治。

肯尼迪上台后，美国在拉拢非洲方面表现得更加积极、明显。肯尼迪强烈谴责艾森豪威尔政府忽视非洲人民的愿望和诉求，强调美国"支持非洲国家和人民获得自由和独立的愿望"，"欢迎新的非洲国家独立"。① 1961年4月15日，肯尼迪不惜冒着得罪欧洲宗主国的风险，为非洲大使举行招待会庆祝"非洲自由日"。会上肯尼迪大谈"美国也是革命国家，同那些现在没有自由而总有一天会得到自由的人有一种十分强烈的共同意识"。②

随着非洲独立的国家越来越多，到约翰逊政府时期，美国已认识到非洲实现多数非洲人统治的独立国家是不可避免的，美国在非洲影响力的主要决定因素将是在非洲人民最关心的政治问题上采取什么样的立场。国家安全事务特别助理罗伯特·科默（Robert Komer）在给约翰逊的报告中提及"当2/3的非洲国家独立时，这场战争真的输了，这一进程的完成在历史上是不可避免的，它是一个痛苦的过程。但我们及所有欧洲国家都无法阻止，所以我们应该站在胜利的一方"。③ 非洲事务助理国务卿 G. 门嫩·威廉姆斯（G. Mennen Williams）在给国务卿迪安·腊斯克（Dean Rusk）的行动报告中也多次建议"美国应更有力地重申支持非洲独立和多数人统治"。④

美国总统与非洲国家领导人建立个人联系，增加高级行政官员有计划的访问非洲的次数，利用经济援助为政治和其他发展目标服务等，也是美国历届政府惯用的手法。在1965年美国国务院非洲事务局关于非洲新政策的会议上，明确提出"总统应该利用各种机会就非洲人感兴趣的问题发表意见。美国在非洲事务上发表的很多公开声明，都是针对肯尼迪总统所采

---

① 梁根成：《美国与非洲：第二次世界大战结束至80年代后期美国对非洲的政策》，北京大学出版社，1991，第58页。

② 同上。

③ "Memorandum from the President's Deputy Special Assistant for National Security Affairs (Komer) to President Johnson, Washington, 1965," *FRUS*, 1964–1968, Africa, Vol. XXIV, No. 202. p. 313.

④ "Action Memorandum from the Assistant Secretary of State for African Affairs (Williams) to Secretary of State Rusk, Washington, 1965," *FRUS*, 1964–1968, Africa, Vol. XXIV, No. 206, p. 319.

取的立场和评论,现在应该使非洲人民及其领导人和约翰逊总统熟悉起来"。① 此后,约翰逊与不少非洲领导人都有书信往来,并安排其个人代表对非洲进行高级别的访问。1967 年,约翰逊派遣副总统汉弗莱对索马里、肯尼亚、加纳、利比里亚、刚果等 9 国进行了访问。② 这些行动有助于美国在非洲营造一种可靠和受尊重的形象,使非洲人民相信美国对他们的立场,从而有利于推进美国在非洲的政策目标。

(二) 密切关注和遏制 "苏联集团" 在非洲的活动

美苏冷战是 20 世纪 60 年代美国制定非洲政策的主要影响因素。在经历了柏林危机、古巴导弹危机等事件后,世界各地区的冷战局势到 20 世纪 60 年代已基本定型,只有非洲大陆还没有完全被两大阵营 "渗透"。出于和美国争夺势力范围的目的,苏联打着支持非洲民族解放运动的旗号,不断向非洲大陆示好,同非洲新独立国家迅速建立外交关系并向它们提供经济、教育、军事等多方面的援助。西方殖民势力则因非洲国家的独立而土崩瓦解。美国依靠北约盟友控制非洲地区,再通过与北约国家的合作维护其在非洲的利益与战略目标的方式已难以维持。

面对 "苏联集团" 在非洲的活动,有人建议美国应该像在拉丁美洲那样通过 "伙伴关系" 或其他 "分担义务" 的方式深入参与每个非洲国家的全部发展进程,③ 但这种行动在拉丁美洲行得通,在非洲则不尽然。美国政府意识到了这一点,虽对苏联在非洲的行动采取了一定制衡措施,却远没有像在其他地区那样谨慎和强烈。副国务卿威廉·哈里曼 (William Harriman) 在给约翰逊总统的报告中表示,"非洲维护来之不易的自由的决

---

① "Memorandum from Ulric Haynes of the National Security Council Staff to the President's Special Assistant for National Security Affairs (Bundy), Washington, 1965," *FRUS*, 1964 – 1968, Africa, Vol. XXIV, No. 197, p. 302.

② "Report from Vice President Humphrey to President Johnson, Washington, 1968, *FRUS*, 1964 – 1968, Africa, Vol. XXIV, No. 231, p. 387.

③ "Report of the Task Force on the Review of African Development Policies and Programs, Washington, 1966," *FRUS*, 1964 – 1968, Africa, Vol. XXIV, No. 215, p. 341.

心以及我们的政策和外交加强了非洲对不受外部颠覆危险的认识"。①

在冷战思维下，美国十分微妙和谨慎地利用英法等北约盟国在非洲的传统影响以及与它们的友好关系，提升美国等西方国家在非洲人民中的好感。当英法比等国家无力支撑对非洲的长期责任和援助承诺，导致这些国家在非洲的势力崩溃时，美国看到了一个新机会。美国国务院认为，"当西欧宗主国不再履行对非洲代价高昂的承诺时，一些非洲国家可能会与莫斯科或北京合作，可能会暂时对西方变得高度不友好。但无论是温和派还是激进派，它们都珍视行动自由，不可能成为一个完全的共产主义国家，也不可能拒绝与西方的一切联系，而我们恰好可利用这点"。② 美国表示支持非洲人民不能只由前殖民大国"照顾"，但也反对非洲各国政府因经济需要将自己的命运交到共产主义集团手中。③ 因此，它企图利用经济、教育、援助等手段在幕后控制西欧国家在非洲的势力范围或与宗主国共同管理非洲领地。如此，不仅可以遏制苏联在非洲的扩张趋势，也能加强美国在非洲的势力。

（三）派遣"和平队"援助非洲，注重在非洲的工会和文化活动，以扩大政治影响

"和平队"和经济援助、财政援助等援助类型一样，是美国对非洲启动的另一种"援助计划"。它的实施方式是向非洲国家派遣由美国志愿者组成的"和平队"，这些志愿者在从事义务性教育、卫生、技术培训等各种公共技术服务活动的同时，树立了美国在非洲民众中的良好形象，使他们对美国政府及其人民产生好感，提升了美国在非洲国家的"积极影

---

① "Memorandum from the Under Secretary of State for Political Affairs (Harriman) to President Johnson, Washington, 1964," *FRUS*, 1964-1968, Africa, Vol. XXIV, No. 188, p. 285.

② "National Intelligence Estimate, Washington, 1965," *FRUS*, 1964-1968, Africa, Vol. XXIV, No. 195, p. 298.

③ Ibid.

响"。① "和平队"的作用类似于美国和非洲早期交流联系中的传教士等，都是通过开展长期的"人道主义"工作赢得良好声誉，为美国在非洲的政治经济利益提供方便。

同时，派遣"和平队"也是一项美国在冷战环境下为遏制共产主义的传播而实施的"民间外交"。肯尼迪提出建立"和平队"的出发点就是为了遏制共产主义在第三世界的发展。在 1960 年的竞选演说中，肯尼迪对选民说："在地球的另一端，落后国家在许多方面需要教师、医生和工程师，莫斯科正向这些国家派遣它们需要的这类人员以发展共产主义事业，我相信我们献身于自由事业的青年男女完全有能力制止赫鲁晓夫的使者削弱'自由世界'的尝试。"② 由此可见，美国的"和平队"实质上是一个冷战产物，是为了遏制共产主义的传播而出现的。在非洲，加纳、坦桑尼亚、马里等一批有向共产主义势力靠拢倾向的国家成为美国第一批派遣"和平队"的对象。"和平队"在非洲一度发展得很快，并确实在一定程度上达到了美国所期望的目的。

工会和文化宣传活动也是美国在非洲塑造正面形象和扩大影响力的主要工具之一。1965 年美国成立了非洲-美国劳工中心，该中心与美国的官方机构密切配合。该中心从美国国际开发署获得经费，然后向非洲的一些工会组织提供物资，再通过培训工会干部、开展工人教育、组织合作社、提供医疗卫生服务和建设住房等方式扩大美国工会对非洲劳工运动的影响。③

另外，美国新闻署也是美国政府在非洲宣传美国和推行政策机器的重要机构。1957 年尼克松访问非洲后，提出要加强美国对非洲的宣传活动。于是，美国新闻署在非洲建立了"美国之音"广播电台，用英语、法语以及某些非洲语言向非洲播放节目，其内容一般会以非洲人的兴趣为出发

---

① 马凌：《美国对撒哈拉沙漠以南非洲的政策研究：20 世纪 40—60 年代》，厦门大学出版社，2014，第 217 页。

② Karen Schwarz, *What You Can Do for Your Country：An Oral History of the Peace Corps* (New York：William Morrow and Company, 1991), p. 17.

③ 梁根成：《美国与非洲：第二次世界大战结束至 80 年代后期美国对非洲的政策》，第 62 页。

点，且会在非洲各地放映美国纪录片和关于重大事件的新闻影片，发布每日新闻并在非洲出版和分发美国报刊，以此来宣传美国思想文化。这对非洲人民的思维方式和看待问题的角度有着潜移默化的影响。此外，美国新闻署通过向非洲政府提供资料等方式还可以影响它们的政治。例如，当利比亚草拟宪法时，美国新闻署向其参与立法会议的每个成员提供了一本阿拉伯文的美国宪法。①

总之，上述方面有效宣传了美国在非洲国家的正面形象，也遏制了"苏联集团"利用教育宣传手段拉拢非洲国家的机会。正如美国非洲事务助理国务卿威廉姆斯所言，"我们的非政治宣传计划提供了代替到共产党国家学习的有吸引力的选择，这种方式将有助于为非洲人民提供明智的与民主的领导人"。②

（四）加强对非洲的军事和情报工作

美国在非洲的军事力量和情报能力虽比不上在欧亚地区，但自20世纪60年代以来一直在提高。例如，美国在非洲的军事基地逐年增加，其中在非洲之角的卡格纽基地倾注了大量的精力、财力。据称，该基地是世界上最大的高频无线电中继站和情报收集中心，驻扎着1000多名美军。为维持卡格纽基地的正常运作，美国不但满足了埃塞俄比亚皇帝多次提出的军援要求，还同意对埃塞俄比亚的士兵进行特殊训练，帮助他们提高反颠覆能力以维护亲美的埃塞俄比亚政府。

此外，美国还注意在非洲发展军事学校。美军参谋长联席会议主席厄尔·G. 惠勒（Earle G. Wheeler）在给国防部长罗伯特·麦克纳马拉（Robert McNamara）的报告中明确提到：有充分的证据表明非洲迫切需要专业的军事训练，发展中的非洲国家因存在有利于叛乱的环境而面临着内

---

① 梁根成：《美国与非洲：第二次世界大战结束至80年代后期美国对非洲的政策》，第63页。
② 同上。

部安全问题；在大部分地区，军事因素正成为非洲国家主权的主要守护者。① 因此，美国计划在国家权力结构内为非洲所有亲西方的力量提供支持，尤其是军事方面的支持。美国除了增加在非洲的军事基地和军事援助，还在非洲设立军事类型的学校或帮助非洲增设军事课程。对于那些因出于政治或其他原因而回避在美国进行军事知识学习的非洲军官，美国则在非洲设立了"泛非军事学校"，其可提供军事概念、基本战术、武器指导、镇压叛乱、公民行动、纪律和军队士气责任等培训课程。② 虽然这些学校教授的是专业军事知识，但它们都是西方化的知识，因此潜移默化地传播了西方哲学和理想，从而有助于加强美国在非洲的影响。

美国暗中对非洲的监视和干涉也是其对非政策的重要组成部分。美国非洲情报来源能力的增长大致与美国在非洲大陆的扩张相呼应，其主要增长发生在 20 世纪 60 年代，其间美国中央情报局巩固和扩大了新建的非洲处，增加了在非洲设立的情报站。尤其是在东非，据说美国政府得到大量"苏联集团"入侵的证据，促使它在该地区采取了隐蔽行动。③ 既然是隐蔽行动，在非洲活动的美国中情局人员除了以外交官的身份出现，还会以公司职员、教授、"和平队"队员以及各种组织机构的雇员身份作为掩护。同时，中情局也会雇用第三国的公民以私人身份去非洲为美国服务。曾为中情局工作过十多年的一位学者评估，"从 20 世纪 60 年代到 70 年代，外交使团中以私人身份在非洲活动的中情局雇员有 30—50 名"。④ 中情局在非洲的活动明显与美国政府公开宣称的"尊重非洲人民选择自己的生活方式"，"宗主国不应使用任何颠覆、暴力、宣传等手段干涉非洲新独立国家的内政"不相符。

---

① "Memorandum from the Joint Chiefs of Staff to Secretary of Defense McNamara, Washington, 1964," *FRUS*, 1964–1968, Africa, Vol. XXIV, No. 189, pp. 286-287.

② Ibid., p. 287.

③ "Draft National Security Action Memorandum, Washington, undated," *FRUS*, 1964–1968, Africa, Vol. XXIV, No. 184, p. 279.

④ 梁根成：《美国与非洲：第二次世界大战结束至80年代后期美国对非洲的政策》，第64页。

（五）通过多边组织加强对非洲的干涉

利用多边组织作为向非洲渗透的工具是美国对非政策的一大特点。最初，由于对非洲新独立国家的双边援助活动较多，以及各非洲受援国的重复、重叠和不愿意合作等原因，美国的援助活动受到阻碍并出现浪费，且美国对非洲过多的援助或干预也会增加欧洲宗主国对美国的疑虑。每当美国对一片法国殖民地说一句友好的话时，巴黎都会非常担心。① 为协调与宗主国在非洲的关系，避免被宗主国所憎恨，美国国家安全委员会建议将对非洲殖民地的援助放在多边组织的框架内，这样就不会显得那么咄咄逼人了。因此，国家安全委员会在给总统的《非洲发展报告》中强调，美国和其他援助国应该把大部分援助非洲的资金投入世界银行，并说服法国、西德、非洲发展银行和联合国非洲经济委员会等主要援助者把世界银行作为援助的中心渠道和对地区经济政策施加影响的来源，② 这样就能使世界银行在非洲国家中发挥更大的参与和领导作用。

除了世界银行，美国还利用国际复兴开发银行和联合国等国际多边组织作为其扩大在非洲影响的工具。副国务卿乔治·鲍尔（George Ball）在给总统约翰逊的一份报告中，详细陈述了美国推动国际复兴开发银行参与非洲发展可采取的路线。首先，该计划要求"美国与某些援助国接触，然后由国际复兴开发银行与联合国开发计划署、非洲开发银行、非洲经济委员会接洽，扩大国际复兴开发银行的支持者并使其在对非援助上发挥带头作用"。③ 由此可知，其实美国是计划利用多边组织作为它干涉非洲国家的挡箭牌，如此可以将对非洲的援助方式引导成以一个"国际财团"的方

---

① "Memorandum of Discussion at the 375th Meeting of the National Security Council, 1958," *FRUS*, 1958–1960, Africa, Vol. XIV, No. 6, p. 20.

② "Memorandum from Edward Hamilton of the National Security Council Staff to the President's Special Assistant (Rostow), Washington, 1966," *FRUS*, 1964–1968, Africa, Vol. XXIV, No. 214, p. 332; "Report of the Task Force on the Review of African Development Policies and Programs, Washington, 1966," *FRUS*, 1964–1968, Africa, Vol. XXIV, No. 215, p. 348.

③ "Memorandum from the Under Secretary of State (Ball) to President Johnson, Washington, 1966," *FRUS*, 1964–1968, Africa, Vol. XXIV, No. 216, p. 350.

式。由英、法、比、葡等西欧国家共同参与，将使"自由世界"在对非援助上协调合作，使美国在众多的对非援助国中不那么突出，减少西方国家尤其是北约盟国对美国在非洲活动的敌意和担忧；同时，也能拉拢非洲新独立国家继续留在西方阵营。

综上所述，美国同非洲的关系不像它和拉丁美洲那样具有密切的历史联系，也不同于它和亚洲或有大规模商业投资的近东的关系。非洲在很大程度上不属于美国在世界上关注和采取行动的主要领域。美国对非洲的主要关切一直是——或者在一段时间里继续是——防止该大陆发生的事件使美国在其他地区的冷战战略和行动复杂化，或防止非洲爆发的事件干扰美国在其他地区的冷战中心战略和政治关注。美国对非洲应该实施什么政策、采取怎样的态度，主要取决于 20 世纪 60 年代共产主义国家对非洲新独立国家的行动和政策，以及非洲新独立国家的国际立场和国际地位。

二、美国对非洲之角冲突的反应

（一）非洲之角边界冲突的缘由

非洲之角边界冲突的源头可追溯到殖民时期，是欧洲列强瓜分非洲的后果。19 世纪下半叶，由于殖民列强对非洲的瓜分，索马里被分割成了五部分，分属法、英、意和英属东非（今天的肯尼亚）以及索马里朱巴河（Jubba River）以西的一个独立保护国。到第二次世界大战后，欧洲列强由于自身实力锐减和非洲民族独立运动等原因退出了非洲大陆，但它们的殖民扩张却对非洲新独立国家之间的国界关系产生了深远影响。索马里人认为他们人民和领土的分离是由于殖民主义时期人为任意划定的边界造成的，非洲有许多类似的边界都违反了人种学的逻辑。

当英属索马里保护国于 1960 年 6 月 26 日独立，并于 7 月 1 日与索马里托管地（前意属索马里保护国）合并建立主权国家索马里共和国后，它仍有三部分领土①由其他国家统治。在约 400 万的索马里人民中，只有 230 万人生活在索马里共和国。加之作为一个伊斯兰国家被西方殖民列强分割，也激发了索马里人民的团结情绪。因此，索马里共和国成立后在制定宪法时专门将"索马里共和国应以法律和和平手段促进索马里领土的统一"作为宪法第 6 条第 4 款的内容。② 这体现了索马里共和国计划将索马里人居住的所有领土纳入本国的意图。

1960 年索马里共和国成立后，一场以"解放"和团结在肯尼亚、埃塞俄比亚和吉布提的所有说索马里语的人，建立一个"大索马里国家"为目标的运动开始了。索马里共和国官员频繁与英国当局交涉，并在肯尼亚独立前一年与肯尼亚主要政治党派的领导人讨论索马里收回肯尼亚"北部边境地区"及其未来的问题。在索马里政府的要求下，英国殖民当局决定在"北方边境地区"组织一次公民投票，以决定该地区讲索马里语的人是想加入索马里共和国还是继续留在独立的肯尼亚。③ 根据投票结果，北部边区的索马里人几乎一致"赞成脱离肯尼亚"加入索马里共和国。④ 这个投票结果遭到肯尼亚国内其他民族主义者的激烈反对，肯尼亚不愿将这片领土拱手让给索马里共和国。索马里政府则公开表示"赞成所有索马里人民的自决，这是对现有政治进行任何谈判的先决条件"。⑤ 英国政府为维护肯尼亚欧洲移民的利益，不想在肯尼亚独立时因分割这个国家而激起肯尼亚政府及人民的愤怒，所以它拒绝"同意北部边境说索马里语的人脱离肯尼亚"，并承认肯尼亚在 1963 年 12 月独立时，它所有领土的组成部分都完好无损。但是，早在 1963 年初，英国就曾向索马里政府保证，"如果没有与索马里共和国协商，它不会就北部边境地区问题作出任何决定"。⑥ 而英国

---

① 这三部分领土是法属索马里兰、埃塞俄比亚的欧加登和肯尼亚的东北省。

② David E. Kromm, "Irredentism in Africa: The Somali-Kenya Boundary Dispute," *Transactions of the Kansas Academy of Science*, Vol. 70, No. 3 (Autumn, 1967), p. 361.

③ Samuel M. Makinda, "From Quiet Diplomacy to Cold War Politics: Kenya's Foreign Policy," *Third World Quarterly*, Vol. 5, No. 2 (Apr. 1983), p. 306.

④ ［英］I. M. 刘易斯:《索马里史》，赵俊译，东方出版中心，2012，第 175 页。

⑤ David E. Kromm, "Irredentism in Africa: The Somali-Kenya Boundary Dispute," p. 362.

⑥ Ibid.

却失言了，它没有按照"北部边境"绝大多数居民的意愿，把领土割让给索马里共和国，而是在 1963 年 3 月 8 日宣布在"北部边境"设立一个东北地区，这个地区会为索马里人提供一定程度的地方自治，并与肯尼亚其他 6 个行政区平等。索马里政府对此十分不满，于 1963 年 3 月 18 日中断了与英国的外交关系。英国代表表示，"女王政府在肯尼亚独立前不会单方作出涉及它边境变化的决定"。① 1964 年肯尼亚颁布了宪法修正案，削弱了所有行政区的权利并将领土权力集中在中央。这一行动显然是为阻止索马里人居住的东北省出现地区主义。索马里政府在使肯尼亚的索马里人与民族家园团结一起的外交努力彻底失败了。

在通过和平方式实现"大索马里计划"失败后，索马里政府及其生活在邻国的索马里族人开始诉诸暴力来达到建立"大索马里国家"的目的。到肯雅塔上台时，肯尼亚当局和"希弗塔"（shifta）② 的战争已经在东北省爆发。由 15—30 人组成的"希弗塔"通常在夜间袭击警察哨所、护卫队和支持肯尼亚政府的人，肯尼亚东北省的索马里居民也通过各种军事或非军事手段试图颠覆肯尼亚当局。针对东北省索马里人的暴动，肯雅塔政府在整个地区制定了应急措施，边界 5 英里内的区域是禁区，在索马里人占领的地区规定了在没有逮捕令的情况下进行逮捕和扣押的权力。③ 而"希弗塔"得到了索马里政府的轻武器援助，在持续四年的冲突中，它使用这些武器针对肯尼亚武装力量、警察和政府官员发动了零星攻击。这些攻击虽规模不大，但经常波及无辜平民或者直接针对当地无辜的非索马里族平民。

出于同样的目的，索马里为将埃塞俄比亚的欧加登地区并入"大索马里"，与埃塞俄比亚也发生了多次边界冲突。西亚德·巴雷政府除加强与欧加登接壤地区的军事力量外，还在欧加登索马里人居住地区扶植反政府

---

① David E. Kromm, "Irredentism in Africa: The Somali-Kenya Boundary Dispute," p. 362.

② "希弗塔"本是用于描述土匪或歹徒的术语，这里指索马里游击队。

③ ［英］丹尼尔·布兰奇：《肯尼亚：希望和绝望之间（1963—2011）》，李鹏涛译，中国社会科学出版社，2017，第 31 页。

力量。最终，1964 年肯埃两国为对付共同的敌人签署了一份防卫条约，规定一方在遭受外部攻击时可以向另一方求助。但是，索马里并没有因此放弃它的"大索马里计划"。在一次美国组织的研讨会上，索马里与会者表示：

> 索马里和肯尼亚与索马里和埃塞俄比亚的争端是索马里拒绝承认欧洲人所划的边界引起的。肯尼亚对北部边境地区没有任何权利，因为除了它是英国和意大利在这一带累次交易的结果，并刚好被划进了英占区，它同肯尼亚并没有关系。埃塞俄比亚对它所占领的索马里领土没有任何权利，它得到这块领土是因为它是对索马里兰实行殖民区划的参与者，既然别的殖民主义者已经离开，它也非离开不可。①

当然，对肯尼亚而言，无论索马里的理由和态度如何坚决，肯尼亚非洲民族联盟和肯尼亚人民联盟都不愿在肯尼亚领土完整的问题上妥协。为支持肯尼亚政府的观点，它们援引了非统组织的地区协定，即为避免再度发生类似刚果（金）的冲突，规定独立国家不得调整殖民边界。② 这就使索马里政府对所有索马里族人统一在一个国家的"大索马里计划"变成了对非统组织决议的公然对抗。双方都立场坚定、不愿妥协，致使这个地区性的问题逐渐转变成了一个国际性问题。

（二）美国的最初认知和反应

非洲之角的冲突愈演愈烈，加之其重要的战略地理位置和英法意等老牌殖民帝国的撤离，愈加吸引冷战中美苏双方的关注。美国战略学家 J. 鲍耶·贝尔（J. Bowyer Bell）评价"非洲之角的战略重要性不在于它有丰富

---

① ［澳］塞缪尔·麦金达：《非洲之角的冲突和超级大国》，劳人译，《世界经济与政治论坛》1984 年第 1 期，第 19 页。
② ［英］丹尼尔·布兰奇：《肯尼亚：希望和绝望之间（1963—2011）》，第 34 页。

的铜矿（经济利益），政治上有民主前途（政治利益），而是在于它地理位置的重要性（战略利益），仅此而已"。① 对美国而言，非洲之角的战略重要性主要体现在保障它的石油供给运输线——美国的经济生命线——的通畅上。美国的大部分石油来源于波斯湾地区，美国从该地区运送石油一般依靠两条海上航线，即经亚丁湾、红海、苏伊士运河和地中海的苏伊士航线以及绕道好望角的好望角航线。美国更偏爱苏伊士航线，因为航程短、节省时间与运费。在苏伊士运河开放期间，美国进口的石油多是依靠苏伊士航线运输的。② 而非洲之角就在这条运输线的红海旁边，它对美国石油运输的安全具有十分重要的意义。在非洲之角的存在以及它的安定，也成为美国石油生命线的一个重要保障。

非洲之角战略重要性的另一个体现是它为美国提供了一个理想的通信基地——卡格纽基地，这也是美国和埃塞俄比亚关系密切的一个重要原因。第二次世界大战期间，在北非战场的战事即将结束时，美国国务院就有在非洲之角建立无线通信站的计划。1943 年初经美国陆军部考察后，美国确定（埃塞俄比亚的厄立特里亚）阿斯马拉附近的卡格纽是建立无线通信站的理想地区。③ 卡格纽通信基地一度成为第二次世界大战后美国与非洲和亚太地区军事信息联系的枢纽和美国在非洲之角的战略核心。

但随着肯尼亚、索马里等非洲之角国家的独立，殖民地时期遗留的领土边界矛盾愈加不可调和。肯埃两国为对抗索马里民族主义和军事集结的威胁，一再要求与它们有密切关系且在当时世界舞台上最具话语权的美国增加军事援助以及向索马里政府发出警告。实际上，美国在东非国家独立之初就已经开始关注非洲之角的情势。1961 年 11 月在美国与英国关于非洲的会谈中，英国外交副大臣罗杰·史蒂文斯（Roger Stevens）谈道："如

---

① J. Bowyer. Bell, *The Horn of Africa: Strategic Magnet in the Seventies* (New York: Russak & Company Inc., 1973), pp. 8-9.

② 齐秀丽:《二战后美国插手非洲之角事务的原因探析》,《洛阳师范学院学报》2004 年第 1 期, 第 106 页。

③ Harold G. Marcus, *Ethiopia, Great Britain and the United States, 1941 - 1974* (Oakland: University of California Press, 1983), p. 83.

果前两年有人问非洲哪里最容易发生麻烦，答案必然是'非洲之角'。西方必须特别小心不要明显偏袒任何一方，因为无论是索马里还是肯尼亚和埃塞俄比亚，若是感到被忽视将不可避免地转向东方。由于它们的地理位置，共产主义渗透其中任何一个都可能导致'感染'扩散到所毗邻的非洲地区。"① 美国与会者积极回应说："如果肯尼亚政府倾向于放弃北部边境地区，只会使该地区的问题更加严重，因为如果将这一领土割让给索马里，将引起它向埃塞俄比亚提出类似要求，或者在欧加登部署军队并在吉布提加紧对法国的攻势。"② 美英参会人员都希望法国能坚守在非洲之角的阵地。由此可知，虽然英国倡导对非洲之角国家的援助要公平，但美国更倾向于肯尼亚和埃塞俄比亚，尤其是美国在埃塞俄比亚拥有重要的军事基地更加重了这种倾向。

不过，这一时期——至少是在 1963 年之前——美国似乎不打算直接或过多干预非洲之角的局势，也不愿受这种局势的影响而改变在非洲的政策和目标。当罗杰在会议上提及，由于美国满足了埃塞俄比亚和肯尼亚要求的援助，为防止共产主义国家有机可乘，英国需要向索马里提供大量的援助时，英国财政部却通知外交部 1962 财年对外援助最多只有 130 万美元，致使对索马里的援助显著减少。③ 因此，英国希望美国能够平衡对索马里、肯尼亚和埃塞俄比亚的援助，从而在一定程度上补偿英国援助的削减。④ 但是，美国国务院非洲事务局的威廉·威特曼（William Witman）纠正道："英国对美国向埃塞俄比亚提供的理论上不成比例的援助存在误解，不应将对埃塞俄比亚的军事援助计算在内，因为它是以卡格纽基地作为交换条件的。"⑤ 国际开发署的戈登补充道："英国在援助水平上的任何削减都会给我们和国会造成相当大的问题。为什么宗主国减少援助款时，美国必须

---

① "Memorandum of Conversation, Washington, 1961," *FRUS*, 1961-1963, Vol. XXI, Africa, No. 275, p. 432.

② Ibid., pp. 432-433.

③ Ibid., p. 432.

④ Ibid., p. 433.

⑤ Ibid.

增加额外援助。"① 美国方面的言辞是希望英国和意大利就非洲之角的情况尽快制定提供军事援助项目的协议，而美国不会反对也不准备参与预算支出和军事援助。

三、冷战思维下美国对非洲之角边界冲突的态度和行动

1962 年 11 月 27 日肯尼亚独立前夕，索马里总理阿卜迪拉希德·阿里·舍马克（Abdirascid Ali Scermarche）对美国进行了一次微妙的访问，意在向美国寻求更多的援助和支持。他向美国提及"为了避免再次出现类似刚果的局面，希望美国在肯尼亚独立之前介入索肯的边界争端，将索马里人居住的地区转移给索马里共和国"。② 美国出于美肯关系和在东非之角的利益以及英国在该问题上的立场等方面的考虑，游说英国和意大利作为"前老板"承担起调节双方关系和支持这个极度贫困的小国家的主要责任。但英意给索马里的援助总是很少且还在下降，这引起舍马克的埋怨和不满，他抱怨美国对埃塞俄比亚的军事援助远远高于对索马里的。索马里共和国的整个前景都被建立一个包括埃塞俄比亚欧加登、肯尼亚北部边境地区的"大索马里"概念所主导。虽然它自独立以来是亲西方的，但若使索马里政府认为美国对埃塞俄比亚和肯尼亚的支持和援助过于坚定，可能会导致它倒向阿拉伯联合共和国（阿联）和"苏联集团"。国家安全委员会秘书科默在给肯尼迪总统的备忘录中明确提到，"如果我们自己不启动一项军事援助项目，索马里将越来越多地转向非常愿意向它提供援助的苏联和阿拉伯国家"。③ 苏联出于也想在非洲之角获得军事设施、宣传社会主义意识形态以及抗衡美国独霸印度洋区域的考虑，向索马里提供了大量经济和军

---

① "Memorandum of Conversation, Washington, 1961," *FRUS*, 1961–1963, Vol. XXI, Africa, No. 275, p. 435.

② "Memorandum of Conversation, Washington, 1962," *FRUS*, 1961–1963, Vol. XXI, Africa, No. 285, p. 451.

③ "Memorandum from Robert W. Komer of the National Security Council Staff to President Kennedy, Washington, 1962," *FRUS*, 1961–1963, Vol. XXI, Africa, No. 283, p. 447.

事援助，并帮助索马里政府培训军事和技术人员。索马里接受苏联的军事援助以及和苏联的密切关系使非洲之角的局势变得更加复杂。

苏联不时对索马里表现出特别的兴趣。自索马里独立以来，苏联通过各种方式——包括提供财政和军事支持——鼓励索马里人坚持自己的目标，从而赢得了索马里政府和民众的好感，也使索马里政府获得了更多与肯尼亚和埃塞俄比亚对抗的财力和军事力量。然而，在肯尼亚北部边境，那里的索马里族人在舍马克政府的支持下与英国的非洲驻军发生冲突；在索马里境内，由于英国和意大利当局的不作为等原因，当时有 437 名美国人在索马里，包括 40 名广泛分布在该国内陆地区的"和平队"队员。① 这些动荡和冲突由于英国和索马里关系的破裂以及英国的无能而加剧。

美国虽仍想保持"中立"以避免苏联伺机而动，但因其在肯尼亚和埃塞俄比亚有不可忽视的利益而不得不向其中一方投入相当多的人力物力。美国并不反对肯尼亚对北方边境地区的控制，而大多数非洲国家也支持肯尼亚的立场。但是，美国担心肯尼亚政府坚持自己的立场可能会激起索马里人更广泛和更具破坏性的暴动，并招致"苏联集团"的干预。因此，科默向肯尼迪总统建议说，当务之急是防止索马里人发动规模更大的暴动，打消索马里民主义者的希望并游说索马里人"他们的最佳选择是与东非联盟合作"。② 国务院建议向索马里和肯尼亚提出 90 天的冷静期，以促成冲突双方之间的和平谈判。③

同时，美国一直在与英国进行磋商，以确定它们能做些什么来至少是暂时安抚索马里人，推迟或避免索马里与肯尼亚关系破裂。肯尼迪在 1963 年 3 月 14 日向索马里总理致电，强烈要求他保持与英国沟通、谈判渠道的畅通。3 月 16 日美国政府对索马里、肯尼亚和埃塞俄比亚都采取了较强硬

---

① "Memorandum from the Department of State Executive Secretary（Brubeck）to the President's Special Assistant for National Security Affairs（Bundy），Washington，1963," *FRUS*，1961-1963，Vol. XXI，Africa，No. 291，p. 458.

② "Memorandum from Robert W. Komer of the National Security Council Staff to President Kennedy，Washington，1963," *FRUS*，1961-1963，Vol. XXI，Africa，No. 292，p. 461.

③ Ibid.

的态度，要求它们不得进行军队调动等，因为这些行动可能会引起另一方的挑衅。① 同时，肯尼迪政府敦促意大利于 3 月 17 日同意英国的请求，即"如果索马里与英国的关系破裂，意大利将承担英国在索马里的责任，维护西方国家在该地区的利益"。②

美国还制定了进一步计划。首先，美国建议联合国秘书长要么派遣一名特使，要么通过联合国驻摩加迪沙的代表增加联合国在索马里的影响力和地位。其次，美国建议联合国秘书长说服索马里和肯尼亚领导人接受一项要求维持 90 天现状的方案，以及在肯尼亚 5 月大选后双方举行会谈。最后，美国建议英国敦促肯尼亚领导人保持克制，尤其是在关于北部边境的公开声明上。同时，美国还指示在非洲的工作人员征求非洲领导人的意见，并建议在东非范围内或暂定于 5 月 23 日在亚的斯亚贝巴举行的非洲首脑会议上讨论索马里和肯尼亚北部边境问题。

美国了解非洲之角的主要问题在肯尼亚北部边境和埃塞俄比亚的欧加登地区，希望"90 天的冷静期"能够和平解决非洲之角问题，所以它积极鼓励英国、索马里和肯尼亚政府就北部边境索马里人居住地区问题寻找到至少是临时的解决方案，但在这个问题的公开性上美国还没有表明立场。国际公认北部边境地区在肯尼亚境内，但居住的主要是索马里族人，是"大索马里"的五个地区之一。美国因为在肯尼亚、埃塞俄比亚有重要的利益关系，不便表现出任何明显与两国政府立场不一的态度。但美国任何否定索马里立场或行动的决策也会影响该地区稳定，使"苏联集团"借机在该地区有进一步的"渗透"而威胁美国的利益。美国表面上不能采取任何可能表现出偏袒其中一方的行动。事实上，美国是倾向于支持东非国家独立前殖民地边界的有效性以及在所有相关各方同意的情况下才可变动边界，尽管围绕它们有很多的主张和反主张。

---

① "Memorandum from the Department of State Executive Secretary（Brubeck）to the President's Special Assistant for National Security Affairs（Bundy）, Washington, 1963," *FRUS*, 1961–1963, Vol. XXI, Africa, No. 291, p. 459.

② Ibid.

美国为难的是，它不能完全接受肯尼亚和埃塞俄比亚与索马里在边界问题上的立场——肯埃不愿接受索马里完全独立。美国是支持非洲独立国家的完整性的，除非通过和平手段使边界现状发生变化。美国理想中是希望通过索马里与肯尼亚、埃塞俄比亚的直接谈判或通过国际机构的干预来缓解非洲之角的紧张局势。不幸的是，直接谈判似乎只有在第三方——美国、英国和意大利等西方国家或苏联等社会主义国家——的刺激和外交努力下才有可能。同时，虽然苏联和中国未表现出要参与非洲之角的冲突，但它们已表现出愿意和有能力在索马里建立有影响的地位，而这对美国等西方国家在该地区的利益构成了威胁。

在这种情况下，美国政府计划先尽力在肯尼亚、埃塞俄比亚和索马里之间建立一种临时的和平解决方案，将双方之间相互矛盾的主张放在一边，以减少双方对军事设施建设的重视。[①] 为此，美国政府提出了以下行动方案：

a. 继续促进肯埃和索马里之间的直接谈判。由双方政府以某种形式共同管理边境，签订关于在边境地区使用水源和畜牧饲料的协议，定期举行部长级会议协商相关问题。

b. 由美国对 a 中的行为措施进行检查，这种检查也可以是美、英、意或者与联合国的一个机构联合进行。

c. 向阿联和以色列发表声明：美国关心的是非洲之角的和平与稳定，关注任何可能破坏和平的行动。

d. 向非洲之角冲突双方声明：美国关心的是维持非洲之角的和平，不会宽恕一个国家对另一个国家的侵略，若有必要，将会在联合国采取适当措施以防止侵略。

e. 向索马里声明，美国不支持民族统一主义，但支持国家

---

① "Memorandum from the Department of State Executive Secretary (Brubeck) to the President's Special Assistant for National Security Affairs (Bundy), Washington, 1963," *FRUS*, 1961–1963, Vol. XXI, Africa, No. 291, p. 459.

独立。

f. 向埃塞俄比亚和肯尼亚声明，美国支持索马里独立，但不支持索马里的民族统一主义。①

美国对非洲之角的计划和行动进展得并不顺利，非洲之角的局势没有按照美国所设想的方向发展。索马里方面，舍马克总理出访北京，寻求中国的支持和援助。索马里政府还派遣索马里人去苏联接受培训以及从苏联或阿联购买苏式飞机。这使美国断定索马里有苏联的武器装备，特别是如果它们与阿联持有的那些武器装备相兼容，将会对肯尼亚和埃塞俄比亚的地区稳定和西方国家在非洲的利益构成威胁。② 虽然有些西方国家认为苏联和中国不会支持索马里的主张，但冷战思维的影响使美国十分担心社会主义国家向索马里提供足够援助而使非洲之角局势复杂化的企图。为防止此情况出现，美国告知英国政府它的忧虑和关切，并表示希望英国政府为改善两国关系所作的努力取得成功，美国也随时准备提供协助。同时，美国游说英、意和西德尽快实施索马里人在不求助社会主义国家的情况下将得到西方诚意援助的计划，从而使索马里人相信，美英意等西方国家会满足他们对国内安全和有限防御能力的基本合法要求。③ 美国也计划在 1963 年底之前向索马里政府交付少量防御设备和工程设备，作为调节与索马里关系和稳定非洲之角局势等其他努力的补充。④

总之，美国企图通过上述方式减少或防止索马里接受社会主义国家的军事援助，阻止"苏联集团"借机扩大在非洲之角的军事力量和影响力等。而美国等西方国家向索马里提供的武器多是防御性的，不具有进攻能

---

① "Memorandum from the Director of the Office of Northern African Affairs（Newsom）to the Assistant Secretary of State for African Affairs（Williams），Washington，1963," *FRUS*，1961–1963，Vol. XXI，Africa，No. 298，pp. 472–473.

② "Telegram from the Department of State to the Embassy in Ethiopia，Washington，1963," *FRUS*，1961–1963，Vol. XXI，Africa，No. 294，p. 463.

③ Ibid. , p. 464.

④ Ibid.

力，且武器都是在尽可能防止滥用的最低水平下交付的，减少了索马里挑起和肯尼亚、埃塞俄比亚的战争的可能性。

四、美国关于解决非洲之角冲突之措施

美国在非洲之角的努力没能消除冲突双方对该地区和平稳定的威胁。1964 年 1—2 月，索马里与肯尼亚、埃塞俄比亚的边界冲突不断升级。美国对此十分关注，约翰逊总统在 2 月 21 日给埃塞俄比亚皇帝塞拉西、索马里总统阿卜杜拉以及肯尼亚总理肯雅塔的私人信件中表示："美国将努力支持和平与双方满意地解决目前困扰非洲之角的问题，但不会允许在领土争端中使用武力。"① 虽然美国政府不打算正式在非洲之角采取任何政策，但在 1964 年 3 月索马里大选之前还是指示美国使馆以适当有效的方式向索、肯、埃的关键领导人传达美国在非洲之角的立场。② 正如美国早些时候对索马里提供防御性援助时表明的那样，美国并不想放弃与索马里维持的友好关系，但作为肯尼亚和埃塞俄比亚的朋友，美国对索马里和肯尼亚、埃塞俄比亚关系的逐步恶化以及共产主义在非洲之角影响力的日益扩大而感到不安。③

美国对肯尼亚、埃塞俄比亚和索马里之间关系的看法是，索马里政府既不像埃塞俄比亚政府和肯尼亚政府声称的那样直接参与和支持边界暴动，也不像索马里政府官员宣称的那样没有参与。④ 虽然美国理解索马里政府不能放弃它在肯尼亚和埃塞俄比亚的索马里族人，但对两国领土积极好战的追求孤立了索马里，给其经济和安全带来了危险，并对那些坚持长期支持索马里独立的国家尤其是美国造成了特别大的困难。因为索马里共和国政府纵容肯尼亚的索马里族叛乱分子，美国不能对它在东非最好的朋

---

① "Table of Content," *FRUS*, 1964-1968, Vol. XXIV, Africa.

② "Telegram from the Department of State to the Embassy in Somalia, Washington, 1964," *FRUS*, 1964-1968, Vol. XXIV, Africa, No. 275, p. 484.

③ Ibid.

④ Ibid.

友肯尼亚的呼吁充耳不闻。然而，美国作出的任何维护或援助肯尼亚的行动反应，都可能将索马里推向"苏联集团"一方。美国日益将苏联在非洲之角的武器计划视为索马里政府在"大索马里"计划上好战的表现，不仅对苏联在索马里影响力的增加深感忧虑，更对苏联在索马里军事集结的迹象如坐针毡。

1964年1月，美国国务院通过第341号电报告知驻索马里大使馆，国务院已经注意到有关部队就非洲之角边境事件采取的措施。[1] 两国的国防协议和各官方代表团的互访表明，肯埃十分谨慎地看待索马里政府对东北省和欧加登索马里人活动的支持问题。[2] 美国国务院试图通过驻埃塞俄比亚大使说服英国政府，纯粹的军事方案不能解决东北省和欧加登的问题，只有采取经济和社会措施改善索马里人的生活以寻求达成非洲之角协议的机会——无论可能性多小——才能给非洲之角三国之间的矛盾提供一个获得长期解决方案的机会。[3] 因此，美国国务院指示驻索马里大使在与英国和东非国家进行会谈时向它们表明，美国在非洲之角和东非地区的首要目标是维护该地区的和平与稳定，希望与埃塞俄比亚-肯尼亚-索马里三角关系的每一成员都保持尽可能友好的关系。[4]

美国之所以一再强调希望埃塞俄比亚-肯尼亚-索马里之间的冲突通过和平谈判的方式解决，归根结底还是因为它既要维护其在肯尼亚和埃塞俄比亚的利益，又想防止"苏联集团"在索马里建立实质性的存在。若是美国在非洲之角冲突中对埃塞俄比亚或肯尼亚不予支持，很可能会引起肯尼亚和埃塞俄比亚的不满，进而要求撤除卡格纽基地以换取苏联减少对索马里的支持。若是美国给予公开支持，只会加剧该地区的种族和部落紧张局势，从而波及美国在冲突双方中的利益（尤其是石油航线和在埃塞俄比亚的卡格纽基地），还可能加速苏联对索马里的各种笼络行动，引起非洲国

---

① "Telegram from the Department of State to the Embassy in Somalia, Washington, 1964," *FRUS*, 1964-1968, Vol. XXIV, Africa, No. 277, p. 487.

② Ibid.

③ Ibid.

④ Ibid. , p. 488.

家对大国干预的怨恨，使冷战背景下非洲之角的冲突两极化，并使美国在这个棘手的问题上增加政治和经济投入。

然而，索马里政府统一策略的挑衅性和危险性却破坏了美国为使肯尼亚和埃塞俄比亚在东北省和欧加登问题上冷静、平和而一直所作的努力。索马里总理舍马克告诉美国非洲事务助理国务卿帕尔默（Palmer），"在索马里重新统一之前，缓和紧张局势是不可能实现和平的"。[1] 在这种两难境地中，为维护它在非洲之角的利益和影响以及阻止苏联等社会主义国家在该地区扩大影响，美国采取了下述措施。

第一，在国际层面，美国政府质疑直接参与非洲之角问题的适当性和实用性，认为通过东非国家的前宗主国和有关各方能更容易和更恰当地解决问题，也不会因美国的干涉而使非洲人民对它产生抗拒。因此，为支持和鼓励非统组织和个别非洲国家在索、肯、埃之间找到停止暴力的基础和临时解决办法所作的努力，美国决定：（1）在必要时进行斡旋，以便在非统决议范围内促进冲突双方的直接谈判；（2）支持达成临时解决办法的努力，如有必要可为边境观察队提供后勤帮助和设备；（3）在可能的情况下，支持和协助非洲之角地区促进共同经济发展的努力。美国一直认为，非洲之角非常贫困与该地区的政府把大量资金用于军事目的而忽视了迫切需要的经济发展有密切联系。

第二，相较于欧加登而言，美国认为肯尼亚东北地区索马里部落的叛乱一切还都在可控制之下，但英国打算撤回对肯尼亚安全部队的支持，可能会使局面变得越来越麻烦。[2] 在埃塞俄比亚的欧加登地区，摩加迪沙支持和军援的索马里叛乱具有更严重的影响。对此，美国希望三国各自减轻武器负担，不论苏联对索马里采取何种措施，美国都会继续它自己的援助计划并积极与任何削减武器的国家合作。

---

① "Telegram from the Department of State to the Embassy in Somalia, Washington, 1967," *FRUS*, 1964-1968, Vol. XXIV, Africa, No. 324, p. 557.

② "National Intelligence Estimate, Washington, 1964," *FRUS*, 1964-1968, Vol. XXIV, Africa, No. 292, p. 509.

第三，为保住在肯尼亚和埃塞俄比亚的主要利益，尤其是具有重要战略地位的卡格纽基地，美国会继续维护肯尼亚和埃塞俄比亚的稳定和完整，继续与两国领导人合作，但会注意防止埃塞俄比亚借此向苏联提出进一步的要求。具体措施有：（1）继续提供军事援助，包括迅速而不张扬地提供特别补充援助以解决欧加登问题，同时避免在埃塞俄比亚进行可能为索马里指控美国干预埃塞俄比亚方面的争端提供实质内容的活动；（2）继续提供经济援助，以推动肯尼亚和埃塞俄比亚的经济发展和现代化；（3）准备审议可能有助于稳定东北省和欧加登人口的项目。

第四，美国努力在索马里保留西方的影响力。具体措施有：（1）继续提供经济援助，在1964年之前每年投入超过300万美元；① （2）继续保持外交努力，使索马里人"正确"理解美国的目标和行动；（3）谨慎地支持温和派；（4）鼓励意大利继续在索马里作出努力，特别是保持意大利在对索马里的西方经济援助中的领导地位。

第五，与苏联达成关于非洲之角武器限制的"君子协定"。美国宣称它对埃塞俄比亚的军事援助早在索马里独立之前就开始了，并没有针对索马里，其目的一直是协助埃塞俄比亚维持国内安全并承担东非集体安全的责任。② 美国还宣称索马里对埃塞俄比亚部队的评估太过夸大，尤其是军队和警察的规模，军队的坦克、海军的驱逐舰等，对肯尼亚警察队伍的规模也出现了类似误解。此外，自索马里与肯尼亚发生冲突以来，美国很少或是几乎没有向肯尼亚提供任何军事援助。③ 然而，索马里却仅凭自己的预测就依仗苏联的军事援助在防卫薄弱的东北省增加了军事活动，这显然引起了肯尼亚的关注且必然会导致强烈反应。此时，若美国在索马里政府决定接受苏联军事援助时给予警告，会给纯粹的非洲国家之间的争议注入冷战因素，并可能导致军备竞赛。

---

① "Circular Airgram from the Department of State to Certain African Posts, Washington, 1964," *FRUS*, 1964-1968, Vol. XXIV, Africa, No. 290, p. 507.

② Ibid.

③ "Telegram from the Department of State to the Embassy in Somalia, Washington, 1966," *FRUS*, 1964-1968, Vol. XXIV, Africa, No. 313, p. 539.

因此，美国政府计划与苏联就对索、肯、埃限制武器援助问题达成协议。1966 年 9 月，美国国务院指示驻索马里大使与苏联驻索马里大使久卡廖夫（Diukarev）就非洲之角的军备问题进行会谈。苏联似乎对冻结非洲之角武器援助的"君子协定"都不感兴趣。久卡廖夫提议是禁止致命武器的援助，但不限制消耗武器。① 对此，国务院指示驻索马里大使与摩加迪沙的苏联官员继续就苏联在非洲之角暂停武器援助的可能性及其后果进行谈判。② 尽管成功的可能性有限，但美国国务院经过仔细考虑并得出结论：应该谨慎地处理与苏联大使在这个问题上的进一步接触，同时积极促进和游说索、肯、埃寻求彼此之间的军备限制，尽量使美国和苏联在直接相关国家背后达成关于武器限制的协议。③

五、美国在肯尼亚–索马里关系和解中的态度和作为

在非洲之角冲突相关的三个主要国家中，索马里和肯尼亚率先进行了和平谈判。当时东北省的索马里人叛乱分子的活动虽然仍在继续，但问题的焦点已转向欧加登和豪德一带。肯索冲突逐渐沦为次要矛盾，两国的人力物力也难以维持双方长期僵持的局面。由于美国和苏联在武器限制方面的谈判和努力，肯尼亚得不到扩大战事所需的武器。在索马里方面，由于苏伊士运河关闭，大选后新政府面临严重的金融危机，加上政府理念和政策的变化，促使 1967 年 7 月刚上任的新总统舍马克和新任总理穆罕默德·伊戈尔（Mohamed Egal）决定开始新的政策路线。新政府朝着缓和非洲之角局势的方向迈出了温和而试探性的一步，它要求美国政府在内罗毕和亚的斯亚贝巴宣布它和解的意图，并要求美国政府阻止任何重新点燃该地区军备竞赛的新企图。美国鉴于僵持不解的领土问题，对取得一些和解成功

---

① "Telegram from the Department of State to the Embassy in Somalia, Washington, 1966," *FRUS*, 1964-1968, Vol. XXIV, Africa, No. 315, p. 542.

② Ibid. , p. 543.

③ "Telegram from the Department of State to the Embassy in Somalia, Washington, 1966," *FRUS*, 1964-1968, Vol. XXIV, Africa, No. 321, p. 554.

的机会持谨慎且乐观的态度。虽然美国不愿被夹在中间，但面对一直努力致力的"以和平方式解决非洲之角问题"终于有实现的可能了，它还是计划在适当的时候伸出援助之手。

索马里总理伊戈尔要求美国为索马里与肯尼亚、埃塞俄比亚关系正常化进行斡旋。对此，美国国务院认为应该让索马里与其邻国直接接触，现在延长美国的斡旋时间还为时过早。① 但是，鉴于索马里政府所表达的建设性口吻和意图，美国国务院还是同意将索马里政府关于缓和局势的倡议连同美国政府的答复转达给肯尼亚和埃塞俄比亚政府。在此指示下，美国驻索马里大使瑟斯顿（Thurston）向伊戈尔总理表示，"如果要取得缓和，索马里必须停止向肯尼亚和埃塞俄比亚境内活动的持不同政见的索马里人提供物资和训练。如果索马里政府重新考虑其在非洲之角的政策，肯尼亚和埃塞俄比亚也同样愿意这样做。美国政府将会考虑如何最有效地帮助有关各方聚在一起讨论它们的共同问题"，② 并补充道，"索马里与肯尼亚、埃塞俄比亚之间建立友好与合作关系将对制止该地区的军备竞赛作出重大贡献"。③ 对此，索方表示会尽力制止持异议的索马里人在肯尼亚发动"暴力"行动，虽然索马里政府不能完全控制在共和国境外的索马里人，但将尽最大努力。伊戈尔说，他会试着减少索马里政府的军事开支，并把军队更多地用于国家建设，如果缓和成为现实，他希望大幅削减军队的规模。④ 美国在内罗毕和亚的斯亚贝巴的大使馆向肯尼亚和埃塞俄比亚政府转达了这一事项的实质内容。同时，美国主动增加了对肯尼亚的帮助，意在使它对改善与索马里关系作出更积极的回应。

至此，美国非洲事务助理国务卿帕尔默表示，美国已经做了它能做的一切，接下来索马里人与肯尼亚人或埃塞俄比亚人进行首次会谈以及索马

---

① "Information Memorandum from the Assistant Secretary of State for African Affairs（Palmer）to Secretary of State Rusk，Washington，1967，" *FRUS*，1964-1968，Vol. XXIV，Africa，No. 342，p. 587.

② Ibid.

③ Ibid.

④ Ibid. ，p. 588.

里游击队训练营的解散，就都取决于伊戈尔。① 伊戈尔计划利用他出席在金沙萨举行的非统组织会议或出席联合国大会开幕式的机会会见肯尼亚官员。根据美国副国务卿访问非洲期间与肯尼亚和索马里领导人会谈时了解的情况，美国计划在可能的区域和多边援助项目方面作出肯定的回应，并会密切注意以适当的方式谨慎地鼓励或协助伊戈尔的主动行动。美国不希望将之前索马里与肯尼亚或埃塞俄比亚之间令人不愉快的问题所造成的冲突的责任单方面归咎于索马里政府，认为在这类争端中，所有有关各方都应该作出让步，改变导致争端和紧张局势的态度立场，为解决争端作出努力。② 美国的观点是，只要索马里政府愿意以停止支持肯尼亚境内暴力和敌对性质的行动作为缓和局势的首要条件，并以行动和语言表明它准备与它的邻国以和平方式合作，索马里政府与肯尼亚政府直接对话就能够取得积极成果。只要伊戈尔能做到这些，美国愿意协助他加强在索马里的地位和政策实施。

伊戈尔在美国"安静的掌声中"开始了与肯雅塔的和平谈判，撤退了袭击肯尼亚边境地区的索马里游击队并削减了索马里政府的军费开支。伊戈尔的每一步都使他在议会里如履薄冰，因为在索马里每个人都有一些宗亲住在肯索边界的肯尼亚一边。如果与肯尼亚的和解没有开花结果，又会回到过去的僵持局面，局势可能会更糟。为了使索马里人相信伊戈尔的政策是正确的，美国仅1967年一年就向索马里援助了近2000万美元，并表示伊戈尔政府的新政策以及肯雅塔政府的态度会影响美国对索马里和肯尼亚的粮食援助和美国进出口银行、美国"和平队"以及与其他援助方联合开展的项目。最终，伊戈尔和肯雅塔于1967年10月在坦桑尼亚的阿鲁沙会面，签署了"谅解备忘录"，索马里承诺尊重肯尼亚主权，索马里政府对肯尼亚东北省冲突的介入宣告结束并立即停止对索马里部落的物资供

---

① "Information Memorandum from the Assistant Secretary of State for African Affairs（Palmer）to Secretary of State Rusk, Washington, 1967," *FRUS*, 1964-1968, Vol. XXIV, Africa, No. 342, p. 587.

② "Telegram from the Embassy in Somalia to the Department of State, Mogadiscio, 1967," *FRUS*, 1964-1968, Vol. XXIV, Africa, No. 340, p. 583.

给。由于战事无法继续，东北省叛军不得不接受肯尼亚政府的赦免投降。到 1968 年 1 月，肯尼亚北部重新归于平静，结束了肯索相互敌对时期。

六、结语

20 世纪 60 年代美国非洲政策的基调虽然低调克制，但冷战思维使美国依然加紧向非洲渗透扩张，力图填补老牌殖民国家留下的"真空地带"。尤其在非洲之角，由于地理位置的优越性和战略利益的重要性，其成为美国非洲政策的中心。美国借着反殖民主义和支持非洲独立的形象旗帜，不断向东非国家宣传"美国哲理""美国意识形态"，将它们拉进西方阵营。

特别是在非洲之角边界冲突问题上，虽然美国对外表示尊重东非国家自己解决，不做干预。但在整个 20 世纪 60 年代非洲之角的边界冲突中，美国的冷战意志和行为却贯穿始终。为了维护自身利益和遏制苏联的扩张，美国倡导和平解决边界争端，而肯尼亚和索马里的和解也部分实现了美国的目的。虽然最初美国为避免苏联抓住其干涉非洲内政的把柄而趁机扩充苏联在东非之角的势力和影响，将"调解人"的位置寄托在英、意、西德等北约盟友和联合国身上，但无论在台前还是幕后，美国在非洲之角的局势稳定上都确实起了重要作用，肯索关系的和解也反映了美国倡导的和平解决冲突、遏制苏联影响的意志。

1972 年英国承认孟加拉国探析 *

王若茜

【摘 要】 第三次印巴战争结束后，东巴基斯坦独立的趋势已经不可逆转，战败的巴基斯坦面临国家分裂。英国出于维护自身在南亚的利益尤其是商业利益的考虑，延续了它 1971 年南亚危机期间支持印度和东巴基斯坦的政策，于 1972 年 2 月 4 日宣布承认孟加拉国独立。实际上，自战争结束以来，英国从来没有怀疑过承认孟加拉国的必要性，只是在承认的时机上煞费苦心，以求使承认显得合乎情理并且尽可能把对英巴关系的损害降到最低。然而，事与愿违，巴基斯坦最终退出了英联邦。英国的做法不仅体现了它在南亚的利益抉择，同时也反映出英国对巴基斯坦主权的轻视。

【关键词】 英国外交；孟加拉国；外交承认；第三次印巴战争

1971 年第三次印巴战争结束后，巴基斯坦面临国家分裂的局面，东巴基斯坦（孟加拉国）谋求独立。对英国而言，一方面，承认孟加拉国独立符合它在南亚的利益尤其是其商业利益；另一方面，孟加拉国是通过对抗

---

* 本文为国家社科基金后期资助项目"英国与 1971 年南亚危机"（20FSSB012）的阶段性成果。
** 王若茜，河南师范大学历史文化学院讲师，研究方向为现代国际关系史。

巴基斯坦中央政府并在印度的支持下宣布独立的，因此英国为承认孟加拉国的独立设置了一系列标准，以使它的承认显得合乎情理。但实际上，直到英国1972年2月4日宣布承认孟加拉国独立，这些标准都没有完全得到满足。自始至终，英国是否承认、何时承认孟加拉国都是以它在南亚的利益为主要考量的。

一、前奏：1971年南亚危机与英国对巴基斯坦分裂的态度

在1970年10月举行的巴基斯坦大选中，主张东巴基斯坦自治的东巴人民联盟获胜。从大选结束到1971年3月25日，国内各派围绕宪法制定问题展开激烈博弈。3月25日，意在维护国家统一的总统叶海亚·汗（Yahya Khan）下令镇压东巴基斯坦的分裂势力并引起后者的反抗，巴基斯坦内战爆发。印度借机进行干涉，使一场巴基斯坦的内政危机迅速演化为南亚的地区性危机，印巴两国再次兵戎相见。

英国政府在明知印度有意分裂巴基斯坦的情况下并没有阻止印度，反而为其行为开脱。自1971年6月下旬以来，英印之间的协调愈加频繁并逐渐走向公开。6月21日，印度外长斯瓦兰·辛格（Swaran Singh）在伦敦拜访了英国首相爱德华·希斯（Edward Heath），他一面表态印度无意分裂巴基斯坦，另一面以难民压力为掩护博取英国的同情。① 但是，其实就在不到一周前，印度总理英迪拉·甘地（Indira Gandhi）才刚刚发表了支持"孟加拉国"的讲话。她指出，"印度不会接受一个导致孟加拉和民主灭亡的政治方案"，② 其推动东巴独立、分裂巴基斯坦的意图已经十分明显。希斯和辛格会谈的当天，英印两国外长又发表了联合声明，双方"同意必须找到能够被东巴基斯坦人民接受的、通过政治途径解决问题的方案"。③

① "Note of the Prime Minister's Meeting with Mr. Swaran Singh, Indian Foreign Minister," 21 June 1971, Records of the Prime Minister Office (hereafter PREM) 15/569.
② "Statement Made in Parliament by the Prime Minister of India on 15th June, 1971," PREM 15/569.
③ "Telegram from Pumphrey to FCO," telegram number 1379, 5 July 1971, PREM 15/569.

实际上，英国本就不看好巴基斯坦维持统一的前景。早在巴基斯坦内战爆发前，英国外交大臣亚历克·道格拉斯-霍姆（Alec Douglas-Home）就曾在内阁会议上预测，"东翼从较大的西翼脱离出来并非不可能，其结果是巴基斯坦将四分五裂"。① 6月，英国外交部南亚司司长伊恩·萨瑟兰（Iain Sutherland）在为希斯起草致叶海亚·汗的信时也曾指出，即便巴基斯坦总统能找到通过政治途径解决危机的方案，但从长远看，东巴基斯坦的分离也会是极大概率的结果。② 9月底，英国外交部南亚司在为希斯起草的备忘录中写道："虽然巴基斯坦维持统一是令人满意的结果，但从长远来看已经不太可能了。"③ 英国政府一面预测巴基斯坦的分裂难以避免，另一面又敦促其政府与主张分裂的一方谈判。这种看似矛盾的逻辑其实已经暗含了它的真实立场，那就是既然巴基斯坦的分裂是大概率的结果，那么最好是以谈判的方式来实现；与其说是谈判，不如说是巴基斯坦政府主动放弃东巴，同意其独立。

随着印度总理英迪拉·甘地10月底访问伦敦，英国和印度在巴基斯坦分裂问题上基本达成了一致。为了寻求国际社会的支持，甘地于10月底至11月初访问了包括英国在内的欧洲六国和美国。其实早在甘地到访之前，英国政府就为自己的政策定下了基调，即在印巴之间应该更重视印度，尽量安抚其情绪；既然印度认为孟加拉注定会独立，那么英国对此不要否认，但希望甘地可以承诺不阻碍孟加拉临时政府与巴基斯坦政府进行对话。④ 甘地离开英国后不久，英国政府即遵照对印度的承诺，由希斯继续

---

① "Conclusions of a Meeting of the Cabinet Held at 10 Downing Street," 4 March 1971, Records of the Cabinet Office (hereafter CAB) 128/49.

② "Pakistan: Message to President Yahya Khan, Mrs. Gandhi and U Thant," from I. J. M. Sutherland to Private Secretary, 10 June 1971, Records of the Foreign and Commonwealth Office (hereafter FCO) 37/887.

③ "East Pakistan," from I. J. M. Sutherland to Mr. Wilford and Private Secretary, 29 September 1971, FCO 37/893.

④ "Conclusions," telegram from Garvey to FCO, telegram number 2314, 28 September 1971, FCO 37/825; "Brief for talks between the Secretary of State and the Prime Minister of India on Monday, 1 November at 10: 30 am at Claridges Hotel," from South Asia Department, 29 October 1971, FCO 37/826.

通过所谓的"私人建议"向巴基斯坦施压，敦促其按照印度的、实际上也是英国自己的方案来解决危机。① 英印之间的一系列协调也预示着，在可能爆发的又一次印巴战争中，英国会站在印度一方。

1971 年 11—12 月第三次印巴战争爆发，在冷战的大背景下，南亚迅速成为美苏两大阵营间的角力场，苏联支持印度，美国则坚定地支持巴基斯坦。纽约时间 12 月 4 日，联合国安全理事会正式召开会议商讨应对印巴冲突，与会各国争论的焦点是冲突双方应该先停火，还是在达成通过政治途径解决东巴基斯坦问题的方案后再停战，前者符合巴基斯坦的意愿，后者则是印度希望看到的。美国通过其驻联合国大使乔治·布什提交了解决冲突的议案，核心内容是印巴立即停火并从冲突地区撤军。②

英国作为和美国有着"特殊关系"的传统盟友，并没有在联合国与美国一道支持巴基斯坦。对美国和苏联在安理会的提案，以及由美国主导的联合国大会第 2793 号决议，英国一律投了弃权票。英国此举并不是在印巴之间保持中立，而是贯彻它自 6 月以来的政策基调，坚定地站在了印度一方。英国清楚地明白印度干涉巴基斯坦内政的最终目的，霍姆在印巴战争全面爆发前曾指出，印度的意图是逐步推动东巴独立，并确保新成立的东巴政府对印度友好。③ 英国驻印度高级专员特伦斯·贾维（Terence Garvey）也在发给外交部的电报中认为，"印度会全力以赴，尽可能早地推动孟加拉国独立"。④ 英国虽然投出的是弃权票，但是支持印度的意图是毋庸置疑的，毕竟战争拖得越久，对军事上占据优势的印度就越有利。正如霍姆所说："我们在安理会和联合国大会的低姿态，一定程度上是为了保证我们可以在时机成熟时自由提出解决问题的方案。但我们认为，在巴基

---

① "Message from the Prime Minister to Yahya Khan," telegram from Douglas-Home to Islamabad, telegram number 1869, 7 November 1971, PREM 15/569.

② "India/Pakistan," telegram from Crowe to FCO, telegram number 1953, 4 December 1971, FCO 37/924.

③ "Minutes of a Meeting Held at 10 Downing Street SW1," 30 November 1971, CAB 148/115.

④ "India/Pakistan," telegram from Garvey to FCO, telegram number 2947, 5 December 1971, PREM 15/570.

斯坦接受东线战败的现实前，任何时机都是不成熟的。"① 可见，在第三次
印巴战争中英国是支持印度推动东巴基斯坦独立的，英国支持印度和东巴
基斯坦主要出于以下考虑。

第一，英国决定支持最有可能在危机和冲突中获胜的一方来维护它在
南亚的影响力。对比印、巴的军事实力，印度在军队数量、装备水平等方
面都超过巴基斯坦，获得战争胜利的可能性更大。② 而巴基斯坦一旦战败，
将不可避免地面临国家分裂，印度支持下的东巴也将获得独立。正如上文
中提到的，英国本就不看好巴基斯坦维持统一的前景，在南亚的整体政治
格局面临重新洗牌的情况下，支持两个胜利者显然比支持一个失败者对自
己更加有利。一旦东巴独立，巴基斯坦遭到削弱，印度在南亚的地位将得
到进一步加强。希斯明确告诉他的内阁同僚们，"从长远看，要维护我们
在南亚的利益，很有可能需更多指望印度而非巴基斯坦"。③ 此外，自危机
爆发以来，英国干涉巴基斯坦内政的一系列行为已经导致英巴关系恶化，
如果再阻止甚至批评印度支持东巴基斯坦，那么它在印度的利益恐怕也将
难保。④ 英国外交官约瑟夫·戈伯（Joseph Godber）更加直白地指出，"尽
管英国努力保持一定程度的公正，但实际上我们是站在了胜利者一方"，
这有助于英国今后在该地区外交事务中扮演积极角色。⑤ 英国对印度的支
持很快就得到了后者的积极回应，第三次印巴战争还没结束，印方便主动
向贾维提出会"妥善保管英国在孟加拉国的财产"，并保证"孟加拉国"
迫切想要留在英联邦。⑥ 这些无疑都是英国想要得到的结果。

第二，从经济和商业角度，不管是印度还是东巴基斯坦都对英国的利
益有着更高的价值。虽然在印巴两国都有投资，但相比而言印度才是英国

---

① "India/Pakistan," telegram from Alec Douglas–Home to U. K. Mission New York, telegram number 1135, 10 December 1971, FCO 37/925.

② "India/Pakistan: Note by the Secretaries," 24 November 1971, CAB 148/117.

③ "Minutes of a Meeting Held at 10 Downing Street SW1," 30 November 1971, CAB 148/115.

④ "The Pakistan Dilemma," from Pumphrey to Alec Douglas-Home, 3 August 1971, FCO 37/892.

⑤ "India/Pakistan," from Joseph Godber to Private Secretary, 15 December 1971, FCO 37/913.

⑥ "India/Pak: UN Proceedings," from Garvey to FCO, telegram number 3004, 8 December 1971, FCO 37/925.

在南亚更主要的商业伙伴和发展投资对象，英国云母进口的 90%、茶叶进口的 1/3 都是来自印度。此外，东巴的黄麻还是英国麻纺织工业最重要的原料。[1] 因此，英国外交官皮卡德（Pickard）在 1971 年 4 月指出："考虑到投资和原料供应，我们的长远利益应该在未来的东巴政权，而不是西巴。我们不能因为眼前与西巴的关系而冒犯印度人，损害长远的利益。"[2] 在东西巴矛盾难以调和、印巴之间紧张局势不断升级的情况下，英国试图借支持印度促成东巴独立，赢得它们的好感，从而最大限度保护其今后在南亚的经济利益。

第三，英国支持印度还出于遏制苏联势力在南亚进一步扩张的考虑。1971 年 8 月 9 日，苏联和印度签订了《印苏和平友好合作条约》，苏联在南亚的战略地位大大加强。第三次印巴战争爆发后，苏联在联合国安理会坚定地支持印度，英国认为既然任何不利于印度的提案都会遭到苏联否决，那么支持这样的提案不仅毫无意义，反而会造成印苏一起被孤立的局面，促使印度和苏联进一步接近，进而造成西方阵营丧失对印度的影响。[3] 由此可见，虽然英国对美、苏的提案都投了弃权票，但实际上仍然对苏联在南亚扩张的威胁保持了足够的警惕。只不过考虑到自身在南亚的利益，英国没有选择和它的传统盟友美国一道与苏联进行正面对抗。

出于自身在南亚利益的考虑，英国在印度和巴基斯坦之间选择了印度，在巴基斯坦东西两部分之间选择了东巴。英国把它在 1971 年危机期间的这一态度延续到了第三次印巴战争结束后的承认孟加拉国独立问题上，而影响危机期间英国决策的这些因素继续发挥着作用。

---

① "India/Pakistan: Note by the Secretaries," 24 November 1971, CAB 148/117.

② "Telegram from Pickard to FCO," telegram number 488, 4 April 1971, FCO 37/881.

③ "From P. J. S. Moon to Prime Minister," 5 December 1971, PREM 15/570; "Talks between the Prime Minister and the President of the United States of America at Bermuda 20-21 December 1971: India and Pakistan," brief by the Foreign and Commonwealth Office, 16 December 1971, CAB 133/417.

二、利弊：影响英国承认孟加拉国的因素

不管是在巴基斯坦的国内危机期间，还是在 1971 年底爆发的第三次印巴战争中，英国都认为巴基斯坦已经不可能再维持统一，分裂的巴基斯坦更加无法与本就更为强大的印度相抗衡。因此，新的局面下英国要想维护它在南亚利益的关键在于与印度保持良好关系。既然印度支持孟加拉国的独立，那么英国承认孟加拉国就是对印度的支持。而从英国自身在南亚现实利益的考虑，承认孟加拉国也是它的不二选择。

1971 年 12 月 27 日，英国驻达卡的副高级专员布里顿（Britten）在发回国内的电报中明确把维护英国的商业利益与承认孟加拉国挂钩。他认为，"孟加拉"对英国的商业有着重要意义，除黄麻外，航运和保险业都是值得英国关注的领域。孟加拉国愿与英国建立联系但还没有作出决定，"因此英国政府承认孟加拉国刻不容缓"。[1] 恰在此时，一个代表黄麻和茶叶相关部门利益的英国贸易和工业代表团即将访问达卡，与孟加拉当局会谈。[2] 英国驻伊斯兰堡的高级专员庞弗里也意识到，目前要求尽早承认孟加拉国的理由中第一条就是英国在东巴比在西巴有着更大的经济利益，而且在侨汇方面更加有利可图。[3] 对此，孟加拉国方面也有意识地利用英国在这方面的需求，敦促其尽快承认孟加拉国。1972 年 1 月 3 日，孟加拉国外交部长召见布里顿时指出，"就联合王国而言，考虑到它在这里的利益，不能无限期地等待下去"。[4] 布里顿还十分看重孟加拉国的庞大人口基数可能为英国工业产品带来的巨大市场，认为如果拖延承认则可能导致那些无

---

[1] "Recognition of Bangladesh," from Britten（Dacca）to FCO, telegram number 972, 973, 27 December 1971, FCO 37/902.

[2] "Recognition of Bangladesh," from Garvey to FCO, telegram number 3348, 28 December 1971, FCO 37/902.

[3] "Bangla Desh," from Garvey to FCO, telegram number 69, 7 January 1972, PREM 15/751.

[4] "From Britten（Dacca）to FCO," telegram number 12, 3 January 1972, PREM 15/751.

形的收益从英国转移到印度的手中。① 英国驻印度高级专员贾维则指出，英国商人回到达卡仍然要靠印度人的帮助，他们控制着入境运输路线，如果承认孟加拉被过度延迟，很容易使事情变得困难。②

　　冷战大背景是推动英国承认孟加拉国的另一因素。1971 年 8 月 9 日，苏联与印度签订了《印苏和平友好合作条约》。第三次印巴战争期间，苏联在联合国安理会全力支持印度，使印度在南亚的影响力迅速提升。尽管在战争结束后，苏联出于避免刺激巴基斯坦的考虑并没有在第一时间承认孟加拉国独立，但是防范苏联势力在南亚的进一步扩张已成为影响英国决策的又一重要因素。正如布里顿所言，承认孟加拉国可以加强新政府内那些亲西方的力量，"我们行动得越晚，他们就越有可能与共产党国家达成贸易和商业上的合作"。③ 庞弗里认为尽管苏联还没有采取措施，但它承认孟加拉国是迟早的事。孟加拉国的领导人暂时做到了与苏联保持距离，英国也应该尽可能加强他们的力量。印度人暂时背负着在孟加拉国的责任，他们肯定会欢迎英国和其他西方国家对孟加拉国的承认，以抗衡苏联的影响和苏联对印度的压力。④

　　尽快承认孟加拉国符合英国的现实利益，但英国承认孟加拉国还面临一些障碍。首先，东巴本是统一巴基斯坦的一部分，按照霍姆的说法，孟加拉政府是"革命"的产物，承认孟加拉国首先会引起巴基斯坦的不满。1971 年 12 月 20 日接任巴基斯坦总统的阿里·布托（Ali Bhutto）仍然希望在统一的巴基斯坦框架内来解决东西巴之间的关系问题。庞弗里提醒英国外交部，过早承认孟加拉国也会损害英国在西巴的经济利益。⑤ 如有政府承认孟加拉国，就会被巴基斯坦认为是与它为敌。如果布托坚信东巴会留在统一的巴基斯坦，而且要逐步引导东巴国民接受这一事实，那么英国承

---

　　① "From Britten（Dacca）to FCO," telegram number 42, 6 January 1972, PREM 15/751.

　　② "Bangla Desh," from Garvey to FCO, telegram number 69, 7 January 1972, PREM 15/751.

　　③ "From Britten（Dacca）to FCO," telegram number 42, 6 January 1972, PREM 15/751.

　　④ "Bangla Desh," from Garvey to FCO, telegram number 69, 7 January 1972, PREM 15/751.

　　⑤ "Recognition of Bangladesh," from Pumphrey to FCO, telegram number 570, 23 December 1971, FCO 37/902.

认孟加拉就会被认为是在先发制人。① 此外，虽然巴基斯坦战败且面临分裂，但是巴基斯坦政局出现整体崩盘的局面同样不利于英国的南亚利益，阿里·布托地位的稳固则是巴基斯坦国内局势稳定的重要前提。按照贾维的说法，过早承认孟加拉国一方面会引起阿里·布托的报复，另一方面不利于布托地位的稳定，也会使他稳定国内局势的任务更加艰巨。② 其次，英国还需要获得其同盟美国的支持，但在 1971 年的危机期间，英国支持印度和东巴，美国坚定支持巴基斯坦，英美同盟遭遇到前所未有的挑战。英国政府对承认问题仍持较为谨慎的态度，驻美国大使克罗默就表达了他的担忧，称"如果我们过早承认孟加拉国，尤其是在尼克松总统访问北京之前，美国人会很不高兴"。③

英国政府要想顺利完成对孟加拉国的承认，还必须要为自己的行为提供合理的解释。英国搬出了 1933 年 12 月在乌拉圭签订的《蒙得维的亚国家权利和义务公约》，该公约规定拥有国际法意义上的法人地位的国家政权应具备以下资格：(1) 常住人口；(2) 确定的领土；(3) 政府；(4) 与其他政府建立关系的能力。④ 但在 1971 年 12 月 7 日，英国外交部官员彼得·沃克（Peter Walker）在给海外投资部的信中明确指出，"孟加拉国"还没能完全控制整个地区，不管是事实上还是法律上承认孟加拉国的标准，目前甚至在未来几周内都还不具备。⑤ 一周后，霍姆在议会下院回应议员肖尔询问时表示："我们目前必须同印度和巴基斯坦政府打交道。这位先生很清楚我们通常的认可标准在这种情况下必须适用，和其他情况一

① "Recognition of Bangladesh," from Islamabad to FCO, telegram number 3739, 23 December 1971, FCO 37/902.

② "Bangla Desh," from Garvey to FCO, telegram number 69, 7 January 1972, PREM 15/751.

③ "From Cromer to FCO," telegram number 77, 8 January 1971, PREM 15/751.

④ Martin Dixon, Robert McCorquodale, *Cases & Materials on International Law* (Oxford: Oxford University Press, 2011), p.137.

⑤ "Recognition of 'Bangla Desh'," from P. F. Walker to Mr. Wilford, 9 December 1971, FCO 37/902.

样。"① 为了稳住孟加拉方面，霍姆指示布里顿仍然与孟加拉当局进行非官方接触，并向对方说明英国在承认问题上并非有意拖延，暂不承认并不意味着英国不赞成孟加拉政府，而是因为承认所要达成的客观标准还没有得到满足，希望对方能够理解并保持耐心。②

英国政府为承认孟加拉国设置的标准就好像是给自己出了一道早就有了答案的题目。进入 1972 年，驻达卡和伊斯兰堡的外交官们就开始倾向于认为孟加拉国获得英国承认的标准已经得到满足。1 月 6 日，布里顿发回了一封长电报，系统阐述了孟加拉国目前的局势。他认为，虽然新政府还没能在各地都充分发挥作用，但是在经历了接收政权之初的混乱后，局面总体上已经恢复正常。现在的政权获得了广泛支持，也没有其他党派能够对人民联邦构成挑战。虽然印度军队仍然驻扎在这里，但他们只是留在军营里并没有干涉孟加拉的内部事务。在他看来，所有迹象都支持英国承认孟加拉国。③ 贾维与布里顿相比更为谨慎，他一方面主张承认的标准并没有得到充分满足，另一方面又对其中的限制进行了分析。虽然"中断的通信削弱了政府对边远地区的控制"，但是"法律和秩序远比人们担心的要好很多"。针对印度驻军，贾维指出："我们当然希望看到印度军队完全撤出，以及朝着这一目标取得进展，但这样做的表面价值超出了其实际意义。总的来说，印度军队留在那里可能会帮助而不是阻碍新国家朝着有利于我们物质和政治利益的方向发展。"因此，他主张，"迄今为止英国政府面临的限制已大大减少，而明智地走向承认孟加拉国的论点也相应得到了加强"。④

英国在 1971 年南亚危机期间采取亲印度和东巴基斯坦的政策，也就注定它会在第三次印巴战争结束、巴基斯坦战败后，积极推动承认新成立的

---

① "India and Pakistan," HC. Deb., 13 December 1971, vol. 828, c. 49, *Hansard 1803-2005*, http://hansard. millbanksystems. com/commons/1971/dec/13/india-and-pakistan-1, accessed at Mar. 21, 2023.

② "Recognition of Bangladesh," from Douglas-Home to Dacca, telegram number 767, 30 December 1971, FCO 37/902.

③ "From Britten (Dacca) to FCO," telegram number 42, 6 January 1972, PREM 15/751.

④ "Bangla Desh," from Garvey to FCO, telegram number 69, 7 January 1972, PREM 15/751.

孟加拉国及其政府。一方面，支持印度和孟加拉带来的经济、贸易和政治利益，高于触怒巴基斯坦所带来的损失；另一方面，英国又没有在第一时间就进行承认。按照英国官方的说法，如果孟加拉国不能满足一定的标准，那英国无法给予它事实上或法律上的承认。英国提出承认孟加拉国的标准与其说是在为孟加拉国独立设置门槛，不如说是在为自己的承认行为提供合法性。实际上，英国拖延承认也并不是要等待孟加拉政府完全掌控其内部局势，抑或是印度军队完全撤离，而是要等待一个对英国最有利的承认时机。

三、尘埃落定：英国承认孟加拉国进程的加快

英国承认孟加拉国面临的第一障碍当然是巴基斯坦方面的强烈反对，以及可能由此带来的对英国在西巴基斯坦利益的报复。因此，英国政府正式承认前一直在努力安抚阿里·布托并说服他接受东巴独立的现实。

1972 年 1 月 7 日，被关押了 9 个半月的东巴基斯坦人民阵线领导人谢赫·穆吉布·拉赫曼（Sheikh Mujibur Rahman）获释，并于次日抵达伦敦。① 1 月 8 日晚些时候英国首相希斯与他进行了会谈，希斯询问他如何看待今后孟加拉国与西巴基斯坦和印度的关系。拉赫曼表示孟加拉国已经不可能继续留在巴基斯坦，而且目前也不会与之建立正式关系。孟加拉国是一个独立的主权国家，虽然他也承认在这一点上还没有成功说服阿里·布托接受这样的观点。此外，他还提出了孟加拉国加入英联邦的问题。希斯指出，英国会努力帮助布托接受上述现实，但他同时明确表示不愿因承认孟加拉国而导致巴基斯坦退出英联邦。对此，拉赫曼表示如果布托难以被说服，那么希望英国可以站在正义一边承认孟加拉国。② 其实在拉赫曼抵

---

① "Sheik Mujib," telegram from FCO to Dacca, 8 January 1972, PREM 15/751. 1 月 7 日布托才同意派飞机送他离开伊斯兰堡。他不被允许直接返回达卡，自己又拒绝被送到德黑兰，因此提出前往伦敦。

② "Note of a Meeting at 10 Downing Street on Saturday 8 January 1972 at 6：30 p.m.，" PREM 15/751.

达伦敦的前一天，希斯已致信阿里·布托对他释放拉赫曼的行为大加赞赏，恭维他有着政治家的风度，其明智举动有利于缓解南亚次大陆的紧张局势，并表示愿意为解决东西巴的问题斡旋。① 拉赫曼离开伦敦后的第二天，希斯再次致信布托，向后者通报了 1 月 8 日会谈的情况，指出拉赫曼认为东、西巴两个部分不可能继续在一个统一的国家内共存了，但是他本人对西巴和布托都没有仇恨。希斯在信的最后表示，"您在这方面决策的智慧会得到广泛认可和赞扬"。②

英国方面认为，阿里·布托能够接受孟加拉国独立的现实将有利于整个南亚地区的稳定。因此，除了试图说服布托，希斯还希望印度不要刺激他。在给英迪拉·甘地的信中，希斯表示拉赫曼不仅愿意与印度，而且希望与西巴基斯坦建立良好关系（但布托必须首先接受国家分裂的现实）。他表示，"我还希望，在过去一年的冲突和苦难之后，能够建立一种新的友好关系模式。在南亚次大陆，如果布托在这方面有合作的意愿，就不应该做任何事情来阻止他"。③

按照常理，英国应该视巴基斯坦方面的回应再确定自己接下来的政策，但实际上在巴基斯坦的回应到来之前，英国便明显加快了承认孟加拉国的步伐。1 月 13 日，希斯分别致信法国总统蓬皮杜、联邦德国总理勃兰特、加拿大总理特鲁多、新西兰总理基斯·霍利约克、澳大利亚总理麦克马洪、美国总统尼克松等。他表示，"目前的问题已经不是要不要而是要在什么时机承认孟加拉国的问题"，"应尽快说服布托，使其理解我们承认孟加拉国是不可避免的"。"我们应该帮助穆吉布加强自己的地位，并且避免使东巴基斯坦落入国内极端分子之手"。④ 令人惊奇的是，仅仅是在 10

---

① "Sheikh Mujib," from Douglas – Home to Islamabad, telegram number 41, 7 January 1972, PREM 15/751.

② "From Douglas–Home to Islamabad," telegram number 52, 10 January 1972, PREM 15/751.

③ "From Douglas–Home to Delhi," telegram number 50, 9 January 1972, PREM 15/751.

④ "Message from the Prime Minister to President Pompidou, Chancellor Brandt, Mr. Trudeau, Mr. McMahon and Sir Keith Holyoake," telegram number 25, 13 January 1972, PREM 15/751.

天前，外交和联邦事务部还主张"不要在承认问题上太激进"。① 是什么因素导致英国的政策在短时间内发生如此大的变化呢？拉赫曼访英是重要的转折点。

事实上，英国政策的转变在 1 月 11 日的内阁会议上就已经得到了确认。会上霍姆在简单汇报了拉赫曼访问的概况后指出，"只要印度军队仍然驻扎在孟加拉国，就不能说我们承认它（孟加拉国）的正常标准已经得到了满足。但是，印度军队的存在对于维持（孟加拉国）国内安全可能是必不可少的，尽快承认孟加拉国将有效地加强那里的温和派，并可能为我们巨大的商业利益服务"。首相希斯也指出，拉赫曼愿意急于与英国和其他英联邦国家建立关系，并且英国邓迪的麻纺织工业依赖孟加拉国方面的原料供应，孟加拉国政府的态度以及英国与之达成协议的能力将影响这种供应的可靠性。希斯最后总结道，"内阁一致认为，尽早承认孟加拉国有充分的理由，并授权外交和联邦大臣在他认为适当的时机到来时作出安排"。②

由此可见，孟加拉国是否满足一个独立国家的标准并不重要。那么采取怎样的方式承认孟加拉国才能更容易让巴基斯坦和阿里·布托接受，又不至于给英巴关系以及英国在巴基斯坦的利益造成太大损害呢？英国的设想是与西方国家尤其是欧洲经济共同体国家以及英联邦国家密切协调，争取在同一时间承认孟加拉国，造成一种并非英国单独承认的局面，以便使布托能够接受既定现实；如果一些西方国家共同采取行动，那么布托将不得不默认。③ 这一方案在 1 月 11 日的内阁会议上同样有所体现。因此，希斯在 1 月 13 日给西欧以及部分英联邦国家首脑的信中试图说服他们相信共同行动是对西方国家有利的。霍姆有意识地引导盟国相信承认孟加拉国的时机已经成熟，一方面，"阿里·布托释放拉赫曼本就意味着他已经对维

---

① "India/Pakistan: Points for the Secretary of State's Meeting at 12: 00 am on 3 January," from I. J. M. Sutherland to Private Secretary, 31 December 1971, FCO 37/1019.

② "Conclusions of a Meeting of the Cabinet Held at 10 Downing Street on Tuesday, 11 January 1972," CM (72) 1st Conclusion, CAB 128/50.

③ "Recognition of Bangladesh," from P. J. S. Moon to N. J. Barrington, 14 January 1971, PREM 15/751.

护国家的统一不抱信心了"；另一方面，这可以帮助穆吉布加强自己的地位，并避免使东巴基斯坦落入国内极端分子之手。[①] 1 月 13 日，霍姆终于下定决心并向希斯汇报了英国承认孟加拉国的时间表。他提出要在 1 月 24 日开始的那个周的某一特定时间完成承认，承认的方式是与欧洲盟友和英联邦成员国共同完成。另外，他希望鼓励拉赫曼主动与布托进行沟通，以便给英国承认孟加拉国减少阻碍。[②] 1 月 18 日，霍姆在议会发表声明，明确指出"正在密切考虑承认（孟加拉国）的问题，并与一些英联邦国家和其他国家的政府保持联系。希望在不久的将来能够就这个问题再作一次发言"。[③]

这次声明毫无意外地引起了巴基斯坦的关注和不满。第二天，阿里·布托的信就来到了希斯的案头，他指出自己一直积极奉行与东巴基斯坦领导人进行和解而不是对抗的政策，渴望与拉赫曼就未来巴基斯坦两翼之间的关系和联系问题达成友好解决方案，而实现这一目标就需要时间与拉赫曼进行讨论。因此，他呼吁英国"不要采取任何妨碍这些努力的步骤"。更严重的是，布托向英国发出了威胁，他认为英国有意承认"孟加拉国"是对巴基斯坦的歧视，"这将是对一个英联邦国家的打击。它还将使对一个英联邦国家的侵略受到尊重，并为未来树立一个危险的先例。在这种情况下，很难拒绝我国民众脱离英联邦的要求"。布托要求英国暂缓承认孟加拉国，以便给他和拉赫曼的会谈留出时间。[④]

鉴于此，英国一方面决定短暂推迟承认孟加拉国。霍姆认为，虽然阿里·布托已经接受了巴基斯坦分裂的命运，但他还没有公开认可这一现实。因此，目前来看，推迟承认孟加拉国符合西方的利益。霍姆倾向于把承认的时间推迟到 1 月底，但如果有明确的迹象表明，英国政府的承认将

---

① "Message from the Prime Minister to President Pompidou, Chancellor Brandt, Mr. Trudeau, Mr. McMahon and Sir Keith Holyoake," telegram number 25, 13 January 1972, PREM 15/751.

② "From Alec Douglas-Home to Prime Minister," 13 January 1972, PREM 15/751.

③ "Statement by the Secretary of State for Foreign and Commonwealth Affairs, the Right Honourable Sir Alec Dougals-Home, KT, MP, in the House of Commons on Tuesday 18th January 1972," PREM 15/751.

④ "A Letter from Ali Bhutto to Edward Heath," 19 January 1972, PREM 15/751.

导致西巴基斯坦离开英联邦或严重损害英国的利益，那么承认的时间还可以再推迟。不过，他仍然希望在 2 月 5 日访问印度前完成这一进程。① 另一方面，既然布托坚持要与拉赫曼进行会谈，那么英国就有意识地在推动这一进程，以彻底打碎布托最后的幻想。1 月 26 日，霍姆指示驻达卡的外交人员，让他口头告知穆吉布·拉赫曼，"我们很快就会承认孟加拉国"。英国希望拉赫曼可以发表声明，表示他愿意和西巴建立友好关系，但是布托必须首先承认巴基斯坦一分为二的现实。这样的声明可以使英国引用，以便让英国更好地阐明自己的立场。②

只不过英国前期做的这些铺垫似乎并没有派上用场，希斯"正式"通知巴基斯坦英国即将承认孟加拉国却是以一种非正式的方式来完成的。1 月 28 日，布托邀请即将访问印度的霍姆前往巴基斯坦进行会谈，其用意一来是打探英国在孟加拉国问题上的态度，二来是借机向英国施加压力。希斯在第二天的回信中表示，英国"和其他英联邦成员国、其他友邦协商后决定正式承认孟加拉国独立，时间定在 2 月 4 日"。鉴于霍姆即将访问印度并可能前往巴基斯坦进行会谈，英国将推迟这一承认日期，但霍姆离开伦敦之前会在下议院发表声明，表明英国承认孟加拉国的意愿。③

希斯的回信让布托的努力归为徒劳。1 月 30 日，澳大利亚和新西兰宣布承认孟加拉国的独立，当日巴基斯坦政府通过广播宣布立即退出英联邦。2 月 4 日，英国按照原定计划正式宣布承认孟加拉国独立。④

四、结语

如果我们考察英国对 1971 年南亚危机的态度就不难发现，它在 1972

---

① "Recognition of Bangladesh," from Douglas-Home to Islamabad, 21 January 1972, PREM 15/751.

② "Recognition of Bangladesh," from Douglas - Home to Islamabad, telegram number 125, 26 January 1972, PREM 15/751.

③ "Bangladesh," from Douglas - Home to Islamabad, telegram number 184, 29 January 1972, PREM 15/751.

④ "Bangladesh," HC Deb., 04 February 1972, vol. 830, c. 823, *Hansard 1803 - 2005*, https：//api. parliament. uk/historic-hansard/commons/1972/feb/04/bangladesh, accessed at Mar. 21, 2023.

年 2 月宣布承认孟加拉国独立其实就是危机期间支持印度和东巴基斯坦政策的延续。英国既然已经笃定印度和东巴基斯坦（孟加拉国）相比巴基斯坦对它的利益更为重要，那么对它们的支持就是对自身在南亚利益的维护。能够两全其美固然完美，英国也试图在承认孟加拉国独立的同时维护与巴基斯坦的关系，但它达成这一目标的方式是让巴基斯坦接受国家分裂的既定事实，是联合西欧盟国、英联邦成员国向巴基斯坦共同施压，也就注定了结果并不会如它所愿，巴基斯坦最终还是退出了英联邦。既然英国已经先入为主把巴基斯坦置于次要位置，那么不管是从心理还是行动上它都不会在意后者的感受。本质上来说，英国对自身利益的追求已经远远超越了对他国主权最起码的敬畏和尊重。

美国对"五角大楼文件案"的应对及其启示

岳侨侨　张北晨*

【摘　要】　1971 年 6 月，美国发生了著名的"五角大楼文件"泄密事件，引起了世界范围内强烈的反战情绪和美国媒体的抗议浪潮。尼克松政府对此疲于应对，并想以国家行政干预的手段来平息事态的发展，但未能成功。政府与新闻界产生龃龉后，双方都诉诸高等法院作最后裁定。虽然事件最终以新闻界一方获得胜诉后得以暂时平息，但该案明显对美国国内外关系产生了重要影响。此事件提出了一个典型的反面案例，为国家应对媒体事件提供了很多警示和值得吸取的经验。

【关键词】　美国政府；五角大楼文件案；新闻事件；媒体

在自媒体盛行的今天，阿桑奇和斯诺登事件不时引起世人关注。无论是阿桑奇创建"维基解密"，还是斯诺登爆出"棱镜门"，事件的共同特点都是将国家或个人当时不宜公开的秘密通过媒体泄露给公众，从而引起重大突发新闻事件。在美国历史上，曾经发生过数起类似的泄密事件，最为典型和影响最大的是 1971 年与之类似的"五角大楼文件"泄密事件。当

---

* 岳侨侨，湖南涉外经济学院外国语学院本科生；张北晨，首都师范大学文明区划研究中心编辑，研究方向为现代国际关系史。

时，美国政府研究人员丹尼尔·埃尔斯伯格（Daniel Ellsberg）把大量绝密文件泄露给美国媒体，从而引发以《纽约时报》为代表的新闻界诉美国政府案（New York Times v. United States）。① 经过激烈的法庭辩论，案件最终以美国最高法院判决新闻界获胜而告终。美国在处理"五角大楼文件事件"的过程中暴露出诸多弊端，此案在国家应对新闻事件方面提供了一个典型的反面案例。因此，以这一角度对此案进行探讨具有一定的经验和启示可寻。

"五角大楼文件事件"已经过去半个多世纪，对它的研究在国内外已经有不少著述。相对来说，国外特别是美国学者一般将研究焦点集中在对事件过程中各方行为的正当性进行评判；国内的研究一般将重点集中在对事件过程的挖掘，例如事件如何发生、媒体如何反应以及高等法院的判决等，而对于事件发酵的原因、判决的矛盾焦点及影响等问题，还有待更深入的探讨和发掘。因此，笔者拟根据部分相关档案及中外文研究成果，通过对美国高层在事件发生后的考虑、最高法院最终判决的形成以及泄密事件的严重影响进行梳理和分析，总结出媒体事件给我们带来的教训和启示。

一、"五角大楼文件"与"五角大楼文件事件"

1967 年，美国深陷越南战争泥淖已有五六年，但仍然难以看到赢得战争的希望，就连当初这场战争的重要推手——时任国防部长罗伯特·麦克纳马拉（Robert McNamara）也逐渐对战争失去了信心。在他的指示下，国防部展开了一项对战争政策进行检讨的研究项目，参与项目的各类专家来自国防部和国务院等部门。项目的相关文件具有高度的机密性，其记录了当初导致美国卷入战争的重要决策，涵盖美国自第二次世界大战结束后介

---

① James W. Meisenheimer, "The Pentagon Papers Case: New York Times Co. v. United States & United States v. Washington Post Co. ," *Loyola of Los Angeles Law Review*, April, 1972, p. 392, https://digitalcommons. lmu. edu/llr/vol5/iss2/6.

入越南事务的所有事件，披露了杜鲁门、艾森豪威尔、肯尼迪、约翰逊以及尼克松等历届美国总统如何误导民众、隐瞒越南实际情况的细节。1969年1月15日，在新任总统尼克松宣誓就职前夕，这项浩繁的研究项目甫告完成。这项名为《美国–越南关系（1945—1967）》（*United–Vietnam Relations 1945-1967*）的研究材料多达250万字，包括47卷，共7000多页（3000多页的战争机密叙述，还有4000多页的机密备忘录和支持性文件），即"五角大楼文件"（The Pentagon Papers）。[①]

"五角大楼文件事件"的关键人物——军事分析师丹尼尔·埃尔斯伯格在美国国防部、军事智库兰德公司（RAND Corporation）等要害部门工作过，并曾作为国务院官员被派驻南越。正是这段在越南的亲身经历，使埃尔斯伯格这个曾狂热支持战争的鹰派分子的态度发生了重大转变，他开始对战争的正义性产生了怀疑。后来他试图说服美国国会中的反战派反对政府进行战争，以期早日结束越战，但并没有得到他们响应和支持。[②] 于是，埃尔斯伯格决定铤而走险，冒着被终身监禁的危险，决定直接向新闻媒体揭露战争的真相。当他接触到"五角大楼文件"时，更是决定要在适当的时候把它公之于众。1971年6月，他将文件偷偷复印后交给了《纽约时报》刊登。6月13日，《纽约时报》开始进行连续刊载。[③] 这套文件揭示了美国是如何走向战争的，包括对老挝的空袭行动、对北越沿海地区的封锁以及美军某些违反战争道德的行为等。这些未曾公开的秘密将美国民众甚至将国会长期蒙在鼓里，从而骗取了美国人民对战争的支持与付出。其中，披露的许多重大事件与美国政府对公众所宣称的内容严重不符，这意味着美国政府发动战争时欺骗了公众，因此引起了国内强烈的反战情绪和抗议浪潮。这次事件的影响十分巨大，其不仅是美国历史上最大的机密

---

① 王敏：《美国的"泄密者"们》，《青年记者》2013年8月上，第84页。

② Tom Kiely, "Pentagon Papers: National Security and Prior Restraint," *Historia*, 2011, p. 142, https://www.eiu.edu/historia/2011Kiely.pdf.

③ John Cary Sims, "Triangulating the Boundaries of the Pentagon Papers," *William & Mary Bill of Rights Journal*, Volume 2, Issue 2 (1993), p. 355, https://scholarship.law.wm.edu/wmborj/vol2/iss2/5.

文件泄露案件，也是美国政治史和新闻史上的重大事件。①

二、事件发生后尼克松政府的反应

1971 年 6 月 13 日，当《纽约时报》开始根据"五角大楼文件"刊发系列文章时，美国行政部门几乎没有官员知道这些文件的存在，总统尼克松也是从未听说过这些文件。直至当日中午，总统国家安全事务助理亨利·基辛格（Henry Kissinger）的助理亚历山大·黑格（Alexander Haig）给尼克松打电话报告此事。当尼克松听到汇报后，他最初的反应"几乎是漫不经心的"。当天下午，尼克松在与国务卿威廉·罗杰斯（William Rogers）的一次谈话中，先是讨论了前一天尼克松女儿特里西亚婚礼的事，然后又讨论了越南战争中近期美军的伤亡情况，最后他们才对文件引发的新闻事件略有提及。此时，尼克松似乎仍对其不以为然，他说："当然，这都与我们上任之前的一切有关。"随后，两人就把话题转移到其他方面。② 可见，在案件发生时，它并没引起政府高层的重视。在诉讼之初，很少有政府官员对"五角大楼文件"中涉及的哪些方面可能对国家安全构成威胁有具体的概念。

直到下午晚些时候，当基辛格提醒尼克松这一问题事关重大，尼克松才感到事态严重。尼克松是位个性极强的总统，当他听到基辛格说"如果什么都不做就会显得软弱"的时候，他才开始对此事"感到十分恼怒"，并决定要采取行动对《纽约时报》施加压力。不过，他并没有像基辛格那样清醒地意识到这次事件可能带来极大的负面影响。基辛格是尼克松政府高层中第一个提出"这是可以起诉的"建议的人，他"完全可以确定这违反了所有种类的安全法"，并建议应该尽快向司法部长约翰·N.米切尔

---

① H. R. Haldeman, *The Haldeman Diaries* (New York：Berkeley Books, 1995), p. 364.

② "Nixon Phone Call with William Rogers," 13 June, 1971, 1：28 p. m., https：//nsarchive2. gwu. edu//NSAEBB/NSAEBB48/transcript. pdf.

(John N. Mitchell) 咨询诉诸法律的方案。①

6月14日，米切尔询问尼克松总统是否同意在第二天《纽约时报》第一版刊出之前通知其停止刊登文件。尼克松问米切尔，政府以前是否有对报纸做过这种事的先例。米切尔的回答则模棱两可，他说，政府经常建议报纸不要刊登有关国家安全的信息。米切尔十分清楚，政府此前从未以国家安全为由寻求并获权对一家报纸实行"事前限制"（prior restraint）。他知道美国媒体很难对付，所以建议尼克松最好还是低调处理。尼克松此时已意识到事态严重，他愤怒地说："他们是我们的敌人，我认为我们应该这么做。"② 他说要起诉的不是《纽约时报》，而是"给他们（报界）带来这一切（材料）的该死的混蛋"。于是，米切尔奉命对《纽约时报》提出警告，称其行为违反了1917年的《反间谍法》，不过《纽约时报》方面并没有被这种警告吓住，而是称将继续刊载文件。

各国媒体很快就对《纽约时报》的报道作出了反应。法国国家广播电台的报道称，美国政府陷入了非常尴尬的境地，"这一披露对美国来说是一个冲击，美国必须立即重新考虑它对印度支那战争的所有信念。这让人怀疑尼克松政府为结束战争所作的努力的真实性"。英国媒体称，"毫无疑问，1964年美国在老挝和北越的秘密战争的曝光不仅损害了美国的国家威望，也让那些提倡公开合理政策的美国人感到震惊"。加拿大媒体则在新闻标题中不无戏谑地称"美国被蒙在鼓里"（U. S. Kept in Dark）。苏联塔斯社更是借此对美国在越南的战争进行声讨，并取题为"美国政府极为难堪"（Awkward for the Administration）。③

6月15日中午，政府代表来到纽约市联邦法院，寻求赢得法官默里·古尔芬（Murray Gurfein）的临时限制令。古尔芬第二天下午听取了政府的陈述，并在傍晚签发了对《纽约时报》的限制令，要求其在6月18日举

① Henry Kissinger, *Years of Upheaval* (Boston: Little, Brown and Company, 1982), pp. 116-117.

② "Nixon Phone Call with John Mitchell," Monday, 14 June, 1971, 7: 19 p. m., https://nsarchive2.gwu.edu//NSAEBB/NSAEBB48/mitchell.pdf.

③ "Memorandum Prepared in the Office of Research and Assessment, United States Information Agency, June 15, 1971," *FRUS*, 1917-1972, Volume VIII, Public Diplomacy, 1969-1972, pp. 356-358.

行全面听证会之前停止对文件的刊载。

尼克松给负责公共关系方面的助理查尔斯·科尔森（Charles Colson）打电话，明确了政府对外处理此案的要点：第一，这个文件是有关肯尼迪和约翰逊时期的报告（Kennedy-Johnson report），而不是尼克松政府的；第二，这是一个关于谁发动和升级战争问题的内部争论，本届政府将不作评论；第三，"我们有更大的责任，维护政府的完整性"。① 可见，尼克松并不太关心限制令和法律上的争论，而是想如何加强控制以防止文件继续流出；他并没有把前任政府和现任政府看作一个整体，而是想尽可能地撇清干系，没有"一荣俱荣，一损俱损"的整体观念。

在"五角大楼文件"以"越战档案"系列刊发第三期后，纽约联邦地方法院颁布了一项临时禁令，阻止了《纽约时报》对文件的继续报道。不过，埃尔斯伯格又将手里大量文件的复印件交给了《华盛顿邮报》，后者从6月18日也开始刊登文件。当天晚些时候，政府将《华盛顿邮报》也诉至哥伦比亚特区地方法院。于是，事件继续发酵，不断有报社加入到报道的行列，其中包括《芝加哥太阳报》《洛杉矶时报》以及《波士顿环球时报》等十多家新闻媒体。至此，政府与《纽约时报》和《华盛顿邮报》的诉讼很快演变成了整个新闻界与政府的对抗战。

三、高等法院的终审与分歧

在华盛顿地方上诉法院，为了证明刊发"五角大楼文件"危及国家安全，政府曾一度试图向法官格哈德·A. 格塞尔（Gerhard A. Gesell）提交了一份国家安全局局长诺埃尔·盖勒（Noel Gayler）上将签名的证词。盖勒在红蜡密封的绝密信件中指出，在"五角大楼文件"中有美国当前还使用的无线电信息和截获的情报。他认为，这些内容如果被刊登在《华盛顿

---

① "Nixon Phone Call with Charles Colson," Tuesday, 15 June, 1971, 6：21 p. m. , https：// nsarchive2. gwu. edu//NSAEBB/NSAEBB48/Colson. pdf.

邮报》上，不仅会失去一项重要的情报资源，还可能危及美国人的生命。[①]不过，格塞尔法官并未采信这份证词，他最终否决了相关禁令。由此可以看出，法院对政府高级官员的证词并不认可，而政府对阻止报告继续泄露也无能为力。

6 月 24 日，《纽约时报》和政府几乎同时上诉，此案迅速被提交至美国高等法院，形成了要求高等法院彻底解决新闻出版自由涉及国家安全这一宪法问题。

美国政府的法律代表承认，政府在地方法院以《反间谍法》起诉报纸，是用错了法律。[②] 政府此时转换了诉讼策略，不再要求全盘禁止报纸刊登这些文件，而是提出文件毕竟包含可能危及国家安全方面的信息，希望法院能发布一个有限禁令，禁止报纸刊登其中可能危及国家安全的重要文件。当"五角大楼文件"被递交至最高法院时，由于高度机密的原因，副检察长[③]欧文·N. 格里斯沃尔德（Erwin N. Griswold）给法院提交了一份密封的"秘密摘要"（Secret Brief）。摘要文件详细说明了政府反对公布"五角大楼文件"的理由，并试图证明继续对《纽约时报》和《华盛顿邮报》实施禁令的合理性。6 月 26 日，格里斯沃尔德在最高法院为政府辩护时强调，政府案件的成败将完全取决于最高法院对"秘密摘要"的理解和评估。

以《纽约时报》为代表的新闻界一方认为，根据《美国宪法第一修正案》[④]，应该保护新闻出版自由，公众有权知道政府深陷越南战争的真相；政府不能再以国家安全为由随意对新闻传播进行事前限制，因此强烈要求

---

① "Reporter Recalls Role in Pentagon Papers Saga," CBS News, June 14, 2011, https：//www.cbsnews. com/news/reporter-recalls-role-in-pentagon-papers-saga/.

② 颜廷、任东来：《美国新闻出版自由与国家安全》，《新闻与传播研究》2008 年第 6 期，第 12—14 页。

③ 经参议院提议，由总统同意后任命，其主要职责是在涉及美国国家利益的案件中代表联邦政府出庭（尤其是在联邦最高法院），决定联邦政府对哪些案件应提出上诉，以及监督最高法院办理涉及联邦政府的事项等。

④ 1791 年的《美国宪法第一修正案》（First Amendment of the U. S. Constitution）确立了保护言论和出版自由至高无上的原则。根据该修正案，政府不得限制国内任何新闻媒体的出版权利。

法院撤销临时禁令。《纽约时报》的律师亚历山大·M. 比克尔（Alexander M. Bickel）坚持认为，"公开事实与所害怕的危险和所害怕的事件之间的联系（应该）是直接的、立即的、可见的"，而所谓的"对外交关系的影响"不符合《美国宪法第一修正案》任何可能的标准。①

华盛顿巡回法院在 6 月 23 日公布了判决结果，以 7∶2 的投票确认了格塞尔法官对政府所寻求的禁令的否决。法院的多数意见认为政府的证据是不充分的，认为"要么是披露这些具体文件不会造成损害，要么是披露造成的任何损害不足以凌驾于《美国宪法第一修正案》的利益之上"。

法庭辩论在极为保密的情况下进行了听证和审理，判决的关键取决于法院九位大法官的态度。首席大法官沃伦·厄尔·伯格（Warren Earl Burger）、约翰·马歇尔·哈兰（John Marshall Harlan）和哈里·A. 布莱克门（Harry A. Blackmun）都支持政府的立场，认为出版这些文件将会给外交关系和国家安全带来危害。胡戈·布莱克（Hugo Black）、威廉·O. 道格拉斯（William O. Douglas）、威廉·布伦南（William Brennan）和瑟古德·马歇尔（Thurgood Marshall）法官则支持新闻界方面的意见。布伦南大法官认为，政府未能履行必要的举证责任来证明其要求发布永久性限制令的合理性。马歇尔大法官则质疑行政部门划分文件机密等级的权力。其余的两位法官波特·斯图尔特（Potter Stewart）和拜伦·怀特（Byron White）的观点与前两者都不尽相同。怀特大法官支持最高法院制止发出禁令的决定，但他指出，报纸可能违反了《反间谍法》而应受到刑事起诉。他们认为"五角大楼文件"的公布必定会对国家利益造成真正的损害，但鉴于《美国宪法第一修正案》对媒体的保护，他们拒绝支持事先签发限制令。怀特法官在他的一份意见书中表示，在任何情况下，《美国宪法第一修正案》都"不允许禁止发布有关政府计划或行动的信息"。同时，他也不否认，"披露这些文件将对公共利益造成重大损害"，但他最终仍然认

---

① Alexander Bickel, "From 'Sullivan' to the Pentagon Papers," *Law*, *Government & Society*, November 1972, https：//www. commentary. org/articles/alexander-bickel/the-uninhibited-robust-and-wide-open-first-amendment-from-sullivan-to-the-pentagon-papers/.

为，这无法"满足在这些情况下对刊登施行禁令的要求"。总之，这两位法官的态度是，本案的关键在于政府能否用事实证明刊发这些文件会危害国家安全。他们的意见是关键性的，最终高等法院否决了以国家安全为由对新闻自由披露设定限制。

6月30日，高等法院以6：3的多数票裁决支持报纸方面的诉求，撤销了临时禁令。判决书指出，除了"新闻的披露……肯定会对国家和人民导致直接、即刻且不可挽回的损失"的情形，不能对报刊发布的内容予以"事前限制"。① 裁决书还写道，任何针对表达的"事前限制"要求，法院都将强烈质疑其存在违宪的可能，而政府对"事前限制"的正当性应负有重大举证责任，即政府输在了证据上，而不是实体法上。

尽管这一判决似乎是媒体"在不受政府干预的情况下的出版权利的直接胜利"，但为法律留下了一个致命的不确定性。大多数法官认为，"事前限制"是一种特别令人反感的审查形式，这是有损公正的，但这些报纸是否真的违反了《反间谍法》这一问题就很难回答了。怀特和斯图尔特法官竭力主张保护媒体不受"事前限制"，他们实际上是在鼓励对政府提起诉讼。② 随后就发生了一个这样的案例，当《进步报》（Progressive）试图发表一篇概述国家氢弹科学发展情况的文章时，国家甚至在试图禁止公布国家安全信息时也无能为力，以至于这样的努力很快被放弃了。1979年11月，《进步报》最终得以发表了这篇文章。③

四、泄密案的负面影响

在美国新闻界，"五角大楼文件案"作为一个正面的典型案例时常被

---

① 刘东明：《"五角大楼文件"与"五角大楼文件案"》，《北京师范大学学报（社会科学版）》2020年第2期，第94页。

② Sam Lebovic, *Free Speech and Unfree News: The Paradox of Press Freedom in America* (Cambridge, Massachusetts: Harvard University Press, 2016), p. 201.

③ Erwin Knoll, "The H-Bomb and the First Amendment," *William and Mary Bill of Rights Journal*, 3 (1994), pp. 702–713.

用来说明美国媒体的言论自由。但是，也有人认为美国政府有充分的权力和必要性拒绝公开"五角大楼文件"。①

长期以来，新闻出版和言论表达都被看作受到《美国宪法第一修正案》的保护。然而，本案中法院的裁决却并未围绕这个核心问题展开，而是强调"事前限制"必须承担重大的举证责任，进而判政府败诉。从新闻媒体胜诉的角度来看，这不啻是一次重大的胜利。然而，这只是表面上的胜利而已，它只不过是美国新闻出版自由的一个标志。实际上，事件之后美国政府采取了一系列限制信息自由传播的措施，联邦高级法院也无一例外地给予了支持。甚至连埃尔斯伯格也并未脱离干系，1971年6月30日，他被控触犯了《反间谍法》及偷窃政府财产罪被捕并被判以重罪。直到"水门事件"爆发时，他才有机会得到豁免。②

从国家权威的角度来说，"五角大楼文件案"严重损害了政府的信誉。当时，美国政府在越南战争中正处于被动阶段，战争让美国公众的信心受到极大的挫伤。尼克松竞选时许给了公众很大的信心，但作为总统的他在这件事上却因为一名普通的国防部官员而威信大失。在最高法院面前，就连国家军方的一系列"国家安全"特权也受到无视。③ 从短期来看，这一判决解除了《纽约时报》和《华盛顿邮报》等媒体继续刊登文件的限制，"五角大楼文件"的大部分内容很快以三种不同的版本出版；从长远来看，斯图尔特、怀特和布伦南等法官建立了如此高的举证门槛，这从本质上终结了"事前限制"作为保密机制的可行性，这无疑伤害的是国家对秘密的保护权。④

从国家安全的角度来说，"五角大楼文件"中的大部分内容涉及美国对越南问题的政治意图和军事规划，而北越也可以通过公开后的文件了解美国在战争中的战略和战术目的。事件发生后，美国国防及情报部门对报

① John Cary Sims, "Triangulating the Boundaries of the Pentagon Papers," pp. 421-423.

② Sam Lebovic, *Free Speech and Unfree News: The Paradox of Press Freedom in America*, pp. 190-195.

③ "Memorandum, Subject: The 'Pentagon Papers'," 8 July, 1971, CIA, https://www.cia.gov/library/readingroom/docs/CIA-RDP80R01720R001200030053-4.pdf.

④ Sam Lebovic, *Free Speech and Unfree News: The Paradox of Press Freedom in America*, p. 200.

告公开可能产生的影响进行了评估，他们当时非常担心这可能会为北越提供解密的线索。文件中涉及的"军事行动、代号等名称在东南亚仍在使用，这使得一些秘密联系方式几乎立刻失效"。例如，敌方军事专家可以通过报告中的相关内容进行电子定位，这无异于把美军的某些行动计划曝光。①

从国际关系的角度来说，该事件势必会影响美国的对外关系。例如，盟国会在一定程度上对美国的保密性甚至信用提出质疑。② "五角大楼文件"中包括4卷"谈判卷"，其描述了政府为通过外交途径解决越南问题而作出的努力，这也是政府努力限制这些文件发表的主要动机，而且这些谈判有的仍在进行中。文件显示，谈判将"通过第三方进行，包括政府和个人"，例如"加拿大、波兰、意大利、罗马尼亚和挪威政府"。很明显，结束战争的希望在很大程度上取决于这类谈判的成功。由于公开文件之后可能导致谈判中断，因此保持每条可能的沟通线路的畅通是至关重要的。③

美国国务卿腊斯克评论事件造成的危害时称，这些文件对北越和苏联将是非常有价值的。基辛格甚至担心，文件的泄露可能会对他即将赴中国进行秘密访问产生负面影响。可以说，"五角大楼文件"的泄露极大地损害了美国的国家安全利益。此外，案件还成为一种政党借战争批评政府的工具，从而严重阻碍了尼克松政府各项政策的实施。

五、结语

综上可以看出，美国在"五角大楼文件事件"的应对过程中暴露出种种弊端，以至形成了十分被动的局面。究其原因，主要有以下三点。首先，从美国政府方面来看，尼克松对事件的重视不够，他在得到报告后并

① David F. Schmitz, *Richard Nixon and the Vietnam War: The End of the American Century* (Lanham: Rowman & Little field Publishers, 2014), pp. 108-112.
② Richard Nixon, *The Memoirs of Richard Nixon* (New York: Grosset & Dunlap, 1978), pp. 510-511.
③ John Cary Sims, "Triangulating the Boundaries of the Pentagon Papers," pp. 380-383.

没有立即认识到该事件可能影响广泛，而是认为政府可以通过权力加以解决。其次，从法律层面来看，针对此类案件的法律还存在缺失。《反间谍法》过于陈旧而无法覆盖新的犯罪行为，从双方争论的焦点和法律援引也可以看出，主要是对相关法律的内涵与外延还存在争议。也就是说，正是出现了法律上的缺失，才为新闻界提供了相当大的有弹性的与美国政府博弈的空间。最后，由于三权分立制度的制约，美国政府在整体上缺乏应对事件给国家安全造成威胁后的应急措施。在事件发生后，政府无力采取补救措施，只能任凭媒体对文件的报道和扩散；在法律上，法庭虽然对保护国家安全有一定的共识，但因为政府难以举证而作出了媒体胜诉的判决，而这种举出关于"未来的安全威胁"的证据是根本不现实的。实际上，在此案之后的多项同类案例中，明显出现了对此补救的措施。

当前，随着数字和网络技术等现代科学技术的不断发展，出现了利用多种电子终端设备向用户提供信息服务的新媒体、自媒体传播形态，其具有受众的广泛性、传播的即时性以及主体和客体的互动性等特点。然而，这也造成发生新闻突发事件的可能性大幅提升。从"五角大楼文件事件"这一案例可以看出，如果国家没有能力制止这种泄密行为，那么政府部门工作人员可能会根据其喜好或情绪泄露任何国家机密；如果国家无法对媒体的传播进行有效的控制，就可能使政府处于非常尴尬的境地，甚至会让国家安全遭受巨大损失。因此，要高度重视新闻事件可能带来的巨大危害，立足于国家治理的价值判断，建立和完善法律法规和应对机制，对新闻出版进行合理和必要的规制。只有这样，才能更好地维护和保持国家和社会的稳定。

刚果危机（1960—1965）与全球冷战：回顾与展望

王延庆[*]

【摘　要】　1960 年 7 月初爆发的刚果危机是"20 世纪 60 年代非洲非殖民化进程中美国干涉最剧烈的事件，也是美国与其他对手赌注最高的事件"。再加上联合国、非洲国家及苏联等外部力量也都不同程度地参与其中，使之成为"非殖民化最混乱和最不成功的案例之一"。早在危机期间，国外学界对该问题的关注与研究就已开始，并持续至今，甚至近些年来大有喷涌之势。国内学界的关注与研究也在不断增多与深化，在个别领域对国际学界也有所贡献。本文将简要梳理学界关于刚果危机研究的历程，希望对我国学界开展相关研究有所助益。

【关键词】　刚果危机；联合国；美国；苏联

＊ 王延庆，兰州大学历史文化学院教授，研究方向为冷战史、非洲史。

一、20世纪60年代：资料收集、整理及初步研究

1960年7月初，刚刚独立的刚果共和国（以下简称"刚果"）① 由于仍然受到比利时殖民势力的影响，因此很快发生了士兵不满比利时军官的兵变，随后骚乱向全国蔓延，导致最重要的经济省份加丹加宣布独立。比利时政府则以保护侨民为借口迅速出兵干涉，并支持加丹加和南开赛地区的分裂，从而引发了持续多年、众多国际力量参与的国际性危机。学术界早期对此问题的关注与研究侧重于对文献资料的整理和初步研究，主要涉及此次危机爆发及持续时间长的根源。

作为曾经的宗主国，比利时的当事者和学术界在刚果危机的资料收集与整理方面有着得天独厚的优势。乔治·H. 杜蒙特（Georges H. Dumont）曾任比利时政府官方历史学家，且参加过1960年比利时-刚果圆桌会议，他在著作中详尽地描写过此次会议期间公开和私下会晤的内容。弗朗索瓦·佩林（Francois Perin）的作品主要介绍和分析了1960年上半年比利时-刚果会议期间所制定的《基本法》（Loi Fondamentale）的历史情况。比利时政府最后一任派驻刚果恢复法律与秩序的部长冈绍夫·范德梅尔施（Ganshof van der Meersch）在一份任务报告中主要介绍了这段时期刚果武装力量的状态、选举及刚果国内各派谈判的基本情况。时任刚果总理帕特里斯·卢蒙巴（Patrice Lumumba）新闻随员的塞奇·米歇尔（Serge Michel）与比利时记者弗朗西斯·蒙海姆（Francis Monheim）分别描述过卢蒙巴和蒙博托（后任刚果国民军参谋长、总统）在刚果独立前后的思想状况与行动。② J. 热拉尔-利博伊斯（J. Gérard-Libois）出版了《加丹加

---

① 1960年6月30日比属刚果宣告独立，定国名为"刚果共和国"，因首都为利奥波德维尔，故国名简称"刚果（利）"。1964年改名"刚果民主共和国"。1966年5月首都改名金沙萨，国名简称"刚果（金）"。1971年改名"扎伊尔共和国"。1997年恢复国名为刚果民主共和国并沿用至今，简称"刚果（金）"。

② 上述内容主要参阅 Cathreine Hoskyns, "Sources for a Study of the Congo since Independence," *The Journal of Modern African Studies*, Vol. 1, No. 3 (1963), pp. 373-382。

的分裂》（法文版，1963年；威斯康星大学出版社，1966年），专门论述加丹加的分裂及其结束的过程，填补了过往研究的不足。该书注重原始资料的使用，刊出了许多之前未公开的绝密文件，证明了比利时的军事援助是加丹加政权建立的决定性因素。然而，该书侧重于加丹加政权早期历史的探讨，而对其后期的历史叙述过于粗略，也很少使用联合国与加丹加关系的新资料。①

最早对该事件的相关资料进行大规模和系统整理的机构是比利时社会政治研究中心（CRISP，位于布鲁塞尔）及其刚果政治研究所（IPC，位于利奥波德维尔，即金沙萨）。前者相继出版了《刚果：1959》《刚果：1960》（卷一和卷二）、《刚果：1961》《刚果：1962》和《刚果：1963》等系列，主要收集了当时的重要演讲、会议记录等珍贵资料，并附有大事记，成为后来学术界深入研究该问题必不可缺的资料来源。不过，该系列的资料皆由比利时人整理，侧重于利奥波德维尔与布鲁塞尔当事双方的文献，而关于加丹加的分裂、联合国的维和行动方面的资料则少有收录。总体而言，由比利时人整理的上述资料与研究成果对刚果危机的研究十分重要，也是西方学术界经常使用的参考资料。然而，由于这些文献资料和著述多为法文且中国国内各大图书馆少有收藏，因此不便于国内学界开展相关研究。

刚果危机发生不久后，英语国家学术界也迅速跟进研究。由于危机尚在进行之中，他们的研究主要集中在危机的背景、根源方面。艾伦·P. 梅里亚姆（Alan P. Merriam）的《刚果：冲突的背景》（美国西北大学出版社，1961年）主要介绍了刚果独立前的社会、经济和政治状况，细致描述了刚果独立后三个月内发生的事，还附有大事记，其结论是比利时政府加速了刚果的独立。不过，该书存在一些基本的史实错误。② 克劳福德·扬（Crawford Young）的《刚果的政治：非殖民化与独立》（普林斯顿大学出版社，1965年）是当时颇受好评的政治分析著作，被学界认为是"当代世

---

① J. Gérard-Libois, *Katanga Secession* (Madison: University of Wisconsin Press, 1966).

② Alan P. Merriam, *Congo: Background of Conflict* (Evanston: Northwestern University Press, 1961).

界历史主流中关于最混乱的新国家的一本权威性描述"。该书的信息量很大，其"刚果领导人的'非洲化'被批准，是因为比利时确信它会倒台"的结论尤其发人深省。然而，它对刚果民族主义的觉醒、政治及加丹加分裂的关注有限，也没有论述联合国或其他外部力量的影响。① 凯瑟琳·霍斯金斯（Catherine Hoskyns）同年出版的《独立以来的刚果（1960.1—1961.12）》（牛津大学出版社，1965 年）较为客观地剖析了刚果危机前后的事件，尤其是刚果国民军的兵变、哈马舍尔德的复杂立场及其与卢蒙巴的争执、联合国的困境、西方在各阶段的卷入以及亚非国家在联合国的态度等。该书认为比利时缺乏对非洲新趋势的理解，这在很大程度上促成了这场悲剧，而联合国因此得到了进一步发展，亚非国家则首次实践了泛非主义等。②

联合国在危机期间的维和行动问题始终是国际学术界关注的重要领域之一。1961 年 6 月至 11 月任联合国驻加丹加代表的康纳·克鲁斯·奥布莱恩（Conor Cruse O'Brien）根据自己在任期间的近距离观察撰写了《往返加丹加》（西蒙和苏斯特出版社，1962 年）一书，书中他批评联合国高层官员（包括秘书长哈马舍尔德）故意发布了错误的声明，隐瞒了 1960 年 9 月刚果政府内部政变的真相。③ 厄内斯特·W.勒菲弗尔（Ernest W. Lefever）的《刚果危机：联合国军在行动》（布鲁金斯学会，1965 年）根据大量调查资料（包括采访过 100 多位相关人员），论述了联合国干预刚果危机在法律方面的问题。由于该书偏重于澄清史实，因此被认为"缺乏色彩、深度，甚至缺乏整体性"，并且其部分结论未能得到很好的证实。④

整体而言，20 世纪 60 年代国外学术界关于刚果危机的研究主要集中在相关资料的收集与整理，以及澄清与介绍基本史实层面。这些基础性的

① Crawford Young, *Politics in the Congo Decolonization and Independence* (Princeton：Princeton University Press, 1965).

② Catherine Hoskyns, *The Congo since Independence, January 1960 - December 1961* (Oxford：Oxford University Press, 1965).

③ Conor Cruise O'Brien, *To Katanga and Back* (New York：Simon and Schuster, 1962).

④ Ernest W. Lefever, *Crisis in the Congo：A United Nations Force in Action* (Washington, D.C.：Brookings Institution, 1965).

工作整理保存了不少基本的史料，为后世进行深入且广泛的研究奠定了基础。然而，由于这些资料较为有限，该时期的研究性著作多侧重于描述刚果的历史与社会状况及联合国刚果维和行动等事实，其主要依据新闻报纸、政府和国会公开的资料及一些当事者的口述，故而不得不回避一些重要的甚至是关键性的问题（如卢蒙巴被谋杀问题等）。

二、20 世纪 70—80 年代：
档案资料渐多，研究开始系统化

进入 20 世纪 70 年代以后，部分当事人的回忆录开始出版，美国等国家的相关档案也开始解密，这为学者提供了更多揭示历史真相的机会。正是在这样的背景下，刚果危机的研究视野空前开阔，研究内容也随之开始系统化。

重要当事人的回忆录无疑为深入研究提供了宝贵的一手资料，例如时任刚果驻联合国代表托马斯·康扎（Thomas Kanza）在《帕特里斯·卢蒙巴的起落：刚果的冲突》（企鹅出版社，1971 年）一书中对危机期间的一些重要人物（尤其是卢蒙巴和哈马舍尔德）的性格进行了近距离的观察（也是该书最具启迪性的章节）。不过，作者基本上没有参阅和分析同时期关于卢蒙巴的其他原始资料、著作或评论，因此不可避免地带有主观性和片面性。① 拉杰什瓦尔·达亚尔（Rajeshwar Dayal）曾任联合国秘书长哈马舍尔德驻刚果特别代表（1960.9—1961.5），他作为亲历者以半回忆录的方式写成了《哈马舍尔德的使命：刚果危机》（普林斯顿大学出版社，1976 年）。该著作严格地以时间为线索，描述了联合国秘书长处理刚果危机的过程，披露了其中许多鲜为人知的细节，评析了联合国维和行动的成败之处，并揭示了一些卢蒙巴内心的真实想法。当然，达亚尔作为当事者必然会为自己、秘书长及联合国辩护，例如他坚决否认联合国应该对卢蒙

---

① Thomas Kanza, *Rise and Fall of Patrice Lumumba*, *Conflict in the Congo* (London: R. Collings, 1978).

巴之死负有一定的责任。此外，作者主要参考了霍斯金斯的《独立以来的刚果（1960.1—1961.12）》等论著及之前的新闻资料、采访资料，但部分内容的可靠性存在一些疑点。[①]

关于联合国与刚果危机的研究也渐趋深入，视野也进一步扩大。乔治·阿比-萨布（Georges Abi-Saab）的《联合国在刚果的行动（1960—1964）》（牛津大学出版社，1978年）主要从法律与行动视角集中探讨联合国最初进行干预的决定、1960年8月联合国维和部队在加丹加的部署、9月的宪法危机，以及导致结束加丹加分裂的决定等。不过，该书的内容仅限于讨论联合国的决定，特别是联合国秘书长对法律的影响，但忽略了对主要参与者的影响等重要问题的分析。[②]

上述研究成果主要是关于刚果、比利时和联合国的，但少有专著论及重要参与方美国在其中的角色。斯蒂芬·R.魏斯曼（Stephen R. Weissman）的《美国对刚果的政策（1960—1964）》（康奈尔大学出版社，1974年）填补了这一领域的空白。该书在采访了参与刚果问题决策的许多美国官员，且参考了其他多种相关资料的基础上写成，较为系统地分析了美国参与刚果危机的过程，尤其是细致描述了相关重要决策者（如艾森豪威尔时期的赫脱、狄龙、格特、墨菲、伯登以及肯尼迪政府时期的鲍尔斯、斯蒂文森、威廉姆斯、克利夫兰、弗雷德里克、鲍尔、古里昂和麦基等）在其中的角色。作者认为，美国对刚果危机的政策"与国际现实不合"，"它没有增强国家安全，因为国际共产主义的威胁是错觉"等观点则极具批判性且发人深思。然而，该书未能就作者所认定的美国对刚果政策的根源进行深入探究。[③]

此后，学术界关于美国参与刚果危机问题的研究很快成为热点。马德

① Rajeshwar Dayal, *Mission for Hammarskjold*: *The Congo Crisis* (Princeton: Princeton University Press, 1976).

② Georges Abi-Saab, *The United Nations Operation in the Congo*, *1960-1964* (Oxford: Oxford University Press, 1978).

③ Stephen R. Weissman, *American Foreign Policy in Congo* (*1960-1964*) (Ithaca: Cornell University Press, 1974).

林·卡尔布（Madeleine Kalb）的《刚果海底电报：冷战在非洲——从艾森豪威尔到肯尼迪》（麦克米伦出版公司，1982年）利用了通过美国政府的《信息自由法》（Freedom of Information Act）① 从国务院和中央情报局获得的2000余份资料（包括中情局试图暗杀卢蒙巴的绝密电报），加上不少苏联资料，深入讨论了危机期间联合国的作用、苏联的地位以及亚非国家的崛起。该书还涉及美国政府各个部门在刚果问题上的决策。② 迈克尔·维恩·威廉姆斯（Michael Wayne Williams）的博士论文《美国与第一次刚果危机（1960—1963）》（加利福尼亚大学，1991年）侧重于考察美国对刚果危机的政策反应。作者认为艾森豪威尔与肯尼迪两届政府都竭力操纵刚果国内事务，并借助于联合国防止刚果"巴尔干化"。总体来看，这篇论文并未在研究方法、资料发掘与使用或者研究视角方面有明显的创新之处。③

20世纪70年代以后，"经济-社会史""文化-社会史"的学术新潮迅速兴起，对整个历史研究的转向产生了深远的影响。戴维·N. 吉布斯（David N. Gibbs）的《第三世界干涉的政治经济：矿业、金钱与美国在刚果的政策》（芝加哥大学出版社，1991年）当属这股研究新潮中的代表。作者通过对大量解密档案和文献的研究，提出重新评价商业利益在国际关系中的影响等问题，对传统研究中关于美国对外政策的认识提出了挑战。该书认为美国投资者通过影响每届美国政府中的相关人员，在一定程度上影响了政府的政策。在艾森豪威尔时期，美国政府官员与加丹加的美国投资者一直保持着较为密切的经济关系，促使政府试图维持加丹加的分裂状态，而肯尼迪政府决策层分为亲加丹加派与反加丹加派，这决定了政府在决策中会不断游移。作者认为，美国对刚果的政策不能完全以现实的或反

① 也译作《情报自由法》，是美国1967年颁布的关于联邦政府信息公开化的行政法规，其规定了民众在获得行政情报方面的权利和行政机关在向民众提供行政情报方面的义务。

② Madeleine Kalb, *Congo Cables: The Cold War in Africa—From Eisenhower to Kennedy* (New York: Macmillan Pub Co., 1982).

③ Michael W. Williams, "America and the First Congo Crisis, 1960-1963" (Ph. D. diss., University of California, Irvine, 1991).

共产主义的态度进行解释。遗憾的是，该书未能对商业利益集团在多大程度上以及怎样影响了美国政府的决策等问题进行更深入的阐释。①

总体来看，这一时期西方学术界在刚果危机前期研究的基础上，开始在研究视角上有了新的突破，所涉及的领域有所扩大，在资料发掘与某些具体问题的研究上也取得了显著的进步。当然，这些研究基本上仍属于单边研究，在多边档案文献和社会史料的发掘与使用上仍未取得重大突破。

三、后冷战时期：研究视野更开阔，多边研究渐成趋势

冷战结束和苏联解体后，苏美英日等大国冷战时期的档案开始大规模解密，极大地拓宽了冷战史研究的领域，关于刚果危机的研究也因之获得了极大的拓展空间。

冷战结束后，相关重要回忆录、口述资料等的出现进一步丰富了刚果危机研究的资料库。因达尔·基特·里克耶（Indar Jit Rikhye）是联合国秘书长哈马舍尔德的第一任军事顾问，并在刚果危机前两年担任联合国紧急部队司令。他在回忆录《秘书长的军事顾问：联合国维和与刚果危机》（纽约，1993 年）中使用了联合国文件、《纽约时报》和回忆录等资料，细致地叙述了危机的过程，尤其是描述了军事、政治和行政问题的复杂及困难之处。作者巧妙地揭示了联合国的政治和外交先决条件与危机进程之间的关系，认为正是卢蒙巴"引起了一系列联合国历史上最严重的危机事件，并导致他本人政治上的倒台和肉体上的死亡"。作者还赞扬了蒙博托，并坦言自己"在联合国行动期间经常告诉蒙博托，他有一位伟大领导人的素质，但他在冒险进入国家领导层前必须积累经验并增强在军队中和政治方面的基础"。② 2004 年，美国伍罗德·威尔逊中心冷战国际史项目邀请

---

① David N. Gibbs, *The Political Economy of Third World Intervention*: *Mines*, *Money and U.S. Policy in the Congo Crisis* (Chicago: University of Chicago Press, 1991).

② Indar Jit Rikhye, *Military Adviser to the Secretary General*: *UN Peacekeeping and the Congo Crisis* (New York: St. Martin's Press, 1993).

了托马斯·康扎、利奥波德维尔省省长克里奥法斯·卡米塔图（Cleophas Kamitatu）、美国中情局驻刚果情报站首任站长劳伦斯·德夫林（Lawrence Devlin）等多位重要当事人和部分学者，以及联合国和美国政府的代表一起讨论危机期间的细节。[①] 此次会议澄清了不少此前鲜为人知的史实，如卢蒙巴在被解职前就已知晓此事，并试图与总统卡萨武布和解等。参会者一致认为，刚果、美、苏、比之间的误会导致了危机，中情局的秘密干涉在很大程度上改变了刚果的政治走向。[②] 德夫林的《刚果情报站站长：在热点地区打冷战》（公共事务出版社，2010 年）则生动地描述了该情报站在收集情报、拉拢刚果高层人物、组织策反以及暗杀卢蒙巴等方面的细节。[③]

作为传统的非洲殖民大国，英国参与刚果危机的程度不仅有限，而且多呈隐性，但其态度却值得思考。艾伦·詹姆斯（Alan James）的《英国与刚果危机（1960—1963）》（麦克米伦出版公司，1996 年）使用了大量的英国外交部文件以及联合国和美国的文件，揭示出英国政府如何试图维持国内利益、北约盟国及英联邦之间的平衡。作者认为，于英国而言，刚果危机的象征意义高于现实意义。英国政府始终强调，防止苏联对刚果的渗透更为重要，结束加丹加分裂不应当不惜任何代价。然而，作者几乎没有谈及英国政府对这场危机的具体决策与行动。[④] 长期在英国殖民地机构任职的埃里克·S.帕克海姆（Eric S. Packham）在《成功或失败：联合国在刚果独立后的干涉》（科学出版社，1998 年）中主要介绍了刚果危机期间南开赛地区的情况。该书在出版后立即遭到大量批评，如有人指责它忽

---

① 包括俄罗斯学者谢尔盖·马佐夫（Sergey Mazov）、美国学者斯蒂芬·魏斯曼、里斯·A. 纳米卡斯（Lise A. Namikas）、刚果学者兼比利时议会调查卢蒙巴暗杀委员会顾问让·奥玛松博（Jean Omasombo）等，以及来自联合国发展项目、美国国家档案馆的代表。

② The Congo Crisis, 1960–1961: A Critical Oral History, Conference Organized by the Woodrow Wilson International Center for Scholars' Cold War International History Project and Africa Program, September 23–24, 2004.

③ Larry Devlin, *Chief of Station, Congo: Fighting the Cold War in a Hot Zone* (New York: Public Affairs, 2007).

④ Alan James, *Britain and the Congo Crisis, 1960–63* (New York: St. Martin's Press, 1996).

视了分析联合国刚果行动的历史重要性，没有任何结论，且各章节松散，参引资料大多过于陈旧而没有注意到已解密的联合国、英国和美国的档案等。①

乔纳森·E. 海尔姆瑞奇（Jonathan E. Helmreich）的《美国和比利时与刚果的关系（1940—1960）》（联合大学出版社，1998 年）主要论述了美国和比利时两国高层在 1940—1960 年的双边外交谈判。不过，该书并没有涉及两国间的政治、文化和经济互动。② 1999 年，鲁多·德韦特（Ludo de Witte）出版的法文版著作《暗杀卢蒙巴》（英文版 2001 年出版）是世纪之交研究该问题的一部力作。它使用了大量当事人（如比利时外长皮埃尔·维格尼、联合国副秘书长拉尔夫·本奇等）的采访资料，指出"比利时人想从肉体上消灭卢蒙巴"，并强调比利时、西方国家与联合国共同谋害了卢蒙巴。然而，该书没有具体说明相关各方究竟在多大程度上该为此负责。在很大程度上，该书迫使比利时议会成立了一个调查委员会调查"卢蒙巴遇害中比利时的责任"。③

进入 21 世纪后，西方学术界关于刚果危机的研究大有喷涌之势，且呈现出多边研究和不断探索新领域的特点。约翰·肯特（John Kent）的《美国、联合国与非殖民化：冷战冲突在刚果》（劳特利奇出版社，2010 年）对美国与英国档案（尤其是 1960—1965 年的美国总统文件和英国内阁文件）进行了系统的解读，揭示了比利时军事干涉、苏联卷入、卢蒙巴遭暗杀以及加丹加的分裂等大量细节，否认了刚果是苏联与美国在撒哈拉以南非洲争夺霸权中的一枚关键性棋子。对肯特而言，刚果危机表明，战略或安全并非美国政策的核心，因此"美国把联合国视为追求美国在刚果的冷战利益的最有效手段"。本书也存在一些不足，如在说明经济因素如何推动

---

① Eric S. Packham, *Success or Failure: The UN Intervention in the Congo after Independence* (New York: Science Publishers, 1998).

② Jonathan E. Helmreich, *United States Relations with Belgium and the Congo, 1940 - 1960* (London: Associated University Presses, 1998).

③ Ludo de Witte, *The Assassination of Lumumba*, Translated by Ann Wright and Renée Fenby (London & New York: Verso, 2001).

美国的刚果政策方面缺乏说服力。① 凯文·A. 斯普纳（Kevin A. Spooner）的著作《加拿大、刚果危机与联合国维和（1960—1964）》（不列颠哥伦比亚大学出版社，2010 年）全面使用了渥太华和纽约的联合国档案馆的相关档案，以及加拿大总理约翰·迪芬贝克（John Diefenbaker）和外长霍华德·格林（Howard Green）收到的信件，第一次深入研究了加拿大在联合国刚果行动中的作用。该书将非殖民化作为理解 20 世纪 60 年代加拿大外交政策的工具，强调"最重要的决定性因素是支持联合国与维和行动"，并认为种族和非殖民化是加拿大处理刚果、比利时和其他联合国成员国问题的激励因素。②

长期以来，作为冷战的另一方，苏联参与刚果危机的问题因资料所限，相关研究较为罕见。亚历山德罗·伊安多洛（Alessandro Iandolo）的论文《权力失衡：苏联与刚果危机（1960—1961）》将苏联解密档案与美国、英国和加纳的出版物、档案结合起来，评估了苏联在刚果危机中的作用。作者认为，苏联没有足够的军事力量来保证卢蒙巴或其他亲苏者的生存，在面临西方干预刚果危机及其内战时不得不结束了在刚果的介入，并显著改变了苏联在第三世界的政策。③ 俄罗斯科学院通史研究所的谢尔盖·马佐夫（Sergey Mazov）曾于 20 世纪 90 年代在俄罗斯当代历史国家档案馆工作，在获得苏联档案方面有着其他学者无可比拟的优势。他的论文《俄罗斯档案中反映的苏联对前比属刚果基赞加政府的援助（1960—1961）》描述了苏联在刚果危机中对东方省安托万·基赞加（Antoine Gizenga）政府（1960 年 12 月至 1961 年 8 月）的支持政策，认为其动机不仅是价值观和思想因素，还包括影响苏联国家利益、权力和声望的因素。④ 在此基础

---

① John Kent, *America, the UN and Decolonisation: Cold War Conflict in the Congo* (Oxfordshire & New York: Routledge, 2010).

② Kevin A. Spooner, *Canada, the Congo Crisis and UN Peacekeeping, 1960-64* (Vancouver: UBC Press, 2010).

③ Alessandro Iandolo, "Imbalance of Power: The Soviet Union and the Congo Crisis, 1960-1961," *Journal of Cold War Studies*, Vol. 16, No. 2 (2014), pp. 32-55.

④ Sergei Mazov, "Soviet Aid to the Gizenga Government in the Former Belgian Congo (1960-61) as Reflected in Russian Archives," *Cold War History*, Vol. 7, No. 3 (2007), pp. 425-437.

上，他的《冷战中一条遥远的前线：苏联在西非和刚果（1956—1964）》
（威尔逊中心出版社/斯坦福大学出版社，2010 年）是一本"深刻的且具
有开拓性的"学术著作。其中，第二章和第三章的部分内容细致梳理了苏
联与刚果民族主义者建立与发展关系的过程，指出苏联人"在向刚果政治
组织和领导人提供援助方面非常谨慎"，对西非和刚果的政策是意识形态
和安全考量的一种混合物。不过，书中有些观点，如"卢蒙巴被暗杀是对
苏联声望的一次沉重打击"等有待商榷。[①]

独立学者里斯·A. 纳米卡斯（Lise A. Namikas）的《非洲战场：冷战
在刚果（1960—1965）》（威尔逊中心出版社/斯坦福大学出版社，2013
年）也是一部关于刚果危机的杰出著作。该书利用俄罗斯与美国新近解密
的档案以及少量的德国、比利时档案，考察了美国-苏联-刚果之间的三角
关系，为更好地理解这场危机的全球性影响及其冷战意义提供了真正的
"国际视角"。值得一提的是，作者把中国也纳入考虑之中，认为赫鲁晓夫
"决定参加联合国在刚果的行动，削弱了中国可能在刚果承担角色的任何
可能性"。当然，该书所用的一手资料仍是不均衡的（主要以美国解密档
案为主），且注重从宏观上把握刚果危机的冷战意义，而对苏联的参与及
其作用有夸大之嫌，对美国政府决策过程中的困境则着墨不足。[②]

阿兰娜·M. 奥马利（Alanna M. O'Malley）的著作《非殖民化外交：
刚果危机期间（1960—1964）的美国、英国和联合国》（曼彻斯特大学出
版社，2018 年）利用了大量联合国和加纳档案，英国、爱尔兰和美国的私
人文件以及大量的英文文献，在英美关系和联合国中"亚非集团"的作用
的背景下审视 1960—1964 年刚果危机，重新诠释了联合国所扮演的角色。
当新独立的非洲和亚洲国家试图纠正殖民主义造成的不平等时，美国和英
国试图维持现状，而联合国秘书长哈马舍尔德试图调和这两种截然不同的

[①] Sergei Mazov, *A Distant Front in the Cold War: The USSR in West Africa and the Congo, 1956-1964* (Washington, D. C.: Woodrow Wilson Center Press / Stanford: Stanford University Press, 2010), pp. 86, 254.

[②] Lise A. Namikas, *Battleground Africa: The Cold War and the Congo Crisis, 1960-1965* (Washington, D. C.: Woodrow Wilson Center Press / Stanford: Stanford University Press, 2013).

观点。奥马利以丰富的细节展示了英国与美国在刚果危机中的分歧，还对与卢蒙巴和哈马舍尔德的死亡有关的证据进行了新的评估。不过，该书对比利时和刚果自身的作用只字未提，也基本上没有提到苏联的作用。[①] 海宁·梅尔伯（Henning Melber）的《达格·哈马舍尔德、联合国与非洲的非殖民化》（牛津大学出版社，2019 年）利用哈马舍尔德四卷本的声明和演讲资料及其个人笔记等，较好地描述了哈马舍尔德的价值观、执政策略和局限性，探讨了其政策如何塑造了联合国在处理非殖民化进程中的作用。梅尔伯认为，哈马舍尔德被"国际团结、尊重和承认他人的观念"所驱动，是一位"反霸权"的领导人，并详细考察了哈马舍尔德乘坐的飞机在恩多拉上空坠毁的事件。不过，本书虽然很好地利用了联合国档案，但缺乏关于哈马舍尔德作用的新的原始文件，尤其是缺乏非洲人的声音和观点。[②]

上述关于刚果危机的研究主要关注从联合国到西方国家，再到苏联等外部行动者的作用。事实上，这场危机还以非常不同的方式对南非人产生了深远影响。拉兹洛·帕塞米尔斯（Lazlo Passemiers）通过分析南非政府对解放运动的反应，填补了关于这一问题的空白。他的著作《非殖民化和区域地缘政治：南非与"刚果危机"（1960—1965）》（劳特利奇出版社，2019 年）广泛使用了里斯本东波塔档案馆（Torre do Tombo）的葡萄牙秘密警察材料，以及英国、比利时、美国、南非的档案材料，考察了南非卷入刚果危机的历史，是对南部非洲非殖民化文献的重要补充。作者认为，南非国民党政府担心刚果的非殖民化可能引发整个南部非洲非殖民化，因此其介入这场危机的目的是捍卫和证明种族隔离制度，并团结白人支持南非共和国。然而，南非未能从介入刚果内战中获得任何持久的好处。[③]

由于中国的参与被认为是象征性的，中国对刚果危机的认识与参与在

① Alanna O'Malley, *Diplomacy of Decolonisation：America，Britain and the United Nations during the Congo Crisis 1960-1964* (Manchester：Manchester University Press, 2018).

② Henning Melber, *Dag Hammarskjöld，the United Nations，and the Decolonisation of Africa* (New York：Oxford University Press, 2019).

③ Lazlo Passemiers, *Decolonisation and Regional Geopolitics：South Africa and the "Congo Crisis"，1960-1965* (London：Routledge, 2019).

很大程度上被忽视了。值得一提的是，近来国外有学者开始关注这一问题。长期从事中国革命史研究的澳大利亚学者亚历山大·C.库克（Alexander C. Cook）注意到了1965年初由海政文工团话剧团根据刚果危机史实集体创作，并在各大城市巡演的一部纪念卢蒙巴和非洲人民反帝事业的话剧——《赤道战鼓》。他的论文《中国的乌呼噜：毛主义与刚果危机》（2019年）以中国外交部的一组解密档案文件为基础，旨在对《赤道战鼓》和几部密切相关的文艺作品进行解读，着重探讨了话剧所表达的中国的反帝意图。作者认为，该话剧展示出历史现实与戏剧表演之间的复杂关系，体现了20世纪60年代中期中国的主流美学理想：革命浪漫主义与革命现实主义的结合。①

四、中国学术界的研究状况

我国学界对刚果危机的关注起步较晚，研究深度也因时代和资料受到很大限制。早在这场危机爆发初期，我国对该问题的关注主要是在新闻报道方面。学术界限于资料等原因，主要是对部分相关的著作和资料进行翻译，例如翻译了比埃尔·约阿等的《在刚果的托拉斯》（世界知识出版社，1964年）、罗贝尔·科纳万的《刚果（金）历史》（商务印书馆，1974年）、西克·安德烈的《黑非洲史》（上海人民出版社，1974年）等。受当时革命意识形态的影响，这些选译的著作主要是从民族解放斗争的角度探讨刚果危机，侧重于强调人民斗争的主动性。20世纪80年代以来由上海译文出版社组织翻译的《国际事务概览》丛书是一套备受国内外学者推崇的著作，其中由巴勒克拉夫、瓦特主编的两卷（1986年、1988年）中的章节涉及刚果危机问题。不过，相关论述是以刚果为中心描述危机的发展过程，并且是概略性的。

直到20世纪90年代，我国学术界才开始全面研究该问题，较重要的

---

① Alexander C. Cook, "Chinese Uhuru: Maoism and the Congo Crisis," *Positions*, Vol. 27, No. 4 (2019), pp. 569-595.

主要有两部著作。一部是梁根成的《美国与非洲：第二次世界大战结束至80年代后期美国对非洲的政策》（北京大学出版社，1992年）。该书系统地探讨了美国对非洲主要国家的政策，并对之进行了较为客观的评价，出版后在国内学界的影响很大。从当前冷战史研究的角度看，该书关于刚果危机的研究主要侧重于其宏观层面，因此相对简略。由于出版年代较早，该书所使用的主要参考资料是国外研究性著作以及西方的报纸资料，缺少对档案等文献的使用，故而并未对美国的决策过程进行深入的探讨。另外一部值得注意的作品是钟伟云的《血洒加丹加：卢蒙巴事件始末》（世界知识出版社，1997年）。据作者介绍，该书主要根据非洲统一组织的文件资料，论述了卢蒙巴在危机前后的活动及其遇害经过。不过，它仍未脱离传统研究中意识形态色彩过于浓重的特点，部分内容有猜测和杜撰之嫌，并且所用的一手资料均未注明出处，因此学术质量不高。此外，国内有关非洲史的著作，如陆庭恩、彭坤元共同主编的《非洲通史》（现代卷）（华东师范大学出版社，1995年）等有部分章节涉及刚果危机，但主要侧重于对该事件过程的简要介绍。

我国以刚果危机为题的硕士论文迄今主要有五篇。刘增莉的《联合国二十世纪六十年代在刚果的维和行动》（外交学院，2004年）和姜莉莉的《1960—1963年刚果危机与美国的政策》（陕西师范大学，2006年）在使用美国档案和联合国档案的基础上，对危机过程进行了简要介绍与分析。不过，两文虽然也使用了《美国对外关系文件集》中的档案文件，但显然利用得并不系统。徐飞的硕士论文《美国对联合国刚果维和行动的政策(1960—1964)》（东北师范大学，2009年）强调美国的中心任务是防止苏联势力的干涉、共产主义的扩散以及维护地区稳定，因此极力把苏联的势力限制在联合国维和行动的内部。不过，该文篇幅较短且限于美国的单向政策，对苏联的政策和联合国的自主性问题少有关注。谢珍妮的硕士论文《革命、内战与外部干涉：刚果危机研究（1960—1963）》（华中师范大学，2018年）以刚果危机的进程为主线，较为细致地考察了世界主要力量之间及其与刚果内部各势力之间的互动与作用。洪晓芳的硕士论文《20

世纪 60 年代美国学术界对刚果危机的争论》（福建师范大学，2020 年）在美国学界相关研究的基础上，梳理了美国国内左派、自由派和保守派关于刚果危机问题的论争，是以上五篇硕士论文中质量较好的作品。作者认为，围绕刚果危机的争论也让美国学者对非洲非殖民化的看法更加谨慎，其中自由派的转变最为显著。这些相互冲突的解释和政策建议影响了美国对刚果危机乃至对整个非洲的非殖民化政策。不过，作者对这些学者冠以不同的派别，这种划分严格来看是否合理还有待商榷。

相较而言，王延庆在博士论文《美国与刚果危机（1960—1963）》（华东师范大学，2009 年）的基础上出版了《冷战在刚果：美国对刚果危机（1960—1963）决策研究》（中国社会科学出版社，2017 年）一书。本书主要利用《美国对外关系文件集》第 20 卷 "刚果危机"、美国国务院核心档案 "刚果对外关系" 系列等资料，系统地梳理了美国对刚果危机的认知与决策过程。作者认为，美国政府在决策中面临着苏联集团、联合国、北约盟国、刚果民族主义等多方所形成的多重困境，并强调了艾森豪威尔与肯尼迪两届政府对危机的不同政策反映了美国对第三世界战略的明显变化。

五、小结与展望

刚果危机是由一场非殖民化运动引发的，并由几场互为因果的危机构成的复合危机：刚果士兵叛乱；加丹加和南开赛分裂；比利时干涉；刚果总统与总理相互解除对方职务；联合国内部围绕着比利时撤军、联合国作用等问题出现的严重分歧。这场危机所表现出的非殖民化问题、民族主义问题、多边力量、各种手段（如策动政变、暗杀、扶植代理人等）等全面地体现出冷战不仅是美苏对抗，更是各自阵营内部之间及其与新兴势力之间的较量与妥协。总而言之，刚果危机所涉及的研究领域非常广泛，因此学界一直对它兴趣浓厚，相关研究也持续至今。有理由相信，随着各相关国家的档案进一步解密，关于刚果危机的研究仍有很大的开拓空间。例如，美苏参与危机的问题仍需进一步探讨，对英、法、比、瑞典等西方国家角色的研究也可以继续深入。同时，也需要开启或拓展研究刚果本土问题，以及向联合国派遣维和部队的印度、加纳、尼日利亚、埃塞俄比亚等国家的立场与行动。相较而言，我国学界关于该问题的研究虽然取得了一些进展，但也存在明显的不足，尤其是档案文献比较薄弱，研究视角和观点等也亮点较少。其中，刚果危机与中国的关系似乎还有进一步讨论的空间，也应该是国内学术界将来对该问题有所贡献的一个突破点。

府院之争：里根政府对尼加拉瓜的隐蔽行动与国会的限制（1981—1984）

王政翔[*]

【摘　要】　由于尼加拉瓜革命的胜利与革命浪潮的蔓延对美国在中美洲的利益产生了不利影响，里根在上任伊始便制定了旨在颠覆桑地诺政权的一系列行动计划，其中最有力的方式是由中情局资助尼加拉瓜反政府武装开展隐蔽行动。由于行动曝光，国会批准通过了《博兰修正案》，以期约束政府的隐蔽干涉行动。但白宫和中情局并未就此罢休，而是试图利用漏洞绕过《博兰修正案》，继续通过"秘密战争"的方式干涉尼加拉瓜事务。随着尼加拉瓜港口布雷事件的曝光，国会修改并重新制定了《第二博兰修正案》，彻底限制了政府支持尼加拉瓜反对派的准军事行动。本文力图以《博兰修正案》为切入点，梳理里根第一任期内美国对尼加拉瓜政策的演变过程，以此表明这一演变过程所体现的实质是国会与总统的权力博弈。

【关键词】　《博兰修正案》；隐蔽行动；尼加拉瓜；里根；中央情报局

---

* 王政翔，陕西师范大学博士研究生，研究方向为近现代国际关系史。

　　《博兰修正案》（Boland Amendment）是美国国会众议院情报委员会于1982年12月颁布的一项旨在限制美国政府通过武力手段干涉尼加拉瓜的法案，以众议院情报委员会主席爱德华·博兰（Edward Boland）的名字命名。法案规定美国政府仅能以"人道主义援助"的名义向尼加拉瓜反对派提供资金，且资金不能用来"推翻尼加拉瓜现政府"。《博兰修正案》的出台迫使里根政府开始调整对尼加拉瓜的政策，由之前所采取的公共外交与隐蔽行动结合的方式，转变为完全依仗所谓"秘密活动"的隐蔽行动方式，即由中央情报局通过秘密渠道获取资金，扶植与援助尼加拉瓜反政府武装，对桑地诺政权进行破坏和武装颠覆行动。随着尼加拉瓜港口布雷事件的曝光，国会批准出台《第二博兰修正案》（The Second Boland Amendment），禁止中情局与国防部动用任何资金支持对尼加拉瓜的准军事行动，这也直接宣告"秘密战争"在里根第一任期内的破产。为了绕过修正案的限制，里根政府选择了更为铤而走险的方式，通过第三国以及私人外交网络筹集资金，这也是导致日后"伊朗门丑闻"的诱因之一。

　　美国对尼加拉瓜的政策作为里根时期美国对外战略的一个热点，国外史学界关于该问题的相关研究极为丰富。这些研究的着眼点主要集中于以下几个方面：其一，国际关系理论框架下的里根政府对尼加拉瓜的战略选择；[①] 其二，尼加拉瓜革命时期（1979—1990）美国的中美洲政策和尼加

---

　　① Kenneth Roberts, "Bullying and Bargaining: The United States, Nicaragua, and Conflict Resolution in Central America," *International Security*, No. 2 (Fall 1990), pp. 67–102; Robert P. Hager and Rob Snyder, "The United States and Nicaragua: Understanding the Breakdown in Relations," *Journal of Cold War Studies*, No. 2 (Spring 2015), pp. 3–35; Bruce W. Jentleson, "The Reagan Administration and Coercive Diplomacy: Restraining More Than Remaking Governments," *Political Science Quarterly*, No. 1 (Spring 1991), p. 57; Héctor Perla, *Sandinista Nicaragua's Resistance to U. S. Coercion: Revolutionary Deterrence in Asymmetric Conflict* (London: Cambridge University Press, 2016).

拉瓜政策的总体研究;① 其三，隐蔽行动理论研究中对尼加拉瓜的个案分析。② 相较于国外，国内史学界的研究则大多集中于以下两个方面：其一，宏观视角下里根政府对尼加拉瓜政策的研究以及同里根政府对其他地区政策的比较研究;③ 其二，微观视角下以"伊朗门"危机为切入点，对里根政府对外政策的研究。④ 以上相关研究尚未从《博兰修正案》这一视角出发，审视国会与政府之间针对尼加拉瓜政策所产生分歧与妥协，以及由于这种分歧导致的政策实施的变化。本文力图将《博兰修正案》置于美国对尼加拉瓜政策的研究框架之内，以该法案为切入点，梳理里根政府美国对尼加拉瓜政策的演变过程，分析其对里根政府对尼加拉瓜政策所产生的作用与影响，由此总结里根政府第一届任期内美国对尼加拉瓜政策的特点。

一、隐蔽行动：里根政府的选择

20 世纪 70 年代末期，中美洲局势风云突变。在尼加拉瓜，"桑地诺民族解放阵线"（Frente Sandinista de Liberación Nacional，FSLN）于 1979 年

① William M. LeoGrande, *Our Own Backyard*: *The United States in Central America*, *1977-1991*（Washington：The University of North Carolina Press, 1998）; Morris H. Morley, *Washington*, *Somoza*, *and the Sandinistas State and Regime in U. S. Policy Toward Nicaragua*, *1969 - 1981*（London：Cambridge University Press, 2010）; Holly Sklar, *Washington's War on Nicaragua*（Boston：South End Press, 1988）; Robert Kagan, *Twilight Struggle*: *American Power and Nicaragua*, *1977-1990*（New York：Free Press, 1996）; Jordan L. Kasler, "'Say Uncle' Reagan Doctrine and Nicaragua,"（Ph. D. diss. , West Oregon University, 2010）.

② Gregory F. Treverton, "Covert Action：From 'Covert' to Overt," *Daedalus*, No. 2（Spring 1987）, pp. 95 - 123; William Blum, *Killing Hope*：*U. S. Military and CIA Interventions since World War II*（London：Zed Books, 1986）.

③ 钱珺：《美国对尼加拉瓜政策研究（1979—1990）》，硕士学位论文，陕西师范大学，2008；姜雅琳：《里根政府对阿富汗与尼加拉瓜政策的比较研究》，硕士学位论文，吉林大学，2012。

④ 王宇：《里根政府外交政策特点研究：以"伊朗门"为例》，硕士学位论文，云南师范大学，2013；孙晨旭：《"伊朗门事件"与里根政府的尼加拉瓜政策》，南开大学世界近现代史研究中心主编《世界近现代史研究》（第五辑），中国社会科学出版社，2008，第310—328页。

推翻亲美的索摩查（Somoza）政权，① 建立了新的民族复兴政府。受到尼加拉瓜革命胜利的鼓舞，新一轮革命浪潮以尼加拉瓜为中心向中美洲各国辐射开来，萨尔瓦多、危地马拉与洪都拉斯相继开始爆发内战。这一连串事件将中美洲地峡推向了新一轮冷战舞台的中心。中美洲是美国的战略部署中的重要一环，对美国而言具有极为重要的政治意义与军事价值，因此历来被美国视为"后院中的后院"。面对尼加拉瓜革命爆发所导致的中美洲地区局势的变化，美国总统卡特的反应是基于其"人权外交"的理念，奉行不干涉的原则，在具体施政中力图通过外交途径解决事端，限制华盛顿的直接介入，同时提供一定的资金帮助尼加拉瓜恢复经济，以期拉拢桑地诺解放阵线与尼国内的"温和派"组成联合政府。而在革命胜利后，美国对桑地诺解放阵线的态度转向敌对，卡特随即授权中央情报局秘密支持尼加拉瓜反政府武装（Contras），由亲美的阿根廷军政府派出军事顾问，在洪都拉斯设置秘密营地对武装人员进行训练，以做好军事入侵的准备。②

　　1981 年 1 月，罗纳德·里根就任美国总统。从上任的第一天起，里根就基本否定了卡特的做法，认为卡特政府的软弱与放纵让美国"丢失"了尼加拉瓜，对这样一个左翼政权的迁就，等同于表明美国对以苏联为首的社会主义阵营的软弱和不坚定。他一改卡特政府时期的不干涉原则，制定了"低烈度战争"战略，对尼加拉瓜的反政府武装进行积极的军事援助，反对桑地诺这一"有悖于美国利益的政权"。③ 有别于其前任卡特，里根主张对尼加拉瓜采取强硬态度，产生这种转变主要有以下几点原因。首先，是美国对马克思主义政权的普遍敌意与恐惧。美国认为，新成立的桑地诺

---

　　① 1936—1979 年统治尼加拉瓜的家族独裁政权，由安纳斯塔西奥·索摩查·加西亚（Anastasio Somoza García）创立。该政权对内借由国民警卫队这一武装力量施行独裁统治，对外奉行绝对的亲美政策，是美国在中美洲的"打手"。1979 年被丹尼尔·奥尔特加领导的桑地诺民族解放阵线推翻。

　　② Roy Gutman, *Banana Diplomacy*：*The Making of American Policy in Nicaragua*，*1981–1987*，(Simon & Schuster, 1988)，pp. 56–57；Duane R. Clarridge, *A Spy for All Seasons*：*My Life in the CIA* (Scribner, 2009)，pp. 200–201，209–210.

　　③ "National Security Decision Directives Number 277：National Policy and Strategy for Low Intensity Conflict," https：//irp. fas. org/offdocs/nsdd/nsdd-277. pdf. 访问时间：2022 年 9 月 20 日。

政府很有可能成为类似于苏联、古巴的所谓"极权主义式"政权。如果美国让这"第二个古巴"在中美洲扎根，苏联势力将在美国的"后院"获得又一个立足点。[①] 其次，美国认为，一个选择了马克思主义的尼加拉瓜将会对美国构成严重威胁。这种威胁并不单单是实体威胁，而是来源于尼加拉瓜革命在中美洲所带来的示范与扩散效应。如果美国不能在中美洲阻遏革命的扩散，美国在其他地区的利益与地位也会随之受到冲击与削弱，马克思主义将通过"多米诺骨牌效应"迅速在整个中美洲地区传播，美国的"战略后方"将受到严重冲击。最后，是中美洲局势的紧迫性。桑地诺政权正在巩固其在尼加拉瓜的权力，而受尼加拉瓜革命胜利的鼓舞，萨尔瓦多的左翼势力法拉本多·马蒂民族解放阵线（Farabundo Martí National Liberation Front，FMLN）的游击队对政府军发动了又一轮大规模攻势，对美国来说，此时中美洲危机正处于一个关键时刻，美国政府迫切需要以某种更为强有力的方式来缓和中美洲局势。

虽然里根致力于以强硬的姿态与手段处理尼加拉瓜事务，但今时不同往日，白宫与五角大楼并不能同 20 世纪 50—60 年代那般以高调的姿态通过大规模投入资金与人力干涉别国事务。受到"越战综合征"（Vietnam Syndrome）的影响，美国对于中美洲的一切大规模干涉行为将被国会和公众视为"另一个越南的开端"，这股反对浪潮产生的影响是政府所不容忽视的。所以，美国的干预行为必须是秘密的，且尽可能去依赖于当地武装，[②] 借以隐藏美国的角色。对此，里根总统在执行上倾向于选择"隐蔽行动"（Covert Operation）的方式。

隐蔽行动是美国政府为实现对外政策目标在国外实施的秘密活动，具

---

① 罗纳德·里根总统在 1986 年的电视讲话中简明扼要地提出了这一论点，称"为了我们自己的安全，美国必须遏制苏联在北美的滩头阵地……利用尼加拉瓜作为基地，苏联人和古巴人可以成为南北美洲走廊的主导力量。他们将能够威胁巴拿马运河，封锁我们重要的加勒比海航道，并最终对墨西哥采取行动。如果发生这种情况，数百万绝望的拉美人将开始从北逃到美国南部的城市，或任何仍有自由希望的地方"。他在结束讲话时表示："我们能允许苏联把第二个古巴、第二个利比亚安置在美国家门口吗？" *The New York Times*, March 17, 1986.
② 文安立：《全球冷战：美苏对第三世界的干涉与当代世界的形成》，牛可等译，世界图书出版公司，2012，第 350 页。

有间接性、非归属性和隐蔽性的特点。① 相较于其他方式，选择隐蔽行动有如下几个优点。首先，隐蔽行动可以同时达到打击敌对势力和保持自身形象的双重目的。正如学者班代拉所言，隐蔽行动的优势在于"操纵各类政治事件以及人们处理这些事件的感觉，以便在事件参与者未意识到受到操纵的情况下达到效果，或者在被怀疑的情况下巧言否定真相"。② 它的隐蔽性并不在于隐匿行动的结果或者方式，而在于可以有效藏匿发起者或者说行动主体所扮演的角色及其根本意图，即通过掩盖美国政府的作用与"贡献"的方式涉入相关事务。这与里根政府所推崇的"低烈度战争"中规避常规手段、限制采用直接的常规武力手段的理念不谋而合。其次，隐蔽行动所具备的隐蔽性决定其规模相对有限，使得它能够压缩成本，通过最小的代价取得极大的收益。最后，隐蔽行动在之前美国历任政府的对外政策中都起到了重大作用：1954 年颠覆危地马拉阿本斯政府的"成功行动"（Operation PBSUCCESS）以及 1973 年颠覆智利阿连德政权的"9·11政变"，无不体现隐蔽行动的便利性与有效性。因此，隐蔽行动被里根视为颠覆桑地诺政权最有效的武器。

1981 年 3 月 9 日，里根签署"总统调查结果"，计划安排中央情报局"支持和开展针对尼加拉瓜的准军事行动，向整个中美洲的友好国家提供各种形式的培训、设备和相关援助，以打击与颠覆恐怖主义势力"。③ 11月，里根签署《第 17 号国家安全决策指令》（NSDD 17）"古巴与中美洲"，批准一项 2000 万美元的计划，授权中情局援助尼加拉瓜反政府武装。"为了使活动不受人员数量和资金数额的限制，计划也允许反政府武

① Loch K. Johnson and James J. Wirtz, "Covert Action: Introduction," in *Strategic Intelligence——Windows into a Secret World: An Anthology*, eds. Loch K. Johnson and James J. Wirtz (Los Angeles: Roxbury Publishing Company, 2004), p. 253.

② 路易斯·班代拉：《美帝国的形成》，舒建平译，中国人民大学出版社，2015，第 79 页。

③ Presidential Finding, "Scope: Central America," March 9, 1981, in *The Iran-Contra Scandal: The Declassified History*, eds. Peter Kornbluh and Malcolm Byrne (New York: The New Press, 1993), pp. 1–11.

装分子在尼加拉瓜招募当地情报人员，帮助执行政治活动与准军事任务。"① 与《第 17 号国家安全决策指令》一同发布的一份国家安全委员会文件指明，中央情报局将"在中美洲和尼加拉瓜建立民族主义的、反古巴和反索摩查的反对阵线；通过组建和培训行动小组来支持反对派阵线，收集情报并在尼加拉瓜参与准军事和政治行动；在这一地区主要通过非美国人努力实现上述目标，但在某些情况下，中央情报局可采取单方面准军事行动"。1981 年 12 月 1 日，里根总统签署了又一项新指令，正式授权中央情报局"支持针对尼加拉瓜的准军事行动"，并提供 1980 万美元资金，用于组织、训练和武装尼加拉瓜流亡者。② 这项授权随后在"总统调查结果"中被传达给了国会情报监督委员会，但注明其目的是"限制军火从尼加拉瓜流入萨尔瓦多"。12 月 3 日，里根签署了《第 12333 号总统行政命令》，③ 将隐蔽行动的定义扩充为"特别行动"。该命令规定"国家安全委员会为国家所有对外情报活动、反情报秘密行动、特殊行动及随之相应产生的政策与项目提供意见和指导"。此外，除战争时期或者总统特殊命令外，该文件授权中情局全权负责特别行动，任命威廉·凯西（William Casey）为新任中情局局长，并解除了中央情报局在美国国内活动的禁令，还召回之前从事隐蔽行动的职员，设立国家安全计划组（National Security Planning Group，NSPG）取代卡特时期的特别协调委员会处理隐蔽行动有关事务。在 1982 年和 1983 年，中央情报局的预算较往年分别增长了 15% 和 25%。④至此，美国对尼加拉瓜隐蔽行动的理论准备与任务规划已然成型。

虽然里根有关尼加拉瓜隐蔽行动的方案已准备完成，但其具体行动安排仍然需要得到国会的监督与审批。自 20 世纪 70 年代开始，美国国会的

① "National Security Decision Directive Number 17: National Security Decision Directive on Cuba and Central America," http://www.fas.org/irp/offdocs/nsdd/nsdd-017.html, 访问时间：2022 年 9 月 23 日。

② "U. S. Plans Covert Operations to Disrupt Nicaraguan Economy," *Washington Post*, March 10, 1982, and "U. S. Said to Plan 2 C. I. A. Actions in Latin Region," *New York Times*, March 14, 1982.

③ "Executive Order 12333: United States Intelligence Activities," December 4, 1981, http://www.archives.gov/federal-register/codification/executive-order/12333.html, 访问时间：2022 年 9 月 23 日。

④ 汪明敏、谢海星、蒋旭光：《高校社科文库：美国情报监督机制研究》，光明日报出版社，2013，第 65 页。

权力有所恢复，其对待隐蔽行动的态度也由之前一味地配合白宫与中情局转向履行职责积极监督。究其原因在于，其一，国内环境发生了变化。越南战争结束之后美国国内"冷战一致"的观念迅速瓦解，而由于"水门事件"的曝光，美国总统"帝王般的"权力也不复存在，国会也随之摆脱了之前对白宫的附属地位。其二，国内媒体与公众舆论的态度发生了极大的转变。由于越战的失利，美国国内的社媒开始积极制造舆论氛围，反对政府无谓地将资金与人力投入到局部战争中，这也给国会恢复监督提供了舆论支持。在 1976 年 5 月和 1977 年 7 月，国会先后通过了参议院第 400 号决议案和众议院第 658 号决议案，设立专门对美国情报界进行监督的参众两院常设特别情报委员会，确立了国会对隐蔽行动的例行监督模式。由此开始，隐蔽行动的计划安排与具体实施都需要受到国会的监督审批。由于受到上述诸多限制，以总统为首的白宫与五角大楼希望能够解开国会对于情报机构的束缚，以便全力开展隐蔽行动，遏制共产主义势力的扩张。而由于自身权力的增长以及监督体制的完善，国会对情报部门以及秘密行动的监管与筛查采取愈加积极的态度。这两者之间的矛盾始终交织于里根政府对尼加拉瓜的政策当中，最直观的反映便是《博兰修正案》的拟定与修改，以及双方针对法案的对抗与妥协。

二、《博兰修正案》的出台与里根政府的应对

里根政府对尼加拉瓜采取的第一项行动是通过公开和隐蔽的经济行动"扼杀"尼加拉瓜经济。1981 年，里根宣布停止支付卡特政府时期所允诺的用以帮助尼加拉瓜战后恢复的 1500 万美元援助款项和一笔 960 万美元的粮食援助。与此同时，里根政府向国际货币基金组织、世界银行等国际贷款机构以及包括美国私人银行在内的金融机构施加压力，要求它们停止向桑地诺政府提供任何贷款。由于美国的压力，这些机构停止了向尼加拉瓜

的供水计划、道路建设或教育发展等项目提供贷款。① 1983 年，里根将尼加拉瓜出口到美国的糖配额削减了 90%，给尼加拉瓜造成了 2300 万美元的经济损失。② 第二项行动是对尼加拉瓜进行外交孤立。里根政府于 1982年 1 月 19 日支持洪都拉斯、哥斯达黎加和萨尔瓦多组成"中美洲民主共同体"。2 月 24 日，里根在新一届美洲国家组织会议上提出有"小马歇尔计划"之称的"加勒比地区倡议"，对中美洲国家提供约 3.5 亿美元的经济援助，但该计划并未将尼加拉瓜、古巴与格林纳达等"左翼政权"包括在内。10 月，在美军南方司令部司令保罗·戈尔曼（Paul Goleman）将军的撮合下，美国同洪都拉斯、萨尔瓦多、危机马拉和巴拿马举行秘密会议，会议恢复了中美洲防务委员会的活动，并指出其目标是对抗马列主义的进攻以及以武力方式保卫民主。第三项行动是扶植尼加拉瓜反政府武装，用以对尼加拉瓜采取准军事行动。这些反政府组织以前索摩查政权的国民警卫队为主要成员，由亲美的洪都拉斯政府提供训练场所，由阿根廷军官负责训练事宜，马岛战争之后由中央情报局接手直接负责训练。这些武装人员不断越过边境袭扰村庄，对尼境内的水塔、桥梁等设施进行破坏。仅1981 年，反政府武装就对尼加拉瓜发动了 400 多次袭击，在尼加拉瓜与洪都拉斯边境交火达 50 余次。③ 尼加拉瓜国防部长温贝托·奥尔特加（Humberto Ortega）称这些"恐怖行径严重影响了尼加拉瓜民众的正常生活"。④

尼加拉瓜局势的日趋恶化引起了美国国会议员和舆论媒体的注意，人们开始怀疑尼加拉瓜的一系列恐怖事件不单单是由尼加拉瓜国内的冲突所导致，其背后可能存在美国政府的参与和干预。1982 年初，众议院负责中美洲事务的外交事务小组委员会主席米切尔·巴恩斯（Mitchell Barnes）收

---

① Michael Conroy, "External Dependence, External Assistance, and Economic Aggression against Nicaragua," *Latin American Perspectives*, No. 2 (Spirng 1985), pp. 42-43.

② 徐世澄：《帝国霸权与拉丁美洲：战后美国对拉美的干涉》，世界知识出版社，2002，第133 页。

③ 同上。

④ Humberto Ortega, "Nicaragua: The Strategy of Victory," in Tomas Borge et al., *Sandinistas Speak* (New York: Pathfinder Press, 1982), p. 64.

到了中情局正在制订中美洲隐蔽行动的谣传，随即同众议院情报委员会主席爱德华·博兰求证该传言是否属实。博兰对情报委员会的工作极为信任，他表示中央情报局所实施的行动受到严格的监督，且仅负责一些简单的"训练任务"。但在2月14日，《华盛顿邮报》（*The Washington Post*）的头条曝出中央情报局已准备了1900万美元用于在尼加拉瓜的行动。3月4日，桑地诺政府的领导人之一杰姆·惠洛克（Jaime Wheelock）在华盛顿接受采访时表示"中情局的行动已经开始"，[①] 并进一步声称负责中美洲事务的美国助理国务卿托马斯·O. 恩德斯（Thomas O. Enders）向国会的某位议员透露"里根政府支持在洪都拉斯的反政府武装在尼加拉瓜制造动乱"。11月1日，《新闻周刊》（*Newsweek*）刊登一篇名为《美国的秘密战：目标是尼加拉瓜》的文章，文中称秘密行动已发展为"破坏桑地诺政府的大规模行动计划"。这一系列举动完全超出了之前政府所谓间接"支持尼加拉瓜反政府武装"和"限制尼加拉瓜军火扩散"的目的，而是正在谋划颠覆桑地诺政府。博兰对此勃然大怒，1982年12月8日，博兰向国会提出一项修正案法案，[②] 限制美国在尼加拉瓜的行动开支，法案规定"中央情报局或国防部不得将资金用于向不属于国家武装部队的任何团体或个人提供军事装备、军事训练、咨询与支持其他军事活动，以推翻尼加拉瓜政府"。此外，情报委员会有责任"确保涉及致命性武力的活动不会失控"。同时，法案的第二部分提出国会将在1983财年向政府提供3000万美元，在1984财年提供5000万美元的资助计划，这两笔资金将被提供给中美洲的友好国家，用以援助保障其国土防御能力。众议院以411票对0票通过了上述修正案。

---

① 鲍勃·伍德沃德：《中央情报局秘密战1981—1987》，邓方龙译，中国物资出版社，1999，第210页。

② Amendment to the Intelligence Authorization Act for Fiscal Year 1983 with the Report of Mr. Boland, from the Permanent Select Committee on Intelligence, House of Representatives, 98th Congress, 1st Session, Rept. pp. 98-122, Part 1 (Washington, D. C.: U. S. Government Printing Office), 1983.

《博兰修正案》是继 1976 年《克拉克修正案》（Clark Amendment）①之后又一份国会限制政府隐蔽行动的法案，前者通过管控政府的资金流限制了政府的秘密武装颠覆活动。但是该修正案对于政府行为的约束力是有限的，从它的第二部分可以看出，国会并未完全限制对政府中美洲政策的拨款。法案的目的是将政府的行为进一步限制和约束，避免其采取过激的行为。中美洲局势正处在一个极不稳定的状态，美国政府的过激行为很可能导致中美洲局势更加动荡，这将严重破坏美国在拉美国家中的印象，与其"维护中美洲和平"的目的适得其反。此外，该修正案体现了国会的意志，它再次重申了国会对于政府行为的监督与审查权力，同时迫使政府转向国会所期望的更温和的外交谈判方式。

中情局局长凯西不仅未重视《博兰修正案》的约束，而且开始同法律顾问寻找法案的漏洞，力图绕过法案继续采取隐蔽行动。他们发现《博兰修正案》存在两个重大漏洞。首先，国会对中央情报局的活动限制为"不允许颠覆尼加拉瓜桑地诺政府"，而并未对其他目的进行限制；其次，该修正案的限制主体限于中情局与国防部，而并未涉及其他部门。针对以上的漏洞，在组织方面，凯西通过声称中情局支持反对派的行动只是为了"迫使桑地诺派与反对派达成和平协议，而非推翻尼加拉瓜政府"来规避法案，掩盖真实目的；在行为主体方面，则借由国家安全委员会（NSC）的名义进行活动，中情局则退居执行层，以此绕过法案的限制继续推行隐蔽行动。

在资金筹备方面，里根总统于 1983 年 1 月批准实施了一项名为"象群行动"（Operation Elephant Herd）的计划。该计划旨在绕过《博兰修正案》的资金限制，将五角大楼库存的军事装备秘密转移到中央情报局来供反政府武装使用。具体方案为，由五角大楼暗中拨付价值 1200 万美元的军事装备——包括三架塞斯纳型侦察飞机，这些飞机以"不满足军方所需条件"

---

① 1976 年由美国国会通过的旨在禁止美国政府向在安哥拉从事军事或准军事行动的私人团体提供援助的法案。该法案的通过代表了美国政府的隐蔽行动首次因国会的命令中止，后于 1985 年被里根废除。

的理由在特拉华州被一家民用航空公司顶峰航空（Summit Aviation）收购并改装为运载火箭。这笔款项被秘密转移到中央情报局，并不被计入国会1984 年所批准的军事援助总额。而这批装备则以"待处理的剩余废料"的名义被秘密援助给尼加拉瓜反政府组织。① 1983 年 4 月 27 日，博兰和众议院外交事务委员会主席克莱门特·扎布罗基（Clement Zablocki）提出了众议院第 2760 号法案以补充《博兰修正案》内容，该法案禁止政府"为任何国家、团体、组织、运动或个人在尼加拉瓜的军事或准军事行动提供资金，无论是直接抑或间接"。② 5 月 3 日，众议院情报委员会以 9 票对 5 票批准了该法案。但国会也并非铁板一块，议员中同样存在同白宫和中情局中一样的"鹰派"分子。与里根同属共和党，并同时主张放任情报部门工作的参议院情报委员会主席巴里·戈德华特（Barry Goldwater）私下同里根和凯西协商后达成一个折中方案，情报委员会可以为隐蔽行动再提供 5个月的经费，并在下一年追加拨款 1.9 亿美元，但总统必须对行动计划的目的进行书面说明，且追加款项要由情报委员会投票决定是否拨付。9 月20 日，里根签署了书面说明，称其行动目的在于"为反政府武装提供指导与援助"，后经参议院情报委员会批准通过，史称"戈德华特妥协"。这一方案既保证了国会的审查权力，又解决了里根政府经费不足的问题。③

由于《博兰修正案》对政府资金审批的限制，里根政府开始更为依仗投入成本更少、效率更高的隐蔽行动战略。而随着马岛战争后加尔铁里军政府垮台，负责培训尼加拉瓜反政府武装的阿根廷军事教官也随之撤出。从计划实施的专业性、隐蔽性等角度考虑，中情局的角色开始由间接指导转为直接亲自执行隐蔽行动。

---

① Leslie Cockburn, *Out of Control: The Story of the Reagan Administration's Secret War in Nicaragua* (New York: The Atlantic Monthly Press, 1987), p. 12.

② Amendment to the Intelligence Authorization Act for Fiscal Year 1983 with the Report of Mr. Boland, from the Permanent Select Committee on Intelligence, House of Representatives, 98th Congress, 1st Session, May 13, 1983, pp. 1-2, pp. 10-11, p. 19.

③ United States Congress, House Committee on Foreign Affairs, *Congress and Foreign Policy: 1983* (Washington, D.C.: U.S Goverment Printing Office, 1984), p. 52.

三、尼加拉瓜港口布雷事件与国会对里根政府的再度限制

由上所述，《博兰修正案》并未对里根政府起到实质性约束，反而使得白宫更加倚重隐蔽行动的手段。1983 年 7 月 28 日，里根批准了《第 100 号国家安全决策指令》，文件称："美国在中美洲地区的国家利益受到的威胁日趋增长，我们必须要加强外交与安全方面的努力。尼加拉瓜马克思主义政权的巩固给中美洲的稳定局势造成了极大的威胁。我们有能力支持这个地区的民主国家或者是正走向民主的国家（免受威胁），而这种能力的证明只能通过我们的军事力量来实现。我们必须给这个地区正遭受镇压和集权主义迫害的人们提供选择民主的机会，即通过对尼加拉瓜民主反抗力量的充分援助来促使苏联和古巴停止对尼加拉瓜的干涉。"[①] 1983 年 9 月 19 日，里根批准了第二项秘密行动，内容包括对反对派的"准军事支持"以及"宣传行动"和"政治行动——对尼加拉瓜境内反对党和组织的秘密支持"。[②]

1983 年 10 月，助理国务卿兰霍恩·莫特利（Langhorne Motley）、国家安全委员会成员奥利弗·诺斯（Oliver North）和中央情报局拉美区代表杜威·克拉里奇（Duane Clarridge）开始规划在尼加拉瓜港口布设水雷，并破坏其输油管道，借此削减尼加拉国内的石油储备，破坏尼加拉瓜的经济，该提议得到中情局局长凯西的认可。1983 年 10 月 10 日，武装分子乘坐摩托艇袭击了尼加拉瓜位于太平洋沿岸的科林托港码头设施，炸毁了 5 个装有 300 多万加仑汽油的燃料储罐。大火无法得到控制，致使大约

---

① "National Security Decision Directive Number 100: Enhanced U.S. Military Activity and Assistance in Central America Region," http://www.fas.org/irp/offdocs/nsdd/nsdd-100.html, 访问时间：2022 年 9 月 27 日。

② Patrick E. Tyler, "U.S.-Backed Rebels Can't Win in Nicaragua, CIA Finds," *The Washington Post*, November 25, 1983; Gerald Seib, "New Reagan Strategy for Covert Activities in Nicaragua Likely to Clear Senate Panel," *The Wall Street Journal*, September 21, 1983; White House, Presidential Finding on Covert Operations in Nicaragua, Secret, September 19, 1983.

25000 名居民不得不撤离这个港口城市。而根据另一份报告，这次针对港口的袭击导致尼加拉瓜政府的石油储备减少到不足一个月。《纽约时报》（*The New York Times*）记者菲利普·陶布曼（Philip Taubman）在 10 月 16 日的报道中声称，是中央情报局建议并帮助尼加拉瓜反政府武装策划了这次袭击，[①] 且从摩托艇上发动袭击的武装分子并非尼加拉瓜人，而是"由中情局单方面所控制的拉美系企业"的雇员，[②] 中情局特意雇用这些拉美裔成员来执行这些特殊的秘密行动，以掩盖美国的行迹。

上述行动得手之后，1984 年 1 月 6 日，在国家安全计划小组（NSPG）的一次会议上，里根总统授权在尼加拉瓜"加强秘密行动"。[③] 该决定批准了中央情报局针对尼加拉瓜主要经济设施的破坏行动，包括港口、输油管道和燃料储罐。中情局定制了特制水雷，又将一艘普通的运输船改装作为母舰，使尾部可停放两架直升机。布雷所需的直升机和快艇由该船运输至尼加拉瓜港口。自 1 月至 3 月，中央情报局出动人员和快艇，协助尼加拉瓜的反政府武装在尼加拉瓜沿海的重要港口城市科林托、杜艾尔托、布鲁菲尔德等地部署了 64 枚水雷。这些水雷大多数是弗吉尼亚州中央情报局总部的制式武器，由马里兰州银泉的美国海军水面武器中心的水雷部门协助，洪都拉斯的中央情报局武器专家做最后的组装。这些漂浮的水雷被伪装成岩石，会被路过船只的尾流引爆。1984 年 1 月 3 日，日本的一艘商船在科林托港外触雷。2 月 25 日，两艘尼加拉瓜渔船在埃尔布拉夫被炸毁。3 月 1 日，一艘大型荷兰挖泥船在科林托触雷。3 月 7 日，一艘载有药品、食品和工业用品的巴拿马船只遭到水雷严重破坏。3 月 20 日，一艘载有 25 万桶原油的苏联油轮"卢甘斯克"号在桑地诺港被一枚水雷炸毁，五名船员受伤。3 月 27 日，科林托的水雷炸毁了一艘尼加拉瓜捕虾船，损坏了一艘载有翻车鱼的利比里亚船只。两天后，一艘尼加拉瓜渔船被炸毁。3 月

---

① Robert Kagan, *Twilight Struggle: American Power and Nicaragua, 1977–1990*, p. 291.

② Philip Taubman, "U. S. Officials Say CIA Helped Nicaraguan Rebels Plan Attacks," *New York Times*, October 16, 1983, p. 1.

③ Lou Cannon and Don Oberdorfer, "President Approved 'Harassment' Plan: Reagan Approved CIA Plan to Mine Nicaraguan Ports," *The Washington Post*, Apr. 11, 1984.

30 日，另一艘尼加拉瓜捕虾船被毁，一艘载有自行车、汽车零部件、建筑材料和棉花的日本船只受损。由于没有扫雷艇，尼加拉瓜政府只能用大型渔网来清除水雷。几个月时间内，先后有 6 个国家的 11 艘船只在尼加拉瓜水域触雷。港口布雷事件对尼加拉瓜的进出口贸易，特别是对其石油供给造成很大打击。①

尼加拉瓜早在 1 月就开始报道，称其港口有被人为蓄意埋设水雷的情况出现。然而，直到 3 月中旬，在别国船只受损后，美国才出现了第一批相关的措辞含糊的新闻报道。3 月 20 日苏联油轮"卢甘斯克"号触雷沉没，苏联政府谴责这是"严重的罪行"和"土匪和海盗行为"，并认为美国政府应对此负责。苏联外交部长安德烈·葛罗米柯亲自向美国驻苏联大使递交了照会并强烈抗议。② 美国拒绝接受抗议，否认埋设水雷。尼加拉瓜反政府武装尼加拉瓜民主力量（FDN）领导人阿道夫·卡莱罗（Adolfo Calero）在第一时间为美国开脱，声称是"我们负责埋设水雷，而不是美国人"。③ 究竟是反政府武装还是美国埋设了水雷，结果其实显而易见，因为反政府武装并没有技术能力或足够的资源自己动手制造和部署水雷，所以华盛顿即便不是主谋也是一个明显的帮凶。

起初，美国参议院情报委员会对包括尼加拉瓜港口布雷事件在内的这一系列活动并未得知。4 月 5 日，就在参议院情报委员会最后表决准备通过"援助尼加拉瓜反政府组织"法案的前几分钟，参议院情报委员会主席戈德华特收到了一份来自情报委员会成员的报告，报告称得知总统亲自批准了在尼加拉瓜港口布设水雷的行动，而且这一行动是由中央情报局直接实施的，中情局这种公然违背《博兰修正案》的做法是"令人震惊"的，

---

① Holly Sklar, *Washington's War on Nicaragua* (Boston: South End Press, 1988), p. 166; Thomas W. Walker, "Nicaraguan-U. S. Friction: The First Four Years, 1979-1983," in *The Central American Crisis: Sources of Conflict and the Failure of U. S. Policy*, eds. Kenneth M. Coleman and George C. Herring (Wilmington, Del.: Scholarly Resources, 1985), pp. 157-189.

② Stephen Kinzer, "Nicaraguan Port Thought to Be Mined," *New York Times*, March 14, 1984; Dusko Doder, "Soviets Blame U. S. in Tanker Blast," *The Washington Post*, March 22, 1984.

③ "U. S. Denies Responsibility," *New York Times*, March 22, 1984; Dusko Doder, "Soviets Blame U. S. in Tanker Blast," *The Washington Post*, March 22, 1984.

戈德华特得知后勃然大怒，并开始向他的同事大声朗读报告内容，这让在场的人员大为吃惊。同时，参议院速记员将戈德华特的发言誊写到了参议院会议的公开记录中。出于影响上的考虑，戈德华特的发言随后被从参议院的会议记录中删除了，但《华尔街日报》（The Wall Street Journal）的一名记者听到了他的发言，并在第二天将它匆匆整理并刊登了出来，文章称："美国在尼加拉瓜港口布雷事件中起到的作用比最初想象的更大，是中央情报局的特工在尼加拉瓜的港口放置了水雷。"① 中央情报局在尼加拉瓜港口的布雷行动标志着政府对尼加拉瓜政府长达三年的秘密战争急剧升级，是美国首次直接参与对尼加拉瓜的军事行动。这一消息在美国国内与国际社会均引发轩然大波。总统不但批准了这一公然违背国会修正案的行动，更是对参议院情报委员会完全隐瞒了中央情报局在其中的参与程度，连曾努力在国会与白宫之间斡旋的戈德华特也未能得知这一行动。三天后，戈德华特给中央情报局局长威廉·凯西写了一封措辞激烈的信，信中写道："关于总统批准在中美洲港口进行布雷这一事件，我一直在试图寻找一个最直观最贴切的词语来表达我的感受。它可以归结为一个简单的短语：'气煞我也！'"（pissed off!）② 在国际社会，美国的行为不但遭到了"孔塔多拉集团"（Group de Contador）的反对，更招致了英国、法国和加拿大等美国盟友的公开谴责，法国甚至要派出排雷艇帮助尼加拉瓜清除水雷。4月10日，参议院以84票赞成、12票反对的结果谴责了这一布雷行径。4月12日，众议院也通过决议反对将资金用于在尼加拉瓜港口布雷。这桩丑闻彻底终结了国会在1984财年为反政府武装提供资金援助的可能。③ 5月24日，众议院以241票对177票反对政府继续援助尼加拉瓜反

---

① "U. S. Role in Mining Nicaraguan Harbors Reportedly Is Larger Than First Thought," *The Wall Street Journal*, Apr. 6, 1984, cited in Joseph E. Persico, *Casey: From the OSS to the CIA* (New York: Viking, 1990), p. 374.

② United States, Senate, "Expression of Outrage over Not Being Briefed on CIA Mining of the Nicaraguan Harbors," 1984.

③ Don Oberdorfer and Bob Woodward, "U. S. Says Port Mining Has Ceased: Hill Votes Oppose Covert Support of Nicaragua Rebels Halt in U. S. Mining of Nicaraguan Ports Leaves Hill Unmollified," *The Washington Post*, Apr. 12, 1984.

政府武装。而后，参议院情报委员会开始着手处理中情局公然违背法案的行为。布雷事件不但违反了之前总统"仅限于为反对派提供指导与援助"的承诺，也公然违反了1980年《情报监督法》中"将全部情报活动及时告知国会"的规定。6月6日，参众两院情报委员会主席戈德华特与博兰同中情局局长凯西签署一项协议，其被称为"凯西协议"。协议规定任何重大隐蔽行动的任何活动，以及总统所批示的任何新决议，都必须提前向情报委员会通报并提供书面协议。此外，中情局必须定期提供正在进行的所有隐蔽行动的最新情况，并在每一年对所有隐蔽行动作一次全面汇报。①此时国会对于行政机构与情报机构的信任已经到了最低点。为避免出现因滥用秘密行动而导致总统权力再次膨胀，乃至恢复到20世纪70年代前的情况，国会完全站在了白宫的对立面。

1984年10月10日国会通过了《第二博兰修正案》，该修正案在1982年《博兰修正案》基础上进一步规定，禁止白宫直接支持或通过任何第三方势力间接支持尼加拉瓜反对派，同时禁止中央情报局、国防部或任何情报机构使用资金"直接或间接支持任何国家、团体、组织或个人在尼加拉瓜的军事或准军事行动以及相关情报行动"。里根总统于12月21日将《第二博兰修正案》签署为正式法律，法案于次年1月起生效。由此，中情局正式退出了支持尼加拉瓜反政府武装的军事或准军事行动，尼加拉瓜行动的指挥权转移到了国家安全顾问罗伯特·麦克法兰（Robert Macfarlane）和工作人员奥利弗·诺斯手下的国家安全委员会成员手中。按照博兰本人的说法，该修正案"完全终结了美国对尼加拉瓜战争的支持"。②由此，美国对尼加拉瓜的秘密战争彻底破产。但里根并未完全放弃支持反政府武装，因为一旦这批武装人员失去美国的援助，将必定被政府军击溃，这样不但

---

① Senate Select Committee on Intelligence, "Procedures Governing Reporting to the Senate Select Committee on Intelligence (SSCI) on Covert Action," June 6, 1984. Copy signed by Barry Goldwater and William J. Casey, *Ronald Reagan Library*: *Papers of Ronald Reagan*: *Vincent Cannistraro Files*, Box 2: File: "Intelligence Oversight: Oversight Procedures," 1984.

② Representative Boland Made that Statement on October 10, 1984. 133th Cong. Rec. (Bound) - Daily Digest-Congressional Record (Bound Edition), Volume 133, 1987.

无法实现颠覆桑地诺政府的目标，更会导致中美洲局势的恶化，并影响美国的国际形象。为了规避《第二博兰修正案》，里根政府采取了更加铤而走险的办法，即通过第三方国家以及秘密外交网络的方式筹集资金，这也成为导致日后"伊朗门丑闻"的诱因之一。

四、结论

《博兰修正案》作为美国国会的一项立法产物，有利于保障国会对政府的行政监督权，同时对政府滥用武力进行干涉的行为起到了一定程度的限制作用。但该修正案不但存在法律漏洞，其约束力也仅仅停留在文件所规定的表面，国会及其下设的情报委员会并没有对法案生效后的具体执行情况与实施效果进行追踪，这也导致白宫能够通过其中的漏洞绕开法案施行隐蔽行动。究其原因，国会制定修正案的真实目的不仅在于限制政府干涉别国的隐蔽行动，更是在于尽可能地在对外事务中体现国会的意志，通过对政府隐蔽行动的约束迫使其施政方针向国会所倡导的更为温和的外交谈判方向转变。此外，还体现为保证国会的权力与政治参与度，以约束总统的行为。一个例证就是里根政府对尼加拉瓜的经济封锁与外交孤立行为并未受到限制，同时期针对阿富汗的隐蔽行动更是得到了国会的大力支持。另外，在1982年的《博兰修正案》中，虽有法案所规定的禁止"颠覆政府"的条例，国会仍在1983财年和1984财年向政府提供资金以"援助"中美洲国家。换言之，国会真正试图通过法案禁止的是政府对国会的隐瞒行为而非具体行动。而由于里根政府在法案规定下一再隐瞒国会，并采取了更加过激的行为，这才招致《第二博兰修正案》的严厉限制条款。

这一时期里根政府对尼加拉瓜政策的主要目标是颠覆桑地诺政权，而实现政策目标的主要手段是采取隐蔽行动。相较于以往，里根时期对于尼加拉瓜的一系列隐蔽行动的最大特点在于其隐蔽性与公开性相结合，其公开性来源于计划目标的公开性以及隐蔽行动透明度的降低。前者体现在里根在上任伊始就高调推崇自己的反苏反共战略，力图将这个"邪恶集团"

推向深渊。里根认为对尼加拉瓜的行动就是向苏联施压的全球战略的一部分，而民众需要看到政府为了扭转颓势而采取的最直观的强硬姿态，这样有利于使政府获得民众的支持。后者则表现为国会政治参与度的提高以及社会舆论影响力的扩大。隐蔽行动的施行需要通过国会投票与情报委员会的监督，《博兰修正案》的出台以及完善就是这一变化最直观的体现。隐蔽行动目标的公开化不代表隐蔽性的完全丧失，其隐蔽性来源于手段。这一时期里根政府的隐蔽行动虽然也有半公开的经济与外交行动配合，但更多是通过准军事行动的方式开展。从对反政府武装的训练与武器援助，到对尼加拉瓜设施的破坏与港口布雷，行动的烈度越来越大，白宫与中情局所扮演的角色也由间接支援变为直接参与行动。

进一步思考，隐蔽行动原本应被政府视为一种例外行为，只有在国家安全迫切需要且公开手段不足以达成目标时才能采用。而里根身为一国总统，不惜冒着违背国会立法的风险也要想方设法绕过《博兰修正案》采取隐蔽行动，而且愈加依仗隐蔽行动，其动机之一是里根对桑地诺政府性质的判定是基于冷战观念和"多米诺信念"下的一次战略误判，这种误判是极度的冷战思维和美国有权干涉"自家后院"事务这一"门罗主义"传统观念集合的产物。正如拉美史专家伯恩斯所述："美国总是把拉美发生的事情一成不变地纳入美国和苏联两大国之间的冲突以及资本主义和共产主义之间全球斗争的模子，而不能充分理解拉美人民为争取变革而斗争的意义，因此犯下了一系列令人遗憾的错误。"[1] 桑地诺民族解放阵线在革命胜利之初就作出了去冷战化和去马克思主义意识形态话语的形象处理，他们强调其一旦上台掌权，将采取不结盟的对外政策，将自己置身于冷战之外，而置身于第三世界民族解放运动的悠久传统之内。华盛顿似乎无法理解这场革命的起源"在很大程度上是一种尼加拉瓜现象"，[2] 并未以民族主义的框架，而是运用冷战的解释模式，将反索摩查的尼加拉瓜革命描述为

---

① E. 布拉德福德·伯恩斯：《简明拉丁美洲史：拉丁美洲现代化进程的诠释》，王宁坤译，世界图书出版公司，2009，第 26 页。

② Holly Sklar, *Washington's War on Nicaragua* (Boston: South End Press, 1988), p. 39.

苏联统治世界的直接延伸。因此，在整个 20 世纪 80 年代，美国一直向尼加拉瓜施加压力，以实现其所谓"颠覆桑地诺政权、促进尼经济和政治发展以及恢复中美洲安宁"的目标。

另外一个重要原因，正是《博兰修正案》的约束和限制，反而促使里根政府的政策愈加倾向于采取准军事行动的手段以达成目标。国会先是试图限制政府的政策目标，后来又以立法工具限制政府行动。由于法案对行动资金流和方式的限制，里根政府手里的可打的牌越来越少。而为了完成既定政策目标，白宫只能寄希望于中情局，依赖于既可以压缩成本、减小规模又能够绕开国会的隐蔽行动方式。1983 年年中"戈德华特妥协"的达成以及同年针对格林纳达毕晓普政府的"暴怒行动"（Operation Urgent Fury）的成功示范更是增加了里根的底气，使其决心以准军事行动的方式颠覆桑地诺政府。此外，国会与行政部门、情报机构之间围绕《博兰修正案》的对抗与妥协反映出双方在对尼加拉瓜政策上存在的严重分歧，即是否以支持援助反政府武装的方式改变尼加拉瓜局势，进而推翻桑地诺政权。这种分歧导致政策所需资源的有限性与政策方向的断裂性，使得政府开始过分依仗于隐蔽行动。正如罗伯特·麦克法兰所说，美国决策者开始不断"依赖秘密活动，以此作为我们政策的核心"。[1] 这样的思路也延续到了里根的第二任期，其间为绕开《博兰修正案》，替行动筹集资金，白宫甚至不惜以秘密外交的方式同伊朗进行军火贸易，由此导致"伊朗门丑闻"的曝光，使得里根政府在尼加拉瓜的隐蔽行动也随之偃旗息鼓。

---

[1] U. S. House of Representative Select Committee to Investigate Covert Arms Transactions with Iran, *Testimony of Robert C. McFarlane, Gaston J. Sigur, Jr., and Robert W. Owen: Joint Hearings before the Select Committee to Investigate Covert Arms Transactions with Iran and Senate Select Committee on Secret Military Assistance to Iran and the Nicaraguan Opposition, One Hundredth Congress, First Session* (Washington, D. C.: U. S. G. P. O., 1987).

近年来中国当代政治外交史研究综述（2010—2021）

高志明*

【摘　要】　近年来，中国当代政治外交史研究成果较为丰富，马克思主义理论、国际政治学、冷战国际史、中国当代史等不同学科均有成果出现。政治关系领域的外交研究，可以大致分为双边关系、多边关系、国家与国际组织的关系三个类别。政治关系是中外关系的基石，政治外交史研究也逐渐摆脱平铺直叙、堆砌档案之模式的桎梏。与此同时，受历史学的"文化转向"与视野下移的影响，新兴论题也层出不穷。跨学科的理论阐释、内政与外交的交织互动、全球化的学术视野，成为政治外交史研究的新方向。

【关键词】　中国当代外交史；冷战史；双边关系；文化转向

"中国当代政治外交史"的内涵界定，实际上是一项复杂的学术工作，不同学科领域［如中国史学科（中国当代史）、世界史学科（冷战国际史）、马克思主义理论学科、外交学、国际政治学与国际关系学科］的研

---

* 高志明，华东师范大学历史学系硕士研究生，研究方向为20世纪中国政治史、外交史。

究使用着各自的学术方法。本篇综述则将视野集中在宏观层面的政治外交史研究，即重点关注中国在冷战期间的国际关系与外交斡旋，相关论著覆盖的时段是 2010 年至 2021 年，以中华人民共和国的对外关系为主要考察对象。本篇综述主要分成两大部分展开论述，以第二部分为梳理重点。第一部分讨论了近年来中国当代外交通史研究的进展与不足；第二部分以国别为专题，梳理了相关中外关系研究。

一、中国当代外交通史研究

近十余年，中国当代外交通史研究著作颇丰。但通史研究因为较难在具体问题上形成一个突破性的创见，故此笔者主要关注其对中国当代外交的核心线索与历史分期的认识。

齐鹏飞和李葆珍将新中国外交史浓缩概括成"和平外交"四字。[①] 石源华以地理位置和国家实力作为区分标准，论述中国与周边国家的外交关系。[②] 黄庆和王巧荣依据中国最高决策者的外交思想与外交战略，将新中国外交史划分为四个时期：（1）实行"一边倒"战略的 20 世纪 50 年代；（2）实行"反对两霸"战略的 20 世纪 60 年代；（3）实行"一条线""一大片"战略的 20 世纪 70 年代；（4）改革开放以来的"全方位的独立自主的和平外交"。[③]

牛军在 2010 年编著了专门用于课程教学的《中华人民共和国对外关系史概论（1949—2010）》教材，旨在将新中国对外关系史建设成国际政治学方向的重要学科。该书以新中国的对外政策为核心线索，并据此将新中国的对外关系划分出五个时期，分别是：（1）1949 年至 1955 年的形成期；（2）1956 年至 1965 年的发展和动荡期；（3）1966 年至 1977 年的极

---

① 齐鹏飞、李葆珍：《新中国外交简史》，人民出版社，2014，第 1 页。
② 石源华：《新中国周边外交史研究》，世界知识出版社，2019，第 22—25 页。
③ 黄庆、王巧荣主编《中华人民共和国外交史（1949—2012）》，当代中国出版社，2016，第 2—6 页。

"左"外交时期；（4）1978 年至 1990 年的重新奠基期；（5）1990 年至今的后冷战时期。① 战略决策是国际政治学科的典型研究取向之一，牛军在专著《冷战时代的中国战略决策》中，将新中国的决策机制概括为"协商-共识"，即最高领导人拥有最高和最终的外交决定权，这套体制源于革命战争年代，其弊端在于"决策通常都会表现出不计或很少顾及代价的问题"。② 樊超也撰文指出，决策研究有助于使"碎片化"的外交史获得有效整合。樊超还强调外交部等外事职能部门的工作内容并不直接等同于外交政策，更重要的是政治局常委、政治局委员和中央书记处参与的第一层级决策，以及中共中央外事工作领导小组参与的第二层级决策。③

在海外，高沃龙（John W. Garver）所著的《中国的探索》是近年来少有关于中国当代外交通史的研究专著，不过该书更多关注的是中国与苏联、日本、印度、埃及和美国的外交关系。高沃龙将新中国外交史大致分为三个时期：（1）1949 年至 1977 年的"革命国家的锻造期"；（2）1978 年至 1989 年的"幸福的过渡期"；（3）1989 年至今的"孤独的社会主义国家被包围期"。高沃龙认为，"帝制中国时代的威权政治传统""列宁-斯大林的社会主义政治模式"和"现代西方的自由主义价值观"三者的融合与矛盾，塑造了新中国对外关系的演变过程。④

二、专题研究：双边关系与国际组织

（一）中苏（俄）关系

中苏同盟的建立标志着新中国"一边倒"外交方针的奠定。关于中苏

① 牛军编著：《中华人民共和国对外关系史概论（1949—2010）》，北京大学出版社，2010，第 27—28 页。

② 牛军：《冷战时代的中国战略决策》，世界知识出版社，2019，第 2 页。

③ 樊超：《中国对外关系史研究中的决策研究》，《中共党史研究》2020 年第 4 期，第 31 页。

④ John W. Garver, *China's Quest*：*The History of the Foreign Relations of the People's Republic of China*（New York：Oxford University Press, 2016），pp. 777-785.

同盟建立的原因，学界大致有三种观点：共产主义的意识形态、民族主义的战略利益、革命年代的历史传统。沈志华具体叙述了中苏同盟建立过程中的五次转折，并认为这是一个"无奈的选择"。[①] 中苏同盟破裂的原因也成为中苏关系研究中的核心问题之一。以往学界对中苏关系破裂决定性因素的分析，主要表现为"意识形态分歧论"和"国家利益冲突论"。沈志华与李丹慧提出一种新的解释模式，即"结构失衡论"，指出在社会主义阵营内部，党际关系掩盖甚至替代了国家关系，主权意识与平等观念则有所弱化。[②] 英国卡迪夫大学的谢尔盖·拉琴科（Sergey Radchenko）在其专著《双日凌空》中认为，一是来自中国方面的和解愈加困难，二是"苏联文化中的傲慢，以及对其兄弟的援助和支持所带来的益处太过自以为是"，使中苏缓和难上加难。[③] 凌胜利和滕帅均从美国肯尼迪政府的"楔子战略"着眼，来探讨中苏同盟破裂问题。[④] 曹广金在李丹慧论述的基础上探讨了1964年苏共领导人更替即勃列日涅夫上台初期的中苏关系。[⑤] 美国乔治华盛顿大学历史系的詹姆斯·赫什伯格（James Hershberg）、谢尔盖·拉琴科、匈牙利科学院的王俊逸（Peter Vamos）、日本早稻田大学的王大卫

① 沈志华：《无奈的选择：中苏同盟建立的曲折历程（1944—1950）》，《近代史研究》2010年第6期，第51—52页。

② 沈志华、李丹慧：《结构失衡：中苏同盟破裂的深层原因》，《探索与争鸣》2012年第10期，第9页。

③ Sergey Radchenko, *Two Suns in the Heavens: The Sino-Soviet Struggle for Supremacy* (Washington, D. C. : Woodrow Wilson Center Press/Stanford: Stanford University Press, 2010), pp. 152-156.

④ 所谓"楔子战略"，是指综合运用政治、经济、军事等资源，采取对抗或调适等战略手段来实现分化、破坏、瓦解敌对联盟的方式。凌胜利：《美国的楔子战略与中苏同盟的分裂》，《国际政治科学》2015年第3期；凌胜利：《20世纪50年代美国分化中苏同盟的核策略》，《社会科学》2016年第5期；滕帅：《部分核禁试条约的签订与中苏关系（1962—1963）——对肯尼迪政府分化中苏同盟政策的再研究》，《中共党史研究》2017年第9期。

⑤ 李丹慧：《失去的机遇？——赫鲁晓夫下台后中苏两党和解的新尝试》，《社会科学战线》2009年第8期；曹广金：《勃列日涅夫执政初期中苏和解的尝试与失败探析》，《中共党史研究》2012年第1期；曹广金：《马利诺夫斯基事件及其对中苏关系影响探析》，《党史研究与教学》2013年第1期。

（David Wolff）对"对华国际"这一组织展开了初步的讨论。[①] 孙艳玲和牛军各自考察了邓小平时代中苏关系正常化的谈判过程与战略博弈。[②] 俄罗斯外交家贡恰罗夫（S. N. Goncharov）和原中共中央对外联络部副部长周力作为两位历史当事人，撰文回顾了 2001 年《中俄睦邻友好合作条约》的起草、谈判和签署的大致过程。[③] 此外，中苏两国围绕新疆、东北以及边界线问题的交涉，也得到了学者的持续关注。吴泉成探讨了中苏结盟谈判中的新疆问题，肖瑜考察的是苏联对中国旅顺军港和大连商港的态度转变，李丹慧分析了 1964 年开始的中苏边界谈判破裂的原因，肖丹关注的是中苏边界谈判中黑瞎子岛问题。[④]

（二）中美关系

新中国对美政策的确立是考察中美外交史的起点。杨奎松论述了沈阳美领馆事件的发生及其影响，即因美国坚持干涉中国内政，被视作新中国安全问题上的最大敌人，中共对美态度愈加强硬。[⑤] 自朝鲜战争直至中美关系正常化，中美两国在台湾、南亚、东南亚等问题上矛盾重重。王栋指

---

① "对华国际"（Interkit）由苏联在 1967 年设立，定期召集来自苏联与华约组织的中国问题专家开会讨论反华问题，随着 1987 年东欧与中国关系正常化、1989 年 5 月中苏峰会的召开，该组织黯然消失。詹姆斯·赫什伯格、谢尔盖·拉琴科、王俊逸、王大卫：《对华国际真相：揭开中苏关系最后阶段的史实》，冯瑷媛译，《冷战国际史研究》2011 年第 2 期。

② 孙艳玲：《中苏关系正常化与邓小平对苏外交决策》，《冷战国际史研究》2009 年第 8 期；牛军：《二十世纪八十年代中苏关系研究》，《中共党史研究》2011 年第 5 期。

③ S. N. 贡恰罗夫、周力：《关于〈中俄睦邻友好合作条约〉的背景、商谈与签署》，《冷战国际史研究》2019 年第 1 期。

④ 吴泉成：《论 1949—1950 年中苏关系中的新疆问题》，《党史研究与教学》2011 年第 3 期；肖瑜：《试论中苏关系中的旅大问题（1945—1955）》，《中共党史研究》2012 年第 10 期；李丹慧：《政治斗士与敌手：1960 年代中苏边界关系——对中苏边界问题的历史考察之二》，《社会科学》2007 年第 2 期；肖丹：《中苏（俄）边界谈判中的黑瞎子岛问题述论》，《党史研究与教学》2011 年第 3 期。

⑤ 所谓"美领馆事件"又称为"华德事件"，指的是美国驻沈阳总领事华德在 1948 年 11 月解放军占领沈阳后不久，因拒绝交出电台以及涉嫌间谍活动等原因，受到审判被驱逐出境一事。杨奎松：《美领馆事件与新中国对美政策的确立》，载《中华人民共和国建国史研究 2》，江西人民出版社，2009，第 49—50 页。

出 1962 年台海危机促使肯尼迪政府形成"双重威慑"的两岸政策。[①] 北京大学的法恩瑞（Enrico Maria Fardella）分析了"大跃进"对中国外交政策的影响，如中国对 1962 年古巴导弹危机的态度。[②] 潘一宁的专著系统探讨了中美在越南战争时期对抗关系的变化，并总结为从最初的"二人零和博弈"发展到"二人非零和博弈"，再到"三人非零和博弈"。[③] 牛军将中国"援越抗美"政策的出发点概括为"要革命但国家必须是安全的，即安全的革命"。[④] 代兵和张碧坤指出，1969 年 3 月中苏珍宝岛事件"为尼克松政府与中国发展关系提供了动力"。然而，加拿大麦吉尔大学的洛伦兹·M. 卢迪（Lorenz M. Lüthi）对这一论述提出挑战，认为中、苏、美三国在 1969 年均未制定出明确的战略且相互之间缺乏沟通，因此 1969 年底中美关系正常化的开始"绝非精心制定和执行政策的结果"。[⑤] 此外，哈佛大学历史学系的罗迪·杜安（Ruodi Duan）另辟蹊径，叙述了中国在 1961 年至 1966 年对美国黑人自由运动的态度，即中国认为"种族歧视也是一个阶级斗争问题"。[⑥] 与学界对 20 世纪 50 年代中美关系的既往认知不同，美国俄亥俄州立大学的金宜云（Ilnyun Kim）指出，该时期并不完全笼罩在"麦卡锡主义的阴影"下，尽管中美两国关系处于低谷期，但是美国国内"一群关注中国的知识分子重塑了民主党的中国观"，这标志着"意识形态和

① 杨奎松：《两次台海危机的由来及其幕后》，载《中华人民共和国建国史研究 2》，第 215 页；王栋：《一九六二年台海危机与中美关系》，《中共党史研究》2010 年第 7 期，第 69 页。

② Enrico Maria Fardella, "Mao Zedong and the 1962 Cuban Missile Crisis," *Cold War History*, Vol. 15, Issue 1（2015），pp. 73–89.

③ 潘一宁：《中美在印度支那的对抗（1949—1973）——越南战争的国际关系史》，中山大学出版社，2011，第 306 页。

④ 牛军：《安全的革命：中国援越抗美政策的缘起与形成（1960—1965）》，《冷战国际史研究》2017 年第 1 期，第 54 页。

⑤ 代兵、张碧坤：《1969 年：中美苏战略大三角形成的起点》，《二十一世纪》2018 年第 1 期，第 82 页；Lorenz M. Lüthi, "Restoring Chaos to History: Sino-Soviet-American Relations, 1969," *The China Quarterly*, No. 210（June 2012），pp. 396–397.

⑥ Ruodi Duan, "Solidarity in Three Acts: Narrating U. S. Black Freedom Movements in China, 1961–66," *Modern Asian Studies*（May 2019），p. 1355.

解的起源"。①

中美关系正常化是中美关系研究的另一个热门主题。茅文婷、史宏飞、郑华、粟广都关注了中美间的秘密渠道问题，如罗马尼亚渠道、巴基斯坦渠道、巴黎渠道、纽约渠道。② 张静分析了美国国务院在中美关系解冻期的角色转变过程。③ 伦敦政治经济学院的彼得·米尔伍德（Pete Millwood）则挑战了中美关系正常化是因各自国内政治变化而出现的这一传统观点，指出这实际是一个"交叉影响"的过程，如中国的外交决定影响了美国的内部政治，美国外交决策者又积极融入了中国的政治变化。④ 樊超和牛军对中美建交后两国关系的发展予以了关注。⑤

（三）中国与朝鲜半岛

在冷战时期，朝鲜半岛是美苏两大阵营在亚洲对峙的前沿阵地，且对中国而言，其因地缘属性又成为中国最为看重的周边区域之一。近年来，以沈志华为代表的学者对中朝关系展开了系列研究。⑥ 沈志华将战后中朝两党关系概括为"若即若离"，即看似亲密却又相当疏离。⑦ 北京大学的金

---

① Ilnyun Kim, "The Vital Center for United States–China Relations in the 1950s," *Diplomatic History*, Volume 44, Issue 4 (September 2020), pp. 609-635.

② 茅文婷：《尼克松访华前中美秘密渠道考察》，《中共党史研究》2016年第6期；史宏飞：《中美解冻过程中的罗马尼亚渠道及其关闭原因》，《冷战国际史研究》2011年第1期；郑华：《中美关系解冻过程中的巴基斯坦渠道》，《史学集刊》2008年第3期；郑华：《中美关系解冻过程中的巴黎渠道》，《当代中国史研究》2008年第4期；粟广：《论中美关系正常化进程中的纽约渠道——以新近披露的尼克松总统安全档案为依据》，《党史研究与教学》2012年第4期。

③ 张静：《从积极推动到保守谨慎——美国国务院在中美关系缓和中的角色（1969—1972）》，《中共党史研究》2013年第2期。

④ Pete Millwood, "(Mis) perceptions of Domestic Politics in the U. S. –China Rapprochement, 1969-1978," *Diplomatic History*, Volume 43, Issue 5 (November 2019), pp. 890-915.

⑤ 樊超：《1979年中国对美政策讨论与中美互动》，《国际政治研究》2015年第3期；樊超：《拉不开的距离：1980年代中国对美政策的战略基础》，《国际政治研究》2017年第6期；牛军：《轮回：中美关系与亚太秩序演变（1978—2018）》，《美国研究》2018年第6期。

⑥ 沈志华：《最后的"天朝"：毛泽东、金日成与中朝关系》，香港中文大学，2017。

⑦ 沈志华：《若即若离：战后中朝两党关系的初步形成（1945—1950）》，《近代史研究》2016年第2期。

东吉（Donggil Kim）对中国决定出兵朝鲜的决策进行了探讨。① 沈志华、董洁、余伟民分别讨论了在经历朝鲜战争、苏共二十大、朝鲜"八月事件"等重大事件后，新中国对朝鲜方针的曲折确立过程。② 此外，中苏关系的恶化也间接促成中朝关系的蜜月期，沈志华将其描述为"尾巴摇狗"，即冷战时期的独特现象——小国主导大国。董洁考察了此时中国对朝的经济援助，指出在中苏关系破裂期间，朝鲜灵活地采取等距离外交，左右逢源，以实现自身利益最大化。除经济援助外，沈志华和董洁还强调，中国在中朝边界问题上也作出了极大的让步。③ 日本东京大学的金伯柱则认为不能仅从安全理由解释中朝同盟的形成，也不能完全认为朝鲜在巧妙地利用中苏对立，实际是中国在积极推进同盟进程。④ 到 20 世纪 60 年代中后期，苏联勃列日涅夫上台，中国开展"文化大革命"运动，中朝关系再度发生变动，董洁和沈志华对其进行了研究。⑤ 20 世纪 70 年代中美关系出现缓和，其对中朝关系带来的影响也得到了夏亚峰和沈志华的关注，沈志华将这一时期的中朝关系概括为"貌合神离"；夏亚峰则进一步以美国的视角思考，结合普林斯顿大学柯庆生（Thomas Christensen）的观点，认为此时中朝关系的改善在一定程度上对朝鲜的"攻击性战略"起到抑制作用，

---

① Donggil Kim, "China's Intervention in the Korean War Revisited," *Diplomatic History*, Volume 40, Issue 5（November 2016）.

② 沈志华：《试论朝鲜战争期间的中朝同盟关系》，《历史教学问题》2012 年第 1 期；沈志华：《尊重与援助：新中国对朝鲜外交方针的形成（1950—1955）》，《历史教学问题》2015 年第 4 期；沈志华、董洁：《朝鲜战后重建与中国的经济援助（1954—1960）》，《中共党史研究》2011 年第 3 期；余伟民：《苏联与中朝关系（1945—1958）》，《冷战国际史研究》2013 年第 2 期。

③ 董洁：《中苏分裂后中国对朝鲜的经济援助（1961—1965）》，《外交评论（外交学院学报）》2014 年第 4 期；沈志华、董洁：《中朝边界争议的解决》，《二十一世纪》2011 年第 2 期。

④ 金伯柱：《中朝同盟的形成动因关于一考察——1961 年中朝同盟的条约缔结过程为中心に》，《中国研究月报》2010 年第 64 卷第 5 号。

⑤ 董洁：《"文化大革命"前期中朝关系的历史考察（1966—1970）》，《冷战国际史研究》2014 年第 2 期；沈志华：《破镜重圆：1965—1969 年的中朝关系》，《华东师范大学学报（哲学社会科学版）》2016 年第 4 期。

因此"试图离间中朝关系"对美国来说并非上策。①沈志华还对邓小平时代的中朝关系展开论述，指出中朝同盟在各个维度的基础逐渐瓦解，中朝关系开始以现代国家关系为基底进行重构。②

近年来学界对中韩建交史也有探索。董洁着重探讨了中国在对韩建交问题上的外交决策，以及中国外交重心开始转向周边国家的睦邻外交政策的变化。③韩国高丽大学的赵青峰则从体育外交的角度入手，阐述中韩建交的具体进程。④尤淑君考察了战后台湾当局与韩国之间合作、竞争、相互制衡的不稳定"盟友关系"。⑤

（四）中日关系

冷战时代的中日关系，既有沉重的历史包袱，又有地缘政治和意识形态的影响。张历历以通贯的视野梳理了当代中日关系的基本面貌。⑥近年来，关于中日关系史的专题研究也有出现。美国加州大学圣迭戈分校的贾斯汀·雅各布斯（Justin Jacobs）关注的是1956年沈阳和太原的日本战犯审判，指出中国政府对日本战犯采取了极为宽容的"宽大政策"，并在日后开展了一系列的文化知识运动，旨在"让过去的事情成为历史"。⑦翟新

① 沈志华：《面对历史机遇：中美关系和解与中朝关系（1971—1974）》，《华东师范大学学报（哲学社会科学版）》2014年第1期；夏亚峰：《革命与缓和：中美和解进程中的中国对朝政策（1970—1975）》，《冷战国际史研究》2013年第2期，第58—59页；Thomas J. Christensen, *Worse than a Monolith：Alliance Politics and Problems of Coercive Diplomacy in Asia*（Princeton：Princeton University Press，2011）.

② 沈志华：《同盟瓦解：邓小平时代的中朝关系（1977—1992）上》，《二十一世纪》2018年第2期；沈志华：《同盟瓦解：邓小平时代的中朝关系（1977—1992）下》，《二十一世纪》2018年第4期。

③ 董洁：《中韩建交中的中国外交决策再探讨》，《中共党史研究》2019年第8期。

④ 赵青峰：《水到渠成：建交前体育交流与中韩关系发展》，《冷战国际史研究》2018年第1期。

⑤ 尤淑君：《从邵毓麟〈使韩回忆录〉论战后台湾当局与韩国的合作与冲突》，《冷战国际史研究》2019年第2期。

⑥ 张历历：《新中国和日本关系史》，上海人民出版社，2016。

⑦ Justin Jacobs, "Preparing the People for Mass Clemency：The 1956 Japanese War Crimes Trials in Shenyang and Taiyuan," *The China Quarterly*, No. 205（March 2011），p. 152.

梳理了日本自民党顾问松村谦三五次访华的过程。[①] 日本长崎县立大学的祁建民考察了周恩来对长崎国旗事件的解决方式。[②] 日本新潟大学的神田丰隆从日本内政视角考察了中日关系，揭示出战后日本执政党自由民主党两派政治家对中苏关系的看法。[③] 荷兰莱顿大学的卡斯帕·维茨（Casper Wits）探讨了 1964 年以来中日两国的记者交流，并将其视作中日关系正常化的第一步，认为"这使得中国获得了在日本左派群体之外更广泛的信息来源"。[④] 徐显芬集中探讨了《中日和平友好条约》的谈判过程，指出中日谈判的分歧点聚焦于反霸条款，反映出中日两国不同的东亚秩序观。[⑤] 杨婵考察了在 1982 年日本教科书事件前，抗日战争史书写与中国对日外交的关系，即中国掌握了"在攻击日本保守派政府和追求对日友好两个方面的极大的外交灵活性"。[⑥] 褚静涛论述了台湾当局对钓鱼岛主权论述的形成过程以及与美日的争论。[⑦] 据日本防卫省防卫研究所杉浦康之的学术回顾，日本学界在战后日本对华外交以及中日关系正常化等领域也有若干研究。[⑧]

（五）中蒙关系

因悠久的历史传统、紧密的民族联系、突出的地缘关系，中国与蒙古

① 翟新：《周恩来和松村谦三的五次访华》，《中共党史研究》2015 年第 11 期。

② 所谓"长崎国旗事件"，是指 1958 年 4 月 30 日在长崎一家百货商店，日中友好协会长崎支部主办了展览会，会场悬挂了五星红旗，对此台湾"驻长崎领事馆领事"常家恺要求长崎地方政府撤下五星红旗，并决定联络日本右翼分子强行将五星红旗取下。祁建民：《周恩来与长崎国旗事件后的对日外交》，《中共党史研究》2014 年第 9 期。

③ 神田丰隆：《中苏分裂与 1960 年代日本的对华政策》，陈洪运译，《冷战国际史研究》2017 年第 1 期。

④ Casper Wits, "Foreign Correspondents in the East Asian Cold War: The Sino-Japanese Journalist Exchange of 1964," *Modern Asian Studies* (January 2020), p. 1481.

⑤ 徐显芬：《〈中日和平友好条约〉缔约谈判过程研究》，《中共党史研究》2018 年第 11 期。

⑥ 所谓"教科书事件"，是指日本文部省在审定高中和小学教科书过程中，改变历史上日本军国主义侵略中国及一些亚洲国家的事实，引起中国和一些亚洲国家的抗议的国际性事件。Chan Yang, "Ruthless Manipulation or Benevolent Amnesia?: The Role of the History of the Fifteen-Year War in China's Diplomacy towards Japan before the 1982 Textbook Incident," *Modern Asian Studies* (May 2016), pp. 1746-1747.

⑦ 褚静涛：《台湾当局钓鱼岛主权论述的形成》，《近代史研究》2016 年第 2 期。

⑧ 杉浦康之：《日本当代中国外交史的研究动向》，《近现代国际关系史研究》2014 年第 1 期。

国的双边关系是一个相当特殊的存在，但既有学术研究却相当稀缺。近年来，美国弗吉尼亚大学的刘晓原对中蒙边界问题的探讨无疑是一项突破性的研究。他从历史遗产、意识形态、国际环境、民族关系各个层面对中蒙关系进行了考察，指出通过贸易、援蒙、文字改革、"混边联防"等途径，双方短暂建立起一种"同志加兄弟"、彼此界限不明的新型国家关系架构，直至 1962 年中蒙划定边界，中蒙关系才"在近现代领土转型的意义走上正轨"。① 沈志华认为中蒙边界问题与中朝边界问题相类似，都是一种对"兄弟国家"的"内交"，中国均选择了"以领土换取兄弟国家的政治支持"的方针。② 此外，金泉对蒙古学界自 20 世纪 60 年代以来关于冷战时期蒙中关系的研究作了学术综述。③

（六）中国与东南亚国家关系

在东南亚地区中，印度支那（包括越南、老挝、柬埔寨）因其地缘位置，在冷战时期中、美、苏各自的战略定位中都十分重要，也曾三次爆发战争。牛军论述了中国"援越抗法""援越抗美"政策的形成及影响。④ 美国弗吉尼亚军事学院的殷晴飞考察了第一次印度支那战争后，中越两党在边境地区关于社会主义改造的合作。⑤ 李丹慧探讨了日内瓦会议与中国外交激进化的关系，指出因《日内瓦协议》的签订实际并不利于社会主义阵营，于是毛泽东作出以妥协方式解决印支问题的自我批评，故内政与外

---

① 刘晓原：《中蒙划界史迹初探——"同志加兄弟"的博弈（上）》，《二十一世纪》2020年第 3 期，第 93—94 页；刘晓原：《中蒙划界史迹初探——从兄弟到邻居（下）》，《二十一世纪》2020 年第 4 期。

② 沈志华：《事与愿违：冷战时期中国处理边界纠纷的结果》，《二十一世纪》2014 年第 4 期，第 55—56 页。

③ 金泉：《蒙古国的蒙中关系史研究——20 世纪 60 年代以来蒙古国蒙中关系史研究的几个热点问题》，《冷战国际史研究》2017 年第 1 期。

④ 牛军：《中国援越抗法政策再探讨》，《外交评论（外交学院学报）》2012 年第 3 期；牛军：《安全的革命：中国援越抗美政策的缘起与形成（1960—1965）》，《冷战国际史研究》2017 年第 1 期。

⑤ Qingfei Yin, "From a Line on Paper to a Line in Physical Reality: Joint State-Building at the Chinese-Vietnamese Border, 1954–1957," *Modern Asian Studies* (February 2020).

交同时拾起革命精神，转向激进。[1] 游览关注了 1963 年至 1965 年中越关系的转折。[2] 邵笑论述了中美缓和与中越分歧的关系。[3] 邵笑还梳理了越南战争时期中国对越援助的不同阶段及其变化原因。[4] 法国巴黎大学的李云逸考察了 1975 年西贡解放至 1979 年中国对越自卫反击战之间中越关系的流变。[5] 美国南加利福尼亚大学的科萨尔·帕斯（Kosal Path）将视线集中于 1975 年至 1978 年中国因越南"不知感恩"进行的经济制裁。[6] 此外，"台湾暨南国际大学"的黄宗鼎论述了台湾当局对南越的军事援助，以及其中的美国因素。[7]

　　关于中柬关系，近年来西方学界对此展开了讨论。美国约翰斯·霍普金斯大学的安德鲁·默莎（Andrew Mertha）关注的是 1975 年至 1979 年中国对红色高棉的援助，指出尽管中国给予了最大的援助，但柬埔寨政权的相对军事实力保证了其不受中国干预的影响。[8] 关于中国与老挝关系，冯一鸣指出在 20 世纪 60 年代初期，中国对老挝的政策保持着相当程度的审慎与克制，一是因为中国将"自身安全的优先程度"作为首要因素，二是出于对"印支革命传统分工格局的领会与承认"。[9]

---

[1]　李丹慧：《日内瓦会议上中国解决印支问题方针再探讨》，《中共党史研究》2013 年第 8 期，第 41 页。

[2]　游览：《联合反修的形成与破裂——兼谈中越关系从合作到分歧的转折（1963—1965）》，《冷战国际史研究》2018 年第 2 期。

[3]　邵笑：《中美会谈与越美和谈——兼论越南战争期间的中美越三角关系（1971—1972）》，《中共党史研究》2014 年第 4 期。

[4]　邵笑：《越南战争期间中国对越援助与援越政策研究（1964—1975）》，《冷战国际史研究》2018 年第 1 期。

[5]　李云逸：《1975—1979 年中越关系的流变——基于法国外交档案的考察》，《冷战国际史研究》2018 年第 2 期。

[6]　Kosal Path, "China's Economic Sanctions against Vietnam, 1975-1978," *The China Quarterly*, No. 212（December 2012），pp. 1056-1057.

[7]　黄宗鼎：《越战期间中华民国对越之军援关系》，《"中研院"近史所集刊（台北）》2013 年第 79 期。

[8]　Andrew Mertha, *Brothers in Arms: Chinese Aid to the Khmer Rouge, 1975-1979*（Ithaca and London: Cornell University Press, 2014），p. 3.

[9]　冯一鸣：《"革命"与"中立"之间：中国对老挝初期政策探析——以第二次日内瓦会议筹备阶段为核心的考察》，《冷战国际史研究》2016 年第 1 期，第 156 页。

关于中缅关系，日本关西学院大学的三宅康之致力于解答为何中缅两国未能迅速建交的原因，他认为一是由于"中方的反应比预想的冷淡"；二是"人民解放军未立刻进入边境，缅方尽快建交的意愿没有之前那么高了"。① 梁志关注的是1949年至1955年中缅关系的停滞与改善。② 齐鹏飞和张明霞将中缅边界谈判定位成"新中国成立以来以和平共处五项原则和睦邻政策为基础"的首个成功样板。③

关于中国与印度尼西亚、马来西亚的关系，张小欣侧重考察了中国与印尼建交过程中的荷兰因素。④ 三宅康之探讨了中印尼建交的后续发展。⑤ 马来西亚国民大学的理查德·梅森（Richard Mason）和高艳杰探讨了1950年前期美印尼关系中的中国因素。⑥ 南洋理工大学周陶沫分析了1959年至1962年中国对印尼政策的形成和发展，指出在美苏趋于缓和的国际背景下，中国以防守的姿态等待印尼国内局势和外交政策向有利于自身方向转变，并在克服民族主义情绪等条件下实现了同印尼关系的缓和，表明中国对印尼政策实际遵循着务实的态度。⑦ 周陶沫还对1960年至1965年中印尼关系展开论述，将此时两国关系称作一种"矛盾的准联盟"。⑧ 李一平和曾雨棱论述了1958年至1965年中国对印尼的援助。⑨ 马来亚中国研究所

---

① 三宅康之：《论缅甸联邦共和国与中华人民共和国的建交过程》，邵天泽译，《冷战国际史研究》2018年第1期，第51页。

② 梁志：《一九四九年至一九五三年的中缅关系再探讨》，《中共党史研究》2016年第5期；梁志：《走向和平共处：中缅关系的改善及其影响（1953—1955）》，《中共党史研究》2018年第11期。

③ 齐鹏飞、张明霞：《中缅边界谈判的历程及其基本经验》，《中共党史研究》2012年第1期，第55页。

④ 张小欣：《论中国与印度尼西亚建交》，《当代中国史研究》2011年第1期。

⑤ 三宅康之：《建国初期中国与第三世界外交：以和印尼建交外交为事例》，宋玉梅译，《近现代国际关系史研究》2014年第1期。

⑥ 理查德·梅森、高艳杰：《冷战初期美国与印尼关系中的中国因素分析》，《中共党史研究》2012年第9期。

⑦ 周陶沫：《华侨问题的政治漩涡：解析1959—1962年中国对印度尼西亚政策》，《冷战国际史研究》2010年第1期。

⑧ Taomo Zhou, "Ambivalent Alliance: Chinese Policy towards Indonesia, 1960-1965," *The China Quarterly*, No. 221 (March 2015).

⑨ 李一平、曾雨棱：《1958—1965年中国对印尼的援助》，《南洋问题研究》2012年第3期。

的贺艳青关注的是 1955 年华玲和谈与中国对马外交政策的形成。[①] 加拿大多伦多大学的克里斯·钟（Chris P. C. Chung）考察了中华民国和中华人民共和国对南海的断续线主张的形成过程。[②] 郭渊关注的是台湾当局与菲律宾、南越关于南海主权问题的交涉。[③]

（七）中国与南亚国家关系

中国与南亚的关系，尤其是中国同印度的关系，是学界关注的热点问题之一。刘磊和朱广亮分别探讨了 1954 年中印西藏协定的签订与期满谈判。[④] 戴超武考察了中印边界问题、藏印贸易问题、西藏币制改革问题，并将中印两国关系变化的实质解释成中印之间"不对等"的政治及经济关系的改变。[⑤] 李向前论述了 1962 年中印边界自卫反击战中中国的决策。[⑥] 沈志华则认为中印边境战争与中国一再表现出来的"宽宏大量"不无关系。[⑦] 陈力考察了 1962 年锡兰倡议组织六国会议与中国的关系。[⑧] 意大利都灵国际事务所的索尼娅·科尔代罗（Sonia Cordera）则从印度视角回顾印度在 1962 年败给中国后，为夺回南亚霸主地位的一系列举措，认为其间

---

① 贺艳青：《华玲和谈的实现与中国和平共处外交政策的形成与实施》，《冷战国际史研究》2017 年第 2 期。

② Chris P. C. Chung, "Drawing the U-Shaped Line: China's Claim in the South China Sea, 1946-1974," *Modern China*, No. 1（January 2016）.

③ 郭渊：《20 世纪 50 年代台湾当局与菲（南）越交涉及对南海权益的维护》，《近现代国际关系史研究》2016 年第 2 期。

④ 刘磊：《1954 年中印西藏协定与建国初期中国对印度政策》，《冷战国际史研究》2013 年第 1 期；朱广亮：《中印两国关于 1954 年"中印协定"期满失效问题的外交交涉》，《党史研究与教学》2012 年第 1 期。

⑤ 戴超武：《印度对西藏地方的贸易管制和禁运与中国的反应和政策（1950—1962）上》，《中共党史研究》2013 年第 6 期；戴超武：《印度对西藏地方的贸易管制和禁运与中国的反应和政策（1950—1962）下》，《中共党史研究》2013 年第 7 期；戴超武：《中国和印度有关地图边界画法的交涉及其意义（1950—1962）》，《中共党史研究》2017 年第 5 期；戴超武：《中国对印度占领"麦克马洪线"以南地区的反应及其意义（1951—1954）》，《中共党史研究》2014 年第 12 期。

⑥ 李向前：《从领土主权之重看一九六二年中印边界反击作战决策》，《中共党史研究》2012 年第 5 期。

⑦ 沈志华：《事与愿违：冷战时期中国处理边界纠纷的结果》，《二十一世纪》2014 年第 4 期。

⑧ 陈力：《中国对一九六二年科伦坡六国会议的因应》，《中共党史研究》2018 年第 8 期。

接地塑造了巴基斯坦、孟加拉国、尼泊尔以及不丹各异的政治生态和对华关系。① 此外，澳大利亚国立大学的安德鲁·肯尼迪（Andrew Kennedy）将毛泽东与尼赫鲁的国际理想作了类型化分析。②

此外，学界也有一些关注中国同巴基斯坦、尼泊尔的外交史研究。韩晓青关注的是 20 世纪 60 年代中巴关系的发展。③ 成晓河考察了 1965 年第二次印巴战争后，巴基斯坦改变"亲中疏美"的原因。④ 周振考察了中国对对尼泊尔的援助。⑤ 穆阿妮关注的是中尼边界谈判中的"珠峰"问题。⑥

（八）中国与西欧国家、加拿大关系

近年来，学界对中国与西欧国家和加拿大的政治关系研究主要集中于建交问题。徐友珍考察了 1950 年至 1954 年中英建交谈判与代办级关系的建立。⑦ 伦敦大学的麦志坤（Chi-Kwan Mark）考察了中英关系与中美关系正常化的交织影响关系。⑧ 香港问题也是中英外交史研究的重心，许多香港学者对 1967 年香港"六七事变"前后中英关系的变化，以及"文化大

① 索尼亚·科尔代罗：《印中对抗：新德里的视角（1960—1970）》，蔺晓林译，《冷战国际史研究》2017 年第 1 期。

② Andrew Bingham Kennedy, *The International Ambitions of Mao and Nehru: National Efficacy Beliefs and the Making of Foreign Policy* (Cambridge and NY: Cambridge University Press, 2012), p. 5.

③ 韩晓青：《周恩来对二十世纪六十年代初期中巴关系根本改善的奠基性贡献》，《中共党史研究》2011 年第 9 期。

④ 成晓河：《第二次印巴战争中中国对巴基斯坦的支援》，《外交评论（外交学院学报）》2012 年第 3 期。

⑤ 周振：《20 世纪 50—60 年代新中国对尼泊尔援助问题探究》，《当代中国史研究》2017 年第 5 期。

⑥ 穆阿妮：《刍议中尼边界谈判中的焦点——"珠峰"问题的处理》，《党史研究与教学》2013 年第 1 期。

⑦ 徐友珍：《走向代办级关系：1950—1954 年的中英建交谈判》，《近现代国际关系史研究》2014 年第 1 期。

⑧ Chi-Kwan Mark, "Waiting for the Dust to Settle: Anglo-Chinese Normalization and Nixon's Historic Trip to China, 1971-1972," *Diplomatic History*, Volume 39, Issue 5 (November 2015).

革命"对香港带来的影响进行了研究。[1]

周磊考察了 1954 年日内瓦会议后法国对华关系的改善。[2] 高嘉懿考察了 1955 年至 1957 年中法围绕商务代表问题的交涉，指出中国此时已有"两个中间地带"战略的雏形。[3] 姚百慧将 1963 年法国前总理富尔访华之行视作中国为在"第二中间地带"取得突破的重要措施。[4] 翟强认为中法建交的原因在于"中法两国联手挑战美苏在世界事务中的主导地位"。[5] 高嘉懿还关注了法国国内对中法建交的态度，以及中国（中共）–法共–法国三者间的互动关系。[6]

意大利帕多瓦大学的卡拉·梅内古齐·罗斯塔尼（Carla Meneguzzi Rostagni）考察了中意关系正常化的过程。[7] 意大利威尼斯大学的圭多·萨马拉尼（Guido Samarani）和意大利博罗尼亚大学的索菲娅·格拉齐亚尼（Sofia Graziani）论述了 1949 年至 1956 年意大利共产党同中共的关系。[8] 英国学者马丁·阿尔伯思（Martin Albers）同时关注了英国、法国和联邦德国与中国关系正常化的历史，并比较了这三个国家与中国恢复关系时的

---

① 所谓"六七事变"，是指 1967 年 5 月 6 日香港新蒲岗一家塑料人造花厂发生劳资纠纷，港英当局为控制局势，出动警察逮捕了纠察工人。至 5 月 14 日，港英当局已逮捕了 400 多名各界人士，引发香港大规模群众暴力冲突。余汝信：《香港，1967》，天地图书有限公司，2012；张家伟：《六七暴动：香港战后历史分水岭》，香港大学出版社，2012；程翔：《香港六七暴动始末——解读吴荻舟》，牛津大学出版社，2018。

② 周磊：《1954 年法国改善对华关系述评》，《冷战国际史研究》2013 年第 2 期。

③ 高嘉懿：《一九五五年至一九五七年中法围绕商务代表问题的外交互动探析》，《中共党史研究》2017 年第 8 期，第 51 页。

④ 姚百慧：《中国对法政策调整与富尔一九六三年中国之行》，《中共党史研究》2014 年第 5 期。

⑤ 翟强：《从隔阂到建交：一九四九年至一九六四年的中法关系》，《中共党史研究》2012 年第 8 期。

⑥ 高嘉懿：《直面红色中国——法国国内对中法建交的态度》，《冷战国际史研究》2015 年第 1 期；高嘉懿：《党际关系与国家关系的张力——冷战时期党际交往在中法关系中的作用》，《外交评论（外交学院学报）》2017 年第 1 期。

⑦ Carla Meneguzzi Rostagni, "The China Question in Italian Foreign Policy," *Modern Asian Studies* (December 2016).

⑧ 圭多·萨马拉尼、索菲娅·格拉齐亚尼：《意大利共产党与中华人民共和国：政治联系与交流（1949—1965）》，梁志译，《冷战国际史研究》2015 年第 1 期。

各自特点以及中国的不同应对。① 此外，李庆成将视野放在台湾当局对中加建交的因应。②

（九）中国与东欧国家、南斯拉夫关系

近年来，学界对中国与东欧国家（民主德国、波兰、捷克斯洛伐克、匈牙利、保加利亚、罗马尼亚、阿尔巴尼亚）和南斯拉夫关系的研究也有一定的进展。葛君考察了民主德国对 1959 年中印边界冲突的立场。③ 童欣和陈弢分别考证了 1961 年贺龙访问民主德国、1961 年民主德国统一社会党中央政治局委员马特恩访华的真实样貌。④ 陈弢还探讨了中共群众路线的经验在民主德国的实施情况。⑤ 关于当代中波关系，美国阿拉巴马州特洛伊大学的玛格丽特·K. 郭什卡进行了基本梳理。⑥ 李丹慧考察了 20 世纪 60 年代中国对苏联与东欧的政策。⑦ 牛军关注了 20 世纪 70 年代末到 80 年代中期中国对东欧五国政策的演变，指出其经历了从"狐狸"变成朋友的过程。⑧ 王俊逸论述了 20 世纪 80 年代后期中国与东欧国家关系从和解

---

① Martin Albers, "All Paths Leading to Beijing: Western Europe and Détente in East Asia, 1969-1972," *The International History Review*, No. 2（2015）.

② 李庆成：《台湾当局对加拿大与新中国建交的态度及因应》，《中共党史研究》2018 年第 5 期。

③ 葛君：《民主德国对 1959 年中印边界冲突的立场及其演变》，《冷战国际史研究》2014 年第 1 期。

④ 童欣：《1961 年贺龙访民主德国——两国关系恶化中的关键一环》，《冷战国际史研究》2014 年第 1 期；陈弢：《一九六一年中德苏关系变化背景下的马特恩访华》，《中共党史研究》2017 年第 4 期。

⑤ 陈弢：《苏共二十大后德国统社党对中共经验的引进——群众路线在民主德国研究之一》，《冷战国际史研究》2016 年第 1 期；陈弢：《中共经验在民主德国的终结与中德关系的恶化——群众路线在民主德国研究之二》，《冷战国际史研究》2016 年第 2 期。

⑥ 玛格丽特·K. 郭什卡：《1949—1986 年中苏互动下的波中关系》，黄茗莎译，《冷战国际史研究》2011 年第 2 期。

⑦ 李丹慧：《分朋引类：中国分化苏联东欧集团再探讨（1964—1965）》，《冷战国际史研究》2016 年第 2 期。

⑧ 牛军：《从"狐狸"到朋友：1980 年代中国对"东欧五国"政策》，《外交评论（外交学院学报）》2013 年第 5 期。

到疏远的过程。① 项佐涛和向康祺考察了中南关系正常化的历史。②

（十）中国与非洲国家关系

关于当代中非关系，近年来学界关注的重心在于中国与非洲国家的建交问题、中国对非洲的援助问题及其评价。孟瑾、李潜虞、姜璐和舒展各自考察了中国与几内亚、阿尔及利亚、南亚的建交过程。③ 张浚指出中国对非援助的性质不同于新/老殖民主义，不为援助附加任何条件即为其中之一。④ 美国加州州立大学圣贝纳迪诺分校的多诺万·C.周（Donovan C. Chau）的专著《开发非洲》探讨了 20 世纪 50—70 年代中国对阿尔及利亚、加纳和坦桑尼亚的政策，指出中国人在抵达非洲时没有大张旗鼓，而是选择了更务实而非革命的积极行动，同时中国巧妙地利用其有限的外交、情报和经济手段以在非洲大陆获得持久影响。⑤ 蒋华杰的博士论文系统考察了中国对非援助政策的形成及其演变，指出中国对非援助不仅是执行反帝反修统一战线的政策工具，还具备了输出自身社会经济发展道路的特征。⑥ 美国卡尔顿大学的孟洁梅（Jamie Monson）集中关注了坦桑铁路，指出其在反帝国主义、现代化和教育三个维度推动了坦桑尼亚的国家建

① 王俊逸：《从和解到疏远——1980 年代后期的中国与东欧国家关系》，邱浴日译，《冷战国际史研究》2012 年第 1 期，第 28 页。
② 项佐涛、向康祺：《中南关系正常化的过程——基于南斯拉夫解密档案的分析》，《国际政治研究》2021 年第 2 期。
③ 孟瑾：《1959 年中国与几内亚建交历程述略》，《当代中国史研究》2020 年第 4 期；李潜虞：《试论阿尔及利亚争取民族独立斗争期间的中阿关系（1958—1962）》，《冷战国际史研究》2012 年第 2 期；姜璐、舒展：《中国与南非建交始末》，《国际政治研究》2018 年第 3 期。
④ 张浚：《不附加条件的援助：中国对非援助政策的形成》，《外交评论（外交学院学报）》2010 年第 5 期。
⑤ Donovan C. Chau, *Exploiting Africa*: *The Influence of Maoist China in Algeria, Ghana, and Tanzania*（Annapolis, Maryland: Naval Institute Press, 2014）.
⑥ 蒋华杰：《冷战时期中国对非洲国家的援助研究（1960—1978）》，博士学位论文，华东师范大学，2014，第 229 页。

设。① 姚昱考察了美国对中国援非的认知及美国对非政策的变化。②

（十一）中国与国际组织关系

第二次世界大战后，国际秩序开启了重建的进程，中国亦较积极地参与其中。而随着中国内战的进行与冷战格局的确立，新中国政府与台湾当局如何在国际组织中展开激烈的竞争与某种意义上的"合作"，是以全球史视角考察中国当代外交的重要议题。近年来，两岸以及海外学界对此展开了一系列尝试，成果斐然。学界最为关注的国际组织便是联合国，存在两个热点话题，分别是联合国与朝鲜战争、安理会常任理事国席位问题，沈志华、侯中军、台湾辅仁大学的萧道中、华侨大学的刘奕伶、台北"国史馆"的王正华等学者对此进行了若干讨论。③ 当然，联合国在教育、文化、难民、生态等领域还下设有若干国际组织，牛津大学的戈登·巴雷特（Gordon Barrett）考察了新中国与台湾当局关于联合国教科文组织的竞争关系，指出新中国对教科文组织表现出了意识形态和实用主义的混合。④ 美国马里兰大学巴尔的摩分校的欧扬·梅雷迪斯（Oyen Meredith）探讨了新中国和台湾当局如何通过联合国国际难民组织实现东南亚华侨的遣返，从而塑造海外华人对于"中国"的认同。⑤ 台湾政治大学的陈冠任论述了

---

① 蒙洁梅：《赶在时间的前面：坦赞铁路修建期间的施工和现代化问题》，全克林译，《冷战国际史研究》2010 年第 1 期。

② 姚昱：《中国对非洲的发展援助：美国政府的认知与反应（1960—1987）》，《中共党史研究》2018 年第 7 期。

③ 沈志华：《试论 1951 年初中国拒绝联合国停火议案的决策》，《外交评论（外交学院学报）》2010 年第 4 期；侯中军：《新中国控诉美国侵台背景下的台湾地位问题再探——以国民党当局的应对为中心》，《中共党史研究》2011 年第 11 期；萧道中：《联合国中的交锋：1950 年中国控诉美国侵台湾案研究》，《台湾师大历史学报》2016 年；萧道中：《新中国外交初体验——1950 年伍修权的纽约联合国之行》，《台大历史学报》2017 年；刘奕伶：《论台湾与 1966 年联合国"中国代表权"之"研究委员会案"》，《冷战国际史研究》2016 年第 2 期；王正华：《蒋介石与 1971 年联合国中国代表权问题》，《"国史馆"馆刊》2010 年。

④ Gordon Barrett, "Between Sovereignty and Legitimacy: China and UNESCO, 1946–1953," *Modern Asian Studies* (June 2019).

⑤ Oyen Meredith, "The Right of Return: Chinese Displaced Persons and the International Refugee Organization, 1947–1956," *Modern Asian Studies* (2015).

台湾当局在联合国国际海洋法会议上争取"领海范围"和"捕鱼界限"方面利益的外交实践。[①] 王茜考察了新中国在 1972 年斯德哥尔摩联合国人类环境会议上的首次生态外交。[②] 马奇关注的是新中国在 1973 年联合国粮食及农业组织的席位恢复前的农业外交。[③] 詹欣叙述了改革开放以来中国参与核不扩散机制的进程。[④] 体育领域的国际组织及其重大赛事亦是全球史的重要组成部分，台湾"中研院"近史所的张启雄集中关注于台湾当局在 1968 年墨西哥奥运会上的"正名"交涉。[⑤] 中国在地区性国际组织中的外交实践也得到了学界的一定关注，如李潜虞考察了新中国对于四届亚非人民团结大会、亚非经济会议和亚非经济合作组织的外交政策。[⑥]

（十二）外交史研究的"文化转向"

政治外交史研究致力于探索那些笼罩着神秘面纱的外交要事、领袖决策与秘密谈判。随着历史学科整体的"文化转向"趋势，外交史研究也深受其影响。社会主义国家如何与资本主义国家或另一个社会主义国家"做生意"，是一个具有戏剧张力的外交论题，两国的商人、企业与政府官员之间的心态、行为，最终塑造了它们在冷战时期的经贸关系。意大利威尼斯大学的罗伯特·佩鲁齐（Roberto Peruzzi）探讨了中英两国的金融和经贸关系。[⑦] 英国格拉斯哥大学的安吉拉·罗曼诺（Angela Romano）指出，法

---

① 陈冠任：《"中华民国"与联合国国际海洋法会议（1958—1971）》，《冷战国际史研究》2013 年第 1 期。

② 王茜：《中国生态外交实践的序幕：历史回顾与影响——以 1972 年联合国人类环境会议为视点》，《党史研究与教学》2012 年第 6 期。

③ 马奇：《中国农业对外交往与合作（1949—1974）》，《国际政治研究》2010 年第 2 期。

④ 詹欣：《中国与国际核不扩散机制（1978—1992）》，《中共党史研究》2018 年第 6 期。

⑤ 张启雄：《中华民国与国际奥委会的法理主张——墨西哥奥运会的正名交涉》，《"中研院"近史所集刊》2011 年第 73 期。

⑥ 李潜虞：《中国对亚非人民团结大会的政策（1957—1965）》，《外交评论（外交学院学报）》2012 年第 4 期；李潜虞：《从团结反帝到两面开弓——试论中国对亚非经济会议和亚非经济合作组织的政策（1958—1966）》，《近现代国际关系史研究》2014 年第 1 期。

⑦ Roberto Peruzzi, "Leading the Way: The United Kingdom's Financial and Trade Relations with Socialist China, 1949-1966," *Modern Asian Studies* (December 2016).

国曾利用商业外交作为打开与中国关系的渠道。① 意大利-德国历史研究所的吉奥瓦尼·贝尔纳迪尼（Giovanni Bernardini）探讨了西德与中国的贸易关系是如何避开西德政府严格的"不承认"政策，以及德国东部经济委员会在其中所扮演的角色。② 美国威尔逊中心的叶柯铭（Charles Kraus）论述了可口可乐与中国改革开放的关系。学界此前认为，中美之间的政治关系与经贸关系呈现亦步亦趋的特点，然而作者从两个角度进行挑战：一是该理论低估了美国商人和中国中层官员的积极性；二是过于看重中美建交，忽视了中国从高度集中的社会主义经济进行转型的争议性和脆弱性。叶柯铭称，可口可乐是一种名牌"快餐"，采用了先进的生产制造技术并面向大众消费者。它作为美国社会和文化的延伸，对中国的经济体系、国内政治、外交关系、文化观念和公共卫生产生了深远的影响，"至少在中国改革开放初期，可口可乐肯定不仅仅是一种软饮料"。③

政治和外交不仅限于政治精英的圈层之中，它们对普通大众的生活轨迹也产生了影响。美国普林斯顿大学的戴博拉·卡普尔（Deborah Kaple）从在华苏联专家经历的视角回顾了 1949 年至 1960 年中苏关系的变化。④ 谷继坤从河北清苑县赴苏援建工人的"普通人的命运"着眼，指出尽管中国工人不仅吃苦耐劳，又和当地居民结下了深厚友谊，但因裹挟在中苏关系恶化的进程中，只得"被动"撤回国内。⑤ 美国哈佛大学的马薏莉（Elizabeth McGuire）对中国留苏学生报以关注，指出中苏分裂后留学生计划仍在进行，只不过"已经变为训练语言人才的项目，以保证两国间的争论能顺

① Angela Romano, "Waiting for de Gaulle: France's Ten-Year Warm-Up to Recognizing the People's Republic of China," *Modern Asian Studies* (December 2016).

② Giovanni Bernardini, "Principled Pragmatism: The Eastern Committee of German Economy and West German-Chinese Relations during the Early Cold War, 1949-1958," *Modern Asian Studies* (December 2016).

③ Charles Kraus, "More than Just a Soft Drink: Coca-Cola and China's Early Reform and Opening," *Diplomatic History*, Volume 43, Issue 1 (January 2019), pp. 107-129.

④ Deborah Kaple, "Agents of Change: Soviet Advises and High Stalinist Management in China, 1949-1960," *Journal of Cold War Studies*, No. 1 (2016).

⑤ 谷继坤：《对河北省清苑县工人"赴苏援建"问题的历史考察（之二）》，《冷战国际史研究》2018 年第 2 期。

利进行"。① 接收外国技术人员前来本国生产部门进行实习，即培训外国实习生，是冷战时期社会主义国家彼此间经济技术合作的一种重要形式。董洁与梁志分别叙述了在京朝鲜实习生和在沪朝鲜实习生各自的实习情形。② 童欣考证了 1961 年贺龙访问民主德国一事，这项研究加深了学界对下层外交人员所发挥作用的印象。③ 意大利威尼斯大学的劳拉·德·乔尔吉（Laura De Giorgi）关注了 1955 年至 1957 年意大利文艺工作者的中国之行，强调文艺可以成为管窥中意知识分子在意识形态的冲突和调和的重要方面。④ 荷兰拉德堡德大学的塔姆·恩戈（Tam T. T. Ngo）关注的是中越边境城市老街（Lao Cai）的"记忆动态"与"宗教民族主义"。恩戈指出，老街的居民仍保存着大量的战争记忆，但因越南政府禁止任何关于该战争的纪念活动，老街居民因此创造了一种宗教方式（祭拜命运之神庙与命运女神庙）处理战争记忆，以逃避国家的控制。⑤ 新加坡国立大学的龚建文（Kung Chien Wen）勾勒出在菲华人在充斥着仇华和反共的社会氛围下，如何以"反共"之名来适应后殖民时代的菲律宾社会。⑥

三、结语

从数量而言，近年来，中国当代外交史研究成果较为丰富，马克思主

① 马蕙莉：《两个革命之间：在苏联的中国留学生（1948—1966）》，刘文楠译，《国际冷战史研究》2010 年第 2 期。

② 董洁：《对在京朝鲜实习生的历史考察：基本状况及政策变化》，《华东师范大学学报（哲学社会科学版）》2011 年第 6 期。梁志：《作为政治任务的技术培训——以在沪朝鲜实习生为例（1953—1959）》，《党史研究与教学》2016 年第 3 期。

③ 童欣：《1961 年贺龙访民主德国——两国关系恶化中的关键一环》，《冷战国际史研究》2014 年第 1 期。

④ Laura De Giorgi, "Chinese Brush, Western Canvas: The Travels of Italian Artists and Writers, and the Making of China's International Cultural Identity in the Mid - 1950s," *Modern Asian Studies* (December 2016), pp. 192-193.

⑤ Tam T. T. Ngo, "Dynamics of Memory and Religious Nationalism in a Sino-Vietnamese Border Town," *Modern Asian Studies* (September 2019), pp. 825-827.

⑥ Kung Chien Wen, "In the Name of Anticommunism: Chinese Practices of Ideological Accommodation in the Early Cold War Philippines," *Modern Asian Studies* (May 2019).

义理论、国际政治学、冷战国际史、中国当代史等不同学科均有成果出现。

就通史研究来看，国际政治学论著较多，尤重古今之流变及对今日之启示，从历史学角度书写的学术论著则较少，这与当今历史学界的专门化研究趋势不无关系。近年来学界关于中国当代外交通史撰写的核心线索和历史分期，几乎与 20 世纪末无异，即以外交战略的变化作为分期标准，得出"三阶段论"：以和平共处为特征的新中国初期外交、以极"左"为特征的"文革"外交、以独立自主为特征的"新时代"外交。另外，近年来中国当代外交通史延续了以民族主义外交为核心的论述模式，启示多于反思。杨奎松曾提出，新中国外交实际上也具备"以阶级斗争思维为特质的革命外交"模式，它诞生于中国近代以来的阶级革命，因其具有强大的惯性，会不可避免地与现代外交发生扞格与冲突。他提倡从"革命外交"的另一思路，重新思考和审视中国当代外交史。①

就专题研究而言，一直以来，在中国当代外交史研究中，国与国之间的政治关系始终是最受关注的问题。政治关系领域的外交研究，可以大致分为双边关系、多边关系、国家与国际组织的关系三个类别。近年来，双边关系研究仍是主流，其中尤以中国同美国、苏联的关系为重。在三边乃至多边关系方面，实际上也是以中国、美国、苏联之间的关系为讨论中心，不过还是有进一步的拓展，如朝鲜、蒙古、日本、印度、越南、印度尼西亚、西欧国家、东欧国家、非洲国家等。至于中国与国际组织的关系问题，研究基础则相对薄弱，但亦逐渐得到学界的关注。

政治关系研究理应在外交史研究中占有一席之地。政治关系是中外关系的基石，如若缺乏基本架构，外交史很难进一步得到延伸。因此，相比于中、苏、美"三角关系"，学界更应关注到那些研究基础薄弱的相关领域，进行开疆拓土。当然，如若能对既有的中、苏、美关系研究有所突破，不重复固有论点，则其学术价值仍值得重视。

---

① 杨奎松：《新中国的革命外交思想与实践》，《史学月刊》2010 年第 2 期。

　　政治外交关系研究并不等于平铺直叙、堆砌档案史料或领导人言论。跨学科的理论阐释、政治与外交的交织互动、全球化的学术视野，应是中国当代外交史研究的努力方向。否则长此以往，尽管不同学科围绕中国当代外交史的研究硕果累累，然而相互之间缺乏了解与讨论，基本是各说各话，而学术视野的保守和闭塞不利于学术研究的蓬勃发展。近年来，国际政治学的理论模型开始多次出现在中国当代政治外交史的研究之中。不过，相比于跨学科的理论引用，真正创设一个逻辑自洽，进而能有足够广泛应用的外交史理论，对学界而言更为艰难，但其贡献也因此而增加。沈志华和李丹慧近年提出关于中苏关系破裂的一种新的解释模式"结构失衡论"，并把它从中苏关系扩展到冷战时代社会主义阵营的内部关系，这无疑是一项突破。

　　内政与外交的关系，为人熟知的观点是"内政影响外交"，然而其具体如何影响则需要学者细心考证与分析。正如伦敦政治经济学院的米尔伍德所指出的，内政与外交的影响应是双向交叉互动的，不能仅将其视作简单的单向线性结构。另外，内政不仅仅指代中央政府这一高级别的政治，地方政治也是一个思考角度。再有，内政也可划分为国家政治和政党政治，新中国与资本主义国家的关系并不一定是双边关系，实际存在着中国（中共）-资本主义国家共产党-资本主义国家执政党之间错综复杂的三角关系。

　　随着整个历史学的"文化转向"与视野下移，中国当代外交史研究也开始朝着这一新取向不断探索前行。具体体现在：外交史研究开始关注与政治关系互为因果的经贸和文艺交往，和外交最高决策者身后的低级外交工作者，以及各类受政治外交影响的海内外普通群众，包括西方商人、企业，中国的经济官员，苏联的援华专家，日本的技术专家，中国的援外者、旅居者、记者团、文艺交流团、留苏学生，来华外国实习生、跨境民族、边境居民、外国华侨、中国的下层外交工作者等。

　　除了双边和多边，以全球化的眼光观察中国对外关系史，亦是亟须开拓的领域。在第二次世界大战以后，中华民国与中华人民共和国都致力于参与新的国际秩序的确立。新中国成立后，新中国与台湾当局之间在联合国安理会、教科文组织、国际难民组织以及国际奥委会等若干领域的国际组织中，展开了一系列的斗争与"一个中国"问题上的"合作"，而各自背后又矗立着两大阵营以及更为宽阔的"第三世界国家"。从某种意义上而言，中国当代外交史也是一种全球史。

档案译介

法国与原子外交：
法文档案选译（一）[*]

刘京、沈练斌、吕军燕、李梦磊等^{**}编译

[编者按] "原子外交"一词，由美国历史学家阿尔佩罗维茨 1965 年提出。在他看来，原子弹对美国外交政策的制定起了重要作用，它决定了杜鲁门政府在欧洲对苏联推行强硬政策，同样影响了美国在远东的外交决策。今天我们显然不能再把"原子外交"局限于杜鲁门时期的美国外交。在原子时代，无论大国还是小国，都尝试利用核能，既有和平的，也有军事的，自然也需要为此展开外交活动。本辑档案正是在更广泛意义上使用"原子外交"一词，它们所讨论的是法国围绕原子能所作的外交努力。如本辑所展示的，这种努力还包括多种实践，如美国对法核援助、禁止核试验谈判、联大关于法国核试验的辩论、中欧无核区、法国对以色列核援助等。本辑的主旨是为学界研究法国原子外交提供一些资料，以期推动对战后法国外交史的研究。

---

* 国家社科基金青年项目"国际核不扩散机制起源研究（1944—1952）"（19CSS035）的阶段性成果。

** 刘京，河北师范大学副教授，历史学博士，研究方向为现代国际关系史；沈练斌，天津师范大学讲师；吕军燕，山东青年政治学院副教授；李梦磊，首都经济贸易大学助教。参与本组档案编译工作的还有施卜玮、谭书宇。

19590318, FD000013

阿尔方致德姆维尔电（第 1510—1514 号）①

（1959 年 3 月 18 日）

参阅您的第 3082 号电报②。

如同外交部所知道的，美国国会联席委员会的态度从来没有真正地支持过法美间有军事特征的原子能合作。我们是在去年有关原子能立法修改的国会辩论中察觉到这一点的。我已经提请外交部注意有关武器生产的所有合作的"实质性进展"概念的后果，并且我向他（美国副国务卿赫脱）强调了克林顿·安德森（Clinton Anderson）参议员为了在海军核动力领域扩展这种概念所作出的努力（我的第 3521—3527 号电报③以及第 3672—3677 号电报④）。

幸亏政府的干预，国会在 1958 年 6 月并未通过由安德森参议员提出的在这一方向上的修正案。但是安德森参议员现在是联席委员会的主席。政府向他通报了法美间进行的谈判，也举行了一些听证会，都是保密的，我们无法知道都说了什么。

但是我们知道，如果说在秘密会议中某些联席委员会的成员表达了一些保留观点，但是这些保留没有动摇政府的决心，即信守去年 7 月杜勒斯

---

① 文献来源：*DDF*, 1959, Tome 1, pp. 373 - 375。阿尔方（Hervé Alphand），法国驻美大使；德姆维尔（Couve de Murville），法国外长。

② 3 月 17 日电报，未收录。这封电报提及了在国会原子能委员会中对于法美政府间进行的有关提供潜水艇核反应堆的谈判可能会出现某种反对的声音。法国政府想知道，尽管美方予以否认，引发有关上述反对声音的讨论的话语是否确实说过。——原编译者注

③ 1958 年 6 月 25 日的电报，未收录。该电报详细叙述了阿尔方先生与时任副国务卿赫脱先生的谈话。大使表达了法国对下列事项的忧虑：通过安德森先生提出的修正案以及最近国会辩论中由原子能联席委员会给出的对于"实质性进展"字样的限制性解释所表现出的重要性，该字样作为产品转移或者用于原子武器制造的情报交流的条件写入了新的立法中。法国正刚刚投入到原子武器制造中，在由戴高乐将军领导的法国政府正准备将法国变成大西洋联盟中越来越重要的合作伙伴时，在该领域中对于法美合作的任何限制都是"不合理的"。——原编译者注

④ 1958 年 6 月 30 日的电报，未收录。该电报分析了国会十位成员举行的会议的报告。该报告在原子能委员会和国防部的代表的出席下完成，主要内容是有关安德森先生提出的并于 6 月 23 日在参议院通过的修正案。——原编译者注

先生向共和国总统先生作出的向法国提供一台用于潜水艇的核反应堆的承诺。[①] 在 1 月底和接下来的几周里的谈判中，国务院对此已经给我作出了一些保证（请参照：转发给外交部的被记录在 1 月 31 日的第 329/SGL 号、2 月 6 日的第 381 号以及 2 月 13 日的第 449 号中的与谈判相关的文件[②]）。

在我们有关地中海舰队的决定宣布之前，这就是当时的情况。从那时起（我的第 1353—1363 号电报[③]），赫脱先生和麦钱特先生让我知道了政府应该为自己规定一个有关目前进行的谈判的等待时期，以免原子能委员会和国会联席委员会将向法国交付一台核反应堆和我们舰队的地位这两个问题关联起来。

赫脱先生和麦钱特先生十分担心的事情好像已经出现了。詹姆斯·雷斯顿（James Reston）先生 3 月 15 日在《纽约时报》发表了那份快讯[④]后，我向他提出了质问。他告诉我，几天前他见到了克林顿·安德森参议员，他是从安德森那里得到的他之前发布的消息的。另外，我完全有理由相信詹姆斯·雷斯顿的文章让塞勒（Celler）议员有了警觉，塞勒议员并没有得到委员会成员的特别机密指示。相反，我知道在前几天的电视采访中，担任联席委员会成员的华盛顿的杰克逊（Jackson）参议员以及并非联席委员会成员的曼斯菲尔德（Mansfield）参议员明确表示不太支持向法国交付一台反应堆。我还要补充一点，该委员会中的一些成员认为政府向法国政府作出承诺太超前了，他们也向我的合作伙伴们表达了这一感受。

从这些多方面的因素中我得出这样的结论：如果政府一直非常希望让我们满意，它的任务目前就显得更加有难度。不仅是从国务院方面来看，而且同时从海军部来看也确实如此。3 月 15 日我曾有机会同伯克（Burke）

---

① *DDF*, 1958, Tome Ⅱ, nᵒ 16-Ⅰ.——原编译者注

② *DDF* 未收录。

③ 3 月 11 日电报，见 *DDF*, 1959, Tome 1, 第 148 号文件。——原编译者注

④ 雷斯顿先生断言，国会的原子能委员会已经通告废除了杜勒斯先生向戴高乐将军作出的为法国提供一台核反应堆的承诺，拒绝向法国提供一台反应堆不仅遭到美国当局反对，也有可能引发法兰西共和国总统的抗议。国务院的发言人已经对这些消息进行了辟谣（3 月 16 日发自华盛顿的第 1460—1462 号电报，未收录）。——原编译者注

海军上将进行了对话。他告诉我他已经给国务院写了信，介绍了他对于法国政府最近对舰队方面所作的决定的看法，并且强调这样一个事实，即这个决定不应该对目前正在进行的谈判有任何影响。但是，他没有向我掩饰可能会遇到来自联席委员会的某些阻碍。

总之，就目前而言，委员会并没有对我们的协议方案官方地或私下地表明态度。

（沈练斌译，刘京校）

19590625，FD000177

德让致德姆维尔电（第 2322—2324 号）①
（1959 年 6 月 25 日）

佐林先生于 6 月 25 日，也就是今天下午向我递交了一份苏联政府打算于明天或后天发表的声明，这是有关在巴尔干和亚得里亚海地区建立一个无核区的声明。

外交部可用以下编号明确找到该文件的法文译本。②

同样的文本今天已经或即将递交给美国和英国大使以及意大利、土耳其和所有巴尔干国家的代表。

外交部副部长告诉我，该声明的第一部分，也就是标注日期为今天的部分，只是再次提出了赫鲁晓夫先生已经提出的建议。相应地，他提醒我要注意第二部分（从第九段开始），该部分提出了新意见。

苏联政府在声明中表达了这样的观点，这一无核区提议无差别地面向北约成员国，如同面向华约成员国一样。

此外，苏联政府提出要与其他大国一起确保这样的一个区域，他邀请

---

① 文献来源：DDF，1959，Tome Ⅰ，p.882。德让（Maurice Dejean），法国驻苏联大使。

② 希腊驻莫斯科大使帕帕斯（Pappas）先生已就赫鲁晓夫先生出访阿尔巴尼亚的计划向法国大使的合作伙伴作出以下告知，第一书记先生将利用此次在地拉那的机会，"在巴尔干地区建立无核区的战役中取得新的胜利"（发自莫斯科 5 月 22 日的第 1964—1966 号电报，未收录）。（关于这次出访，参见 DDF，1959，Tome Ⅰ，n°333。）——原编译者注

法国、美国和英国政府协助建立这一区域，并且有关该事项的协议一旦达成，苏联政府会邀请这些国家与苏联共同保证成员国的安全与独立。①

（施卜玮译，沈练斌校）

19590627，FD000178

德姆维尔致法国驻华盛顿、伦敦外交代表电②

（第 6883—6888 号、第 5883—5888 号）

（1959 年 6 月 27 日）

苏联提议要建立一个覆盖巴尔干和亚得里亚海地区的无核区，下文中我向你们通报一下外交部的初步意见。③

1. 这并非一项全新的建议。1957 年 11 月，罗马尼亚政府就曾提出要在巴尔干地区建立和平合作区，④ 但这一计划遭到了希腊和土耳其政府的反对。

赫鲁晓夫近期访问了阿尔巴尼亚，其间提出了苏联的新计划。该计划不仅覆盖巴尔干，还覆盖了亚得里亚海地区，即意大利。与此前罗马尼亚的设想不同，该计划旨在禁止在相关地区储存核武器和安装发射台。该计划最终包括四个大国的保障，既适用于协定本身，也适用于有关国家的安全与"独立"。对于在中欧建立一个无核区，该计划同拉帕茨基计划以及苏联提出的用于斯堪的纳维亚半岛的类似方案⑤有着很深的渊源，而这一方案在赫鲁晓夫先生访问斯堪的纳维亚地区时，苏联可能会重新提出。

2. 建立一个覆盖巴尔干地区和亚得里亚海区域的无核区的计划与那些

---

① 关于苏联在巴尔干地区建立无核区的宣言，请同时参照 DDF, 1959, Tome I, n°380。——原编译者注

② 文献来源：DDF, 1959, Tome I, pp. 892-893。该电报成文于 6 月 26 日，次日发出。

③ 6 月 26 日，塔斯社发布了苏联政府的正式声明，其主张在巴尔干半岛和亚得里亚海建立一个无核区。苏联宣布准备保障这一区域的安全，并邀请其他国家加入。参见 DDF, 1959, Tome I, n°374。——原编译者注

④ 指斯托卡（Stoïca）计划，参见 DDF, 1957, Tome II, n°221（note）。——原编译者注

⑤ DDF, 1957, Tome II, n°s 109, 127。

一贯反对这类计划的意见发生冲突。一些提议由于其区域性和局限性的特征，绝对不会使安全和核裁军的整体问题的解决取得进展，法国政府有过机会来表达反对这样的提议。事实上，由于这些提议没有建立起对位于该区域之外的大国的原子武器装备的控制，而这些武器装备才是真正的危险来源，这些提议并没有构成真正的裁减军备的措施。因此，这些提议无法切实保障这些在自己的领土上可能被禁止架设这些武器的国家的安全。因为缺少只有一份可控裁减军备的协议才能够提供的具体保证，一个地区所有部分的中立状态会导致这个地区的国家失去反击的能力，从而造成长期的不平衡局面，而给那些没有放弃这些能力的国家带来有利局面。四个大国仅提供纯粹的法律保障，只会对此保持危险的幻想。

因此，苏联的提议似乎无法被接受。

3. 这些看法在向英国外交部、美国国务院作阐述以请求这两国也给出其观点的同时，你们要说明，我们希望三国政府先与利益相关的北大西洋盟友，即与意大利、希腊和土耳其进行磋商，然后协调可能作出的回复。北约理事会可以在接下来的会议中审议此事。

（施卜玮译，沈练斌校）

19591213，FD000197

联合国和国际组织司关于联合国大会第十四届会议的报告①

（1959 年 9 月 15 日—12 月 13 日）

（摘录）②

法国在撒哈拉的核试验（第 68 点）

我们试图将关于法国在撒哈拉进行核试验的辩论与关于总体裁军问题的辩论结合起来，但并未取得成功。因为我们的对手们旨在将辩论引向独特的方向，并达成一项谴责我们意图的决议。然而，这样做的结果是，关

---

① 文献来源：*DDF*，1959，Tome Ⅱ，pp. 710—713。

② 文件未注明日期，但在 1959 年 12 月 13 日之后。——原编译者注

于撒哈拉爆炸的议题被安排在与裁军本身有关的其他议题之间进行审议。

然而，这场辩论的规模和持续时间正是它的支持者所希望的：这是一场反对法国在非洲存在的大规模宣传运动。必须承认，他们为此目的利用了一个最好的平台。大会在前几届会议上，不是像在第十四届会议上那样，几乎一致地希望看到核爆炸停止吗？美国、苏联和英国进行了大量的放射性试验却未面临指责，而无论以何种不公平的名义谴责法国，我们都只能发现自己完全被孤立了，特别是当这些大国参与日内瓦会谈的时候。

从那时起，"反殖民主义"的激情可以自由发泄，我们有时在会议上看到，在某些声明或决定的接待会上，会真正集体爆发对法国的仇恨，这远远不足以解释人们的担忧，他们的恐惧很容易被激起和煽动。无论如何，他们几乎没有留下余地去理解法国代表的出色论证，用来确定爆炸的性质、采取的预防措施和到任何居住区的距离的这些措施都避免了对邻近地区的任何危险。

摩洛哥代表首先作为发起讨论国家的代表发言，[1] 在指出试验将在"有争议的地区"进行之后，他试图说明这些试验将给该地区和邻国人民带来危险，而我们所采取的预防措施并不能真正给予保障。他总结说，出于威望的原因，法国将承担"将毁灭性的炸弹带到非洲大陆"的责任。

朱尔·莫克立即作出回应，他首先拒绝了摩洛哥对撒哈拉地区的领土要求，称因为这不在议程之内，不属于联合国的职权范围，如果要提出这些要求，只能通过外交途径来解决。他随后宣布了法国不歧视的意愿："法律必须对所有人一致，以便每个人都能遵守。"随后，他谈到了他的主要论点，即技术性的问题：与以前进行的试验相比，法国的试验功率将非常低；它与人类受到的各种辐射的影响相比将微乎其微；不会出现局部或区域性的危险的放射性沉降物，我们将采取一切预防措施，以确保试验的安全；相较于美国、苏联和英国，法国选定的地点距离人口中心要远得多，风向情况确保危险的放射性尘埃不会到达居民区。最后，他呼吁大家

---

① 关于法国核试验的辩论于 11 月 3 日在政治委员会会议上开始进行。早在 4 日，摩洛哥外交部秘书长本希马先生就进行了发言。见《政治年鉴：1959 年》，第 537 页。——原编译者注

理性对待，并重申法国愿意在其他大国放弃核武器的那一天放弃这种试验。①

我们的代表在辩论结束时再次发言，他指出，他的任何技术性陈述都没有受到有效论据的质疑。他回顾了核裁军的真正问题是什么，并确认我们拒绝采取歧视性措施。

非洲和亚洲代表团并没有对法国代表的技术性论点提出过多的批评。他们主要对在"非洲土地"上进行的试验表示敌意，他们认为这表明在一个轻松的气氛和停止试验的谈话正在顺利进行的时候，压迫这片大陆上的人民的意志一直存在。一些代表表示，法国的伟大之处在于其文化和文明，而炸弹的爆炸对此没有任何贡献。他们的发言总体上语气相对温和，但舒凯里（Choukeiri）先生（沙特阿拉伯）和伊斯梅尔·图雷（Ismaël Touré）先生（几内亚）的发言除外，他们的暴力和恶意甚至令他们的朋友感到震惊。

苏联集团和南斯拉夫代表团特别强烈地反对任何地方的任何试验，并与非洲甚至欧洲国家一起表示关切。

拉丁美洲代表也表示他们反对任何试验，至少对其中一些人来说，他们担心爆炸可能造成未知的遗传影响。

奥姆斯比-戈尔（Ormsby-Gore）先生（英国）强烈支持我们，称英国的经验表明，法国采取的预防措施给予了一切保障。

此外，在一次简短的发言中，卡博特·洛奇（Cabot Lodge）先生在谈到这种爆炸的无害性时，表现出了有限的宽容；他强调了他的政府愿意在日内瓦就有控制地停止试验达成协议，而其他国家应该遵守这一协议。

意大利代表说，向意大利专家提供的资料证实了法国和英国代表关于计划中的试验的无害性。

---

① 关于法国代表的发言，见《政治年鉴：1959 年》，第 537—538 页。——原编译者注

摩洛哥和其他 21 个非洲和亚洲国家在辩论开始时提出了一份决议草案①，其中指出，"考虑到在非洲制造危险条件的同时，法国不能承担保护受到威胁的主权国家的责任，并且考虑到联合国对这些试验威胁到的非洲人民的健康、安全和福祉负有特殊责任"，大会表示严重关切，敦促法国不要继续进行这些试验。

玻利维亚、厄瓜多尔、萨尔瓦多、墨西哥和巴拿马已经提出了对该案文的修正案，对我们而言，这些修正案不会那么令人不快，也不会让我们感到冒犯，但其实质并没有大幅度改变：修正案表示希望在日内瓦三方谈判期间，任何国家都不应进行试验，它只要求法国政府重新考虑其进行此类试验的决定。

最后，在投票时，加纳和印度尼西亚为了重新获得对拉丁美洲案文的投票优先权，提出了再修正案，其重申了拉丁美洲草案的大部分内容，以及亚非草案的内容和措辞。因此，修正后的亚非方案在 11 月 12 日以 46 票赞成、26 票反对（阿根廷、比利时、玻利维亚、巴西、智利、哥伦比亚、多米尼加共和国、厄瓜多尔、西班牙、萨尔瓦多、法国、危地马拉、海地、洪都拉斯、以色列、意大利、卢森堡、荷兰、尼加拉瓜、巴拿马、秘鲁、葡萄牙、英国、南非联邦、美国、乌拉圭）、10 票弃权（澳大利亚、中国②、哥斯达黎加、丹麦、希腊、老挝、墨西哥、巴拉圭、泰国、土耳其）被投票通过。因此，距离全体大会所要求的三分之二多数票还差 6 票。

此外，英国通过主动提交一份关注非洲国家和法国代表团所表达的意见的草案来协助我们，其回顾了 1958 年 11 月 4 日的决议，建议核大国就暂停试验达成协议，同时表示希望法国加入这项协议，并将考虑到辩论期间所表达的意见。

---

① 文件说明：阿富汗、缅甸、柬埔寨、锡兰、埃塞俄比亚、加纳、几内亚、印度、印度尼西亚、伊拉克、日本、约旦、黎巴嫩、利比里亚、利比亚、尼泊尔、沙特阿拉伯、苏丹、突尼斯、也门。——原编译者注

② 指窃据联合国席位的台湾当局，余同。

如果这项提案的案文没有使我们满意，那么其表述至少具有战术优势，可以让一些国家对歧视我们的亚非人的草案投反对票，该草案使他们有一个有些令人不快的机会来向我们表达他们对核爆炸的关切。

这一由英国、意大利和秘鲁提出的文案只获得 24 票赞成、33 票反对和 20 票弃权（包括我们自己的一票），因此被否绝。

全体大会辩论

委员会所取得的结果是由于亚非人的不妥协态度，他们与许多代表团，特别是拉丁美洲代表团发生了冲突，他们坚定地坚持停止试验的原则，但希望避免在措辞和实质内容上采取咄咄逼人的解决办法。全体会议上这种异常有利的情况没有再次出现，因为上文引用的两个最不可接受的文案由于缺乏三分之二多数票而在全体会议上被否决。第一个文案获得 36 票赞成、30 票反对、16 票弃权，而第二个文案获得 39 票赞成、25 票反对、19 票弃权。

11 月 20 日，经过一场简短的辩论，我国代表向大会提出最后呼吁，这一删减后的决议以 51 票赞成、16 票反对[①]、15 票弃权[②]的方式被通过。

这项决议的案文如下，反映了大会大多数成员的明确愿望。它既不包含愤怒也不表示侮辱，但它坚定地表达了许多国家希望法国像其他大国一样放弃核试验，即使核试验的范围是有限的。尽管措辞有所不同，但几乎所有非欧洲国家都注意到，它们认真对待在关于核试验的一切辩论中不断出现的"巨大恐惧"。

尽管经过认可的科学论据已经不断被提出，但它们不足以抵消苏联声明所激发的宣传效果。在此背景下，有人担心，他们公开或未宣称的目的是要打击法国在非洲，特别是在共同体[③]的影响力。此外，一些北约成员国（加拿大、丹麦、冰岛、挪威）的背弃以及希腊和土耳其的弃权使我们

① 文件说明：比利时、巴西、多米尼加共和国、西班牙、美国、法国、英国、洪都拉斯、以色列、意大利、卢森堡、尼加拉瓜、荷兰、秘鲁、葡萄牙、南非联邦。——原编译者注

② 文件说明：阿根廷、澳大利亚、智利、中国、哥伦比亚、哥斯达黎加、希腊、危地马拉、海地、老挝、巴拉圭、萨尔瓦多、泰国、土耳其、乌拉圭。——原编译者注

③ 疑指欧洲原子能共同体。

的朋友们灰心丧气，并为我们的反对者提供了宝贵的支持。中国、老挝和泰国的弃权更值得称道。

全体大会，

鉴于全世界都对新核试验的前景及其对人类的影响感到极度担忧，并一再向联合国表达这种担忧，

注意到法国政府打算在撒哈拉进行核试验，

考虑到这种试验所带来的风险和危险引起的深切关注，

考虑到正在日内瓦进行的中止核武器试验和建立国际监督体系的谈判取得了显著进展，

考虑到谈判各方通过自愿中止这种试验促进了谈判的进展，

考虑到谈判旨在全面停止核武器试验，并且本着与目前自愿中止试验的同样的精神，不会有任何国家开始或重启此类核武器试验，

认识到拟在撒哈拉进行的试验给所有人民，特别是给非洲人民带来的忧虑，

1. 表达对法国政府打算进行核试验的严重关切；

2. 请法国不要进行这些试验。

（李梦磊译，刘京校）

19601118，FD000262

德姆维尔致贝拉尔的信①

（1960 年 11 月 18 日）

参考您的第 3087—3090 号电报②。

我认为按照我们的总体安排路线，应该分别放弃这两个方案。

---

① 文献来源：*DDF*，1960，Tome Ⅱ，pp. 601-602。贝拉尔（Armand Bérard），法国常驻联合国代表。

② 法国常驻联合国代表贝拉尔先生 11 月 16 日的第 3087—3090 号电报，未收录。电报谈及提交的两份有关中止试验的决议草案，用于联合国大会投票。第一份仅面向正于日内瓦谈判的三个国家并且要求中止核试验。第二份决议草案直接针对法国，草案同时要求停止核试验。贝拉尔先生请求得到关于投票的指示。——原编译者注

就第一个方案而言，它使我们在先前的那届会议中采取类似立场的理由仍然有效，因为决议像后者一样，只关系到参加日内瓦谈判的国家。

关于第二个方案，它提出的文本没有特别提及法国，这一事实和 1959 年的草案①相比，造成的差异足以让我们改变我们已经采纳的立场。另外，正如您自己指出的那样，完全无法肯定的是，我们可以期望把如同在 1959 年那样多的反对国家②召集起来。

因此，在这样的条件下我们最好保持一种保留态度，而且这种保留态度的好处就是使我们避免对投票进行解释。

（谭书宇译，沈练斌校）

19601130，FD000263

政策司备忘录③

（1960 年 11 月 30 日）

11 月 29 日，法国代表与以色列代表在外交部召开了新的会议，以审核 11 月 10 日作出的有关法国停止援建化学分离厂的决定的实施模式。④

这份由几个原子能委员会部门起草且得到吉约马（Guillaumat）先生同意的文件，已被以色列接受。不过，以色列坚持的是有必要明确写入这些举措的框架及源于这些举措的决议。有两种可能的模式：第一种模式表明在法国决定停止援建工厂之后所采取的举措，第二种模式不那么消极且更加广泛，其没有其他确切信息，要参考部长间的对话。原子能委员会的

---

① 在 1959 年 11 月 20 日第 1379 号决议文本中，可以读到这样的文字："祈祷法国放弃这些试验。"——原编译者注

② 1959 年，16 个国家与法国一起投票，15 个国家弃权。——原编译者注

③ 文献来源：*DDF*，1960，Tome Ⅱ，pp. 674-675。

④ 1960 年 11 月 10 日，顾夫·德姆维尔和吉约马先生与佩雷斯（Peres）和埃坦（Eytan）先生进行了会谈。佩雷斯和埃坦先生在拒绝国际监管后，被通知废除 1957 年关于工厂的协议，然而协议的方案指南可能会完成，订购的材料可能会交付。以色列可能从法国订购常规材料。将有三或四个月的过渡期让工业建筑师撤出。在离开会议的时候，部长们向其各自部门发了一些指示，以准备将所采纳的决议用信件互通。（关于这个问题，也可参看 *DDF*，1960，Tome Ⅱ，第 57 号文件及注释。）——原编译者注

代表们似乎更倾向于第二种模式，该模式可能不会使 1957 年协议的废除再次出现。所附的信件形式的规划就是按这层意思写出的。[①]

在此次对话过程中，还向以色列代表表示我们希望在开始互通信件之前了解本-古里安（Ben-Gourion）先生可能作出的用来宣布创建贝尔谢巴（Bersheeba）核中心的声明条款。佩恩（Penn）先生表示，以色列大使目前不在巴黎，一旦返回，他就与外交部秘书长讨论这个主题。

（沈练斌译，刘京校）

19600325，FD000238

戴高乐与赫鲁晓夫在爱丽舍宫的单独会谈[②]

（1960 年 3 月 25 日）

戴高乐将军向赫鲁晓夫先生出示了他前一天收到的麦克米伦先生的信。麦克米伦先生在信中表示，他非常重视十国代表在日内瓦就裁军问题，特别是关于停止核试验的会谈。他要去华盛顿和艾森豪威尔总统谈谈此事。

赫鲁晓夫先生感谢将军提供的信息。

戴高乐将军说，他仔细研究了赫鲁晓夫先生在联合国提出的裁军提案。[③]

他赞同赫鲁晓夫先生的观点，称实现裁军对每个国家都至关重要，军备竞赛的唯一结局就是全面毁灭。裁军很有必要，特别是对于法国来说很有必要，如果苏联和美国两个阵营继续武装自己，特别是在原子能领域，那么我们也将被迫跟风，这将给我们产生巨大开支，是我们要极力避免的行为。

---

① 文件收录于附录。——原编译者注

② 文献来源：*DDF*，1960，Tome Ⅰ，pp. 363–368。根据 *DDF* 的注释，法方口译员为斯塔霍维奇（Stakhovitch），苏方口译员为杜比宁（Doubinine）。

③ 1959 年 9 月 18 日，即戴高乐访问美国期间：*DDF*，1959，Tome Ⅱ，第 149 号文件注释。——原编译者注

必须裁军的看法似乎得到普遍认同，至少在演讲中是这样。但这不是现实。美国和苏联将采用何种方式开展有效裁军？裁军的重点是什么？我们认为，重点在原子能领域，在运载工具方面。其余的都是次要的。

将军想了解赫鲁晓夫先生在这方面的意见，特别是采取实际行动的可能性。

赫鲁晓夫先生指出，将军已经知悉其官方提案，他在此不再赘述，仅限于提供一些评论，特别是关于其方案引起的反应。

他对西方在日内瓦提出的议案有些失望。[①] 事实上，它们并不是真正的裁军议案，其目的只是限制军备、建立管控制度，而苏联的提案在他看来完全不同，其目的是有效实现彻底裁军、解散军队和参谋部。

他想知道法国，特别是戴高乐将军，是否在这方面有具体建议。

他注意到将军所说的在核武器和火箭方面进行裁军的优先性和基础性。另外，他也知道法国代表团在日内瓦提出了这样的提案，[②] 但这份提案似乎没有提到远程飞机。尽管苏联目前在火箭方面处于领先地位，但美国拥有非常强大的空军。因此，率先考虑火箭领域的裁军——飞机被排除在外——是一个片面的、失衡的解决办法。

戴高乐将军指出，他之所以没有明确提到空军裁军，是因为他认为，与火箭相比，航空在军事上没有未来。但是，在当前形势下，在战略航空领域肯定也应该实施裁军。

赫鲁晓夫先生认为，根据最后一个关注点可以看出，他们两位的观点

---

① 这是 3 月 16 日的西方裁军提案，但实际上早在 3 月 14 日就在日内瓦提交给东欧代表团，但遭到苏联的拒绝。有关本文件和西方提案的会谈的更多详情，请参阅《政治年鉴：1960 年》，第 428 页及以下各页。其文本转载于：Ministère des Affaires étrangères, *Documents sur le désarmement. Conférence du Comité des dix puissances sur le désarmement* (*Genève, 15 mars – 29 avril 1960*), La Documentation française, 1960；亦可参阅 *DDF*, 1960, Tome I，第 119 号文件。——原编译者注

② 1959 年 10 月 22 日，在联合国政策委员会上，朱尔·莫克先生提议，在整个裁军程序上，应"绝对优先实施如下措施：首先禁止增加，其次禁止生产和持有所有核导弹运载工具"（Ministère des Affaires étrangères, *Documents sur le désarmement*: *Conférence du Comité des dix puissances sur le désarmement*, pp. 17-18）。1960 年 3 月 15 日，在十国委员会辩论开始时，法国代表重提了这个主题（Ibid., p.25）。——原编译者注

显然是一致的。

他准备重点考虑当前的一两份提案：

——或者苏联的提案，要求在最后的某个阶段在核领域和导弹领域实施裁军；

——或者，从导弹和原子弹领域开始裁军，当然，前提是优先扩大范围至战略航空和外国领土上的军事基地。实际上，这些军事基地只是火箭和飞机的出发点。只要各方作出的让步保持平衡，他随时准备寻求解决方案，哪怕通过刚才提及的第二条道路。

戴高乐将军认真记下了赫鲁晓夫先生刚才讲的要点。

将军明确指出，他认为允许发射火箭和运载原子弹的飞机起飞的"基地"不难撤除。

赫鲁晓夫先生声称，如果能够设定平衡的条件，使任何一方都能消除来自敌对阵营突然袭击的风险，那他已准备好接受（重点强调）无论多么艰难和严厉的管控。

戴高乐将军强调，他认为管控刻不容缓。

赫鲁晓夫先生表示同意，但他不能接受的是第一阶段仅限于建立一个监督机构。必须立即开始裁减军备、限制战争工业的发展。

戴高乐将军希望更专注地研究原子武器问题。法国没有这种武器，但它正在试着制造一个。相反，美国和苏联大规模拥有它。因此，对于这两个大国真正在做的东西，必须重点加以研究。

必须考虑如下四个问题：

1. 禁止核试验；

2. 禁止生产用于军事目的的裂变材料；

3. 销毁现有核武器库存；

4. 禁止并管控"核运载工具"及发射基地。

这些阶段不分先后，是并存的行动。法国还没有核武器。但是，为了不逼法国造出一个来，就必须要求拥有者首先销毁现有的核武器和运载工具。只要其他国家拥有库存核武器，核试验和核武生产禁令就形同虚设。

赫鲁晓夫先生回答说，关于禁止核试验，双方的立场已经充分阐释。然而，我们当前正处于谈判的最后阶段。如果美国和英国接受苏联的最新提案①，大家就可以达成协议。只剩下一个障碍需要克服：苏联已经接受了美英提案，不禁止难以探测的小当量地下核爆试验，但条件是双方以名誉担保不进行此类试验，并共同努力改进探测手段。

除了刚才简述的那些可能性，他看不出还有什么其他的可能性。如果协议能够达成，问题才算得到解决。

戴高乐将军重申，拥有核武器的国家之间达成类似协议是可能的，算是众望所归。但是，法国还没有核武器，它不可能参与这类协议。只有那些国家的核武器被销毁，法国才能加入协议。

赫鲁晓夫先生认为，这方面的问题让他感觉到巨大的隐患。戴高乐将军的讲话让他想到下述情况：如果法国不加入美英苏三国缔结的禁止核试验的协议，由于它属于西方阵营，是美国和英国的盟友，美英或许不会进行核试验，但它们可以通过法国的试验来丰富它们在这方面的知识。这会给苏联的处境带来危害。因此这种方案是不平衡的，苏联难以接受。再者，谁又能阻止一个社会主义阵营的国家依样画葫芦呢？显然，在这种情况下，问题不会得到真正的解决，而且这种协议很容易就被绕过去了。

不过，赫鲁晓夫先生理解戴高乐将军的担忧：法国没有核武器，因此，法国更加重视销毁现有武器而不是禁止核试验，是非常合理的。

戴高乐将军明确指出，只要确实展开现有核武器的销毁工作，为确保在规定时限内完成这项工作，法国可以暂停核试验。

赫鲁晓夫先生对法国的态度感到满意。

戴高乐将军不赞同赫鲁晓夫先生的看法，如他所说，如果美国和英国停止核试验，而法国继续核试验，则等同于西方继续核试验：事实上，法

---

① 3月19日，在停止核试验的日内瓦会议上，苏联代表团提出了一项议案，目标是缔结一项关于停止所有核试验的条约，并接受美国先前的提案，"其中包括停止所有产生4.75级及以上地震烈度的地下试验"。苏联还同意美国的建议，建立一个联合研究和试验计划，"条件是所有缔约国同时承诺在此期间不进行任何产生4.75级及以上地震烈度的核试验"。关于这项提案的后续发展，参见《政治年鉴：1960年》，第434—435页。——原编译者注

国正在进行的核试验是完全独立的。赫鲁晓夫先生可以不相信这一点，但这就是事实。其实，美国更希望法国不要进行核试验，因为这些试验会导致法国拥有自主的力量。

赫鲁晓夫先生说，他相信将军刚才所说的话完全属实。

戴高乐将军强调这样一个事实，拥有核武器将赋予法国确保自身防务的可能性，基于这一点，法国将不必再严重依赖美国。

赫鲁晓夫先生非常重视如上论述。他相信法国正在走自己的路，他对此感到高兴。

然而，这场角逐中存在的一个逻辑是，必须考虑到苏联和法国当前处于对立阵营的事实。如果在停止核试验方面，法国置身事外，那么苏联不能排除这样一种可能性：即便今天法国和美国没有就此签署任何协议，可类似协议也可以在未来秘密达成。如果苏联遵守了停止核试验的协议，而法国可能将其试验结果告知美国和英国，这可能导致苏联因轻信对方而吞下苦果。

当然，作为法国人的战友，他理解法国想在核武器方面与美国和英国形成均势的心愿。

但有一点最重要，那就是全面核裁军。

戴高乐将军再次表示，一旦达成核裁军协议，法国就没有任何必要独自研发核武装备，这非其所愿。

赫鲁晓夫先生认为这一点很重要。

戴高乐将军接着说，这个问题使他回到先前讨论的与德国有关的问题上。这些问题是未来的问题，而不是现在的问题。然而，正是考虑到未来，才需要把政策说清楚。

法国的政策并不总是基于《北大西洋公约》，这得看情况。他向赫鲁晓夫解释了法国当前必须而且愿意作为北约组织成员国的原因，但他不确定情况是否会改变，特别是在欧洲。拥有核武器能使法国拥有独立的欧洲政策，不一定再是美国意志的政策。

当然，法国目前绝不会退出北约，赫鲁晓夫先生非常清楚这一点。不过，从现在起，法国要在北约显示特别的姿态，尤其是不允许美国在其领土上部署核武器、发射台，不允许（美国）舰队在地中海活动，也不允许组织空中防务。法国确实属于北约，但有特别的条件和目的。

顺便说一句，将军认为应该提请赫鲁晓夫先生注意这一点。

赫鲁晓夫先生声称，他一直在关注这方面的问题。将军应该知道，他对此深表体谅。

他补充说，他相信唯有将军才能实施这项政策。

他认为法国前几届政府的政策都唯美国马首是瞻，无论是事关北约、重整军备，还是其他一些重大问题。

他理解法国迫切希望获得与北约盟国平等的地位及拥有核武器。他甚至对这种愿望深表同情。

此外，他坚信法国不是苏联的潜在敌人，历史已经证明了这一点。在两国关系中已经形成某种习惯，即便在欧洲存在很多问题，他也不相信法国和苏联之间会形成对立，（甚至）不惜手段毁灭对方。

另外，这种信心源自常识：

事实上，即便命运对我们很残酷，即便发生战争，其实对于任何阵营来说，拥有一两千枚原子弹并不能影响决策。因为一旦发生战争，那将是毁灭性最强、最可怕的战争。因此，苏联丝毫不希望法国在核武器领域受到不公平对待。

戴高乐将军强调，法国希望达成一项实现真正核裁军的协议。但法国要求首先从销毁运载工具及现有库存开始。

赫鲁晓夫先生认为，两国可以在这样一个基础上努力展开有效合作。

关于销毁现有核武器的问题，苏联原则上表示赞成。但是也存在一些具体的困难，因为销毁似乎很困难：事实上，库存的原子弹可能会被隐藏起来。

因此，苏联认为有必要采取更彻底的措施，包括：销毁火箭、轰炸机、他国领土上的军事基地，监控导弹发射基地、机场以及生产或能够生产火箭、轰炸机和热核炸弹的工厂。

戴高乐将军说，他同意关于运载工具和发射台的措施，这是有效防止核武器使用的唯一务实的方法。

数年来，法国已经多次明确在这一领域的立场，最近的一次由法国代表团在日内瓦提出。

赫鲁晓夫先生注意到两国在这一领域达成的协议，并表示这是全世界的共同愿望。他还指出，戴高乐将军提到的其他核裁军问题已在会谈中研究过。

他认为，戴高乐将军和自己的观点要么大致相同，要么彼此非常接近。

戴高乐将军邀请赫鲁晓夫总统及苏、法两国的部长们一起前往隔壁房间，一起研究科学、经济和文化合作的问题。

（吕军燕译，刘京校）

19600328，FD000209

德姆维尔致裁军会议法国代表团电[①]

（1960 年 3 月 28 日）

致朱尔·莫克先生：

参考您的第 107—110 号电报[②]。

根据您的汇报，可以认为美国政府正在寻求与苏联人就常规裁军问题达成部分协议，并希望能够在首脑会议上以裁军的名义取得一个初步的成果。

我们必须让我们的合作伙伴明白，他们走了一条错误的道路。一方面，把我们约定好整体解决的问题孤立出来，违背了 3 月 9 日的西方提案[③]。另一方面，他们只满足于达成被认为是维持现状的条款，而这会让

---

① 文献来源：*DDF*, 1960, Tome Ⅰ, pp. 334-335。

② 在未转载的 3 月 25 日的电报中，面对美国和英国的态度，朱尔·莫克不知道它们是否为首脑会议准备了一个独立于常规裁军的提案，其将作为部分协议被提出，而不是将裁军视为一个整体。——原编译者注

③ 美国 2 月 25 日提案的修正案的结果：见 *DDF*, 1960, Tome Ⅰ, 第 105 号文件。——原编译者注

公众舆论感到失望。

因此，希望您与伊顿（Eaton）先生保持联系，并就此向他提出警告。我打算在 4 月 12 日赴华盛顿参加筹备首脑会议的外交部长会议时提出这一问题。

正如我在第 32—34 号电报中告诉您的那样，① 我们不希望看到常规裁军问题被优先、单独处理，因为我们认为裁军问题是一个需要作为一个整体来处理的问题。如果核裁军被搁置在一边，那么会谈就失于草率。

这是我们持此态度的原因，而绝不是因为阿尔及利亚事件给我们带来了特别的困难。最好将此事解释清楚。

尽管如此，我们并不会拒绝在时机成熟时与苏联讨论常规裁军问题。因此，我们不能讨论法国兵员的上限数目，因为只要在阿尔及利亚的行动继续下去，我们就不可能作出承诺。但这不应妨碍对问题的整体讨论。

（吕军燕译，刘京校）

19601226，FD000264

政策司备忘录②

（1960 年 12 月 26 日）

（裁军处）

关于裁军

一、在 6 月底由于苏联导致日内瓦十国委员会的谈判破裂之后，③ 法国方面在裁军问题上没有进行新的实质研究。我们没有认同美国上次在十

---

① 3 月 25 日，国防部重申，它不会受苏美关于常规军备和兵员规模谈判的约束，因为它无法"事先正式承诺"接受兵员上限。必须表明，法国同意西方方案的条件是它希望确保优先考虑核裁军措施，因为只有核裁军措施才是真正裁军的开始。——原编译者注

② 文献来源：*DDF*，1960，Tome Ⅱ，pp. 793-796。

③ *DDF*，1960，Tome Ⅰ，第 298 号文件注释，第 307 号文件及注释。——原编译者注

国委员会 6 月 27 日的会议中提出的裁军方案，① 我们也没有同意认真讨论这个方案。我们认为现在不适合新的研究或者在盟国间进行新的意见交流，因为谈判刚刚由于苏联的离开而结束且没有任何重启谈判的计划。另外，我们认为联合国大会不是一个适合继续进行正式裁军谈判的机构，我们只会以一种保留和克制的态度继续第一委员会的辩论。此外，自 1959 年底以来，虽然我们始终不渝地用新的构思不断突破，这些新构思在很大程度上使裁军谈判面目一新，可自从最近的 7 月以来，鉴于联合国的会期以及形势，我们一直保持着谨慎的观望态度。

同时，美国和英国方面似乎没有开始新的研究，也没有准备新的模式。在华盛顿，国务院成立了负责裁军的重要机构，但仅仅处于机构的筹备阶段。它在一些研究的方向上似乎毫无主张，只是在等待着新的机构出现。

二、然而，一些新的情况正在出现，在不久的将来可能会改变局势。新的情况或许能够让我们重新考虑我们在最近 6 个月里所采取的观望态度：

1. 美国新总统入主白宫后不久很可能在裁军或者在一些或多或少和裁军有关的领域上采取主动措施。在 11 月底于纽约与奥姆斯比-戈尔先生的会面中，肯尼迪先生向对方通报了将很快（转年早些时候②）在核试验谈判方面做一些事情，并且在更广泛的框架内，涉及裁军整体或在某些方面，甚至可能采取一种更广泛的"和平方案"的形式。任命尼采（Nitze）先生为助理国防部长，以及裁军方面权力的加强，凸显出这一趋势。

至于英国政府，其希望迅速达成停止核试验的协定。英国政府也支持重启裁减军备的谈判。确实，由于苏联对全面彻底裁军的立场，英国政府的一些建议实质上，至少在目前，几乎不会得到莫斯科方面的回应。

2. 另外，苏联政府很可能像 12 月 23 日葛罗米柯（Gromyko）先生在最高苏维埃所作的苏联外交政策报告中表明的那样，③ 会和美国新的行政

---

① 收录于 La Documentation française, *Documents sur le désarmement. Conférence du Comité des dix puissance sur le désarmement* (Genève, 7 juin-28 juin 1960), 2e session, pp. 24-26。关于该方案，亦可参看 *DDF*, 1960, Tome Ⅰ, 第 293—294 号文件。——原编译者注

② 此处原文为英语。

③ 苏联外交部长在报告中表示，肯尼迪先生的上台将"给许多国家带来希望"。葛罗米柯先生提及 U-2 事件，只是为了把责任全归咎于艾森豪威尔政府，他希望新总统能致力于消除美苏关系中延绵不绝的"令人不舒服的气氛"。——原编译者注

机构一起探寻华盛顿与莫斯科之间关系的正常化。葛罗米柯先生表示，"就苏联而言，它完全准备好了改善与美国的关系"。如果这个新态势会带来任何形式的单独会面，裁军可能会被列入谈判的议程当中。

3. 此外，如果在 3 月 7 日之前没有新的情况出现，将在联合国以之前同样的条件恢复有关裁军的辩论。然而，这可能是一场并不顺利的辩论，我们在辩论中可能很难发挥出影响力，这是事与愿违的。这场辩论的重要性不容忽视，因为提交并且通过很多对于西方或法国的观点不太有利或者有利的决议会一点点地引发慢慢滑向苏联所做的构想。这就是那三个在绝对多数票下已经通过的决议的情况（核武器不扩散、禁止核试验）。这是波兰或者亚非国家决议的目标（禁止使用核弹、非洲无核化等），对其研究将在 3 月重启。

因此，通过大胆主动的措施，在另一条道路上重新发起裁军谈判是有益的，或者尽量使在联合国里的辩论显得无力或不再符合时局。

4. 最后，苏联的策略在于到联合国去讨论裁军问题，并因此试图在其他机构间孤立柏林问题，并将其单独放到另一个机构中。我们不能以对于如同裁军问题这样具有广泛性的问题的观望态度来对抗这个策略。

三、出于这些原因，似乎我们在裁军领域尽快有所行动是有益的。自 1959 年底以来，先是在准备期间，接着是日内瓦谈判过程中，我们已经处在一个往往难以与我们盟友相容的立场。但从这个意义上来讲，（我们的立场）还是有成效的，即我们的立场处在行动中的先锋地位，其他的谈判代表不得不追随其后，我们常常给出基调并且回避对那些让我们不舒服的提议的强调。直到 6 月 27 日的美国方案之前，确实都是如此。这个美国方案是由华盛顿的美方部门在我们未参与的情况下在几天内制定的。①

为了避免再次出现在没有我们的协助下而制定方案的情况，也为了保持"参与在"谈判之中的状态，换言之就是能够对谈判有影响力，我们恢复一些关键主张的行动可能是有益的。这是用来避免一些发展态势或没有我

---

① 这段的边上有个感叹号。——原编译者注

们协助的单独会面的最好方式，这些情况引发的后果可能对我们不利。

总之，我们的行动和一些建议的目的必须是：

1. 在没有我们一方积极协助美方制定各项方案的情况下，避免美国在裁军问题上提出新的立场和新的提议。

2. 在可能将我们置于困境的条件下，避免重新推进有关停止核试验的日内瓦会议。

3. 在没有与我们充分协商和准备的情况下，避免美苏单独会面。

4. 如同我们在 1959 年所做的那样，试着让联合国"放弃"裁军谈判，或者至少消除对当前辩论的全部兴趣。

如果部长同意这些大体的情况，各部门会研究各种不同的意见。①

（谭书宇译，沈练斌校）

19610228，FD000354

阿尔方致德姆维尔电（第 997—998 号）②

（1961 年 2 月 28 日）

参考我先前的电报③和我的第 989 号电报④。

从会议一开始，腊斯克（Rusk）先生就提到《明星晚报》和《华盛顿邮报》使用了泄露的消息给他造成的担心。他指出，在诸如此类的事件

---

① 该记录直到 1961 年 1 月才得到部长的同意，并于 1 月 12 日由裁军部对其进行研究（按照在一段手写字体旁的一个手写小注的意思）。——原编译者注

② 文献来源：*DDF*，1961，Tome Ⅰ，pp. 262-263。

③ 在同样是发自 2 月 28 日但未收到的第 996 号电报中，大使表示国务卿和他预计进行的第三次会谈将在同一天进行。国务卿为了防止他本人给（美国国防部长）麦克纳马拉（MacNamara）先生的信件造成"泄密"的结果，已经多次缺席（参看接下来的记录）。——原编译者注

④ 在同样是发自 2 月 28 日但未收到的第 989—991 号电报中，大使援引了《明星晚报》（*l'Evening Star*）和《华盛顿邮报》发表的电讯。这些电讯表示，国务卿已经向国防部长介绍了美国接下来数年的战略。据《明星晚报》报道，远程导弹和战略空军司令部的轰炸机将仅在美洲大陆遭到攻击或核讹诈时使用；在欧洲遭到攻击的情况下，美国将只使用常规武器，除非敌人首先使用核武器；最后，在欧洲以外的地区受到有限侵犯的情况下，仅动用美国军队而不是盟国军队，并且仅采取使用常规武器的方式。国务卿因此建议制定一种不同于艾森豪威尔政府考虑的在世界范围内使用核武器来维护美国利益的战略。美国国务院已经否认了《明星晚报》提供的细节。——原编译者注

中，几乎都是不确切的消息，但辟谣的效果总是不如这种应受指责的文章所产生的效果。

无论如何，他都要向我表明：

1. 他丝毫不建议在美国遭到攻击时保留使用战略威慑。

2. 也不建议在欧洲以外地区发生有限侵犯的情况下，美国不同盟友协作而独自行动。（我在另一封电报中还会说明这一点。）

相反，正确的方式应该是仔细考量加强无核武器部队的机会，并且确实对于他这一方来讲，他在这方面还是看到了一些好处。

（谭书宇译，沈练斌校）

19630103，FD000448

阿尔方致德姆维尔电①

（1963 年 1 月 3 日）

参考我的第 48—51 号电报②。

1 月 3 日，在我与腊斯克先生的会谈中，他问我们怎么看他在最近的巴黎会议上向阁下提交的核不扩散文件③（核大国和非核大国的声明草案以及可能提交给苏联的照会草案）。

我答复他说："我正要问您这个问题，如果您能将这些您认为有用的信息提供给我，我将不胜感激。"

关于问题的实质，腊斯克先生作了以下说明：

1. 在他心目中，计划中的声明有如下两个好处：

——每当苏联要求在柏林和德国问题上签署特别协议，以防止联邦德国拥有自主的核武器时，能给苏联提供现成的答复；

——如果成立一支北约多边力量的想法得以实现，声明的存在也能安

① 文献来源：*DDF*, 1963, Tome Ⅰ, pp. 7-8。

② 也是发自 1 月 3 日，详见 *DDF*, 1963, Tome Ⅰ, n°4。——原编译者注

③ 指 1962 年 12 月 13 日至 15 日举行的北约部长级会议：*DDF*, 1962-Ⅱ, n°192；《政治年鉴：1962 年》，第 607—608 页。——原编译者注

抚苏联人，使他们不必担心德国军队有独立使用核武器的可能，因为根据这些声明，任何核武器都不能私相授受；

2. 腊斯克先生认为，其他国家是否接受他的声明草案还未可知。在征得阁下和霍姆勋爵（Lord Home）的同意后，他会将草案交予施罗德（Schröder）先生，这位西德人或许会接受，但腊斯克也不是稳操胜券。至于苏联人，腊斯克先生没有放弃说服葛罗米柯先生，他试图证明美国声明草案中多边核力量的建立与苏联的担忧并不矛盾；

3. 国务卿认为，为保证其声明草案的效果，中国也应包括在内——这是一个必要条件——但接受中国加入尚且存疑。然而，在战术层面上，他仍然认为这对推进其计划大有裨益。

在我们1月3日的会谈中，我提请国务卿注意最近一些记者在棕榈滩采访总统后发表的文章，根据这些报道，肯尼迪先生今后打算就其国际计划采取坚定行动，必要时会不与盟国协商。他要通过这些报道表达什么想法呢？

腊斯克先生向我保证，这完全不是总统的本意，而且在与盟国的协商方面，古巴事件不应被视为先例。实际上，美国政府在与北大西洋联盟成员国的关系中须考虑以下三个方面：

1. 美国代表曾多次在联盟理事会中提及古巴问题，我们注意到，对于如何处理这一问题，理事会内部分歧很大；

2. 苏联在古巴部署导弹是一个极其严重的事件，披露细节会有严重风险；

3. 最后，美国政府将古巴问题视为西半球的问题，试图减少苏联可能对北约国家，特别是在柏林进行报复的风险。

（吕军燕译，刘京校）

英国外交档案中有关《中日和平友好条约》问题的记录[*]

李明楠^{**}

【摘　要】　　冷战时期，英国曾通过多种外交渠道广泛搜集有关新中国内政外交的情报，为本国制定对华政策以及亚太战略提供重要参考。其中，对于20世纪70年代中日两国谈判缔结和平友好条约的问题，英国同样给予特别关注。英方凭借与日、中、苏、美、西欧等国以及北约、欧共体等国际组织要员的接触，搜集涉及该条约问题的各类情报，并撰写了多种分析报告。阅读这些档案，读者能从英国这一重要的第三方视角了解到中日双方缔约的目的、影响，苏联的对策与美国的态度等重要内容。英国外交档案是研究东亚冷战史不可忽视的宝藏。

【关键词】　　英国政府；外交档案；《中日和平友好条约》；苏联政府；美国政府

1978年8月12日，中日两国签署《中日和平友好条约》，这是继1972年9月两国签署《中日联合声明》、宣布建立外交关系以后，双方签署的

---

* 本文受国家建设高水平大学公派研究生项目（202106200057）的资助。
** 李明楠，南开大学日本研究院、东京大学东洋文化研究所联合培养博士研究生，研究方向为战后中日关系史。

又一个重要文件，并被中国视为构成两国关系"基石"与"压舱石"的四个政治文件之一。2018 年 5 月，时任中国国务院总理李克强还专程访问日本，与日本方面共同纪念该条约缔结 40 周年。在此次纪念活动中，李克强与时任日本首相安倍晋三还分别宣布"两国重回正常轨道，在新的起点再次起航""（两国由）竞争转为协调，从今天起进入协调的时代"。① 与政界重视该条约相同的是，两国学界也重视研究与该条约相关的学术问题。自日本方面解密两国缔约谈判过程的档案以来，两国学者以这一一手史料为基础，结合相关人士的回忆录，搭建了两国缔约谈判过程的基本叙事，并系统研究了两国长达 6 年才达成共识并签约的原因、影响谈判进程的各自因素、两国的分歧生成与协调过程（即关于"反霸条款"与"第三国条款"的攻防）、两国的外交战略与国际秩序观、日本国内政局对谈判进程的影响等具体问题。②

不过，虽说学界对该条约相关问题的研究已经取得了长足进步，但远未达到"盖棺定论"的程度。在史料方面，因中方档案的缺位，以往论著只得依据日本单方面公布的谈判记录研究双方的缔约过程和分歧。但由于受到两国语言转译、双方关注点相异和日方现实考量等因素的影响，我们很难仅仅凭借日方的单一记录就全面、完整、准确地获悉中方发言的真实情况，难以据此完全理解中方对缔约问题的认识、意图和具体策略，也难以全面了解日本政治家、外交官僚、执政党（自民党）等主体对缔约的认

---

① 《李克强出席中日和平友好条约缔结 40 周年纪念活动暨访日招待会并发表演讲》，《人民日报》2018 年 5 月 12 日，第 1 版；「日中平和友好条約締結 40 周年記念　李克強国務総理来日歓迎レセプションにおける　安倍総理挨拶」、外務省、2018 年 5 月 10 日、https：//www.mofa.go.jp/mofaj/a_o/c_m1/cn/page4_00409 9.html，访问时间：2023 年 2 月 1 日。

② 以外交档案这一一手史料为研究基础的论著有：李恩民『「日中平和友好条約」交渉の政治過程』御茶の水書房、2005 年；若月秀和『「全方位外交」の時代：冷戦変容期の日本とアジア』日本経済評論社、2006 年；江藤名保子「中国の対外戦略と日中平和友好条約」、『国際政治』152 号、2008 年；井上正也「日中平和友好条約と福田外交」、『新たなアジア研究に向けて』8 巻、2017 年；徐显芬：《〈中日和平友好条约〉缔结谈判过程研究》，《中共党史研究》2018 年第 11 期；井上正也「日中平和友好条約交渉：「全方位平和外交」の再検討」、『外交史料館報』32 巻、2019 年；等等。

识与态度，甚至还要警惕日方公布的谈判记录是否为全貌、有无删减①等问题。在内容方面，学界有必要进一步解答该条约对中日关系甚至东亚国际秩序的影响，苏联的对策以及美国的态度等问题。

因此，学界有必要继续发掘多方档案史料，进一步研究与该条约相关的问题。在众多预想的史料来源中，英国外交档案无疑是值得关注的。冷战时期，英国曾通过多种外交渠道广泛搜集有关新中国内政外交的情报，为本国制定对华政策以及亚太战略提供重要参考。在中日缔约谈判期间，英国外交系统的各级官员广泛接触日、中、苏、美、西欧等国以及北约、欧共体等国际组织的要员，既留有与这些要员的会谈记录与情报交换记录，也撰写了多种分析报告。特别是在与中方的接触方面，英国外交档案记载了时任中国国务院副总理谷牧、中国人民解放军副总参谋长伍修权、外交部长姬鹏飞和乔冠华、外交部副部长韩念龙等人针对缔约的发言，并通过澳大利亚、新西兰等英联邦国家间接获得邓小平、华国锋等中国领导人的谈话，这在中方档案缺位的情况下起到了重要的补充作用。因此，笔者试图挖掘英国外交档案中有关中日双方缔约的目的、影响，苏联的对策与美国的态度等问题的记录，展现利用英国档案对于深化该条约研究的重要意义。

一、"警惕日本"与"巩固政权"：
关于中日缔约目的的另一种记录

不论是研究新中国外交还是战后中日关系的论著，一般都认为中国当

---

① 关于这一问题，日本方面就犯有"前科"。比如日本外务省在其公布的 1972 年中日建交谈判记录的打印稿中，就曾删去了在第二次首脑会谈（1972 年 9 月 26 日）中，当周恩来批评田中角荣用"添了麻烦"一词表示对侵略战争的态度时，田中解释说这是诚心诚意表示"谢罪"之意，以及在第三次首脑会谈（9 月 26 日）中周恩来与田中决定暂时"搁置"关于钓鱼岛的争议这两处重要内容。具体考证详见矢吹晋『尖閣問題の核心——日中関係はどうなる』花伝社、2013年；矢吹晋：《田中角荣与毛泽东谈判的真相》，《百年潮》2004 年第 2 期；刘建平：《五十年来中日关系研究的问题意识、史料开拓与知识生产》，《中共党史研究》2022 年第 4 期。

时谋求与日本缔结和平友好条约的目的或目标，除了是将《中日联合声明》中的各项原则再以两国间条约的形式加以确认，更有基于毛泽东提出的"一条线、一大片"以及"三个世界"构想，欲联合美国、日本、巴基斯坦、伊朗、土耳其和西欧等国结成国际反霸（反苏）统一战线，于是希望与日本签署一份包含"反霸权条款"（即两国不在亚太地区谋求霸权并反对他国在该区域建立霸权，源自《中日联合声明》第七条）的条约，由此将日本拉入这一统一战线中。的确，从当时中苏关系以及中国所处的国际环境看，这一构想确实是对现实形势的反应。苏联先是在 1966 年 1 月与蒙古国签订具有军事同盟性质的《友好合作互助条约》，并向中蒙边界地区大量增兵。1969 年 3 月中苏两国又在珍宝岛爆发武装冲突，苏联甚至扬言要对华进行核打击。这都使中国领导人直接感受到来自北部边境的军事威胁。此后，1969 年 6 月苏联领导人勃列日涅夫公开提议建立所谓"亚洲集体安全体系"，并先后派出 20 多个代表团赴东南亚、日本等国活动。苏方也直接向 1973 年来访的日本首相田中角荣一行兜售这一构想，这普遍被认为是在国际上封锁和孤立中国的行动。① 在多数国家没有积极响应的情况下，苏联又转而通过与亚非各国逐一签署具有军事合作性质的条约或联合宣言来搭建这一"安全体系"，苏联在 20 世纪 70 年代同印度、伊拉克、伊朗、尼泊尔、越南、阿富汗等中国周边的国家签署了这些文件，并在 1975 年 1 月、1978 年 1 月先后向访苏的两位日本外相宫泽喜一、园田直提议订立类似的条约（即"日苏睦邻合作条约"），甚至在未经日方允许的情况下，苏方于 1978 年 2 月公开在其政府机关报《消息报》上刊登协议草案。② 这必然使中国领导人强烈意识到国际斗争的不利形势，甚至警惕苏日联合在中国背后"捅刀"的可能。军事方面的威胁和国际斗争的不利

---

① 比如《人民日报》就批判苏联在"更加疯狂地反对伟大的社会主义中国"，美国总统尼克松也表示这是"苏联在亚洲组建反对中国的阴谋集团"，日本政府也认为该构想具有以包围中国为目的的军事同盟性质，等等。刘夏妮：《"日苏睦邻合作条约"构想探析》，《历史教学问题》2022 年第 2 期，第 122 页。

② 具体内容可详见杨奎松主编《冷战时期的中国对外关系》，北京大学出版社，2006，第157—159 页；刘夏妮：《"日苏睦邻合作条约"构想探析》，第 119—123 页。

局面，从逻辑上看必然会推动中国设法打破苏联的"包围圈"并努力争取邻国日本。比如，周恩来早在中日建交前的 1972 年 7 月就向日方人士提出要将"反霸权"一事写进和平友好条约中，否则"和平友好条约中就没东西可写了"。① 在中日缔约谈判陷入停滞②的 1976 年 4 月，华国锋也向来访的新西兰总理罗伯特·D. 马尔登（Robert D. Muldoon）表示重视日本在亚太反对苏联的地位，称"日本是在远东第二个反对苏联威胁的国家（在美国之后，在中国之前）"，"中国需要见到日美间的友好关系"。③ 在中日正式进入缔约谈判前的 1978 年 6 月，伍修权向来访的英国自由党上议院副领袖格拉德温（Gladwyn）指出，中国理解日本"对防卫力量的需求"，为此"日本可以在防卫苏联侵略方面发挥作用"。④ 在中日正式缔约后的 1978 年 8 月 24 日，谷牧也向来访的英国保守党议员杰弗里·豪（Geoffrey Howe）指出，只有"参与到以牙还牙的斗争"中才能抵制苏联霸权，为此他盛赞《中日和平友好条约》"有利于世界，尤其有利于亚洲"，中日两国"就在更好的立场上反对霸权主义，反对北极熊"。⑤ 可以看出，诸如此类的史料也确实能够支持先行研究的观点。

不过，正如中国针对苏联并非一味地搞对抗那样，⑥ 如果说中国同日本缔结和平友好条约的外交战略，只是希望日本加入自己构想的反苏统一

① 转引自徐显芬：《〈中日和平友好条约〉缔约谈判过程研究》，第 77 页。

② 中日缔约谈判的过程分为预备会谈（1974 年 11 月—1976 年 2 月）、重启谈判（1977 年 11 月—1978 年 3 月）、正式谈判（1978 年 7—8 月）。详见徐显芬：《〈中日和平友好条约〉缔约谈判过程研究》，《中共党史研究》2018 年第 11 期。

③ "Chinese Foreign Policy: Talks with New Zealand Prime Minister. China: Political Internal," The National Archives, U. K. (TNA), FCO21/1490, FEC014/1 (Part C).

④ "Views of General Wu Hsiu-Ch'uan, A Vice-Chief of Staff. Visits to China by Parliamentarians," TNA, FCO21/1614, FEC026/1 (Part A).

⑤ "Record of a Meeting between Vice-Premier Ku Mu and Sir Geoffrey Howe and Party at the Great Hall of the People on 24 August 1978. Visits to China by Parliamentarians," TNA, FCO21/1615, FEC026/1 (Part B).

⑥ 例如，1979 年 4 月 3 日中国向苏方递交不再延长两国同盟条约照会的同时，建议双方谈判解决彼此间悬而未决的问题和改善两国关系，同一天外交部向国内通报称这一做法是"出于在坚持反霸原则的前提下，在处理同苏的国家关系上留有余地、外交上掌握主动的考虑"。牛军：《冷战时代的中国战略决策》，世界知识出版社，2019，第 504—505 页。

战线，这也是值得怀疑的。英国外交档案就记载，在 1972 年时任外交部副部长乔冠华在北京接见英方人士，1973 年 6 月时任外交部长姬鹏飞访英以及 1973 年 7 月乔冠华会见时任英国驻华大使约翰·艾惕思（John Addis）等场合，中方就一再指出日本正站在十字路口，日本要么遵循"经济扩张"方针并导致"政治扩张"和军国主义，要么遵循睦邻友好之路。特别是当艾惕思提出日本是否有可能走"第三条路"，即与苏联在西伯利亚搞经济合作时，乔冠华基于投资西伯利亚见效慢、日商担心中苏发生战争会殃及投资、北方四岛（苏联称"南千岛群岛"）问题影响日苏经济政治合作以及日本人民和政党存在反苏情绪等理由，认定对于日本而言不存在这一"第三条路"，只会是"军国主义"或"睦邻友好"两条路。乔冠华甚至在艾惕思面前拿英国举例，称英国曾是日本的同盟国，然而在第二次世界大战中还是受到日本的伤害，因此有关日本未来的问题还是值得密切关注的，希望日本无论如何也不要重走军国主义道路。当艾惕思不认为日本有这一可能时，乔冠华只是回复说英中两国需要共同"致力于此"，坚称对日本而言遵循正确的政策非常重要，错误的政策通常导致预想不到的结果。① 进而，正值中日举行缔约预备会谈的 1975 年 5 月，继任英国驻华大使爱德华·尤德（Edward Youde）也向本国报告称中国人曾私下向他暗示，"反霸权条款"不但直指苏联，也是为日本在亚太区域的野心"设置一个限制"。② 如果再联想到中国曾在佐藤荣作当政时多次公开批判日本要复活军国主义，可见即便中国同日本实现建交以及争取日本加入反苏阵线（特别是与苏联争夺日本），但面对日本时仍保持警惕，尤其担心"世界第二大经济体"的优势会便于日本重新倒向军国主义，再度威胁中国和亚太

---

① "Record of a Meeting between HM Ambassador and Vice-Minister Ch'iao Kuan-Hua at 5:00 p.m. on 24 July at the Ministry of Foreign Affairs, Peking. Meetings between Officials of China and Officials of the United Kingdom," TNA, FCO21/1109, FEC3/548/5; "From British Embassy China to Foreign and Commonwealth Office, 16 July 1975. Meetings between United Kingdom and Chinese Officials," TNA, FCO21/1386, FEC3/548/3.

② "Peking to Immediate FCO Telegram No. 390, 2 May 1975. Foreign Policy of China," TNA, FCO21/1379, FEC2/3.

地区的安全，因此中国坚持要求在和平友好条约中加入"反霸权条款"，要日本以国际法形式承诺不再像战前那样寻求区域霸权、威胁邻国，同时假使苏联、美国、英国、越南等国未来在本区域寻求霸权时，日本不仅不参与，而且要表明反对的立场。

实际上，这种对日警惕心理在当时波诡云谲的国际局势下还是很有必要而且是具有长远眼光的。一个典型的例子就是美国曾在中、苏面前搞起两面三刀的伎俩，即 1969 年 6 月起美国尼克松政府开始寻求实践"联华遏苏"战略，① 国家安全事务助理基辛格还于 1971 年 7 月成功实现访华，但在其访华前的 1 月，基辛格又向苏联驻美大使馆方面渲染中日"联盟"对苏联的威胁，声称 20 世纪 70 年代日本将在远东发挥更加重要甚至是决定性的作用，因而美国"特别担忧"中日会联合起来组建针对该地区"某一大国"的联盟，届时该联盟将"非常难以战胜"，且中日已暗自考虑成立这样的联盟。② 这意味着美国一面选择与中国联合遏制苏联，另一面又在苏联面前渲染中日接近对苏联的威胁，刺激苏联，助长苏联对中国的仇视。基辛格对苏方的谈话中国必不会知晓，但在眼前各方势力及集团不断分化、重组的"迷魂阵"下，在日方向中方信誓旦旦地声称日本绝不会与苏联联手威胁中国③的话术攻势下，中方仍能保持战略清醒，对日本既拉拢、争取，又警惕、约束，这在国内政局不稳的情况下还是难能可贵的。同时，在和平友好条约中加入"反霸权条款"的意义不仅是应对眼前的形势，也是着眼于未来日本的行动以及未来的中日关系。从这个意义上讲，邓小平在中日缔约后对这一条约的评价——"不仅在事实上，而且在法律上、政治上，总结了我们过去的关系。更重要的是，从政治上更进一步肯定了我们两国友好关系要不断地发展"④——更是具有前瞻意义的，因为两国互不构成威胁，才是两国不断发展未来友好关系的前提和基础。

---

① 杨奎松主编《冷战时期的中国对外关系》，第 167 页。

② 《多勃雷宁与基辛格会谈纪要：日内瓦会谈及中国的立场等》（1971 年 1 月 9 日），沈志华主编《俄罗斯解密档案选编：中苏关系》第 12 卷，东方出版中心，2015，第 63 页。

③ 徐显芬：《〈中日和平友好条约〉缔约谈判过程研究》，第 86 页。

④ 《邓小平年谱（1975—1997）》上册，中央文献出版社，2004，第 406—407 页。

反观日本，其只是一再强调该条约不是"清算过去"，而是规定两国未来，除此之外对缔约本身并没有其他想法。时任日本外务省欧亚局局长宫泽泰就在中日预备会谈结束后的 1977 年 3 月对英国副国务大臣助理 D. F. 默里（D. F. Murray）称，即便不与中国签订和平友好条约，日本也能够过活。① 不过，日本的政治家们反而更看重该条约对国内政治的意义。在中日预备会谈开始前的 1974 年 10 月，外务省就向英国驻日大使馆方面透露称，最近日本政府发现想公开展现在某些事情上取得显著成功越来越难，因此在与中方缔约的问题上，日本需要的是"在具体实践环节上的推动"，而非"高调的宣言"，② 暗示田中及其后任三木武夫关注缔约对巩固政权、赢得政治声望的好处。在中日正式开始缔约谈判前的 1978 年 4 月（已是福田纠夫政权），外务省官僚私下更是向英方表示，日本希望尽快签署和平友好条约，但更看重其在日本国内政治方面的意义而非中日关系方面；该条约没有在 1972 年《中日联合声明》的基础上加入什么重要内容，它的缺席不会显著影响中日关系。③ 可见，与其说针对缔约抱以何种期许，不如说田中、三木和福田三任首相囿于自民党内激烈的政治斗争，更看重其巩固政权的用途。

二、关于中日缔约影响的记录

除了中国达到争取与约束日本的目的，日本实现巩固政权的目的，根据英国档案的记载，中日缔约还产生了以下三方面的影响。

第一，吸引日本政界和商界努力扩大对华贸易，推动日本政府进一步放松对华出口管制。和平友好条约的签订意味着两国关系再上一层楼，这

---

① "Record of Meeting between Mr. D. F. Murray, AUSS, and Mr. Miyazawa, Director-General, European and Oceanic Affairs Bureau, MFA, 22 March 1977. Mr. Murray's Visit (Assistant under Secretary of State, FCO) to Far East," TNA, FCO21/1548, FE026/1.

② "From British Embassy Japan to FCO, 24 October 1974. Territorial Disputes of China," TNA, FCO21/1244, FEC4/1 (Part C).

③ "Extract, no date. Sale of Harrier Aircraft to China," TNA, FCO21/1628, FEC121/3 (Part A).

为日本各界寻求扩大对华贸易提供了稳定的政治环境。时任通产大臣河本敏夫和日本钢铁、化肥和机械制造业等工业大企业（在日本经济团体联合会中有很强势力，因产业衰退而在中短期最能受到对华出口机遇的吸引）就支持加快扩大对华贸易，认为与中国大陆经济发展所呈现出来的潜在机遇相比，台湾地区市场的潜力是有限的。通产省官僚们也称，在可预见的未来，日本会更密切地发展同中国大陆的经济联系。① 另外，在邓小平访日期间，日本通产省代表于 1978 年 10 月 27 日在巴黎统筹委员会上发言称，24 日比利时代表曾建议本组织给予波兰的"例外出口程序"（美国提议）也应在修改后覆盖中国，这在很大程度上也有利于日本，尤其鉴于日中签署了和平友好条约。因此，采纳比利时代表的提议，是日本期待与中国发展关系的一贯方式。② 这摆出要进一步放松对华出口管制的姿态。不过，日本国内也有一部分声音认为，不论从中国政治的稳定性还是潜在的商业竞争看，过于依赖中国是危险的。通产省政务次官平井卓志也告诉英国驻日使馆方面，河本大臣也不得不顾及日本许多产业部门对于同中国贸易的潜在谨慎心理。为此，日本将既与台湾地区，又与中国大陆维持高水准的贸易。③

第二，使日本方面对"文革"后中国的政治稳定抱有信心，客观上增强同中方合作的动力。例如，1978 年 11 月法国驻欧共体大使在向各成员国通报法国外长访日的情况时，提及时任日本外相园田直和首相福田纠夫对中国的评价。园田指出，和平友好条约的签订和邓小平访日反映出邓小平已稳定掌舵中国局势，这给日本留下深刻印象。他还认为中国的现代化计划有着相当好的前景，日本已准备好向中国贷款，帮助中国人开发自然资源，为此日本从中国进口的石油有可能提高到一年 3000 万吨。福田也点评称，中国已采取现实主义政策，如果能够保持政治稳定以及为所需的物

---

① "From British Embassy Japan to FCO, 25 September 1978," TNA, FCO21/1669, FET020/1.

② "COCOM: China. Attitude of Other Countries to Defence Sales to China 1978," TNA, FCO21/1627, FEC087/7.

③ "From British Embassy Japan to FCO, 25 September 1978".

资与技术签订满意的金融协定，他们就有可能取得进步。①

第三，英国方面据此认为，这是中国主动向西方国家寻求合作的一个表现，有利于西方国家接纳中国在经济上靠近西方的行动。比如，英国向北约"区域专家工作组会议"东亚-东南亚分会提交的报告中指出，中国与日本、西欧和其他"西方"国家打交道是与毛泽东的"三个世界"理论相符的。只要中国的外交政策建立在这种意识形态的观点之上，它就可以证明与西方国家的贸易是正当的，也为本国凭借外国技术加速驶向现代化提供了必要的"豁免"。只要意识形态与经济需求持续结合，就会确保中国从西方国家持续不断地获得利益。对于日本和中国而言，虽然和平友好条约所赋予的政治重要性远大于其他方面所表现出的重要性，但中国明显将缔约视作联合第二、第三世界反对苏联扩张主义的重大胜利，也更易于使中国领导层果断转向日本，确保获取必要的先进技术来发展现代经济。②

三、关于苏联对策与美国态度的记录

针对中日缔约并将直指苏联的"反霸权条款"列入条约一事，根据英国档案记载，苏联曾面向日本、中国和联合国计划开展具体的反制行动。

针对日本，由于苏联擅自将"日苏睦邻合作条约"的草案公之于世并引发日方愤慨，导致缔约事宜不了了之，所以苏联必须重新制定针对日本的政策，这同样受到英国的关注。例如，1978年4月英国方面与时任苏联外交部第一远东司司长贾丕才（Kapitsa）会晤时，就开门见山地询问苏方如何应对《中日和平友好条约》。不过贾丕才只是"打太极拳"，声称苏日关系总的来说还算正常，政治磋商也在定期举行，双边贸易发展得也很好且还在增长。他不担心日本同美国的关系，并且认为美国的影响也不都是

---

① "From Tokyo to Priority FCO, Telegram Number 753 of 9 Nov. China-Internal Political," TNA, FCO21/1609, FEC014/1 (Part C).

② "U. K. Contribution to the NATO Expert Working Group on Eastern and Southern Asia 17 – 19 October 1978. NATO Expert Working Group on Eastern and Southern Asia," TNA, FCO21/1607, FE022/3.

坏的。不过，尽管他非常清楚，由于历史原因中日两国不可能真正结盟，但也不希望日本与中国走得太近。对于日本而言，最好的政策显然是维持与美国的同盟，并且对苏联、中国采取不偏袒任何一方的、公平的政策。苏联并不反对 1972 年周恩来和田中发表的联合声明，但已警告过日本人，苏联反对联合声明中直指苏联的"反霸权条款"。同时，苏联也不会在北方四岛问题上让步，因为日本只要占据苏联的"脚趾头"，就有可能完全抛弃两国的经济合作，并中止苏日和平条约的谈判。或许英方也听出此番发言并未有多少"干货"，遂再一次向贾丕才确认，针对中日和平条约中的"反霸权条款"，苏联是否有进一步言行。这里英方记载道：贾丕才虽然"详尽地进行回复"，但并未"更清楚地表明苏联的立场"。① 苏联方面的这种模糊化表态也反映出在"亚洲集体安全体系"和"日苏睦邻合作条约"的策略上争取日本无果后，苏联一时陷入困顿和不知所措。

针对中国，在 1979 年 4 月 3 日中方告知苏方不再延长两国的同盟条约并建议双方谈判解决两国悬而未决的问题后，6 月 4 日苏联外交部长安德烈·葛罗米柯（Andrei Gromyko）会见中国驻苏联临时代办田曾佩并向其递交写有中苏和平共处、发展友好关系和推进边界谈判等内容的"倡议备忘录"，同时故技重施，于 6 月 5 日将其全文登载在《真理报》上。田曾佩表示，会立即向本国政府呈递该备忘录。在该备忘录中，也有类似"反霸权"的条款，即"双方一贯且一致地反对霸权主义政策，反对征服其他国家和受到其他国家的征服。同时，苏联方面认为同样重要的是，苏中两国应当同意，拒绝承认任何人宣称的任何特定权力或在世界事务中的霸权主义，同意构建基于和平共处原则的双边关系"。② 这显然是为了平衡《中日和平友好条约》针对苏联的意味，但根据后来的历史进程可知，苏联的这一倡议并没有获得中方的响应。

① "Meeting in the First Far Eastern Department, MFA, Moscow, with Mr. M. S. Kapitsa: 3: 00 p. m., 11 April 1978. Anglo-Soviet Talks on Asia," TNA, FCO21/1603, FE021/2.

② "From British Embassy Moscow to FCO, 6 June 1979. Sino-Soviet Relations," TNA, FCO21/1697, FEC020/5 (Part B).

针对联合国，苏方曾提议发起反"霸权主义"倡议。1979 年 9 月 27 日，苏联外交部长葛罗米柯在联合国大会的演讲中宣布，苏联代表将提出一项有关"国际关系中不允许使用霸权主义政策"的决议草案。英国方面认为，这一"笨拙"的策略反映出苏联担心中国将"霸权主义"这一术语用作苏联对外扩张以及支配东欧的"代号"。葛罗米柯的提议表明苏联人希望设置一个困境对抗中国——中国要么支持决议，这就含蓄地承认苏联也真诚地反对霸权主义，导致中国难以进一步对抗苏联；要么拒绝该决议，但这就使中国自己从事反霸权运动的诚意遭受外界质疑，而这恰好是苏联人所希望的。① 不过，这一倡议同样没有得到各国的积极回应。

至于美国的态度，在中日预备会谈后的 1976 年 3 月 15—16 日，英国方面接触了美国国务院负责东亚和太平洋事务的助理国务卿菲利普·C. 哈比卜（Philip C. Habib），欲从后者口中打探美国的意向。会见前，英方特意列出问题清单：（1）中日签署和平条约的日程是怎样的？美国认为影响签约的因素是三木先生的软弱还是中国的内部局势？（2）日本目前是倾向于中国的，这有可能是长久的吗？（3）这会确保西方的利益吗？（4）美国有必要即刻出资使日本人能够参与雅库茨克的天然气开发项目吗？美国担心日本人参与其他类似的西伯利亚开发项目吗？（5）苏联对北方四岛问题的强硬立场可能因当前的利益而逆转，但他们又似乎不太可能放弃其立场。而为了获取西伯利亚的原材料，日本人会在该问题上变得更灵活吗？对此，哈比卜认为，日本国内的政治困难可能导致条约的推迟签署。关于该条约的签订，美国不持有任何一种或其他立场。美国认为，带有某种限制的中日友好关系符合西方的利益，而且中日间的和平条约在美日关系中并不是个问题。可见，美国虽然不对中日缔约问题持有任何立场，但此时还是倾向于支持两国保持一定程度的友好关系，认为这符合西方阵营的利益。至于日苏关系，哈比卜只是说日本人担心与苏联的关系，他们自认为能够对付中国人，但不确定能否对付苏联人。日本人尤其担心苏联潜艇和

---

① "Soviet UN Initiative on Hegemony. Sino-Soviet Relations," TNA, FCO21/1698, FEC020/5 (Part C).

空军巡逻队的活动，也担心苏联向东南亚渗透。①

在中日正式签署和平友好条约后的 1978 年 11 月，美国副助理国务卿罗杰·苏利文（Roger Sullivan）又向英方通报了美国国内对该条约的一些议论。即在 11 月 10 日国务院组织的一个研讨会上，政府与受邀学者共同分析了苏联在反对中日缔约的背景下与东亚的关系，以及未来美国与中国、越南关系正常化等问题。受邀学者倾向于认为，在日美出现经济摩擦的背景下，《中日和平友好条约》表明"日本已在某些部分超越美国"，而且美日间的经济问题是两国政治关系的噩兆。对此，苏利文颇不以为然，认为学者们忽略了一个事实，即目前日本不必在中美之间作选择。他甚至还冷嘲热讽地表示，"从气质上来讲，学者们似乎无法应对复杂的实操问题，而且总是试图把问题简单化，以便不再与实地发生的情况有任何关联"。② 可见，即便美国学者就中日缔约问题鼓噪某种"忧患"或"威胁"，美国政府基于中美日三国的战略合作，仍然对《中日和平友好条约》保持较为冷静、客观的认识。

综上，本文介绍了英国外交档案中围绕中日缔结和平友好条约的目的、影响，苏联的对策与美国的态度等问题的部分记载。实际上，英国外交档案中还有更多翔实的记录，亦有英国政府（外交部）、军方人士精彩的分析，但限于篇幅无法一一呈现。总之，凭借英国这一独特的观察视角，学界可以为深入研究《中日和平友好条约》发掘更为丰富的史料，找到更为新颖的问题，打开更为广阔的视野。可以说，英国外交档案是研究东亚冷战史不可忽视的宝藏。

① "U. S. / U. K. Consultations on Asia, State Department, Washington D. C. , 15 March 1976; Anglo/U. S. Talks on Asia. 15－16 March 1976. Anglo－U. S. Talks on Asia," TNA, FCO21/1472, FE021/1（Part A）.

② "Note for the Record. Attitude of Other Countries to Defence Sales to China," TNA, FCO21/1627, FEC087/7.

重新发现不发达国家的力量
——评《布雷顿森林被遗忘的基石：国际发展与战后秩序的形成》

张士伟[*]

【摘　要】　在《布雷顿森林被遗忘的基石：国际发展与战后秩序的形成》一书中，加拿大学者赫莱纳从国际发展的视角重新审视了布雷顿森林体系的创建。他一改学术界主要关注美英博弈的传统视角，系统考察了拉美、非洲、亚洲和东欧国家在《布雷顿森林协定》谈判中所扮演的角色，认为它们为布雷顿森林体系的建立作出了重要贡献，铸就了布雷顿森林体系的发展基石，而这被人们长期遗忘了。赫莱纳的研究是对传统研究视角的重大修正，开启了学界对于《布雷顿森林协定》谈判的转向研究，不发达国家在战后秩序演变中的地位开始得到正视，这值得引起国内学界的重视。

【关键词】　国际发展；布雷顿森林体系；不发达国家；战后秩序

---

* 张士伟，武汉大学历史学院副教授，研究方向为现代国际关系与中外关系史。

提起布雷顿森林体系的创建，人们首先想到的便是美英两国之间的合作与斗争，尤其是美国财政部长助理哈里·怀特（Harry White）与英国财政部顾问约翰·凯恩斯（John Keynes）之间的博弈常使人们津津乐道。① 战后几十年来，"美英联合创建了布雷顿森林体系"这一说法似乎已成历史公论，对于不发达国家（undeveloped countries）在这一历史进程中的作用，几乎没有人予以关注。加拿大滑铁卢大学的埃里克·赫莱纳所撰写的《布雷顿森林被遗忘的基石：国际发展与战后秩序的形成》（以下简称"本书"）② 一书，通过对多种档案资料与文献的详细考察，跳出美英联合创建布雷顿森林体系的叙事框架，独辟蹊径，指出在布雷顿森林体系创建的过程中，包括中国在内的经济不发达国家为该体系在国际发展方面取得的成果奠定了基石，可谓颠覆了以往研究。所谓国际发展，指经济不发达国家有效利用国外资本与技术发展本国生产，以实现工业化，提高人民生活水平，它是不发达国家走向发达阶段的必要手段。

在国际发展学界，赫莱纳的观点同样具有重要创新。长期以来，人们一般认为，国际发展作为一个问题被提出是源于 1949 年 1 月杜鲁门在总统就职典礼上宣布对不发达国家实施"第四点计划"。时任美国国务卿迪安·艾奇逊称，"第四点计划"的立法是第一次"将不发达地区的经济发展当作美国的国家政策"。美国政府在国内外进行了大肆宣传，艾奇逊的说法也得到了学者们的广泛认同（本书第 264 页，下同）。对此，赫莱纳并没有墨守成规，他将国际发展问题放入美国-拉美睦邻金融伙伴关系、《布雷顿森林协定》谈判及布雷顿森林体系创建的历史进程中予以考察，将国际发展概念的提出时间提到第二次世界大战之前。

本书由绪论、正文和附录等几部分组成，逻辑结构非常清晰，极具创新性。序言部分概述了全书的主要内容，详述了对于传统观点的挑战，并

① 参见 Benn Steil, *The Battle of Bretton Woods：John Maynard Keynes, Harry Dexter White, and the Making of a New World Order*（Princeton：Princeton University Press, 2013）。中译本参见本·斯泰尔：《布雷顿森林货币战：美元如何统治世界》，符荆捷等译，机械工业出版社，2014。

② Eric Helleiner, *Forgotten Foundations of Bretton Woods：International Development and the Making of the Postwar Order*（Ithaca：Cornell University Press, 2014）。

交代了所使用的主要资料。正文由 9 章组成。第一章评述了美国睦邻政策在拉美地区的实践，认为美国的战略目标、经济利益和新政价值观驱使美国在 20 世纪 30 年代支持拉美国家的发展设想，将美国对于国际发展的支持提前到第二次世界大战之前。第二章到第六章系统研究了美国与拉丁美洲国家在国际发展问题上的联系。美国不仅支持拉美个别国家的国际发展，还在就《布雷顿森林协定》的方案进行规划及谈判之时大力强调国际发展方面的内容，赢得了拉美国家的赞许。通过研究，本书指出，美国与拉美国家对于布雷顿森林体系国际发展方面内容的支持直接建立于睦邻金融伙伴关系之上。第七章到第九章分别对中国、英国、印度和部分东欧国家在布雷顿森林体系创建过程中扮演的角色做了细致的考察，指出中国和印度在推动落实国际发展内容方面发挥了重要作用，流亡于英国的东欧人士亦积极支持国际发展，但英国却陷于矛盾的境地，对国际发展既有支持也有保留。结论部分指出了布雷顿森林体系发展基石的命运及其被遗忘的原因。附录中的参考文献包含了本书使用的档案和二手文献等资料。

一、美国罗斯福政府对国际发展的支持

本书的首个重要创新，是提出 20 世纪 30—40 年代美国主动支持了经济不发达国家的国际发展。学界以往多认为以美国为代表的西方国家漠视经济不发达国家的发展问题，本书则通过对档案资料的精细研读而提出，在《布雷顿森林协定》谈判过程中，美国都始终将国际发展问题视为战后国际金融计划日程表上的优先项目。1933 年，罗斯福上台后即针对拉美地区出台睦邻政策，在金融领域建立睦邻金融伙伴关系，赢得了拉美国家的信任与支持。驱动罗斯福政府与拉美国家建立睦邻金融伙伴关系的原因有三：美国的战略利益、经济利益及新政价值观。在战略层面，美国需要使拉美国家接近美国，疏远德国，抵消激进意识形态给美国带来的严重后果。在经济层面，借帮助拉美政府寻求更合适的发展目标，美国希望增进拉美国家内部的政治和经济稳定，从而保障美国在拉美的利益。过去，美

国官员通常将拉美的经济问题归咎于它们自己，但新政人士将拉美的落后归咎于美国的经济问题。

美国与拉美国家建立睦邻金融伙伴关系只是支持后者国际发展的开始。20 世纪 30 年代后期，美国回应拉美国家的诉求，着手设计泛美银行方案，则进一步加强了美国与拉美国家的联系。美国将起草泛美银行草案的任务交给财政部长助理怀特。他认为，银行不只是提供贷款，它的中心职能将是协助促进拉美的长期经济发展，为生产性目的增加低息长期贷款，用以兴建公共工程和创办工矿企业等。在设计方案时，怀特强调其计划与美国过去针对该地区的"美元外交"不同，过去是"美国私人商业和工业界在美国政府的帮助下剥削弱国"，现在资本"将在债务国或其国民的控制下，为拉美工业企业的发展打下基础"。他强调"项目不会带来美国政府直接或间接的威胁，不会干涉这些国家的主权"（第 57 页）。在怀特的笔下，推动国际发展是泛美银行的中心目标，这意味着拒绝美国过去对拉美国家所从事的帝国主义实践。相对于过去，泛美银行包含了诸多激进的目标，如授权管理国际公共借贷和回流外逃资本，在债务重组中扮演了重要角色。可以说，泛美银行的方案虽然并未付诸实施，但它的每个方面都为怀特在起草建立"布雷顿森林机构"的方案初稿时所利用。1941 年12 月美国卷入第二次世界大战以后，开始制定建立"布雷顿森林机构"的方案，在世界范围内支持经济不发达国家的发展。与传统观点的认识相反，本书认为美国在战后计划中优先考虑了各种形式的国际发展目标。由于美国在《布雷顿森林协定》谈判中的中心地位，这些计划在构建该体系的发展基石方面发挥了关键的作用。这主要表现在以下方面：其一，在撰写和修正草案阶段，美国视拉美等地区的不发达国家为战后计划进程中的重要参与者。这主要表现在规划中的国际银行不仅能直接向政府贷款，还能担保私人贷款，以解决不发达国家的资金来源问题，从而破除私人银行家对于它们的限制。此外，国际基金负责提供短期贷款，以协助会员国维持收支平衡，并对国际资本的流动实施边界控制。其二，在布雷顿森林会议上，美国支持不发达国家谋求发展的立场虽有所后退，但仍然没有忽视发展问题。例如，成员国有权控制资本流动，无须提前得到基金的同意。国际银行承诺资助那些看起来不会带来好的回报的项目，亦是支持国际发展的表现。

通过以上论证，赫莱纳认为，美国与拉美国家建立睦邻伙伴金融关系，既是美国支持国际发展的滥觞，也是基本模式，并且代表了历史发展的趋向。这都有力地反驳了传统叙事的说法，即国际发展问题的起源只是追溯到杜鲁门 1949 年的"第四点计划"演说或者到 1944 年的布雷顿森林会议。实际上，美国-拉美睦邻金融伙伴关系才是其源头。

二、经济不发达国家在《布雷顿森林协定》谈判中
扮演了重要角色

本书的第二个重要创新，是提出经济不发达国家在布雷顿森林体系构建过程中发挥了重要作用。20 世纪 30 年代初，面对世界经济大危机的打击，经济不发达国家并没有等待其他国家的恩赐，而是主动推进国际发展事宜，使美国正视不发达国家的需求和力量。这首先表现在拉美经济不发达国家对于泛美银行的呼吁上。1933 年 12 月，墨西哥外长何塞·普伊格（José Puig）提议，"建立国际公共组织，处理债务谈判和债务协议，以保障债权方和债务方的平等"。1939 年 9 月第二次世界大战爆发后，墨西哥再次提议，应建立泛美银行，以帮助各国稳定货币价值，发挥国际中央银行的责任。此时美国一改过去的态度，同意在华盛顿创建美洲财经委员会讨论该问题。根据戴维·格林的研究，美国的态度是由于拉美国家对泛美银行方案的"坚定"支持而改变的（第 55 页）。虽然泛美银行方案主要由怀特起草，但方案的形成与拉美国家的热烈讨论是分不开的。美洲财经委员会的代表来自墨西哥、玻利维亚、阿根廷、哥伦比亚、秘鲁和厄瓜多尔等国，他们非常积极地参加了起草工作，并认为银行应提供必要的资本，以促进西半球各国农业和工业的发展。该目标与 1939 年的墨西哥提议相当接近。美国助理国务卿伯尔对拉美官员们高质量的贡献印象深刻，称"作

为一个整体，拉美国家对这一问题的思考比美国专家还要深入。当我们完成（对泛美银行方案的讨论）后，仿佛拉美国家独享了讨论的荣誉"（第63页）。正是在拉美国家的推动下，怀特才在短时间内出炉了泛美银行方案。由此可见，关于建立泛美银行的最初动力来自拉美国家而非美国。国际发展问题并非强加于拉美国家，相反，它是应其要求而出现的。本书认为，泛美银行有三项重大创新：授权为发展目标提供国际公共信贷，拥有处理资本从更为贫穷的国家逃离的条款，各国政府共享所有权和控制权。而这与后来的布雷顿森林机构非常相似。因此，尽管泛美银行从未成立，但其意义非常重要。

不发达国家不仅重视美国的价值，它们在布雷顿森林谈判中也积极推动其他各国认可国际发展，并在长期贷款、汇率管制和资本控制等方面取得成绩。墨西哥代表维克多·乌尔基迪（Victor Urquidi）称，来到布雷顿森林就是为谈判注入有关经济发展的内容（第162页）。墨西哥代表团不仅专注于银行在组织长期发展性贷款中所扮演的角色，还促使各国接受，在依赖于商品出口的国家出现国际支付波动时，允许基金对其提供更大规模的短期金融支持。拉美官员们支持基金总协定中允许汇率管制和资本控制的条款，以及能够为他们的政策自主权提供某种保障的条款。他们成功地促成会议形成决议，号召未来就商品市场和价格达成国际协定。哥伦比亚呼吁未来订立贸易协定，以允许"新国家对幼稚产业做必要的保护，就像今日的发达国家在其工业发展第一阶段所做的一样"（第170页）。秘鲁强调基金应允许调整汇率，以防止"小的原料出口国"承受货币紧缩带来的痛苦。拉美国家的努力获得了回报，协定成员国在"不歧视且不干预贸易"的情况下，获得了无条件实施国内资本流动管制的权力（第171—172页）。1946年底，除海地（1953年加入）外，所有的拉美国家都加入了布雷顿森林体系。

在西半球之外，中国和印度也积极参加了布雷顿森林会议，它们同样有志于国际发展问题。作为四大国之一，中国着眼于战后复兴，并促使会议同意关于过渡时期的规定。印度则成功地使基金支持更具体的发展目标，使基金"协助更充分地利用经济不发达国家的资源，并在世界整体范围内维持高就业水平和高实际收入"（第252页）。印度还强烈支持拉美国家，确保银行将发展性项目与重建性项目一视同仁。此时正流亡于英国的部分东欧国家政府，也提出了对于战后重建与发展的期待。在布雷顿森林会议中，它们极力主张东欧应优先得到国际发展援助，以实现工业化。波兰人保罗·罗森斯坦-罗丹（Paul Rosenstein-Rodan）认为，支持穷国实现工业化符合世界的经济利益。离开国际援助，贫穷的地区将只能靠本国的储蓄实现"自给自足"，这不仅会降低甚至牺牲民众的生活水平，还使得生产要付出高昂的代价。如果这些地区接受了国际援助，便能"更容易地融入世界经济，从而发挥国际劳动分工的优势，并为个人创造更多的财富"（第241页）。里昂·巴兰斯基（Leon Baranski）和拉迪斯拉夫·法伊尔阿本德（Ladislav Feierabend）分别代表波兰和捷克斯洛伐克参加了布雷顿森林会议，他们施压争取获得外部财政援助。波兰代表团在极力敦促国际银行给予重建性贷款以优先地位的同时，也强调它在促进经济发展方面的重要性。波捷两国致力于战后利用国际援助，通过国家主导工业化的方式改善其低生活水平的做法，非常类似于美国-拉美背景中产生的那些做法（第234页）。

三、美拉睦邻关系巩固了布雷顿森林体系的发展基石

本书的第三个创见，是提出美国向经济不发达国家派出新型金融使团，帮助它们改善国内金融形势，以促进其发展，从而巩固了布雷顿森林体系的发展基石。过去，美国常常鼓吹直接移植美国的制度到不发达国家。但罗斯福政府实施睦邻政策，给予此类国家以足够的尊重。转变始于1941—1942年怀特率领的赴古巴金融咨询使团。该使团力促古巴政府以公众名义创建受政府控制的中央银行，该行将为该国的"商业活动和就业水平"担负积极责任并"促成经济发展"。为履行职责，它有权调整私营银行的储备金要求，以25%而非严格的100%储备担保纸币发行。使团还支

持进行金融立法，在面临收支危机时允许调整汇率和实施汇率管制，因为古巴的收入"常常波动剧烈——与食糖价格相关"，而且汇率管制还有助于应付资本从该国的"逐步逃离"（第 87 页）。由于许多参与使团的美国官员——包括团长怀特——继续在《布雷顿森林协定》的订立中扮演了主要角色，美国赴古巴使团也具备了重要的意义，即对于《布雷顿森林协定》方案的形成发挥了先导作用。如果说怀特使团的实践为《布雷顿森林协定》方案的出台提供了经验，那么罗伯特·特里芬（Robert Triffin）使团则为布雷顿森林机制的实现提供了保障。1943—1944 年，当该使团来到巴拉圭时，联合国家①及联系国家正在热烈讨论《布雷顿森林协定》的方案。《布雷顿森林协定》谈判所创造的多边机制，使不发达国家可以优先于发展事务，而特里芬在帮助巴拉圭完善外汇控制和汇率方面的立法时，小心地使其与布雷顿森林体系的原则保持一致。特里芬帮助巴拉圭起草了中央银行法和外汇控制法，通过立法加强中央银行，引入积极的货币管理政策，对私营银行实施灵活的法定存款准备金要求。在他的设想下，巴拉圭中央银行将成立储蓄抵押部门，在外国银行专注于对外贸易的情况下，巴拉圭中央银行在一定程度上能够改善"生产和发展性贷款不足"的情况。对于单一作物、对外贸高度依赖以及缺乏成熟金融市场的国家来说，中央银行拥有直接介入市场的权力（第 143 页）。特里芬的建议非常成功，巴拉圭的货币法于 1943 年 10 月获得通过。

除了愿意为拉美国家的发展着想，特里芬还愿意向拉美人民学习。劳尔·普雷维什（Raúl Prebisch）是拉美最为知名的经济学家之一。1935 年，他担任阿根廷中央银行行长，该行拥有极大权力，能够规制各种私营银行、实施外汇控制以及调整本国汇率等。普雷维什注意到贫穷的农业出口国所面临的独特环境与困难，认为它们需要将本国与来自工业国强有力的冲击隔绝开来，从而开拓政策空间以促进国家支持的工业化和经济发展，因而它们应追求国家在政策制定上的更大自主权（第 150—151 页）。

---

① 布雷顿森林会议的正式名称是"联合国家货币金融会议"（The United Nations Monetary and Financial Conference）。

这启发了特里芬。智利人赫尔曼·马克斯（Herman Max）同样反对金本位制度，认为各国有权调整汇率，以应对来自国内外的困难，从而保持国内稳定。他还主张实施积极的货币管理政策，如中央银行可直接向公众放贷，从而确保与商业银行一起维持利率的有效性。特里芬认为，马克斯领导的改革更适合这些国家的基本经济和金融特性（第153页）。1944年4月，他专程赴智利与马克斯讨论巴拉圭的金融立法草案。此外，特里芬关于巴拉圭中央银行创设货币、银行和储蓄及抵押部门的提议，则是直接来自哥斯达黎加中央银行的经验。在睦邻金融伙伴关系中，特里芬赴巴拉圭使团是一段重要的篇章。该使团支持该地区的发展目标，并注意将改革内容与布雷顿森林体系的原则保持一致，在拉美引起了广泛关注。但这一段历史，既没有得到研究美国对外经济政策的历史学家的关注，也没有受到研究布雷顿森林体系的历史学家的注意。在赫莱纳看来，这是极为不幸的。美国的金融顾问比国际货币基金组织走得远得多，他们支持巴拉圭国内的机构改革，包括发行国家货币、改革中央银行和成立新的贷款机构，以更有效地服务于本国经济。这样，赴巴拉圭使团将新的布雷顿森林框架与拉美国家的发展意向非常直接地联结在了一起。同样，美方给巴拉圭的建议受到了新政价值观的影响，这些价值观包括帮助穷国，挑战自由主义经济传统以及乐于向拉美国家学习并与该地区的改革者合作（第154—155页）。巴拉圭的改革很快成为不发达国家货币改革的样本，拉美地区一系列国家如玻利维亚、多米尼加和危地马拉等纷纷仿效，要求美国派特里芬协助它们实施同巴拉圭类似的改革。美国国务院赞扬特里芬的工作是"在真正执行睦邻政策"（第149页）。此外，在拉美地区之外，如在菲律宾、韩国、锡兰和埃塞俄比亚，美国也做了同样的事情。在构建布雷顿森林体系发展基石的进程中，睦邻金融伙伴关系的创举已经超出美国-拉美背景而走向全球范围。

四、本书的可完善之处

在笔者看来，本书仍有一些需要完善之处。

首先，关于人们对布雷顿森林体系发展基石的遗忘，本书从美国外交政策的转向和冷战角度进行解释，但没有探究遗忘背后的深层次原因。20世纪30—40年代，世界处于一个混乱、战火和变动的年代，美国此时选择支持不发达国家，从表面上看，主要是出于特殊时期的考虑，具有时代特色。这些考虑表现在，由于时局不稳，美国欲确保国家安全和经济繁荣，就必须改变过去的政策。在战略上，美国需要排除轴心国对于拉美地区的渗透；在经济上，则需要提高不发达国家人民的生活水平，使之成为美国的优质出口市场。国际发展遂成为美国外交的选择。当战争结束，和平降临，美国获得世界的主导权之后，便立即调整对外关系，而针对不发达国家的政策是其重点之一。如此之下，美国在特殊时期实施的政策，更像是一种权宜之计，意在实现美国在变局年代的外交目标。

从深层次上来说，该时期美国对于不发达国家的支持是其建立世界霸权所需的全球布局不可分割的组成部分。除了拉美国家，像印度、埃塞俄比亚等国都属于英镑区，美国很难打破它们与英国之间的紧密联系。然而，利用大战带来的契机，美国从经济层面大加渗透，成功地使这些国家同美国接近，并疏远英国。埃塞俄比亚的例子最能说明问题。彼时，美国在该国只有"微小"的战略和经济利益（第229页），按照常理，美国没有必要介入该国与英国之间的纷争。但美国的做法恰恰相反，美国国务院坚定地支持了埃塞俄比亚的货币改革，使该国的新货币与美元挂钩，很好地融入了布雷顿森林体系，埃塞俄比亚据此成为美国金融霸权体系下的一员。从根本上说，美国对于不发达国家求发展的支持，并非在做慈善事业，而是其寻求霸权的必由之路。一旦美国取得霸权，不发达国家之于美国的重要性便出现下降，这是布雷顿森林体系的发展基石被迅速遗忘的实质性原因。

其次，对于美国支持或放弃《布雷顿森林协定》中的国际发展内容，与美国在更广泛的层次上规划并构建的国际秩序存在怎样的关系，本书缺乏评价。

在罗斯福政府的战时设想中，国际秩序是一种全球秩序，其不仅包括西欧与北美国家，还包括实施不同社会制度的苏联、亚非拉经济不发达国家和交战中的敌对国（将在战后被重新纳入全球体系）。美国主导构建国际秩序，其既有权力，也有义务。美国的权力体现在对于国际秩序的主导，义务则体现在保障体系内国家的安全和发展。国际体系的运转需要美国的国际权力与义务保持平衡。对于美国之外的国家，特别是不发达国家，它们支持国际合作，赞同美国所构建的国际秩序，其本身亦有对国家安全与发展的诉求。罗斯福治下的美国与同时代的经济不发达国家在发展问题上结成了命运共同体，这样的共同体不仅有助于美国赢得大战，还有助于美国维持其经济繁荣，并促进世界经济的发展。美国对此心知肚明，支持不发达国家的发展正是其国际义务的表达。本书将之视为布雷顿森林体系的基石。然而，美国实现对于国际秩序的主导以后，便抛弃《布雷顿森林协定》对于不发达国家在国际发展方面的承诺，专心投入冷战，这宣告了布雷顿森林体系发展基石的坍塌。只能说，杜鲁门政府转向实施现实主义的国际政策，无力实现罗斯福政府关于全球秩序的宏大构想。历史的演变证明，杜鲁门的短视之举无助于国际秩序的有效运转，其带给美国的损害远大于好处。几年之后，美国被迫提出"第四点计划"，试图重新支持不发达国家的发展，修复与它们的关系，但面临着来自苏联的激烈竞争。为维持于美国有利的国际秩序，美国只能付出更高的代价。

再次，本书认为，在罗斯福去世之后，美国即放弃对于国际发展的支持，不发达国家的努力也功亏一篑。实际上，不发达国家的努力并没有因为罗斯福的去世以及杜鲁门政府的上台而结束。在1944年7月的布雷顿森林会议上，联合国家与联系国家所解决的只是国际经济秩序的支柱之一，即国际金融问题。对于国际经济秩序的另一支柱，即相对于金融稳定来说更为重要的国际贸易问题，赫莱纳基本没有涉及。国际社会关于贸易自由问题的谈判出现于第二次世界大战结束以后。尽管彼时冷战已现端倪，东西方对立已经不可避免，但无论是在联合国贸易与就业会议上，还是在美国与其他国家的双边协商中，不发达国家的发展问题仍然是重要议题。在布雷顿森林会议取得成果的基础上，不发达国家在发展问题上持续取得突破，表现在：第一，从 1945 年到 1948 年，参与《国际贸易组织宪章》谈判的不发达国家在数量上稳步上升，由 23 国扩展到 56 国。增加的国家多数是不发达国家，它们比在布雷顿森林会议上更为团结，对于发展目标的追求亦更为坚定。第二，美国同时面临着不发达国家求发展和欧亚遭战争破坏的国家求重建的局面，不得不对重建与发展作出一系列让步，如暂缓实施《布雷顿森林协定》中关于货币兑换的义务，在《国际贸易组织宪章》及《关贸总协定》条文之中强调发展内容，在不歧视、进出口及新设特惠方面作出让步或妥协。第三，在贸易规则的制定上，不发达国家在诸如保护幼稚工业、进口的数量限制、工业发展等问题上都取得了优势，英国甚至指责《国际贸易组织宪章》为经济发展目的而采取的保护性限制过多。① 这表明在战后贸易秩序构建的过程中，国际发展问题仍然重要。直到 1950 年，美国才最终放弃支持《国际贸易组织宪章》，使不发达国家求发展的愿望再次化为泡影，美国则转而以规模严重缩水的"第四点计划"来应对不发达国家的不满。由此，战后初期，杜鲁门政府放弃的是《布雷顿森林协定》中关于国际发展的内容，但在国际贸易领域，这一历史进程仍在继续，并作为广义的布雷顿森林体系的一部分而存在，本书在研究中却忽视了这一段历史。

最后，虽然本书的原始资料在丰富程度上不逊于此前任何一部有关布雷顿森林体系的著作，但也有可商榷之处。如本书选取的原始档案，仅有很少一部分直接源自不发达国家。关于中国的例子最为典型。虽然作者提出了很多创新性结论，如国际发展理论源于孙中山在《实业计划》一书中提出的理念，正面肯定了中国在布雷顿森林体系创建过程中的作用，但也有部分说法值得商榷。例如，关于中国战后国际货币计划的提出，作者认为是美籍顾问阿瑟·杨格（Arthur Young）而不是中国人在其中发挥了主要作用，这明显受到杨格本人说法的影响。如果作者通晓中文，看到同时期中国主政官员和金融专家的建议，那么关于中国人在这一进程中发挥的

---

① U. S. Department of State, *Foreign Relations of United States*, 1948, Vol. I, Part 2, General (Washington, D. C.: Government Printing Office, 1975), pp. 870–871.

主要作用，自然会有一个更为公允的认识和评价。本书的资料问题还存在于其他地方，正如以色列希伯来大学的克劳迪亚·凯达尔（Claudia Kedar）所说，本书更多的是从美国的视角来看待拉美地区。除了巴西，本书基本没有使用拉美国家的档案，甚至很少使用拉美学者的二手文献。作者的研究甚至忽视了阿根廷这个拉美最强大的国家。因此，如何使用不发达国家本国的文献来对该问题作出阐述和回应，是研究需要推进的方向。

毫无疑问，上述问题有些已经超出了赫莱纳讨论的主题范畴。但从学术史的角度，无论是针对布雷顿森林体系史的研究，还是国际发展问题研究，本书已经成为学术界无法绕开的经典论著。鉴于该书出版之时正值学术转向的开始，它就更加具有了里程碑的意义。从某种意义上说，它也引领了这种转向。正如美国著名经济史学家巴里·艾肯格林（Barry Eichengreen）所言，该书深远地影响了学者们对于布雷顿森林体系的重新解构，成为学术史上无法绕开的跨学科经典之作。

为什么本书能同时在历史学界和国际发展学界作出重大创新？首先，跨学科背景是一个重要原因。作为国际政治经济学家，赫莱纳从国际发展的角度对布雷顿森林体系的起源问题展开研究，这使他在做历史研究时，又具备着超越历史学家的视野。同时，他还避开了国际政治经济学惯常使用的晦涩概念与理论，以历史学实证方法完成著述，成功打破了学科之间的界限，呈现出一部优秀的学术成果。其次，赫莱纳的研究并非一蹴而就，它建立于扎实的研究基础之上。仅收集资料，作者就耗费了10余年的时间。本书的档案来源非常广泛，包括美国国家档案馆、罗斯福总统图书馆、胡佛研究所、英国国家档案馆、巴西历史文献中心、印度国家档案馆和国际货币基金组织的档案，共计35种，二手论著则有200多种。正是有赖于跨学科的背景和丰富的资料，作者才能对传统认知发出挑战，并引起学术界的重视，获得大众的肯定。在收获大量赞誉的同时，作者也重新唤起了人们的记忆。客观地说，为了求得发展，当年这些不发达国家动员了足够多的优秀人才，并表现出相当强大的力量。在世界经济秩序面临无序威胁的今天，我们认识并反思发展中国家的力量，看到新兴经济体在未来世界经济发展中可能发挥的作用非常重要，它们很可能再次发挥国际经济秩序基石的作用。从这个角度来说，赫莱纳提出的创见是颠覆性的。

"山穷水尽"还是"柳暗花明"
——评《中美关系：一场新冷战》

雷 宇*

　　特朗普在美国上台以后，美国对华政策发生了自 1972 年尼克松访华以来最为动荡的变化。美国将中国定位为"战略竞争对手"，大幅调整对华政策，在政治、经济、安全等多个领域强化了针对中国的战略竞争，中美关系急转直下。拜登政府执政以来，延续了特朗普政府对华遏制政策的主基调，对华实行"合作""竞争"和"对抗"的政策，对华竞争进一步体系化、阵营化、意识形态化。与此同时，随着中国和平发展的快速进行，中美两国力量对比趋近，诸如"崛起国与守成国之间的'修昔底德综合征'，这在中美之间已经完全显现"① 的论调也甚嚣尘上。在此背景下，关于中美两国"新冷战"的研究成为热点。

　　中美关系为何如此迅速地恶化？为什么两国不再愿意妥协？中美之间"新冷战"是否不可避免？这些问题在困扰中美关系发展的同时，也受到了学者的广泛关注。由美国俄克拉荷马州中央大学的李小兵和明尼苏达大学德鲁斯分校的方强于 2022 年共同编辑出版的《中美关系：一场新冷战》（以下简称"本书"）② 在分析中美对抗责任的同时，对上述问题作出了

---

　　* 雷宇，首都师范大学历史学院 2022 级博士研究生，研究方向为国别区域研究。
　　① ［英］格雷厄姆·艾利森：《注定一战：中美能避免修昔底德陷阱吗?》，陈定定、傅强译，上海人民出版社，2019，第 226 页。
　　② Xiaobing Li and Qiang Fang (eds.), *Sino-American Relations: A New Cold War* (Amsterdam: Amsterdam University Press, 2022).

一定的回应与思考。

作为一部研究中美外交关系发展的学术著作，本书在汇集了多篇高质量的学术论文的同时，在内容上也凸显了独到之处。首先，所有参与本书撰写的学者在中美两国都具有数十年的学习和教学经历，对中美两国国情有着深入的了解，在写作中参考了大量的中英文资料；其次，与关注当前中美关系发展的政治学、国际关系学者不同的是，本书的作者们从19世纪晚期的历史出发，对中美两国的关系发展和大国竞争作了探讨；最后，多位作者关注了中美两国关系中政治领导人的"人为因素"（这一因素在长达几个世纪的中美关系中始终发挥着重要作用）。结合以上特点，本书对两国的历史脉络、外交关系、个人因素等内容提供了一个深刻而新颖的解读方式。

从写作结构上看，《中美关系：一场新冷战》除引言和结语外，分为4部分、11章，每章即一篇论文。全书以时间为序，选取了19世纪90年代至今中美关系发展中的若干事件，对以往研究中可能忽略或遗漏的问题作出了补充。

第一部分"背景与失去的声音"共有3篇文章，对冷战前中美关系中人为因素下"失去的历史"进行了讨论。

迄今为止，很少有学者关注知识分子与外交的关系。在本书第一章"从崇拜者到批评家：李大钊对美国态度的转变"中，单富良对1910—1920年李大钊与美国的关系进行了分析。作者认为，五四运动是李大钊由"亲美立场"转向"亲俄立场"的分界线。1919年以前，李大钊与同时期其他投身于中国社会现代化改革的先驱一样，将改变中国的方式寄希望于西方，特别是美国的社会模式，但巴黎和会上中国外交的失败使其希望破灭。自此，李大钊开始重新审视美国的社会模式，进而转向对共产主义的探索。李大钊对美国的态度转变折射出民国初期的历史变迁，也反映了中国知识分子寻求新范式以振兴旧文明的过程。① 从"亲美"到"亲俄"，

---

① Patrick Fuliang Shan, "From Admirer to Critic: Li Dazhao's Changing Attitudes toward the United States," in *Sino-American Relations: A New Cold War*, eds. Xiaobing Li and Qiang Fang (Amsterdam: Amsterdam University Press, 2022), p. 50.

从资产阶级引领的民主主义的民族观逐渐转变为马克思主义指导的世界主义的民族观，李大钊作为勇敢而伟大的探索者，为中国新的现代化发展指明了方向。因此，本文对李大钊与美国关系的探讨，对学人理解 20 世纪中国复杂的历史转变也大有裨益。

第二章"排华法案遗留问题与华裔美国人的经验"分析了 1882 年《排华法案》出台后给在美华人带来的影响。《排华法案》不仅对美国华裔移民的生活造成了巨大的冲击，而且严重困扰了中美两国的政治、经济、文化交流。华裔美国人面对国内的无端指控和种族歧视进行了强烈抵制，他们通过司法程序追求正义、团结请愿，表达了对消除种族歧视的需求，并且把这种争取种族平等的斗争一直持续到了 21 世纪。作者宋京一认为，尽管《排华法案》最终在 1943 年被废除，但这种将华裔美国人作为"疾病携带者"和"廉价劳动力"的虚假指控在新冠疫情的形势下仍然存在——特朗普政府在公共卫生危机期间捏造"中国病毒"的谎言，煽动仇华情绪。由此观之，在不同的历史视域下，美国抹黑中国的伎俩有着相同的脉络——都是建立在对传染病种族属性的渲染与想象之上。在种族主义制度被普遍摒弃的世界中，反思美国社会文化与心理层面的种族歧视仍需持之以恒。

学人关于第二次世界大战期间中美关系的研究已取得丰富的成果，且大多数研究集中在美国与蒋介石政府之间的关系，强调中华民国在美国外交动态中的重要性。但美国对汪精卫伪国民政府的政策研究长久以来受到"善与恶""敌与友"二元对立视角的影响，成为这一时期外交研究的副产品。第三章"幻灭的外交：1938—1945 年美国对汪伪政府的政策"重新审视了美国在第二次世界大战期间对汪伪政府的漠视态度以及复杂的外交政策。作者特拉维斯·钱伯斯指出，美国及其盟友认为 1940 年签署的"日汪基本关系条约"使得中国完全沦为日本的附属，并且对盟国在中国的利益构成严重的威胁。此后，美国对汪伪政府采取了一种不承认的态度，认为该政权是日本军国主义的外交工具，且实施与其他傀儡政权相类似的政策。钱伯斯认为，在中国的外交关系中，汪伪政府和蒋介石政府实际是美国和日本之间更大的外交"棋局"中的"棋子"。①

第二部分回顾了一个古老的问题:"美国'失去'了中国吗?",为 1946年至1958年冷战初期的中美关系提供了新的文献资料和解读方式。

在第四章"失去的机会还是不可能完成的任务:关于1945年12月至 1947年1月马歇尔访华的历史研究"中,杨志国整理了中国大陆和台湾地 区学者关于马歇尔调停认识的演变及其对中美关系影响的学术成果。他认 为,尽管两岸历史学家采取了更加开放的国际史学方法,但其理论框架和 观点基本上仍以中国大陆或台湾地区为中心,"台湾海峡仍然是两岸学者 关于马歇尔使命研究的分界线,它们的共同点是:都认为马歇尔调停是一 个失去的机会"。② 杨志国同时指出,中美关系的巨大偏离源于第二次世界 大战的结束,美国将调解国共两党冲突纳入了其对华政策的主要组成部分 和战后世界的宏伟计划。但马歇尔调停作为美国遏制苏联在亚洲影响力的 第一步并没有实现,而成为中美关系发生巨变的滥觞。

在第五章"中美在朝鲜战争停战会议上的外交挑战(1951—1953)" 中,朱苹超从实力谈判的角度阐述了中美在朝鲜停战谈判中的博弈,分析 了中美双方如何达成妥协、谈判进展以及谈判持续两年多的原因。朱苹超 认为,实现停战要远比赢得战争更困难,中美双方的谈判策略受到了战场 上军事力量和停战协议下外交政策的相互作用,而军事实力又决定了外交 政策,因此双方不得不进行更多场战争来达成停战。

1954—1955年和1958年发生的两次台海危机,使中美两国在台湾问 题上再次濒临直接的军事对抗。在第六章"毛泽东与两次台海危机"中, 侯晓佳以中国将领的回忆录和新华社出版的《参考消息》为基础,探讨了 20世纪50年代台海危机期间毛泽东所发挥的作用。作者试图以毛泽东的 角度出发,理解其决策动机,进而阐明毛泽东在强硬态度的背后对危机作

---

① Travis Chambers, "Disillusioned Diplomacy: U. S. Policy towards Wang Jingwei's Reorganized National Government, 1938-1945," in *Sino-American Relations: A New Cold War*, p. 102.

② Zhiguo Yang, "Lost Opportunity or Mission Impossible: A Historiographical Essay on the Marshall Mission to China, December 1945-January 1947," in *Sino-American Relations: A New Cold War*, p. 132.

出理性判断的原因。侯晓佳认为，毛泽东从抗美援朝战争中吸取了经验，在制定决策时保持了谨慎态度，选择避免与美国发生进一步的冲突。北京和华盛顿通过军事力量和外交手段，了解了彼此的底线和战术。双方都确信彼此不愿在台湾问题上爆发全面战争，从而达成了默契。① 因此，在整个 20 世纪 50 年代，有限的军事攻击与外交妥协交织在台湾问题上。

第三部分"和解与机遇"探讨了美国和中国在 20 世纪 60 年代末实现外交和解的过程。

谈到尼克松政府时期的中美和解，学者们更多关注两国领导人如何利用 20 世纪 60 年代末至 70 年代初的独特背景，以及突发事件所创造的机会进行公共或私人沟通。但大多数学者都忽略了媒体在其中扮演的角色——美国人民正是通过媒体了解了中美和解的进展。易国林在第七章"媒体与中美和解"中，以大众媒体的视角阐明了媒体在中美历史性和解过程中的独特作用，及其在整个过程中与政府的关系。易国林总结道，自尼克松上任以及 1972 年他对中国进行访问以来，美国媒体对中美关系的缓和作出了重大贡献。除了帮助两国政府传递和解的信号，媒体还先于美国政府和公众舆论提出政策建议，在两国官方和非官方的交往中扮演着"文化外交官"的角色。②

1989 年北京政治风波后，美国宣布对华进行"制裁"，中止两国高层往来，严重恶化两国关系。1989 年 7 月和 12 月，美国总统布什派遣总统国家安全事务助理斯考克罗夫特作为特使两次访华。1992 年，美国政府宣布向中国台湾地区出售 150 架 F-16 战斗机，严重违反中美"八·一七公报"，两国关系再度恶化。③ 在本书第八章"'天安门事件'与中美关系

---

① Xiaojia Hou, "Mao Zedong and the Taiwan Strait Crises," in *Sino-American Relations: A New Cold War*, p. 206.

② Guolin Yi, "Media and U. S. -China Reconciliation," in *Sino-American Relations: A New Cold War*, p. 215.

③ "中国同美国的关系"，中国外交部网站，https://www.fmprc.gov.cn/web/gjhdq_676201/gj_676203/bmz_679954/1206_680528/sbgx_680532/。

（1989—1991）"中，夏亚峰对这一时期的中美关系作了考察。[①]

在第九章"江泽民和美国：隐藏实力和等待时机"中，方强探讨了"天安门事件"后，江泽民主席是如何实现短时间内中美关系的恢复、所采取的政策措施及其与邓小平在处理对美关系上的不同之处。作者认为，与邓小平相比，江泽民主席喜欢隐藏实力，"他完全了解中国经济和军事力量相对于美国的局限性，在通过'边缘政策'策略实现中国利益最大化后，他愿意与美国妥协。最明显的例子就是中国加入世贸组织"。[②]

本书的第四部分回答了新世纪的问题——"中国'失去'了美国吗?"

在第十章"中国的共建'一带一路'倡议"中，李晓晓解释说，自小布什政府以来，20年的接触、博弈、摩擦甚至低烈度的冲突与较量，使美国的角色在中国的战略定位中逐渐清晰——美国成为影响中国复兴发展的最大外部变量。中国在对美关系中坚持扩大积极面、减少消极面，寻求两国共同利益的汇合点。1993年，江泽民主席提出改善中美关系的16字方针，即"增加信任、减少麻烦、发展合作、不搞对抗"，这为中国提供了20年的外部战略发展机遇。2013年，习近平主席再次提出建立"不冲突、不对抗、相互尊重、合作共赢"的中美新型大国关系。之后，习近平主席还提出过"太平洋足够大，容得下中美两国发展"，"地球足够大，容得下中美各自和共同发展"。作者认为，共建"一带一路"倡议可以成为中国避免与美国发生直接冲突和对抗的替代方案。[③] 但是，从目前中美双方在全球的战略竞争态势来看，随着共建"一带一路"倡议的纵深推进，以美国为首的西方国家对共建"一带一路"倡议的战略制衡也会不断加强。因此，中国需要不断加强与相关国家的交流沟通，既要防范"美国因素"对合作造成干扰，也要警惕相关国家利用"美国因素"制造麻烦。

---

① Yafeng Xia, "Sino-American Relations in the Wake of Tiananmen, 1989-1991," in *Sino-American Relations: A New Cold War*, pp. 241-260.

② Qiang Fang, "Jiang Zemin and the United States: Hiding Hatred and Biding Time for Revenge," in *Sino-American Relations: A New Cold War*, pp. 283-284.

③ Xiaoxiao Li, "China's Belt-Road Strategy Xinjiang's Role in a System without America," in *Sino-American Relations: A New Cold War*, pp. 308-309.

李小兵在最后一章"中美关系中的东海和南海问题"中指出，自共建"一带一路"倡议提出以来，东海和南海已成为亚洲的热点地区，也是中美两国可能发生军事接触的地区。作者认为，在当前国际形势下，中国面临着国家安全、传统威胁与非传统威胁相结合等一系列挑战，需要加快国防建设和军队现代化建设。随着美国将战略注意力转移到亚太地区，实施"再平衡"战略，中国的安全环境面临越来越多的不稳定因素，这也将给本地区的政治、经济和战略结构带来历史性的变化和调整。①

在结语部分，李小兵与方强在总结前文的基础上，对"第二次冷战即将到来？"这一问题作出了进一步思考。两位学者结合中国的国内和国际环境，重点关注了国家安全、国家利益、国防建设、经济发展等问题，多元解读了中美两国长期存在的合作与对抗，对中国如何正确认识、处理好当前的中美关系，以及中美新型大国关系在发展过程中所面临的新机遇和新挑战提出了新的展望。

战略博弈已成为中美关系的"新常态"，这是世界百年未有之大变局背景下大国博弈的重要体现，也是中美关系发展到一定历史阶段的产物。回顾中美关系的发展历程，可谓跌宕起伏，其间积累的历史经验和重要原则，为两国双边关系的继往开来提供了重要的启示。作为一部研究中美关系发展的著作，《中美关系：一场新冷战》深入探索了中美关系的历史交织，分析了当前中美战略博弈的深度和广度，对中美关系的未来走向作出了较为合理的判断。同时，本书以宽泛的时空跨度和丰富的研究视角呈现了两国关系的发展与变迁，无论是在史料运用还是在论证分析上都是较为全面和充分的，体现了学者们扎实的史学功底。特别是书中所涉及的知识分子与外交关系的探讨、媒体对中美关系的推动作用、领导人在中美关系中的影响力等内容，拓宽了外交关系领域的研究思路，为当前中美关系的研究提供了独特的见解，向学人提供了一部具有前沿性和启发性的历史学著作。

---

① Xiaobing Li, "The East and South China Seas in Sino-U. S. Relations," in *Sino-American Relations: A New Cold War*, p. 338.

新材料·新视角
——评《原子弹与冷战起源》

蔡　佳*

1945 年 7 月 16 日，美国在新墨西哥州的阿拉莫可德沙漠中成功进行了世界上第一颗原子弹爆炸试验，成为世界上第一个成功研制出原子弹的国家。原子弹的问世极大增强了美国的军事实力，进而打破了美苏均势，加剧了美苏对抗，成为冷战爆发的一个重要原因。对于冷战起源的研究，国内外冷战史学者大都集中探讨国家利益、意识形态、地缘对抗等因素的影响，从核武器这一独特视角来揭示冷战起源问题的研究并不多见。坎贝尔·克雷格（Campbell Craig）和谢尔盖·拉琴科（Sergey Radchenko）于 2008 年合作出版了《原子弹与冷战起源》（以下简称"本书"）[1]，这本书是西方学者围绕核武器与冷战起源问题研究的代表作，书中使用了美、苏双方新解密的档案材料。国内学者因资料有限等原因，在这一问题上的论述并不多见，研究还不够深入。[2]

---

* 蔡佳，首都师范大学历史学院讲师，研究方向为现代国际关系史。

[1] Campbell Craig and Sergey Radchenko, *The Atomic Bomb and the Origins of the Cold War*（New Haven：Yale University Press, 2008）. 坎贝尔·克雷格，南汉普顿大学国际关系学教授；谢尔盖·拉琴科，伦敦经济学院国际历史研究员。

[2] 国内学者的相关研究参见张小明：《冷战及其遗产》，上海人民出版社，1998，第 117—123 页；白建才：《试论核武器在冷战发生、发展和结束中的作用》，《陕西师范大学学报（哲学社会科学版）》2000 年第 1 期；赵学功：《核武器、美苏关系与冷战的起源》，《历史研究》2018 年第 5 期。

一、围绕原子能国际控制的谈判是冷战初期冲突的熔炉

冷战起源问题研究并不是学界的新问题，但这本冷战起源史的独特之处在于，它将原子弹置于学术讨论的中心，从一个独特的视角详细论述了美苏战时盟友之间不断扩大的裂痕如何最终演变成冷战。作者认为，原子弹扭曲了美苏两个超级大国的外交政策，从而大大降低了战后友好合作的可能性。书中还指出，原子弹和间谍活动进一步破坏了两个超级大国之间原本脆弱的信任，以至于对原子能实施国际控制计划的尝试都沦于失败。

克雷格和拉琴科从政治角度审视了冷战的起源，重点关注富兰克林·罗斯福、哈里·杜鲁门、约瑟夫·斯大林及其各自顾问的观点和政策。全书共分为6章。第一章"富兰克林·德拉诺·罗斯福与美国战时原子外交政策"，论述了罗斯福时期美国政府关于原子能的政策与外交。作者指出，美国与英国保持密切合作，将原战时盟友苏联排除在外，试图将核武器作为日后对付苏联的重要手段。第二章"伟大的博弈"，论述了核武器与美苏的关系。作者指出，在美苏关系中，核武器所起的作用越来越重要。第三章"杜鲁门、原子弹与第二次世界大战结束"，论述了杜鲁门政府时期美国的原子能政策。作者指出，杜鲁门政府延续了罗斯福政府的政策，将核武器视为实现美国政策和外交目标的重要工具。第四章"对广岛与长崎原子弹事件的反应"，论述了1945年8月美国先后向广岛和长崎投掷原子弹对苏联造成的影响以及苏联与世界对此的回应与表现。第五章"巴鲁克计划与冷战拉开帷幕"，论述了美国和苏联围绕原子能国际控制问题进行国际磋商的尝试。美国顾问小组提出的方案历经多次修改完善，形成了所谓的"巴鲁克计划"，但遭到了苏联的强烈反对，"巴鲁克计划"最终以失败告终。第六章"斯大林与原子能国际控制计划的失败"，论述了原子能国际控制最终失败，美苏之间展开激烈核军备竞赛的过程。

本书篇幅并不长，但在有限的篇幅里，作者对一些内容的背景介绍得过于详细，占用了过多的篇幅（例如俄罗斯原子弹计划的起源），这意味

着其他一些重要的内容被忽略了。例如，原子能国际控制在许多方面毋庸置疑都是本书的重点，但 1945 年 8 月之后围绕原子能国际控制的争论在书中论述不多，也不够深入。

原子弹在决定战后美国和苏联的政策方面发挥了重要作用。借助新的文献资料（特别是苏联方面的资料），克雷格和拉琴科提出了独到的见解。他们围绕冷战的起源进行了一系列辩论与分析，并认为联合国原子能委员会就原子能的国际控制进行的国际谈判是冷战初期冲突的熔炉。

作者指出，美国应对冷战的开始承担一定的责任。富兰克林·罗斯福想要"一个由'威尔逊原则'构建的世界新秩序"，并由"四个警察"（美国、英国、苏联和中国）承担维护国际和平与安全的特殊责任（见本书第 3 页）。罗斯福政府在国家策略与外交方法上下了很多功夫。一方面，美国与英国保持密切合作，使之成为美国的可靠盟友。实际上，英国作为美国的主要盟友，在战后世界秩序安排以及维护世界和平的问题上的确发挥了重要的作用。另一方面，美国把同为战时盟友的苏联完全排除在合作关系之外。本书指出，美国总统罗斯福在原子能问题上拥有一张优势明显的王牌。罗斯福认为原子弹是对美国塑造战后世界具有潜在决定性意义的非常有价值的工具，甚至计划将核武器作为日后对抗苏联的重要手段。这不仅影响了斯大林，也影响了丘吉尔。

英国领导人最迫切的意图是保持其在原子弹项目中作为美国合作伙伴的稳固地位。一方面，原子能合作有助于加强美英关系；另一更为重要的方面，是原子弹可以确保英国在第二次世界大战后拥有对抗苏联的重要外交武器。尽管苏联是美国战时的盟友，但这是出于对付共同敌人的需要。实际上，罗斯福从来没有在真正意义上信任斯大林，罗斯福错误地寄希望美国原子弹领先世界的实力可以缓和苏联对战后世界秩序的立场，并迫使苏联在国际国内问题上作出一些重大让步。

苏联领导人斯大林意识到，原子弹已经成为世界权力政治中至关重要的因素，于是下令加速研制苏联自己的原子弹。面对美国核武器的优势，苏联始终保持虚张声势和冷漠态度。苏联立场坚定，旨在向西方国家表明，尽管美国已经拥有核武器，但对苏联来说并不可怕，核威胁对苏联不起作用。书中认为，面对来自西方世界的压力，斯大林事实上并不担心美国会采取激进的军事行动。他也始终不相信战后美苏合作的可能性，也并没有实质性地改变自己对前盟友的立场，包括应对美国原子弹的优势。早在1943年，苏联就已经开始了自己的原子弹研制项目，试图在尽可能短的时间内制造出原子弹。苏联政府为此提供了"前所未有的资源承诺和最大限度的调配"，核武器的研制工作成为战后苏联国内压倒一切的首要任务。

克雷格和拉琴科在书中指出，正如在国际政治舞台上经常发生的那样，罗斯福的外交手段产生了无法预料的后果。"依靠原子外交，罗斯福将这两个盟友推到了战后几乎不可能实现大规模原子能国际控制的境地。"不过，书中也为当时的美国领导人进行了辩解，称拥有这种优势的其他任何领导人在这种情况下也都可能作出与罗斯福一样的决策。原子弹自然成了罗斯福与斯大林打交道的最佳筹码。1944年，苏联对波兰实施占领，加剧了美国对苏联意图的疑心。美苏双方根深蒂固的猜忌和怀疑并没有随着第二次世界大战结束而消除，反而愈演愈烈。美国对日本使用原子弹的问题，书中也有深入探讨。学界存在一些争议，认为美国对日使用原子弹的真正意图首先是要威慑苏联，克雷格和拉琴科并不认同这些观点。书中简要回顾了学界其他学者已有的研究成果，作者认为没有确凿的证据支持以下结论：即广岛和长崎的毁灭主要是针对苏联的心理战行为，尽管杜鲁门可能认为这是一个绝佳机会，以便在没有苏联参与的复杂情况下结束对日战争。然而，正如作者所说，就效果而言，"我们可以将广岛视为第二次世界大战中美国的最后一击，而将长崎视为冷战中的第一击"。

二、冷战起源史是一个十分复杂的问题

国内外学界围绕冷战起源问题出版了大量论著，进行了长期而激烈的争论。第二次世界大战后美苏两个原本的盟友很快变成了对手，进入冷战状态，这是多重因素综合作用产生的结果：美苏两国对立的意识形态和社

会制度之间的矛盾、美苏两国不同的国家利益与对外战略构想的冲突、英国的推波助澜等。单从核武器这个视角来揭示冷战起源问题的成果并不多见。核武器的研制从一开始就不仅仅是关乎一个国家的军事和技术的问题，而是与大国关系息息相关。核武器的面世打破了美苏均势，美国凭借最先研制出原子弹而耀武扬威，对苏联实行强硬对抗的政策，成为冷战爆发的一个重要因素。

《原子弹与冷战起源》以相对简洁通俗的文本提供了不同的视角看待冷战起源这一历史问题，书中对美国和苏联战时同盟解体这段历史作了梳理与分析，论述了同盟解体之后两国如何逐步变为对手，最终导致冷战爆发。克雷格和拉琴科认为核武器在美苏冷战起源过程中扮演了"中心"角色，指出苏联领导人集中一切力量进行核武器研制，这是导致美苏关系出现紧张局面并恶化的一个重要原因。尽管书中承认美国需对冷战爆发承担一定的责任，但否认了罗斯福政府或杜鲁门政府对苏联实施"原子弹外交"，甚至认为冷战起源的责任在很大程度上应该由苏联方面承担。这些结论和观点显然是片面的，并过分强调了在原子能问题上苏联政策的"僵化"，有意弱化了美国理应对冷战爆发承担的责任。南开大学历史学院赵学功教授认为，《原子弹与冷战起源》一书使用了美苏解密的大量新材料，提出了非常重要的观点和新视角。但他也指出，书中"对冷战起源的解释过于简单和片面，忽视了美苏双方在地缘政治、意识形态等方面的矛盾和分歧"。[①] 冷战的起源，既涉及美苏长期的意识形态分歧，也与当时美苏双方在东欧、亚洲等地区的激烈争夺密切相关，而核武器在其中各个阶段都不同程度地发挥了作用。陕西师范大学历史文化学院白建才教授也指出，"核武器在冷战发展全过程中扮演了奇特的角色"。[②]

总的来说，核武器本身虽说并不是冷战的产物，但它在导致美苏战时同盟关系瓦解和冷战爆发的过程中都扮演了非常独特的角色。从美苏两国战略构想的冲突以及社会制度、意识形态的对立出发，战后美苏之间爆发

---

① 赵学功：《核武器、美苏关系与冷战的起源》，第 124 页。
② 白建才：《试论核武器在冷战发生、发展和结束中的作用》，第 128 页。

冷战，绝非偶然。从核武器的角度来看，冷战的爆发同样具有一定的必然性，这在很大程度上是因为核武器具有巨大的毁灭性。核武器是迄今人类制造的杀伤破坏威力最大的武器。第二次世界大战后，如何将世界原子能发展计划纳入国际控制的轨道上，成为一个重大的国际政策议题。美国政府高层曾试图坚持将核武器作为美国与苏联进行讨价还价的筹码，"一个可以用来获取外交成果的杠杆"。苏联领导人斯大林表面上冷漠应对美国的核武器优势，对美国已经制造出原子弹和美国在日本使用了原子弹表现得无动于衷，实际上在背后不断给苏联国内施加压力以尽快研制出原子弹，因为斯大林不能容忍任何国家拥有对苏联的绝对优势。书中通过对美苏双方战时及战后政策的研究，指出冷战初期美苏两国之间的竞争态势早就预示了战后原子能合作的不可能，一种相互猜疑的气氛在两个战时盟国之间盛行。全书围绕核垄断和反核垄断，介绍了美苏双方的激烈角逐和国内国际的不休争论，然而，双方始终未能达成协议，原子能国际控制计划也因此失败。正是因为在原子能国际控制问题上美苏两个大国对战后世界安全持有不同看法，才导致两国矛盾变得不可调和，于是冷战爆发。美苏双方的核军备竞赛愈演愈烈，这也恰恰构成了冷战最主要的特征之一。

三、结语

原子能的发现和美国第一颗原子弹的问世是第二次世界大战中具有革命性意义的重大事件，并对战后的国际关系产生了深刻的影响。美国是世界上最先研制出核武器的国家，如何长久地保持对核武器的垄断地位，成为当时美国决策者面临的迫切问题。苏联意识到只有研制出自己的原子弹才能打破美国的核垄断，进而摆脱美国的威胁，因此不惜集中一切力量进行核武器研制。不难发现，原子弹是促成美苏走向冷战的重要因素之一。原子弹还刺激了美苏两国乃至世界许多国家之间的核军备竞赛，这也是导致冷战愈演愈烈的重要因素之一。

以冷战回眸之视角看后冷战时代
——评《美国、俄国和冷战（1945—2006）》

张北晨[*]

美国当代杰出对外关系史学者沃尔特·拉费伯尔[①]的《美国、俄国和冷战（1945—2006）》（以下简称"本书"）[②] 是一部关于冷战史的经典著作，由世界图书出版公司 2011 年出版了中文版（第 10 版）[③]。本书内容丰富、叙事清楚、论证合理，不仅有宏观方面的阐述，也有细节方面的分析，很值得一读。本书初版面世于 1967 年冷战正酣之际，[④] 40 余年里历经 9 次修订再版而畅行不衰。第 10 版吸收补充了世纪之交冷战史研究中的新材料和新成果，增写了新的内容，使之成为一部从冷战视角看"后冷战"时代的经典著作，因此备受史学界内外推崇。

---

[*] 张北晨，首都师范大学国别区域研究院编辑，研究方向为现代国际关系史。

[①] 沃尔特·拉费伯尔（Walter LaFeber, 1933-2021），美国当代著名历史学家，1968 年起长期在康奈尔大学任历史学讲座教授。主要著作有：《美国的时代：1750 年以来美国对外政策的国内和国外方面》《新帝国：对美国扩张的解释，1865—1998》《死亡的赌注：林登·约翰逊、越南和 1968 年大选》等。他还参与了《剑桥美国对外关系史》的撰写。他的《冲突：历史上的美日关系》（1997 年）获得班克罗夫特奖和霍利奖。

[②] Walter LaFeber, *America, Russia and the Cold War*, *1945-2006*, 10th Edition（New York：McGraw-Hill Education, 2007）.

[③] 沃尔特·拉费伯尔：《美国、俄国和冷战（1945—2006）》（第 10 版），牛可、翟韬、张静译，世界图书出版公司，2011。

[④] 初版为：Walter LaFeber, *America, Russia and the Cold War*, *1945-1966*（New York：John Wiley and Sons, 1967）.

正如其书名《美国、俄国和冷战（1945—2006）》所揭示的，这是一本以美俄（苏）为研究对象解析冷战的著作。它聚焦于冷战中的两个主要国家，上溯19世纪两国的历史纠葛，下及2006年双方的关系，以此论述了冷战的缘起、演变、结束以及对"后冷战"时代美俄关系的影响。

本书共有15章，与一般的史学著作类似，以时间为经、以事件作纬进行论述。根据其内容，全书大致可以分为三个部分，即冷战的形成、冷战的高潮以及冷战的结束。在冷战的形成部分，主要论述了美苏在欧洲的对抗是如何形成的，包括杜鲁门主义的出台、马歇尔计划的提出以及苏联的新政策等内容。同时，作者也论述了两国在其他地区的对抗，如中东及亚洲等地区形成冷战的边界。冷战的高潮部分是本书的主体内容，涉及的事件和问题也较多，其主要论及了进入冷战后在世界范围内比较突出的事件，例如朝鲜战争、后斯大林时代美苏冷战思想和方式的变化、文化冷战以及美苏双方不同领导人执政时期的政策调整。第三部分冷战的结束，论述了双方如何走向缓和并在缓和中又斗争的局面，涉及尼克松主义、美苏关系中的中国问题、苏联的危机以及"后冷战"时代等内容。

总的来说，本书有以下几个特点。一是作者以宏阔的历史视野对美俄之间的冲突进行了阐述。它将美俄双方潜在的矛盾和对抗上溯至两国在19世纪的历史纠葛，在主体部分讲述和阐释了冷战中的历次重大事件和总体演变趋势，之后又把饱含洞察力的史学家眼光投向"后冷战"时代直至2006年的国际关系冲突。从而揭示了不同历史阶段之间以及历史和当代世界之间的深刻关联，详尽而又从容地展现了人类历史上规模多变的国际冲突的宏大画卷，从而揭示了冷战多方面的动力、内容和影响。二是作者运用高超的叙事技巧，使头绪纷繁、变动复杂的冷战史成为一幕幕贯穿着清晰线索的鲜活灵动的历史活剧。本书不仅清晰详细地讲述了美苏两国高层在冷战中的危机和"热战"、斗争和"缓和"中的决策活动，而且深刻揭示了双方对外政策与各自国内政治之间的关系。尤其是在美国方面，影响冷战决策的意识形态、民意波动、经济走势、领导人性格、官僚机构的冲突、国会和总统之间的博弈等多种因素也得到不同程度的展示。三是作为激进派史学家，拉费伯尔批判的笔触在更大程度上指向了美国。他在书中以批判的剖析态度致力于揭示美国对外政策中的自私动机、固执的意识形态偏见、对别国的错误认知和估算，以及对自身和别国所产生的各种后果。不仅对政治精英的虚妄谬误厉声直斥，也不避对美国民众的短视盲从予以讽言讥评。

由于本书在初版以后的40多年里历经9次修订，它有着当时作者的认知的时代色彩，所以给人与一般史书不一样的感受，堪称是一本厚重的笔记。它所带有的时代气息和感染力，可以让读者站在一个更近的视角来看待冷战时代。

第一，从战后国际关系上来看，本书的主线虽然是美苏两个国家之间的关系，但其他国际事件的发展在此大背景之下也能找到其根源。战后由于美苏在战略利益和意识形态上的矛盾和冲突，两国关系经历了长达40多年的冷战状态。其间虽然也有过缓和与妥协，但对抗与斗争是主要的旋律。20世纪50—60年代是美苏尖锐对抗的时期，这一阶段世界格局因此也最具有两极对峙的典型特征。正如作者所写道的："冷战性质在1953—1956年间发生变化，美苏两国从欧洲把注意力移开，转向其在欠发达世界的长期利益。"① 在这种尖锐对抗的过程中，审视一下国际上的重大冲突，就很容易找出其根源。例如，作者在书中论述了中国发展核武器的过程中美苏两国对中国态度的戏剧般变化。在发展核武器之初，中国处于苏联领导的社会主义阵营，苏联对中国发展核武器采取支持态度，以便加强己方的力量；而美国在1958年中国炮击金门后，"艾森豪威尔对中国的强硬态度，以及他对战术核武器的强调，已经融合成一项具体的政策立场"，② 即对中国进行核恐吓。但是随着美苏关系的缓和与中苏关系的破裂，在苏联打算对中国进行核打击而征求美国的意见时，却受到美国的坚决反对。这充分印证了19世纪英国首相帕麦斯顿对国际关系的论述，"没有永久的朋友和永久的敌人，只有永久的利益"。

① 沃尔特·拉费伯尔：《美国、俄国和冷战（1945—2006）》（第10版），第140页。
② 同上，第162页。

第二，冷战表面上是美苏领导的两个意识形态阵营的对抗，实际是"开放"与"封闭"两种观念的斗争。作者认为，美国天生对世界的态度是开放的，而苏联是努力想建设一种强大的但封闭的体系为自身服务。美国的开放政策是由来已久的，其对中国市场的兴趣一直有增无减。所以，19世纪末，对于其他殖民列强（尤其是俄国、德国和日本）像它们当时正在非洲和其他地区所做的那样瓜分中国并使之殖民地化，美国官员自然是特别反感。出于自身利益，美国在19世纪90年代以后一直遵循它所谓的"门户开放"政策：中国不得为殖民列强所殖民地化，亦不得为其谋取私利的经济政策所损害，而必须保持统一，并对所有国家开放商业关系。美国要求"门户开放"实属理所当然，因为它正在走上世界头号经济强国的地位，在一个统一、开放的中国的贸易和投资竞争中最能立于不败之地。斯坦福大学历史学教授巴顿·伯恩斯坦曾评论道："有充分的证据表明，美国试图通过在其影响范围之外强加一扇'开放的大门'来重塑世界。政策制定者认为，美国的经济扩张需要秩序和稳定，需要反对革命，而这很容易被转化为反共产主义。"[1] 美国的这种"门户开放"政策，在1931年以后与日本征服大片中国领土的企图迎头相撞，尤其是在中国人因革命而处于分裂状态的情况下。结果是爆发了太平洋战争，日本战败。再从苏联方面来看，冷战形成之初，苏联想建立一个以自己为中心的封闭的经济体，这也与美国及西方的"开放"政策发生冲突。正如作者指出的那样，"在市场上互为敌手的国家不可能在会议桌上长期做朋友"。[2] 因此，可以说，美国在秉持"开放"理念下又一次在冷战中打败了对手。冷战结束后，美国依然坚持"开放"这一理念。2012年，美国和伊朗在博斯普鲁斯海峡发生对峙，伊朗称不允许美国通过海峡是红线，而美国坚称航海自由并将其军舰通过海峡。对此，伊朗不敢作出任何反应，之后的强硬诺言也无一实现。"开放"理念为美国赢得了巨大的利益，但同时也为其赢得了

---

① Barton J. Bernstein, "Reviewed Work (s): America, Russia, and the Cold War, 1945-1966," *The American Historical Review*, Vol. 74, No. 1 (Oct., 1968), p. 113.

② 沃尔特·拉费伯尔：《美国、俄国和冷战（1945—2006）》（第10版），第8页。

霸权。

第三，冷战中虽然没有爆发世界级的战争冲突，但它仍然是一种危险的战争，而要消灭这种危险，就要通过交流从而达成理解。本书的一大特点是引用了很多解密文献以及鲜为人知的报告和事例，表明冷战时期的许多决策是错误的或危险的。其中，决定性因素往往是对对方的情报或信息掌握得并不准确，只是作了一定程度的评估。最高决策者往往注入过多主观因素或由于人本性的因素而臆断对方的行动，结果导致了很多事件的升级和恶化。例如，当中国为了争取独立自主地位在 1966 年 5 月爆炸了一个热核装置时，因为美中两国之间没有交流平台，导致美国对中国产生猜忌和防范心理。实际上，"1966 年初，中苏两国军队在漫长的边疆线上发生了冲突"。[①] 这表明，中国当时并没有扩张的意图，不然战略上其将面临与美苏两个大国的敌对态势。再如，在古巴导弹危机中，整个事态不断升级的过程其实就是双方对敌方战略目的的判断与猜测的过程，双方各自的行动缓和也是在忍让的默契中达成的，而这需要非常大的政治敏感性和政治智慧。有学者称，这次危机险些引发毁灭性的核战争。这种将战争爆发的可能性建立在敌对双方的判断、猜测或所谓默契上是非常危险的，而在冷战期间这种情况屡见不鲜。因此，建立一种非常畅通而可靠的交流机制，对于遏制战争，尤其对于大国之间维持关系来说是非常必要的。当我们回望冷战的历史，不难发现其实很多灾难和战争都是可以避免或减少的，好在人类通过战争获得了一些知识和教训。从"后冷战"时期来看，大国间信息交流的通道已逐步建立和完善。例如，与冷战时期的两个超级大国不同，1991 年以后的年代里的两个主导性大国——中国和美国在经济和军事领域里都不是敌人，而是在军事上保持着极其谨慎的（有时甚至是合作性的）关系。同时，两国经济关系惊人地密切，甚至达到了相互依赖的地步。

整体而言，本书作为一部冷战史著作，采用了比较传统意义上的美国

---

① 沃尔特·拉费伯尔：《美国、俄国和冷战（1945—2006）》（第 10 版），第 202 页。

视角，结构安排上则依然以传统的时间轴为基础。应该看到，本书参考的主要资料都来自美国国内，缺乏对苏联的叙述以及关于冷战中其他参与者的内容。由于在外交史研究方面造诣颇深，作者拉费伯尔主要对美国的外交政策传统提出了批评。在拉费伯尔看来，不仅仅是第二次世界大战后新兴国家掀起的红色浪潮让秉承自由主义传统的美国感到害怕，更重要的是美国对红色浪潮扩张给国际贸易和地缘政治可能带来的冲击，具有一种先天性的恐惧。正是这种恐惧，让美国采取了一种与苏联对抗、博弈的外交策略，并最终导致了"杜鲁门主义"的诞生，以作为对苏联的回应。拉费伯尔认为，这完全是美国政府对苏联政策意图的一次误判。[①] 不过，这种观点难免有些偏颇之嫌。冷战期间，美国虽然主导了西方的重建和政策制定，但并非完全领导西方的走向，而是要在整个西方世界权衡利弊之后才作出决策，尽管这种恐惧是西方所共有的。之后的事实也说明，当这种"红色恐惧"消失之后，美俄依然存在着对抗。此次，虽然本书以最传统的时间为轴编排章节，时间线在表面上是紧密衔接的，但在横向上忽略了一些重要的事件和相关分析，因此在阅读上会使读者对其他方面的发展产生跳跃的感觉。例如，第 10 章"东南亚及其他地方（1962—1966）"主要写美国在东南亚、非洲和拉丁美洲的动向及其与苏联的对抗，但对美国国内的重要事件如肯尼迪遇刺却没有加以分析，也没有论及这一事件对美国内外政策有何影响，而是一下跳跃到第 11 章"新的遏制：缓和之兴衰（1966—1976）"，给阅读造成不连贯的感受。

　　20 世纪人类经历了长达近半个世纪的冷战，可以说这是人类历史上风云变幻的一段时期。历史学家、政治评论家和外交学家们不断地对这一时期进行研究和分析，而这本《美国、俄国与冷战（1945—2006）》不啻为解读冷战时代的优秀作品之一。

---

　　① "Analysis of 'America, Russia, and the Cold War, 1945–2006'," *Men of the West*, November 30, 2016, https://www.menofthewest.net/analysis-of-america-russia-and-the-cold-war-1945-2006/.

一部一窥近代国人国际观的新作
——评《二战前后中国知识界的战争与和平观：基于报刊所见》

彭敦文*

鸦片战争以后，中国各个阶层先后开始开眼看世界，旨在通过向世界学习来寻求救亡图存之道。但整体来讲，中国知识界在近代早期更多地还停留在译介国外的制度与器物层面，而对作为一个整体的国际体系及其运转，对其他地区和文明间的战争与和平以及中国与世界的关系问题关注甚少，尚未形成系统的国际观。即使是对中国参与的第一次世界大战，国内知识界也多称之为"欧战"，似乎其与中国毫不相关。然而，"九一八"事变爆发后，知识界对国际大势和国际问题的关注度陡升，他们开始认识到中国是世界的有机组成部分，中国的命运与世界紧密相连的事实得到普遍认可。于是，知识界开始学习传播西方的国际政治思想和国际法，积极关注时势演进，著书立说，在各种媒介上表达自己对国际时势的观点和立场，于不断升级的民族危机与世界危机中逐渐构筑了国人近代化的国际观。

然而，很长一段时期以来，国内学界对该时段中国知识界这一群体的国际观始终缺少系统的研究，现有成果多聚焦于个别学者，如胡适、蒋廷黻等人的国际思想。2022年5月，社科文献出版社出版的赣南师范大学朱

---

* 彭敦文，武汉大学历史学院教授、博士生导师，研究方向为抗日战争史、中外关系史。

大伟副教授的著作《二战前后中国知识界的战争与和平观：基于报刊所见》①从四个维度对 20 世纪 30—40 年代中国知识界的国际观作了细致的动态的考察，弥补了学界当下在这一研究领域存在的缺憾与不足。

第一，该书揭示了近代中国知识界国际观生成的哲学渊源。20 世纪 30—40 年代的中国知识分子对世界大势的观察明显带有中国传统政治学中的大同思想、天下一家学说的印迹，这一点表现在他们对国际组织乃至世界政府在世界和平与发展中的作用的期待上。书中指出："推动我国知识界谋求以国际组织来维护战后持久和平的是世界主义，或国际主义的信念。这种思想是中国传统政治哲学中天下一家、四海之内皆兄弟的大同思想长期浸润的结果，大同主义可以说是我国知识分子寻求国际联合、建设世界和平的哲学渊源。"

同时，随着西学东渐在深度和广度上的拓展，西方的地缘政治思想，如麦金德的陆权论、马汉的海权论、朱里奥·杜黑的空权论等也影响着我国知识界国际观的塑造，这些权力政治的学说可视为对我国知识界信奉追求的世界大同哲学的中和，使中国知识分子的国际观兼具理想主义与现实主义交织的特征。

第二，该书探讨了知识界眼中近代国际战争爆发的原因。该书的研究表明，中国知识界对近代战争爆发原因的考察着眼于两个方面：一是推动战争爆发的条件；二是战争未能被成功阻止的原因。就前者而言，彼时中国知识界中，有些知识分子探究推动战争爆发的动因时，难能可贵且有意无意地运用了唯物史观，这一点体现在对列宁的帝国主义论、马克思资本主义基本矛盾学说等理论观点关于战争根源的阐释上。同时，中国知识分子也注意到了诱发战争的思想变量，如民族优越论、军事主义以及过时的国家主权观等。对于后者，中国知识界则多把原因归咎于国际裁军机制和以国际联盟为代表的集体安全组织的种种设计缺陷和不足上。

---

① 朱大伟：《二战前后中国知识界的战争与和平观：基于报刊所见》，社会科学文献出版社，2022。

　　第三，该书剖析了彼时中国知识界持有的和平建设观，具体意指如何建设和维持世界的持久和平和繁荣的问题。在作者看来，中国知识界的和平构建思想有着两个突出的特征，一是和平构建路径的多管齐下，二是"积极和平"与"消极和平"的兼容并重。第一次世界大战后国际社会构建的凡尔赛–华盛顿体系带来的世界和平是构筑在"流沙"基础上的，不到 20 年的时间便土崩瓦解。在反思第一次世界大战后世界和平建设失败的基础上，中国知识界除主张建立普遍性和区域性的集体安全组织维持战后和平之外，还主张从思想观念、教育以及经济民生上着手进行和平建设。在他们看来，经济秩序的混乱和疾苦的民生是诱发形形色色极端主义思想观念产生的温床，而像法西斯主义、纳粹主义、军事主义等极端思想的产生和传播又推动了一国对外政策中的战争倾向。

　　值得一提的是，今天和平学研究中"积极和平"的理念和表达在彼时已经为我国学者明确提出。当下学界一般认为，"积极和平"与"消极和平"的概念是由被誉为"和平学之父"的挪威学者约翰·加尔通在其 1969 年的一篇论文中首次提出。而该书向我们揭示的一个事实是，我国学者吴之椿[①] 1943 年 3 月在《天下文章》杂志上发表的名为《和平观念的改造》一文中已经明确提出这一组概念，早于学界公认的加尔通提出的时间 20 余年。这充分体现了那一时期我国知识界和平观所具有的前瞻性特质。

　　第四，该书还于不同章节中考究了 20 世纪 30—40 年代中国知识界对中国与世界关系的判断和定位，包含中国如何自立于世界民族之林，中国又该在世界体系中扮演何种角色的认知。中国知识界的这种角色认知和判断既缘于这一时期世界风云变幻、战火连绵，中国河山被日寇铁蹄践踏的残酷现实，也和他们对世界整体发展进入新阶段，和平不可分割以及人类相互依存态势的把握分不开。

---

　　① 吴之椿（1894—1971），湖北沙市人，武昌文华大学毕业后赴美留学，归国后先后在暨南大学、国立武昌商科大学、武汉大学、清华大学、北京大学、西南联合大学、北京政法学院任教，主要代表作品有《青年的修养》《民治与法治》《自由与组织》；译有《德国实业发达史》《近代工业社会的病理》《论出版自由》《印度简史》等。

一方面，基于对近代以来世界大势的透视和体察，中国知识界认识到，面对弱肉强食的国际形势，中华民族的存亡盛衰之道根本上还是在于自立、自强和自助，因而他们纷纷主张殖产兴业，在发展经济基础上，建立陆海空三位一体的现代化国防体系。另一方面，对中华文化的自信，尤其是第二次世界大战后期中国大国地位的获得，极大激发了他们对中国作为世界五强之一的大国荣誉感和对世界和平发展的责任感。他们呼吁中国承担起大国责任，积极参与战后世界秩序的建设工作，为战后世界的和平发展作出贡献，体现出大国的担当。

当今世界面临着百年未有之大变局，世界整体和平之下，局部战争依然不断。2022年2月爆发并持续至今的俄乌冲突提醒我们认识到当前世界局势的复杂多变性，以及世界永久和平建设依旧任重道远。在此波谲云诡的世界局势下，正在加速实现中华民族伟大复兴的中国如何在变动的世界中谋发展、求和平，便成为当下重要的时代命题。近代中国知识界于20世纪30—40年代这一国际关系史上的非常时期生成的国际观，是近代国人国际政治思想文化资源的重要构成部分。追本溯源，对他们这一观念的系统探讨，无疑对百年变局之下我们构建马克思主义国际观和倡导人类命运共同体意识以及中国对自身在国际体系中的角色定位具有重要的现实启迪意义。

国际史研究取向的成功运用——评《世界史视阈下的中印边界问题》

孙寅兵*

　　中印边界问题关涉中国国家安全与国家利益。当前，中印边界问题尚未得到彻底解决，且各种因素交织，局势愈加复杂，前景亦不容乐观。因此，继续加强对相关问题的研究，厘清和还原这一棘手问题的真相，梳理和分析边界争端对中印关系、地区关系和国际关系深刻而持久的影响，为我国在国际上争取更大的话语权，更好地维护边境安全、服务于国家利益，就成为中国学术界特别是世界史学者义不容辞的职责和历史使命。中国社会科学院世界历史研究所研究员、中国社会科学院大学教授孟庆龙等新近问世的力作《世界史视阈下的中印边界问题》（以下简称"本书"）①基于上述原则立场，运用国际史的研究取向，广泛利用多国档案资料，对这一问题作出了颇有力度的阐释。

　　《世界史视阈下的中印边界问题》是孟教授主持的国家社科基金重大招标项目"中英美印俄五国有关中印边界问题解密档案文献整理与研究"的研究成果之一。除本书外，孟教授主持下的该重大项目还有其他多项成果：资料集1部（《中印边界问题档案文献资料汇编》，400余万字）、研究论文10余篇和研究报告多份。孟教授以研究国际关系史、中美关系史与中印关系史见长，本书体现了他及其率领的团队对中印关系，特别是中印

---

　　* 孙寅兵，首都师范大学历史学院博士研究生，研究方向为现代国际关系史。
　　① 孟庆龙等：《世界史视阈下的中印边界问题》，世界知识出版社，2022。

边界问题及其影响的最新研究成果。

本书采取了专题与编年相结合的方式，分"中印边界问题的根源和症结""中印关系与地区关系""域外因素与大国反应"和"外交政策与国际关系"四章，通过对极为丰富的多国档案文献资料的广泛搜集、精细整理和深入解读，对中印边界问题的根源和现状，中印双方在边界问题上的原则立场分歧，1962年边界战争对中印两国关系、地区关系乃至国际关系的影响，英美苏等域外大国的角色与作用等重大问题，进行了全面、系统、客观的考察。这种运用多国档案，将中印边界问题置于地区乃至全球语境中进行考察的国际史研究取向[1]，也体现出了中国学者孜孜耕耘，运用跨学科和多学科等新的研究方法剖析重大历史和现实问题，以学报国的胸怀和担当。

第一章"中印边界问题的根源和症结"追根溯源，厘清了中印边界问题的前世今生。作者指出，印度在中印边界问题上所持固执立场的主要"历史依据"和"法理依据"，是"英国为图谋西藏'自治'而一手炮制的'西姆拉协定'及非法的'麦克马洪线'的附图"。[2] 从世界历史的角度看，这是英国殖民者在19世纪下半叶吞并整个印度后，于20世纪初图谋进一步侵略并控制中国西藏，谋求所谓"边界安全"的惯性结果。换言之，中印边界问题本质上是英国殖民主义的产物。所谓的"西姆拉协定"与非法的"麦克马洪线"之害，在于它们日后成为中印边界争端的祸根。在锚定中印边界问题的根源之后，作者进一步论述了中印双方屡发边界冲突、边界谈判长期以来没有实质性进展的主要症结，即印度1947年8月独立后不久就宣称继承了英国的殖民"遗产"，并在中印边界争议较大的东段边界问题上，妄图以非法的"麦克马洪线"为界，且无视中国不承认

---

[1]　关于中印边界问题研究的国际史趋向，参见戴超武：《中印边界问题学术史述评（1956—2013）》，《史学月刊》2014年第10期。关于外交史研究当中国际史的研究方法，参见王立新：《外交史的衰落与国际史的兴起》，南开大学世界近现代史研究中心主编《世界近现代史研究》，社会科学文献出版社，2012，第3—7页；王立新：《从外交史到国际史：改革开放40年来的国际关系史研究》，《世界历史》2018年第4期。

[2]　孟庆龙等：《世界史视阈下的中印边界问题》，第4页。

"西姆拉条约"及非法的"麦克马洪线"的原则与立场。在两国边界问题上，印度长期以来单方面对边界"线"与边境问题的态度成为中印边界摩擦乃至诱发战争之症结所在。

第二章"中印关系与地区关系"则将视角提升到地区层面，考察了中印两国及其与其他南亚国家之间的关系。首先，本书考察了印巴分治后巴基斯坦对外政策的调整，即从依赖英美转而寻求更大独立性，再到同中国开启友好关系，并提出中巴通过友好谈判，公平、合理地处理边界问题的做法具有重大的现实意义。其次，该书清晰地梳理了中印边界问题的历史，指出未来中印边界问题能否妥善解决，将直接影响中印之间、中印与南亚各国、中印与美日等域外大国的关系。此书的亮点在于十分重视印度的民族心理和政治精英的心理的作用，着重分析了印度的不正常心态对中印边界问题的危害。这些心态既包括印度一贯的"大国架子""瑜亮情结""怨妇心态""政治正确"，[①] 也包括片面、固执地对待历史遗留问题，用歪曲的历史主义教育与打造的所谓"爱国主义"荼毒印度国民，"高看"自身软、硬实力，将边界问题同共建"一带一路"倡议、印度意图成为联合国安理会常任理事国等明显不相干的问题挂钩。[②] 因此，作者认为，我们既要在思想上充分认识中印边界争端的复杂性，也要从行动上充分做好应对印度制造事端的准备，更要"上兵伐谋，攻心为上"，使印度从心底里认识到中印终归还是要和平相处的。

第三章"域外因素与大国反应"着重探讨了英国、美国与苏联在1962年中印边界冲突中的作用。首先是英国。本书通过对一手档案的解读和分析令人信服地提出，英国是中印边界争端的始作俑者，一手炮制了所谓的"西姆拉协定"与非法的"麦克马洪线"，埋下了日后中印边界冲突的祸根。在1962年中印边界战争之前、其间和之后，英国基本上都是在有限支持印度与避免刺激中国，故而始终在中印之间"长袖善舞"，维持平衡，反映出暮气帝国周全其亚洲乃至全球利益的圆滑与老练。其次是美国。美

---

① 孟庆龙等：《世界史视阈下的中印边界问题》，第77—85页。
② 同上，第95—98页。

国对印度的重视乃至拉拢，主要基于冷战背景下同苏联争夺在南亚影响力的需要。结合美国对中印形势的情报评估，在 1962 年中印边界冲突前后，美国的行为看似有些不合逻辑——想援助印度但又不想挑头，给予印度带有附加条件的援助的同时又不全部满足它的援助要求，借中印边界冲突之机撮合印度与"世仇"巴基斯坦进行和谈，等等——其实反映出的是美国企图"鱼与熊掌兼得"的心态：援印抗中的同时，继续维护美巴同盟，结果因印巴间不可调和的矛盾而未能遂愿。最后是苏联。1953 年斯大林去世后，印度成为苏联不断渗透和扩大影响力的重点地区。因此，苏联加大了对印度的援助，帮助印度完善其工业体系。到了 20 世纪 60 年代，中苏关系急剧恶化。在 1962 年中印边界冲突中，苏联采取了实际上偏袒印度的立场。

第四章"外交政策与国际关系"主要分析了印度外交政策的变化，以及中印、中美印关系的发展及前景。首先，印度独立以来，其外交思想大致经历了从"亚洲主义"到"印太战略"的演变。尼赫鲁的"亚洲主义"思想，即"以亚洲国家共同的历史经验、共同反殖民主义斗争以及地理和文化上的相近与接触而形成的一种平等的区域合作主义"。[①] 从字面意义来看，该思想指导下的中印关系超越了意识形态上的差异，以亚洲民族主义原则建立起中印两国间的和平共处关系，对中印边界争端之类的问题采取了搁置争议的态度。但随着美苏冷战在亚洲的展开，以及中苏关系恶化等一系列事件的影响，尼赫鲁在外交政策上开始向苏联靠拢，不再珍视中印伙伴关系。这在中印边界问题上的表现，则是印度放弃同中国进行政治协商，转向单方面采取法律和行政手段改变边界现状的做法。直到 1962 年中印边界战争爆发，印度的"亚洲主义"外交政策才全面破产。从 20 世纪90 年代开始，印度在外交上逐渐过渡到"印太战略"，在积极稳固与东盟国家间经济、防务层面关系的同时，也明显加强了与美国、日本等亚太国家的关系，体现了其旨在谋取大国地位的战略思想。其次，关于中印关

---

① 孟庆龙等：《世界史视阈下的中印边界问题》，第 209 页。

系，本书作出了四个判断，即应理性看待边界问题的影响，处理南亚地区关系更加冷静、务实，域外因素对中印关系的影响越来越小，中印之间共同利益远大于分歧。[①] 中印关系的和平发展不仅对两国有利，而且关乎亚洲与整个世界的和平大局。最后，关于中美印关系，作者在客观分析了中国、美国、印度三国大不相同的历史基础、三方互动与影响日渐复杂的情势后，指出中国因素、东南亚国家的态度、美印关系、日美澳大不相同的历史经历与国民性都是影响、制约美国主导的"印太战略"实施的关键因素，可以判断在可见的将来，"印太战略"整体成型的可能性不大。

总体来看，本书有两大鲜明特色。

第一，基于多国档案文献进行研究的国际史取向。史料是历史研究的基础。本书是在对中国、英国、美国、印度、俄罗斯（苏联）多国相关档案、重要文献以及中英俄（苏）等国重要报刊进行较为系统、全面的梳理和解读，并结合已有研究成果的基础上，经过审慎而细致的研究撰写而成。兼听则明，偏信则暗。运用多国档案文献进行研究，能够较为客观、真实地还原史实。另外，本书附录部分详细整理了所引用和参考的档案文献资料，同时还编写了 1949—2020 年中印关系大事记，附有中英文译名对照表，这些资料为广大读者进一步研究该领域的问题提供了重要的参考。

第二，本书将历史研究与现实关切紧密结合，具有极强的现实意义与学术价值。书中对于中印边界问题的系统论述可为外交事务及相关活动提供历史依据与法理依据。比如，作者进一步论证了 1914 年所谓的"西姆拉协定"和非法的"麦克马洪线"不具有历史依据与法理依据。其一，中国代表未在"西姆拉协定"上正式签字，这一点在英国于 1929 年出版的《艾奇逊条约集》中可以证明，并且该版本的条约集现今就藏于美国哈佛大学图书馆和印度加尔各答图书馆。其二，由英国出版的 1935 年之前版本的《泰晤士世界地图集》中，中印边界仍然是传统边界，并非后来非法的"麦克马洪线"。之所以英国、英印政府与印度声称两者具有"历史依据"

---

① 孟庆龙等：《世界史视阈下的中印边界问题》，第 232—242 页。

和"法理依据"，是因为英国政府随后对《艾奇逊条约集》《泰晤士世界地图集》进行了篡改：以 1937 年版的新《艾奇逊条约集》（该版收入了所谓的"西姆拉协定"）冒充 1929 年版，并将 1929 年版予以回收销毁；1935 年后出版的《泰晤士世界地图集》中标画了非法的"麦克马洪线"。① 天理昭彰，中国学者通过对史实的梳理和精细解读，揭露了英国政府作伪证的罪行，进一步证实了"西姆拉协定"和非法的"麦克马洪线"不具有历史依据与法理依据。

纵观 70 多年来的历史实践，中印边界问题既是学术界研究的热点问题，更是关系我国国家安全与和平发展的重大政治、外交、军事和战略问题。本书运用国际史的研究取向，将学术研究与现实关怀熔于一炉，可以为多个学科领域在基础资料、研究视野和分析方法等方面提供助力和启示，进而为国家建设贡献智慧。因此，本书是中国特色社会主义进入新时代以来，国内研究中印边界问题的又一学术力作。

---

① 孟庆龙等：《世界史视阈下的中印边界问题》，第 104—105 页。

冷战史文化转向视角下的美南公共外交研究——评《美国在社会主义南斯拉夫的公共外交（1950—1970）》

张滢瑄[*]

1948 年 6 月南斯拉夫和苏联关系破裂后，南斯拉夫转向了美国并成为美国的"共产主义盟友"。铁托在国内试验市场机制、权力下放、更广泛的个人自由，与以美国为首的西方阵营的关系也有所缓和，小心翼翼地对西方社会、文化张开怀抱。冷战结束、南斯拉夫解体已经过去 30 多年，但冷战史的研究一直热度不减，美国外交史研究中也呈现了文化转向的趋势，突破了传统国际关系史研究中仅关注大国外交、政治关系的局限，文化宣传、大众文化交流也成为研究对象。[①] 南斯拉夫与美国的关系从紧张走向缓和，再走向合作，反映出两国即便是两种不同的社会制度、意识形态，双方也可以走向合作，小国仍然可以在大国之间赢得尊重、谋求生存和发展。当下，原南斯拉夫土地上的国家再次引起了世界范围内的关注，人们思考着南斯拉夫解体后的一些问题和冲突是否可以在历史研究中找到解释。

《美国在社会主义南斯拉夫的公共外交（1950—1970）》（以下简称

---

* 张滢瑄，首都师范大学历史学院世界史专业硕士研究生，研究方向为国别区域研究。

① 关于冷战研究的文化转向和国际化，可参考王立新：《跨学科方法与冷战史研究》，《史学集刊》2010 年第 1 期；王立新：《试析全球化背景下美国外交史研究的国际化与文化转向》，《美国研究》2008 年第 1 期；沈志华：《近年来冷战史研究的新趋向》，《社会科学战线》2012 年第 6 期；翟韬：《超越冷战史：美国冷战宣传研究的新趋势》，《历史研究》2018 年第 5 期；翟韬：《"文化转向"与美国冷战宣传史研究的兴起和嬗变》，《世界历史》2018 年第 3 期。

"本书"）① 一书出版于 2020 年，作者是克罗地亚学者卡拉·康塔。她毕业于意大利的里雅斯特大学，目前是克罗地亚里耶卡大学意大利研究系的博士后研究员，主要研究美国与南斯拉夫的外交关系、美国在欧洲和南斯拉夫的影响来源、南斯拉夫的反美主义和不结盟运动。本书首次全面介绍了冷战高峰时期美国在南斯拉夫开展的公共和文化外交活动，考察了文化在美南双边关系中的角色，以及信息和宣传之间的关系。本书对美国对南斯拉夫的公共外交的讨论既有十分重要的学术价值，也有值得我们深思的现实意义。

一

　　本书结构十分清晰，作者对文化冷战和公共外交的概念及其发展进行了较为系统的梳理，并对美国在冷战时期的公共外交作了介绍。全书分为六个章节：说服战略、美国新闻处的行动、南斯拉夫展览会上的美国、艺术与音乐外交、南斯拉夫领导人的变革与失误、超越 20 世纪 60 年代。作者在书中全面地介绍了美南之间在信息与宣传方面的联系，以及宣传在控制之下和控制之外产生着怎样的影响。

　　在南斯拉夫转向美国时，美国当局就清晰地知道南斯拉夫同其他东欧国家不同：南斯拉夫选择社会主义是从内部自发的，而不是苏联强加给它的，而铁托在国内和国际上的威望极大并不代表国内人民对其政府充满热情和完全信任。因此，美国正是利用这一点，明确了自己的目标并不是推翻铁托政府，也不是大肆进行反共政治宣传，而是在南斯拉夫的年轻人和受过教育的人中宣传美国自由、平等、富裕、充满机会的国家形象，希望能从南斯拉夫内部改变其政权，使南斯拉夫能走向自由和现代化，进而向美国靠拢。②

---

　　① Carla Konta, *U. S. Public Diplomacy in Socialist Yugoslavia*, *1950-70* (Manchester: Manchester University Press, 2020).

　　② Ibid., p. 56.

与针对其他地区的宣传不同,美国新闻署(在驻多国大使馆里设有新闻处)在南斯拉夫进行宣传的目标是"未来有可能成为自由化支持者的中层领导人",因此要采取的文化宣传工作需要是缓慢的、持续的。^① 本书就介绍了美国是如何利用图书馆、展览会、音乐、艺术向南斯拉夫宣传美国的自由和现代化的。

图书馆是言论自由的场所,"当阅读的社会性质与交流机构相遇时,在公民社会中两者的协同作用就会产生一种可以提供规范公共话语和影响政治问题的信息"。^② 美国制定了长期的"图书战略",自1943年以后在世界主要国家的首都都建立了图书馆,旨在利用图书向海外展现最完整的美国文化肖像,希望海外的学生和教授们通过阅读更慢、更深度地消化这些美国挑选过的材料。这些图书馆内的布置和书架上书的摆放都是美国精心设计过后的产物,旨在通过电影、"美国之音"、小册子、杂志的宣传让这些国家的民众接触"美国",并且通过一些反共反苏书籍让民众反思国内问题,从而达到反共的目的。在这些作品中,美国新闻处特意避免张贴一些明显地直接宣传美国本身的电影和出版物的信息,取而代之的是关于美国和美国人日常生活的信息。^③

视野从图书馆转向展览会。在展览会上,美国政府运用大众消费主义宣传美国先进的技术和丰富的消费品,以此吸引国外观众并对他们产生"心理影响"。^④ 很多外国艺术家、建筑师和设计师收到了来自美国政府和美国新闻署的培训邀请,美国国家馆也成了美国政府非常青睐的宣传工具。^⑤ 在宣传美国强大的生产力和丰富的消费品的同时,美国在南斯拉夫的原子能展也被称为"公共外交的胜利"。该展览的意图是消除铁托对美国在原子能方面的地位的误解,向南斯拉夫表达美国愿意支持南斯拉夫发展原子能,并且超过四分之一的南斯拉夫人参观了此展览。

① Carla Konta, *U. S. Public Diplomacy in Socialist Yugoslavia*, 1950–70, p. 45
② Ibid. , p. 55.
③ Ibid. , p. 63.
④ Ibid. , p. 82.
⑤ Ibid. , p. 76.

音乐和图书、电影一样被美国用作冷战的武器。美国国务院赞助爵士乐音乐家进行世界巡回演出，来消除苏联对美国种族歧视问题的宣传的影响。美国通过总统基金、文化展示计划（CPP）、教育与文化事务局（BECA）、《教育和文化相互交流法案》，利用音乐作为秘密武器，希望能改善外国人对美国人的刻板印象，尤其是消除对美国种族问题的偏见。[1] 受到赞助的美国艺术家和南斯拉夫艺术总监、音乐评论员、记者和观众被联系起来，美国通过提高艺术自由度和创造力来对他们产生中长期心理影响，使南斯拉夫人不再认为美国是存在种族歧视问题的、在文化上是落后的，而是领先的、自由的、平等的。

本书列举了大约 50 种国家和私人倡议之间的不同模式的交流计划，比如富布赖特项目和"外国学生领袖计划"，论证了美国的公共外交计划作为南斯拉夫自由化和异议运动的外部投入是如何发挥作用的。

二

沈志华在《近年来冷战史研究的新趋向》一文中曾指出，近年来冷战史研究在"冷战国际史"这一概念上的发展日渐深入，首先也是最重要的表现，就是档案文献利用多元化、多变化的持续发展。[2] 本书作者利用了美、南双方的档案，体现了冷战史研究中档案收集和利用的国际化趋势。此外，作者在论述中不仅关注美国是如何向南斯拉夫进行文化输出的，还关注了南斯拉夫作为接受的一方是如何面对这些内容和采取反制措施的。这也是本书值得关注的一点，即美国新闻处在南斯拉夫的活动引起了南斯拉夫官方不同程度的反对。

在苏南关系破裂之后，南斯拉夫和美国都认为这是可以拉近彼此关系、促进共同发展的机会。但这种机会的发展并不是顺利的，尤其是当美国的宣传被南斯拉夫当局认为是对政权的一种威胁时，其就会受到限制。

---

[1] Carla Konta, *U. S. Public Diplomacy in Socialist Yugoslavia*, 1950–70, p. 93.

[2] 沈志华：《近年来冷战史研究的新趋向》，《社会科学战线》2012 年第 6 期，第 78 页。

南斯拉夫当局对美国的宣传活动作了调查，认为美国在南斯拉夫进行的图书借阅活动是在进行大规模的"反共宣传"，宣传的内容会使南斯拉夫人民产生自卑和"被殖民"的情绪，于是禁止年轻人看对南斯拉夫持负面看法的内容。[①] 1951 年，南斯拉夫人民青年联盟就呼吁南斯拉夫要对编辑工作施加反西方压力，以抵抗西方对本国媒体的巨大渗透。[②] 针对"美国之音"的宣传，南斯拉夫当局抓捕了一名携带美国新闻处新闻简报的妇女并关押了 24 小时。在电影方面，美国新闻处精心挑选了观众，并对科学爱好者、艺术家、工人、音乐家等个人直接发出邀请，每周在贝尔格莱德周边进行电影放映。针对此趋势，自 1957 年开始，南斯拉夫政府在每个共和国都设立了电影发行中心，两年后禁止美国新闻处直接向民众分发电影目录。从当局的态度和政策制定上来看，南斯拉夫对美国的文化"入侵"持十分谨慎的态度。南斯拉夫当局的政策在不断变化，这也迫使美国需要在"灰色地带"去进行宣传工作，而这正是本书作者尤其关注的一点。

三

冷战研究中的文化转向和国际化趋势使我们越来越多地关注文化、交流、国内国际舆论对国家外交政策制定的影响。本书作为首部全面描述冷战高峰时期美国在南斯拉夫如何开展公共外交的著作，其重要性体现在使用了大量南斯拉夫的档案和访谈资料，对冷战时期美国的公共外交和南斯拉夫史方面的研究都作了有益的补充。作者对双方的相互影响的研究也打破了西方中心论以及南斯拉夫单方面绝对被动地接受美国宣传的偏见，使我们能够更客观、更全面地了解美国公共宣传政策的制定过程以及南斯拉夫的社会和舆论情况。总的来说，本书是一部优秀的冷战史著作。相信关于冷战时期巴尔干地区的发展情况的优秀著作会越来越多，巴尔干冷战史的研究成果也会越来越丰富。

---

① Carla Konta, *U. S. Public Diplomacy in Socialist Yugoslavia*, 1950-70, p. 33.
② Ibid. , p. 24.

中国世界近代现代史研究会世界现代史专业委员会 2022 年年会暨第一届全国世界现代史研究生论坛会议综述

赵文亮[*]

2022 年 12 月 3 日，由中国世界近代现代史研究会世界现代史专业委员会主办，曲阜师范大学历史文化学院承办的中国世界近代现代史研究会世界现代史专业委员会 2022 年年会成功召开。本次年会采用线上与线下相结合的模式，会集了来自全国 60 余家高校、科研单位和新闻出版单位的百余名专家学者，围绕"百年未有之大变局背景下的世界现代史研究"各议题进行了深入探讨。会议期间举办了第一届全国世界现代史研究生论坛，来自 50 余所高校和科研单位的近百名硕、博士研究生参与交流。同时，论坛邀请了来自多所高校、科研单位、新闻出版单位的 20 余名专家学者参与评议。

在开幕式上，曲阜师范大学党委书记邢光代表学校对会议的召开表示祝贺，对与会的各位专家和同学表示热烈欢迎与衷心感谢。中国社会科学院世界历史研究所党委书记罗文东研究员代表世界现代史专业委员会的管理机构对会议的召开表示祝贺。世界现代史专业委员会前会长张宏毅教授和世界现代史专业委员会会长梁占军教授也对会议的召开表示祝贺。

---

* 赵文亮，曲阜师范大学教授、博士生导师，主要研究方向为国际关系史和世界近现代史。

在随后的主旨报告环节，有6位知名学者分别作了报告。中国社会科学院世界历史研究所于沛研究员在题为《历史百年未有之大变局与世界历史进程》的报告中，从宏观视角和历史视角阐述了百年未有之大变局的深刻内涵、历史背景、意义以及在世界历史进程中所具有的重要影响。东北师范大学韩东育教授在题为《感知变局》的报告中，从世界的角度，尤其是从第二次世界大战以来世界新格局、新秩序的变化方面阐述了对"百年未有之大变局"与世界现代史研究的认识。上海社会科学院历史研究所郭长刚研究员的报告从四个方面比较详细地论述了土耳其与北约的关系。吉林大学刘德斌教授在题为《百年之变与世界历史研究》的报告中，将"百年之变"与世界历史研究结合起来，对"世界史的学者应该做什么？"等问题作出了一些思考和解答。西北大学黄民兴教授作了《再论现代中东地区格局的百年变迁》的报告，从宏观视野勾勒出了现代中东地区格局的百年变迁。首都师范大学梁占军教授在报告中阐述了世界现代史与区域国别研究的关系。

在当日下午的分组讨论环节中，共有90余位学者分为7个专题、10个小组进行了讨论。

第一、第二组讨论的主题是"百年变局下的中外关系"，学者们共计提交了17篇文章参加讨论。浙江大学程早霞、中国浦东干部学院闫明利用冷战时期美国及西方媒体的报道材料探析十四世达赖出逃时偷运宝藏的数量，揭露了美国丧失国际政治基本准则，殖民侵略弱小国家的行为。曲阜师范大学孙晓光、张赫名论述了冷战结束以来美国的南海政策，认为这一政策影响了南海局势的稳定，引发了亚太地缘政治格局的新变动。辽宁朝阳师范学院于程煜以2022年中美台海危机为例，论述了百年变局下大国竞争的实质。华中师范大学梁军论述了美国因素及1972年尼克松访华对战后中英关系正常化历程的影响。内蒙古师范大学尚彦军指出，英国对涉台问题的态度转变是影响中英通航交涉的重要因素。中国社会科学院孟庆龙论述了中印边界问题对中印关系的影响，认为客观且全面认知这一问题需要特别注意心理因素的作用。德州学院王彦敏论述了以色列农业社区模式的发展变迁及对我国田园综合体建设的启示。青岛大学宋艳华论述了加拿大传教士季理斐在华传教 40 余年的生活，认为其推动了早期中加关系的发展。此外，还有多篇论文涉及中共党建、马克思主义中国化以及史学理论。

第三、第四组的议题为"百年变局下的美国"，学者们共计提交 15 篇文章参与讨论，涉及美国对外关系史和冷战史的论文数量最多（7 篇）。中国社会科学院吕桂霞从美国"印太战略"的角度，论述了美国与太平洋岛国关系的转变。兰州大学王延庆认为，美国对埃塞俄比亚 20 世纪 80 年代饥荒的救助未能达到削弱埃（塞）亲苏政权的目的，反而使后者在借助西方援助的同时继续保持与苏联的密切合作，暂时稳固了政权。山东女子学院王宗涛论述了美国对波多黎各的同化政策及其失败的原因。山西师范大学刘长新论述了福特政府对伊朗的石油政策，认为其加速了伊朗国内危机的爆发。重庆理工大学罗炯杰借助新近解密的美国档案文献，论述了伊朗伊斯兰革命中美国的撤侨行动。鲁东大学张亚庆论述了 20 世纪 70 年代美国对肯尼亚的军事援助的影响。兰州大学王雅红论述了第二次世界大战期间美国"战俘合同工"制度，并评价其为"美国例外论"的体现，是美国单边主义的前奏。此外，部分参会论文的研究领域涵盖了农业史、环境史、海洋史、第二次世界大战史等方面。

第五、第六组的议题为"百年变局下的欧洲"，学者们共计提交 14 篇文章。陕西师范大学何志龙利用英国解密档案，论述了英国在阿拉伯国家联盟成立过程中所扮演的角色。菏泽学院曹瑞臣从跨国史的视角探讨了蔗糖传播、奴隶贸易、英国消费社会兴起三者间的关系。河南师范大学王若茜分析了英国对 1971 年南亚危机的政策。赣南师范大学宋海群论述了第二次世界大战时期英国对捷克斯洛伐克反法西斯抵抗运动的政策变化。四川大学张箭、吴浩菡探讨了第二次世界大战中法国败降后其军队的去向和归宿。山东大学孙一萍探讨了法国热月政变时期德安格拉斯与潘恩有关财产问题的争议。信阳师范学院肖文超论述了委任统治时期法国对叙利亚库尔德人政策的演变及其影响。上海大学沈亚男讨论了 20 世纪 60 年代勒马斯政府教育国有化改革与爱尔兰现代教育格局形成之间的关系。此外，部分参会论文涉及历史教学问题、政治制度史、思想史等方面。

第七组讨论的议题为"百年变局下的中东"，学者们共计提交 10 篇文章。曲阜师范大学赵文亮探析了伊朗反美主义的成因，认为其是多重因素综合作用的结果，是伊朗国内推力和美国外部压力共同作用的结果。西北大学蒋真认为，伊斯兰改革主义既可以保持伊斯兰原则，又为现代化改革提供了合法性基础，这是其能够在 19 世纪末 20 世纪初盛行于伊朗的重要原因。西北大学韩志斌论述了部落体系重构与阿拉伯哈里发国家兴起的历史逻辑，认为部落与国家之间的互动逻辑不仅深刻地影响了"乌玛"和哈里发国家的命运，同样也深刻影响了后来的伍麦叶王朝和阿拔斯王朝。山西师范大学车效梅、王桂法对伊斯坦布尔棚户区问题的成因、特点、治理得失等方面进行了全面且细致的论述。吕梁学院李宁、王婉指出，奥斯曼帝国世俗化改革虽未达到富国强兵的目的，但其为后来的凯末尔世俗化改革铺平了道路。山西师范大学谢立忱论述了冷战时期以色列的"少数民族联盟战略"，认为其取得了有限的成功，原因在于以色列自身相对有限的经济实力和双方关系的不对称性。内蒙古民族大学王泰论述了 20 世纪埃及现代化道路的探索、教训与启示。西华师范大学李豪考察了黎巴嫩真主党的发展历程，认为其策略为极力使自己"黎巴嫩化"，以更好地融入黎巴嫩的政治生活当中，进而实现其执掌或分享政治权力的最终目的。山西师范大学王霏从叙利亚国旗、国歌演变的角度，考察了叙利亚国家认同的构建及其成败。云南大学伍庆玲论述了 20 世纪以来中东国家伊斯兰妇女现代化的历程。

第八组讨论的主题为"百年变局下的俄国"，学者们共计提交了 7 篇文章。北京师范大学张建华指出，苏联的伊尔库茨克和西伯利亚在 20 世纪 20 年代是"发生""培育""酝酿""制造""输入"革命的地方，实际上成为东方革命和中国革命的策源地。黑龙江大学高龙彬利用美国"哈佛苏联社会制度项目"的口述材料对苏联经济问题进行了细致深入的研究。曲阜师范大学张文华考察了苏联钚-239 的生产与核计划，指出钚-239 工业的规划化生产满足了苏联批量生产核武器的战略需求。嘉兴学院李华根据法国作家纪德1936年的游记《访苏归来》，分析了纪德对苏态度变化的原因。西北师范大学党庆兰论述了俄罗斯中亚战略的历史沿革与中亚的政治经济走向。滨州学院亓佩成对纳卡问题进行了论述，认为其源于历史、宗教、民族和领土因素和地区大国博弈。首都师范大学李晓如梳理了第一次世界大战中俄国与罗马尼亚之间比萨拉比亚争端的由来。

第九组讨论的议题为"百年变局下的日本"，学者们共计提交了7篇论文。中共中央党校林晓光以外长谈判中政治解决和法律解决的较量与博弈入手，对中日邦交正常化问题进行了深入解读。江南大学杨捷论述了20世纪30年代末夏威夷华人的抵制日货运动。曲阜师范大学张兆敏梳理了近现代国际关系中的琉球问题，认为"二战后琉球地位未定论"的观点是有充分的国际法及历史事实依据的。北华大学刘景瑜梳理了日本战后防卫大纲的历史沿革，认为"专守防卫"理念已经变质，新版防卫大纲可能会增加周边地区的不安定因素。青岛工学院赵承伟对幕末不平等的日美外交关系进行了分析，并论述了其对当代国际关系的启示。天津社会科学院刘凤华以正金银行大连、营口两支店的经营为例，论述了日本横滨正金银行与日俄战后东北经济中心转移之间的关系。渤海大学潘德昌论述了日本早期工业化进程中矿害治理问题，并指出日本对这一问题的处理对我国治理工业污染问题具有重大的参考价值和借鉴意义。

最后一组讨论的议题为"百年变局下的东南亚"，学者们共计提交了8篇文章参与研讨。湖北大学高志平、郭温玉指出，中国对首届不结盟运动峰会的积极外交获得了巨大的成功，基本实现了中国的政策目标。华东师范大学梁志论述了缅甸承认新中国的历程与当代中缅关系的缘起。苏州大学魏琪认为，东南亚宗教民族主义经常与所在国的政治、经济、种族和宗教等问题交织在一起，对所在国的政治过程、地区安全和稳定及政治生态等有重要的影响。渤海大学温荣刚指出，第二次世界大战后东南亚地区的民族民主运动率先启动，不仅极具特点，而且对世界格局走向影响深远。赣南师范大学朱大伟论述了第二次世界大战对缅甸历史的深远影响。赣南师范大学魏炜、王锋将研究聚焦于新加坡，分别对新加坡老龄化社会治理问题、新加坡中医药管理制度化问题进行了详细且深入的研究。南开大学王元论述了五邦社会主义政党反大马计划始末，认为反大马计划的失败深刻地影响了各邦的内政和地缘政治格局，并改变了该地区社会主义运动的走向。

本次年会的闭幕式由黑龙江大学李朋教授主持。各分会场汇报人分别介绍了本小组的论文和评议人的点评情况。世界现代史专业委员会副会长、武汉大学徐友珍教授进行了大会总结，她认为本次大会充分体现了"百年未有之大变局下世界现代史研究"这一主题，涉及议题广泛，讨论精彩纷呈，青年学者的加入为学会注入了新鲜血液。她对本次年会的成功举办表示肯定。世界现代史专业委员会会长梁占军教授最后指出，这次会议是一次非常成功的学术盛会，线上会议的特点使这次会议在规模和参与度上都高于以往。他代表世界现代史专业委员会高度评价了会议承办方曲阜师范大学和赵文亮教授团队的辛苦付出，同时感谢张宏毅、李世安、沈永兴等老一辈学者对学会工作的指导与支持，并对所有与会领导、嘉宾、师生表示感谢。

在第二天的研究生论坛上，南开大学赵学功教授作了题为《科学与政治：美国科学界对核禁试问题的争论及影响》的报告，指出美国科学界中支持核禁试与反禁试的两种力量一直是并存且平衡的，双方的争论影响了美国的决策，并在很大程度上决定了美苏核禁试谈判的结果。曲阜师范大学赵文亮教授作了题为《反美主义——一个全球性现象的解读》的报告，将国际政治学的方法与历史学方法相结合，从概念界定、分类、主体和客体、方式和手段等十个方面对反美主义作了较为全面的解读。

在分组研讨环节，会议将73篇入选的研究生论文分为8个专题、9个分论坛进行研讨，每个分论坛安排两至三名评议专家对每篇论文进行细致、深入的点评。

第一分论坛的议题为"百年变局下的欧洲及其国际关系"，与会者共计提交8篇论文。首都师范大学武垚利用多国档案材料论述了英德与南斯拉夫"三二七"政变的关系，揭示了第二次世界大战期间大国在中小国家开展外交竞争的演变过程。曲阜师范大学王景康从南海战略地位、德国需求、列强在南海角逐态势三个角度剖析了德意志帝国涉足南海的原因。湖南师范大学徐舰考察了1911年至1921年德国民间协会的在华活动。西北师范大学赵非凡论述了冷战期间中国与欧共体的关系。广西师范大学田稳亭对英美在"法国重返印度支那问题"上的合作进行了研究，指出英美的合作是法国能够重返此地的原因。此外，还有3篇论文涉及地区国别研究和学科史。

第二分论坛的议题为"百年变局下的中外交流交往"，与会者共计提交9篇论文。其中，湖北大学的三位博士生提交的论文都将研究聚焦于中国与不结盟运动问题。赵振宇论述了邓小平同志对不结盟运动认知的缘起、基本观点及影响。王璞探析了中国与不结盟运动在人权领域的合作及前景。周乾梳理了中国成为不结盟运动观察员国的动因、过程及意义。黑龙江大学张晨分析了北塔山事件对于中苏关系的影响。华东师范大学陈思蓓考察了战后中苏东北经济合作谈判的意义和影响。广西师范大学王艳以马神甫事件的审理为切入点，探析了中法双方关于此案的不同立场。此外，东北师范大学王淇铭探究了格里菲斯对《孙子兵法》的认识。暨南大学吴津论述了济南广智院的创办及其历史贡献。湖南师范大学孙阳将研究聚焦于王宠惠对战后世界和平的思考。

第三分论坛的主题是"百年变局下的日本与中日关系"，与会者共计提交7篇论文。东北师范大学陈敬瑞以满铁兽疫研究所为中心，论述了日本帝国主义在中国东北的兽疫科研活动及其本质。北华大学张铭睿论述了日本海军在满洲地区进行的殖民侵略活动，指出驻满海军部在满洲的活动是日本海军侵华罪行的一个缩影。长春师范大学张晓旭考察了伪满时期东北电信业的发展历程，认为其推动中国从封建社会向近代社会转型的同时也对中国主权造成了巨大损害。东北师范大学王鑫论述了满铁附属地山东移民的死亡安置问题，认为这一问题的困境及解决可以作为公共卫生体系建设的参考。南京大学李书剑考察了日本在1927年日内瓦海军会议中采取的制衡英美策略，认为日本借此成功地在英美矛盾中实现了自身利益的最大化。黑龙江大学王岚考察了日本在日俄战争前的对俄政策。湖北大学吴奕锋论述了冷战时期日本共产党的中立与不结盟政策的内外影响。

第四分论坛的主题是"百年变局下的亚太及其国际关系"，共计有 9 篇论文入围。西南大学朱复明对缅甸民主化转型以来美国的援缅政策进行了研究。吉首大学马烈魁以夏威夷王国和萨摩亚王国的兴亡为切入点，探讨了边陲地区在面对西方"中心"主导的世界体系时，如何看待和应对现代性问题。山西师范大学陈肖对阿曼努拉时期的喀布尔城市现代化建设进行了研究。赣南师范大学颜培嘉考察了太平洋战争时期缅甸民族主义者巴莫与日本的合作及其原因。福建师范大学许涵渊论述了尼克松政府对朗诺政变的认识与因应。曲阜师范大学李少帅探析了明清鼎革时期琉球王国的中华认同，指出这种认同促进了琉球的兴盛和发展。赣南师范大学吴湘莲考察了新加坡历史起点中的"1819 年说"和"1299 年说"，认为此种转变是为了淡化殖民色彩，同时增进新加坡人民的国家认同感。广西师范大学张玉宁考察了日本对英国在 1915 年新加坡兵变中的援助及其对英日关系的影响。山西师范大学刘培淇探析了第二次世界大战后韩国经济政策和社会转型，认为韩国经济腾飞的原因在于多因素的合力作用。

第五分论坛的主题是"百年变局下的美国"，共 9 篇论文入围。首都师范大学王艺儒以巴黎图书馆学校的创办为切入点，论述了第一次世界大战后美国图书馆事业国际化的肇始。南开大学张慧霞论述了美国《1924 年移民法》与移民限额制度形成之间的关系，认为《1924 年移民法》确立了新的移民限额标准、移民签证制度和移民优先权制度。山东师范大学陈少晶以橡胶生产为例，探析了第二次世界大战期间美国与巴西的合作，指出巴西向美国出口橡胶，支援了反法西斯战争，有利于巴西国家的一体化发展。赣南师范大学刘甜对第二次世界大战后美国官方关于"巴丹死亡行军"的记忆进行了研究，认为其有助于我们了解和预见美国的政治发展动向及外交战略。兰州大学田心聚焦于简·亚当斯民主理论的思想与实践，认为其对美国社会的进步和女权运动的发展起到了重要的指导作用。辽宁大学张诗尧以"爱河事件"为切入点，考察了美国政府的信息公开机制，认为美国政府运用信息发布者的身份捏造谎言，展现了其政治虚伪欺骗性的一面。南京大学付文广认为，19 世纪末至 20 世纪初关于"门罗主义"的辩论既揭示出"亚美利加"概念的重塑和再定位，也为第二次世界大战后美国缔造"美利坚治下的和平"奠定了思想基石。山东师范大学姜帆指出，1968 年的"新春攻势"是美国越南战争政策由升级到降级的转折点，约翰逊政府最终赢得了战役，却失去整场战争的胜利。武汉大学石莹考察了 20 世纪"庚款"退还的始末，指出"庚款"退还的出发点在于美国对国家利益的维护。

第六、第七分论坛的主题为"冷战"，与会者共计提交 14 篇文章参与讨论。大部分论文使用了原始档案，部分论文还使用了多边档案互证的研究方法。中国社会科学院大学张芷晗探析了中美从关系缓和到建交过程中美国的对华核政策，认为美国改变其政策的原因之一，是以一种隐晦的方式维持美苏核武器较量中的优势。华东师范大学田地考察了英国威尔逊政府在印度洋的核部署计划，指出威尔逊政府印度洋核部署计划的流产是英帝国在全球领域"撤退"的缩影。华东师范大学陈锐论述了苏联核武器在 1954 年巴统缓和政策中所发挥的作用，认为苏联氢弹的爆炸从根本上引发了对出口管制实际效果、管制常规武器的必要性的质疑，甚至直接动摇了美国对西欧的安全保障政策。武汉大学马雨聪以第一次台海危机为切入点，分析了冷战初期美国对台湾问题的考量与对华核政策制定之间的关系。南开大学李明楠论述了 20 世纪 50 年代前期日本对华出口管制政策的演进脉络及对美关系的变化。华东师范大学苏婧考察了英美两国在对华政策上出发点的差异和英国外交的特点，阐释了新中国成立前后的中美英三边关系。兰州大学兰佳辉以 20 世纪 80 年代的埃塞俄比亚饥荒为切入点，揭示了美国对外援助的政治性本质。武汉大学魏崴指出，美国政府对爵士乐的政治利用取得了一定效果，修复了因种族问题而受损的国家形象，但是不断涌现的种族歧视问题也让美国通过"爵士乐外交"积累起来的善意消失殆尽。武汉大学曾泳心认为，英国对"科伦坡计划"的出台做了"奠基性工作",并对"科伦坡计划"的存续和发展产生了重要影响。华东师范大学武乐曼对英国与"科伦坡计划"的起源进行了再探讨,认为东南亚地区作为解决英镑问题和防止共产主义"扩张"的重合之处,成为英国关注的战略重点,由此诞生了"科伦坡计划"。西北大学邵煜考察了里根政府对苏联出兵阿富汗所进行的隐蔽行动,认为其遏制了苏联势力的扩张,加速了苏联解体和美苏冷战的结束。福建师范大学伍岳探析了苏联对1980—1981年波兰危机的政策。广西师范大学张朝凯剖析了第二次世界大战后英国在越南"一进一出"的成因。湖北大学杨鑫钰论述了美国对第一届亚非人民团结大会的政策。

第八分论坛的主题为"百年变局下的民族主义问题",共计9篇文章入围,主要以中东地区研究为中心。山东师范大学的张鑫研究了第二次巴勒斯坦人大起义对巴以冲突的影响。山东师范大学赵春超论述了第三次中东战争与中东反美主义兴起的关系,认为第三次中东战争成为中东反美主义兴起的标志,此后中东反美主义逐渐兴起并成为一种时代性现象。山西师范大学潘南君论述了利林布卢姆与俄国犹太复国主义运动的关系。天津师范大学姜浩远认为,美国的压迫催生了叙伊(朗)联盟,叙伊关系的未来走向则取决于地缘政治环境的变化。曲阜师范大学张雪、张得志将研究聚焦于阿以冲突的调解问题上,指出美国为调解阿以冲突提出了"罗杰斯计划",尽管这一计划最终流产,但为美国的中东外交积累了经验。中央民族大学季宸回溯了20世纪的民族主义,认为民族主义重构了20世纪的人类历史,民族主义这把"双刃剑"的积极作用与消极危害并存。湖北大学王昕宇论述了1976—1978年英国对南非种族主义问题政策的变化。上海大学鲁明宙指出,传教士对于亚述民族主义的形成起到了一定的启蒙作用,但是传教士对亚述民族主义的影响更多趋于负面,使得亚述民族主义最终因其脆弱性而走向分裂和失败。

第九分论坛的论文主要属于环境史与性别史的范畴,与会者共提交8篇论文。中山大学郭缅基探析了澳大利亚林火防控策略的演变。上海师范大学陶万勇研究发现,加勒比海因其对美洲人民至关重要的地位及其严重的海洋污染，促使海洋法在 20 世纪 70 年代后不断完善，加勒比国家从此由分歧走向合作。曲阜师范大学张晟渝研究发现，19 世纪华人在美国加州的农业活动对加州的农业发展、土地景观和社会生产生活都产生了深刻的影响。武汉大学裘绮影研究发现，随着南极的价值为各国所知，美澳都在南极拥有重要的利益，两国通过不断协调分歧，相互妥协，最终共同促进了《南极条约》的签订。中国人民大学王晶玉针对美国"洛厄尔女工"的地位、影响及反映的时代问题作了分析，并指出"洛厄尔文雅的新女工"成为美国破解工业化困境的一种方式。中国人民大学侯俊玲研究发现，南非妇女联盟在组织反抗活动的过程中将家庭看作种族合作的唯一空间，因而其反抗活动的最终落脚点是捍卫家庭。鲁东大学姜思羽详细论述了第一次世界大战时期美国德裔女性的公共活动和影响，并指出她们的公共参与无论对于国家还是对于女性自身而言都具有重要意义。山西师范大学任柯冰对第二次世界大战前日本女性体育的发展进行了总结和归纳，并指出明治维新时期日本资本家为获得解放女性的劳动力而为其提供一定的体育教育。

本届研究生论坛的闭幕式环节由世界现代史研究会副会长、西北大学黄民兴教授主持，各组代表分别对各组的讨论情况进行了汇报。世界现代史研究会副会长车效梅教授对本届论坛进行了总结，并向所有与会的老师和同学表示感谢。黄民兴教授肯定了本届论坛的举办意义，认为年轻人在提高自身学术能力的同时，要将个人选择与国家需求相结合，这对于个人与国家的发展都是有益的。梁占军教授进一步感谢承办方曲阜师范大学及与会专家、同学对论坛的支持，并希望未来能有更多的院校和学生参与其中。

研讨与交锋：二战史研究的新动向

付 雪[*]

 　　2022 年 9 月 17—18 日，中国第二次世界大战史研究会 2022 年年会暨学术研讨会召开。本次会议由中国第二次世界大战史研究会主办，中国社会科学院世界历史研究所与华东师范大学历史学系、社会主义历史与文献研究院共同承办，武汉大学中国边界与海洋研究院与首都师范大学历史学院协办。

 　　本次研讨会有来自国内 30 余所高等院校与科研机构的近 120 位学者出席。受到疫情影响，研讨会采取线上线下相结合的形式进行，分别在上海华东师范大学、北京首都师范大学与武汉大学设立分会场。

 　　会议开幕式由中国第二次世界大战史研究会副会长、兰州大学汪金国教授主持。中国第二次世界大战史研究会会长、国际关系学院林利民教授，中国社科院刘健研究员，华东师范大学梁志教授分别致辞。林利民教授回顾了二战史研究会创建以来取得的各项成就，指出了研究会发展同国家建设紧密相连的历史命运，呼吁二战史研究者积极回应国家与时代发展的需要。刘健研究员与梁志教授都结合自己的研究领域，对当下中国的二战史研究与相关学科的建设提出了建议。

 　　开幕式上，武汉大学胡德坤教授、华东师范大学郑寅达教授、国防大学唐永胜将军、首都师范大学梁占军教授作了主题报告。胡德坤教授以《关于拓展二战史研究的若干意见》为题，就二战史研究的深化、研究队

---

 　　* 付雪，华东师范大学历史学系博士研究生，研究方向为中苏关系史。

伍建设等方面提出观点，呼吁加强对中共抗战国际影响的研究。郑寅达教授从维护世界和平的高度，进一步强调二战史研究领域拓展的必要性。两位德高望重的教授还深情回顾了二战史研究前辈学人们的拼搏精神与贡献，令参会学者深为触动也备受鼓舞。唐永胜将军则从历史到现实，深入分析了当前中国周边的安全形势。首都师范大学梁占军教授主要从学科建设的角度，呼吁二战史研究应回应区域国别新学科建设的需要。

在论文研讨阶段，参会学者按照各自提交的论文的主题，划分为 12 个讨论组。与会者分别围绕"战时中国的外交""战时群体研究""战争记忆研究""二战历史书写""战争起源及影响研究""战时中国认知与宣传""日本掳掠中国东北""战时大国外交""二战视野下的小国""二战与美国""二战与技术、理念""二战与中国内政"等问题进行了充分的问题研讨与观点交锋。

第一组以"战时中国的外交"为主题，由肇庆学院李怀顺教授主持，武汉大学徐友珍教授评议。武汉科技大学孙君恒教授探讨了 1938 年中国的对苏外交得失。西北师范大学尚季芳教授研究了抗战时期西北国际通道的开辟过程和意义。中国国家博物馆张洋梳理了抗战时期尼赫鲁访华及同中共的互动，认为此次访问为尼赫鲁最终承认新中国打下了认知基础。吉林大学陈立赢利用日本和中国台湾地区的史料，考证了近代日本东亚殖民体系下的"航空殖民"问题。武汉大学陆家振利用汉口日本商工会议所的所报等史料，考察了战时日本对武汉地区物资的统治。武汉大学张士伟副教授考察了中国在布雷顿森林体系创建中所扮演的角色。南京大学王睿恒副教授考察了二战期间美国对华文化外交的起源，拓展了对战时抵抗运动的研究视角。

第二组的主题为"战时群体研究"，由首都师范大学学报杜平副编审主持，湖南师范大学罗衡林教授评议。吕梁学院李宁、平津战役纪念馆武思成以及全国政协丝路规划研究中心《丝路百科》杂志张明林分别关注到香港抗日群体、流亡学生、来华犹太人以及日据时期在满台湾人等群体。上海图书馆贾铭宇在慰安妇问题的基础上，讨论了女性在战争中的苦难的言说与构建。中山大学吴耀庭从印尼流亡者的澳大利亚妻子入手，研究了战后澳大利亚对跨国婚姻移民的遣返政策。

第三组的主题为"战争记忆研究"，由陕西师范大学宋永成教授主持，武汉大学王萌教授评议。西南大学叶奕杉从文学角度谈论了战时作家的战争书写与对牺牲的认知，一定程度上拓宽了二战史的研究视角。六盘水师范学院花琦副教授考察了日本的战争公墓关于跨国战争的记忆。上海大学徐之凯考察了中国抗战在法国形成的回响。扬州大学社会发展学院唐剑明老师考察了日本右翼教科书里关于天皇的叙述。华东师范大学徐显芬教授探讨了日本关于历史和解问题的讨论，提出历史和解需要的是国民中的"内心释怀"的境界。武汉大学邱琳以青岛日侨的遣返为例探析了日本的"异端"受害者思想。

第四组的主题为"二战历史书写"，由中国现代国际关系研究院外刊编辑部主编何桂全主持，曲阜师范大学赵文亮教授评议。华东师范大学孟钟捷教授评论了牛津通识读本《第二次世界大战》，肯定了该书以全球史的视角对二战在各地区兴起及其影响的书写。黑龙江大学李朋教授提出了关于"新冷战"的讨论，建议二战史研究者尝试从冷战史研究中寻求借鉴。北京师范大学贾珺以环境史为视角，分析了第二次世界大战对人类社会的影响。兰州大学汪金国教授、武汉大学韩永利教授及张逦、喻卓博士综述了日本、德国、俄罗斯和英国关于第二次世界大战的档案史料。北京市第二中学通州校区邵曼老师回顾了中学历史教材关于第二次世界大战的叙述。

第五组的主题为"战争起源及影响研究"，由中国史迪威研究中心主任陶燕主持，武汉大学刘晓莉副教授评议。信阳师范学院王卫杰探讨了二战的欧洲起源问题。北京大学林泓璇关注1934年日本的"天羽声明"及其引发的美英反应。黑龙江东宁要塞博物馆王宗仁研究员综述了二战对战后政治、军事和国际关系的影响。肇庆学院李怀顺教授考察了联合国创始成员国的确定过程。上海交通大学杨婵副教授考察了二战中关于平民俘虏保护的"互惠主义"。厦门大学助理教授史勤探讨了日本军人在战后日本对外关系中的腐败角色。武汉大学路文睿以《纽约时报》《南华早报》等英文报刊为基础，对雅尔塔秘密协定代表的秘密外交和强权政治提出批评。林利民教授以二战爆发的各个节点联系当下的俄乌冲突，就如何从历史看现实提供了范例。

第六组的主题是"战时中国认知与宣传"，由中国国家博物馆研究馆员高翠主持，青岛科技大学石建国教授评议。南开大学张发青副教授考察了抗战后期外国记者对中共军队形象的认知与宣传。武汉大学赵耀虹博士探讨了 1943 年托马斯·毕森关于"两个中国"的叙述及其影响。安徽师范大学奚庆庆教授考察了 1942—1944 年英国对中国抗战宣传的论争。山西大学杜小军副教授考察了日军战报中山西八路军的抗战形象。中国社会科学院卢晓娜博士分析了抗战前夕"美亚小组"对中共的观察及政治影响。湘潭大学刘啸虎博士探析了第二次世界大战末期美国新闻报道中的冲绳形象。上海理工大学宋青红副教授分析了战地摄影记者赵定明拍摄的战时中国图景。

第七组以"日本掳掠中国东北"为主题，由武汉科技大学孙君恒教授主持，黑龙江东宁要塞博物馆王宗仁研究员评议。北华大学张铭睿认为，日军驻满海军部的"满洲经营"是日本海军侵华罪行的缩影。东北师范大学陈敬瑞将满铁兽疫研究所视为日本侵华的一部分，认为这个机构是在科技领域为日本军国主义服务的。华东师范大学陈思蓓探析了二战后中苏东北经济谈判的过程及影响。湖北大学魏仕俊概述了二战前日本对中国东北水电资源的掠夺。武汉大学方巍考察了抗战胜利后国民政府对日本在华航运业资产的接收与处置。陕西学前师范学院黄彦震教授与武汉大学王萌教授讨论了"731 部队"以及日本侵华细菌战与日本军国主义的关系。

第八组的主要议题为"战时大国外交"，由中国国家博物馆张志华主持，广西师范大学王本涛副教授评议。浙江大学程早霞教授考察了二战期间美国对中国西藏地区政策的演变。上海师范大学刘峰副教授、武汉大学涂杰欣博士关注了二战期间日军的作战问题，分别探讨了日军对美国"中国登陆作战"的研判与因应，以及对中途岛作战的部署问题。苏州科技大学彭永福讲师、内蒙古大学史林凡副教授都关注了英国"印太战略"的形成及其影响。曲阜师范大学赵文亮教授分析了二战期间苏联为避免两线作战而进行的外交折冲。四川大学张箭教授考察了二战期间意大利军队的消长。湖南师范大学罗衡林教授考察了二战期间德国在巴尔干半岛对伊斯兰教徒的宣传与利用。

第九组由陕西学前师范学院黄彦震教授主持,黑龙江大学李朋教授评议。相对第八组的"大国外交",本组论文的主题集中到了"小国"身上。湖北大学程晶副教授研究了战后初期巴西的难民接受政策及其影响。中国国家博物馆高翠考察了朝鲜战争期间中国红十字会抵制美国细菌战的问题。青岛科技大学石建国教授考察了韩国李承晚政府与美国的关系。郑州工程技术学院曹占伟副教授关注了非洲的殖民地、半殖民地对世界反法西斯战争的贡献,特别是考察了埃及对战争胜利作出的贡献。中国社会科学院世界历史研究所助理研究员时伟通探析了老挝伊拉沙运动的发展,分析了这个民族主义运动如何从反法民族主义向革命民族主义转变。武汉大学唐方亮讲师关注了奥兰群岛再军事化的多方成因。

第十组以"二战与美国"为主题,由天津师范大学耿志教授主持,北京师范大学贾珺教授评议。四川大学刘祥从社会组织的角度切入,考察了美国的人权问题。中国社会科学院世界历史研究所高国荣研究员总结了美国殖民统治的四大特征。陕西师范大学宋永成教授考察了二战期间美国的对法政策,即"维希赌注"。武汉大学彭梅探讨了二战期间美国与《四强宣言》出台的关系。武汉大学陶凯、北京大学陆昆分别探讨了二战期间美国对菲律宾、日本的政策。中国社会科学院世界历史研究所王宏波研究员从宏观视角论述了美国在两次世界大战中的政策以及美国的崛起历程。清华大学历史系考舸将环境史的研究方法运用到二战史研究,考察了二战瓜岛战役中的战时环境与美军的医疗实践。

第十一组的研讨主题为"二战与技术、理念",由四川大学张箭教授主持,安徽师范大学奚庆庆教授评议。首都师范大学张北晨、河北师范大学刘京关注了二战期间原子弹的研制及管制思想的形成。贵州民族大学的高照晶探讨了工业与战争背景下简·亚当斯的"新和平理念"。东北师范大学的王义卓探讨了二战期间美国工人的情感困惑与反犹主义。东北师范大学的刘爽以日本人类学家鸟居龙藏的《再探满蒙》为中心，考察了战时人类学者与殖民主义的问题。国际关系学院的谢若初从战略文化的视角阐释了日本历史上的刺杀事件。

第十二组的主题为"二战与中国内政"，由上海交通大学杨婵副教授主持，浙江大学程早霞教授评议。湖南师范大学的孙阳探讨了曾任国民政府外长的王宠惠对战后世界和平的思考。暨南大学的吴津、华中科技大学的马瑞和国防大学的韩洪泉都关注了抗战时期国民党军队的作战问题，考察了国民政府各个机构在抗战过程中的贡献及其组织力量的消长。云南师范大学的杨瑞璟研究了全面抗战爆发前国民党政府的空疆建设。武汉大学的段振华利用地方史料，讨论了战后国民政府湖北省逆产清理委员会的活动，为抗日战争研究提供了新视角和新案例。

总体上，与以往会议相比，本次会议的突出特点在于研究队伍的年轻化、研究视角的多样化、研究史料的多边化以及研究议题的多元化，这些均充分体现出中国第二次世界大战史研究的勃勃生机。

21 世纪以来冷战译著书目 (2003—2023)

潘政旭[*]

[**编者按**]　为了便于读者查阅和利用最新翻译出版的国外冷战研究著作，编者特别挑选了近20年来国内出版的61部相关译著，并将所收书目按照史料、通史、冷战起源、美国外交、文化冷战、地区危机与局部战争、其他专题研究等主题进行分类，各主题下以原著作者中译名的汉语拼音顺序进行排序。同时，编者列出了原书的中文出版信息（附英文作者名及书名），还编写了内容简介。对于英文作者姓名的翻译，采取遵照中译本译名的译法。有些原著的内容跨涉问题较广，编者的分类可能不尽准确，因此也请读者加以指正。此外，所列书目多为学术名著，有的已出版过多个中译本和版次，也请读者注意辨别。

一、史料

[美] 哈里·杜鲁门：《杜鲁门回忆录》（Harry S. Truman, *The Memoirs of Harry S. Truman*），李石译，北京：东方出版社，2007 年。

内容简介：本书主要记述第二次世界大战以后的重大国际和国内事件以及美国政府所采取的有关政策、措施和活动。作者还以较大篇幅叙述了他本人在战后的德国重建、占领日本、制定对华政策，制定并实施"杜鲁

＊ 潘政旭，首都师范大学历史学院硕士研究生，研究方向为国际关系史。

门主义""马歇尔计划""第四点计划"以及发动朝鲜战争等重大事件中的角色。本书包含许多一手史料，如电文、信件、档案、笔记、谈话记录等。

[美]亨利·基辛格：《白宫岁月：基辛格回忆录》（Henry Kissinger, *White House Years*），方辉盛、赵仲强、吴继淦译，上海：上海译文出版社，2016年。

内容简介：本书详细记录了基辛格作为总统国家安全助理在尼克松政府任职的头四年（1969—1973）所经历的众多国际事件，包括他本人赴巴黎与北越进行秘密谈判，直至越南战争结束；1970年约旦危机爆发；1971年印巴战争；通过秘密渠道与苏联领导人进行面对面谈判，以限制核武器竞赛；1971年秘密访华；1972年在莫斯科与北京举行的历史性的美苏、美中首脑会谈。纵览全书，基辛格细致地描绘了众多世界领导人的形象，包括尼克松、安瓦尔·萨达特、戈尔达·梅厄、约旦国王侯赛因、勃列日涅夫、毛泽东、周恩来、维利·勃兰特、戴高乐等，也留下了分量相当多的极其坦率的个人评论。

[美]吉米·卡特：《从农场到白宫：卡特自传》（Jimmy Carter, *A Full Life：Reflections at Ninety*），刘一然、常江译，南京：译林出版社，2017年。

内容简介：吉米·卡特被美国人尊为"模范卸任总统"。他在任期间促成了中美正式建交，改变了世界的大国格局。此举被誉为他最重大的外交成就。他曾说："我与中国的关系是我人生中最为精彩的一笔。"本书写于2014年，正值卡特90岁高龄。他完整回顾了自己的一生——从佐治亚州农场主到入主白宫的奋斗经历，细数任期内的重大外交事件，如伊朗人质危机、促成中美正式建交、敦促以色列和埃及达成和平协定等。在书中，卡特细致剖析了自己总统任内的成功与失败，讲述了他卸任后如何与夫人罗莎琳创办卡特中心，继续实践人生信念，为人类的和平与发展贡献力量。

[美] 理查德·尼克松：《尼克松回忆录：时代的破冰者》（Richard Nixon, *The Memoirs of Richard Nixon*），伍任、裘克安、马充生等译，北京：天地出版社，2019 年。

内容简介：本书内含大量一手资料，尤其是尼克松的笔记、口授日记记录，以及对会议、谈话或事件的口授录音。从事件中心者的视角进入这本书，可以发现一个更全面、更复杂的尼克松，进而了解美国的对外政策思想脉络，总结冷战时期的国际政治历史，认识其背后的世界发展趋势。

[美] 乔治·F. 凯南：《美国大外交（60 周年增订版）》（George F. Kennan, *American Diplomacy: Sixtieth-Anniversary Expanded Edition*），雷建锋译，北京：社会科学文献出版社，2013 年。

内容简介：在本书中，作者利用其显著的外交经验与专业知识，对美国的外交政策作了概述与批判。本书序言部分是美国现实主义国际政治理论主要代表人物之一约翰·米尔斯海默的重要介绍，其提出了对凯南作品的新理解，探索了本书的持续影响。本书的主体内容包括"查尔斯·R. 沃尔格林基金会演讲集""苏联行为的根源""格林内尔演讲集"。

[美] 威廉·埃夫里尔·哈里曼：《哈里曼回忆录》（William Averell Harriman, *The Memoirs of W. Averell Harriman*），吴世民译，北京：东方出版社，2007 年。

内容简介：本书原名《特使：与丘吉尔、斯大林周旋记》，记述了美国著名外交活动家威廉·埃夫里尔·哈里曼在第二次世界大战期间（1941—1946）出使英苏两国的亲身经历。作者在本书中试图通过自己 50 年外交折冲的经历现身说法，进一步阐明自己的对苏政策观，针砭时弊，开出药方，以期当政者采纳。他主张要用"美国的理想"，也就是美国的生活方式向苏联进行渗透，以"经济技术"为纽带促使苏联就范，从而达到"权力的中心在华盛顿"的目的。

二、通史

［美］德瑞克·李波厄特：《五十年伤痕：美国的冷战历史观与世界》（Derek Leebaert, *The Fifty-Year Wound*），郭学堂、潘忠岐、孙小林译，上海：上海三联书店，2008 年。

内容简介：本书考察了 1945—2002 年美国的对外政策：从二战结束开始，到"9·11"事件发生结束。本书具有明显的跨学科性，可以说它是作者"超越自己的专业范围，涉足新领域"的代表作。

［英］理查德·克罗卡特：《五十年战争：世界政治中的美国与苏联（1941—1991）》（Richard Crockatt, *The Fifty Years War: The United States and the Soviet Union in World Politics, 1941-1991*），王振西、钱俊德译，北京：社会科学文献出版社，2015 年。

内容简介：本书是一部对国际冷战历史全景式的叙事。作者从美苏对抗的历史根源开始叙述，将两国对外政策的历史传统作为分析体系性对抗的起点，叙述了在全球变迁的过程中，冷战是如何爆发的，"缓和"是如何出现的，又是什么导致了两个超级大国再度紧张对抗的"新冷战"，以及冷战最终因苏联解体而和平终结的过程。在宏大的叙述中，作者对两国决策层在这些事件中的博弈过程进行了理论剖析，揭示了冷战体系的内在机理。

［挪］盖尔·伦德斯塔德：《战后国际关系史》（第六版）（Geir Lundestad, *East, West, North, South: Major Developments in International Politics since 1945, Sixth Edition*），张云雷译，北京：中国人民大学出版社，2014 年。

内容简介：本书记载了自二战以来的国际关系史发展、演变的全过程，涉及了国际关系史上的几乎所有重大变革，着重介绍了东西关系、南北关系、美欧关系，以及二战后最为重要的美苏关系。作者在编写中史论结合，将对历史的陈述和对历史的评价结合起来，同时融合了学习国际关系史的方法，突出了重要的历史事件和问题。本书适合作为国际政治、国际关系、历史学、外交学、政治学等专业的大学本科教材，也适合高校文科学生选作通识课教材和读物。

[美] 诺曼·里奇：《大国外交：从第一次世界大战至今》（Norman Rich, *Great Power Diplomacy：Since 1914*），时殷弘译，北京：中国人民大学出版社，2015 年。

内容简介：本书主要介绍第一次世界大战爆发之后的 100 年间，大国关系与世界格局的深刻演变，阐释大国的外交政策，聚焦影响世界历史进程的重大事件，如两次世界大战的起源、过程，中国的抗日战争与内战，朝鲜战争，苏联的崛起与美苏争霸，苏联解体与东欧剧变，海湾战争，"9·11"事件等，讲述各主要大国在历次战争和重大国际事件前后，如何应对国际局势的危机，维护自己国家的利益，为读者呈现 20 世纪错综复杂的世界政治演变史。

[美] R. R. 帕尔默、[美] 乔·科尔顿、[美] 劳埃德·克莱默：《冷战到全球化：意识形态的终结?》（R. R. Palmer, Joel Colton, Lloyd Kramer, *A History of the Modern World*），牛可等译，北京：世界图书出版公司，2011 年。

内容简介：本书探讨了第二次世界大战结束到 21 世纪初的当代史发展过程，是一本常见的历史学专业通史教材。本书认为，欧洲殖民帝国的没落、美苏的崛起及两大阵营的对峙，是这个时期最突出的事件。同时，全球化的趋势使得国与国之间的联系更为紧密，但 20 世纪 90 年代冷战终结后，长期被掩盖的民族宗教矛盾和地区冲突再次成为焦点。

[美] 托尼·朱特：《战后欧洲史（卷三）：大衰退（1971—1989）》

（Tony Judt, *Postwar：A History of Europe since 1945*），林骧华等译，北京：中信出版社，2014 年。

内容简介：本书广泛运用 6 种语言的文献资料，涉及 34 个国家，兼顾东西欧，全面展现现代欧洲 60 年政治、经济和文化变迁的历史。从残酷的种族灭绝到人权价值的倡议，从法西斯主义席卷全球到苏东剧变，从自由资本市场到大政府福利主义国家，从军备竞赛到成立互助合作的欧盟，从关税壁垒到统一货币欧元……欧洲经历了各式各样政治体制、意识形态、社会制度、经济秩序、文化思潮的洗礼和试验。对于现代公众而言，"不了解欧洲，无以了解世界"。

［美］沃尔特·拉费伯尔：《美国、俄国和冷战》（修订第 10 版）（Walter LaFeber, *America, Russia and the Cold War 1945–2006*, 10th Edition），牛可、翟韬、张静译，北京：世界图书出版公司，2014 年。

内容简介：本书是一部从俄（苏）视角来解析冷战的著作。它聚焦于冷战的两个主角，上溯 19 世纪末两国的纠葛，下及 2006 年双方的动向，由此论述了冷战的缘起、演变、结束以及对今日美俄关系的影响。本书强调两国国内政治对于冷战进程的重大影响。两国的意识形态、经济状况、领导人性格等，在很大程度上影响着它们的对外政策，美国在这一点上尤甚。作者认为，美国在冷战的起源和发展过程中均具有主导性，故对其予以更为严厉的批判。

［美］约翰·刘易斯·加迪斯：《冷战：交易·谍影·谎言·真相》（John Lewis Gaddis, *The Cold War：A New History*），翟强、张静译，北京：社会科学文献出版社，2016 年。

内容简介：加迪斯是"冷战新史学"的代表人物。本书中大体按照时间顺序，分主题对冷战的全过程进行了简明扼要的分析。作者分析了冷战的起源、美苏争霸状态下的核恐怖平衡、两大阵营在制度上的对抗、冷战中的知名人物（主要是美苏两国的领导人）对冷战的影响，以及冷战最终出人意料的结束。

三、冷战起源

［美］迈克尔·多布斯:《1945 年的六个月:从盟友到对抗》(Michael Dobbs, *Six Months in 1945*:*FDR*, *Stalin*, *Churchill*, *and Truman*:*From World War to Cold War*),董旻杰、王小伟译,北京:社会科学文献出版社,2021 年。

内容简介:1945 年的六个月见证了 20 世纪历史上最为戏剧性的场景:柏林的决战、罗斯福的离世、丘吉尔的落选、对德国科技遗产的瓜分,以及日本遭到的核打击。两军在欧洲心脏地带会师的同时,盟国领导人在欧洲就开始了影响力的角逐。本书捕捉到了这一幕幕历史的转折,记录了在"铁幕"落下时的地缘政治裂变。

［美］迈克尔·内伯格: 《1945:大国博弈下的世界秩序新格局》(Michael Neiberg, *The End of World War Ⅱ and the Remaking of Europe*),宋世锋译,北京:民主与建设出版社,2019 年。

内容简介:本书聚焦第二次世界大战后期的波茨坦会议,作者用简洁的笔触描绘了苏、美、英三国之间矛盾重重的利益诉求,也对斯大林、杜鲁门、丘吉尔、艾德礼等政治人物作了生动的素描,是有关世界格局变迁、地缘政治划分方面的一部重要著作。

［美］梅尔文·P. 莱弗勒:《权力优势:国家安全、杜鲁门政府与冷战》(Melvyn P. Leffler, *A Preponderance of Power*:*National Security*, *the Truman Administration*, *and the Cold War*),孙建中译,北京:商务印书馆,2019 年。

内容简介:第二次世界大战后,现实主义在美国外交决策过程中占有重要地位。本书除了详细描述杜鲁门政府的对外政策决策过程以及决策依据和主要考量因素,还深入研究了美国在地缘政治、地缘经济、地缘军事和地缘思想四个主要战略领域中如何主导战后历史的走向，以及美国在冷战爆发中扮演的角色。该书获得了美国历史学会颁发的美国历史著作最高奖"班克罗夫特奖"。

[美]沙希利·浦洛基：《雅尔塔：改变世界格局的八天》（Serhii Plokhy, *Yalta*：*The Price of Peace*），林添贵译，北京：中信出版社，2018年。

内容简介：本书以美国、英国、苏联三国的历史档案为基础，讲述1945年2月第二次世界大战结束前夕雅尔塔会议的八日历程。其中，着重讲述了罗斯福、斯大林、丘吉尔三巨头及其助理在雅尔塔的动机、思想和行动，并且以罗斯福为主角。作者通过梳理苏联解密档案、各国政府文件、与会者回忆录和未发表的日记，试图重建当时的情势，从会议参与者的选择、计算、利益、理念出发，证明雅尔塔虽是通往分裂、危险的世界之路上的重要一步，却绝非冷战的肇因。作者认为，实际上，与会者协助结束战争，建立了经由谈判得到的和平环境。尽管这种和平仍有缺憾，但在当时的情形下，恐怕不会有更好的结果了。当然，这场意在为和平铺路的会议，也为达成和平付出了代价。

四、美国外交

[美]保罗·希尔：《乔治·凯南与美国东亚政策》（Paul Heer, *Mr. X and the Pacific*：*George F. Kennan and American Policy in East Asia*），小毛线译，夏小贵校，北京：金城出版社，2020年。

内容简介：本书既是一部有关乔治·凯南的传记，也是一部讲述美国东亚政策的作品。本书审视了二战结束后到冷战结束前乔治·凯南和美国东亚政策与中国、日本、朝鲜半岛、越南的关系，通过对上述东亚和东南亚几个关键国家或地区的相对力量及其对美国的重要性、美国在此投入资源与注意力的限度和美国影响此处进程的能力进行分析，本书从全新视角考察了乔治·凯南对美国全球战略和外交政策思考的起伏过程，展示了乔治·凯南在美国东亚政策中扮演的三重角色——既是美国东亚政策的直接制定者，也是美国东亚政策的批评者，同时还是美国外交思想的现实主义者。他对美国东亚政策的整体思路基于他的"遏制政策"、在以上国家或地区应用"遏制政策"的"防御圈"思想，以及面对美国拥有重大利益的国家或地区，他对这些国家或地区相对战略重要性的判断。

[美] 戴维·罗特科普夫：《美国国家安全委员会内幕》（David Rothkopf, *Running the World：The Inside Story of the National Security Council and the Architects of American Power*），孙成昊、赵亦周译，北京：商务印书馆，2013 年。

内容简介：本书叙述了美国国家安全委员会发展进程的历史，描绘了每届美国总统的资深幕僚之间、幕僚与总统之间微妙的私人关系。在书中，我们可以看到，虽然组成国安会的成员都是一些极具影响力的人物，然而实际决策的制定和出台过程并不完全有如我们所想象的那般严谨和程序化。这些人物也经常表现出普通人的一面，他们的性格、脾气、与总统的私人关系都在影响甚至左右着最终事关大局的决策的制定，而历史进程可能正是在这些人的意气用事中发生了改变。从中，我们可以深切感受到历史人性的一面。另外，作者也指出，国安会本身机制的不稳定以及很多总统对其作用及地位的理解所存在的偏差，成为国安会系统内部的最大隐患以及国安会继续发挥作用的严重桎梏。

[美] 戴维·米尔恩：《塑造世界：美国外交的艺术与科学》（David Milne, *World Making：The Art and Science of American Diplomacy*），魏金玲译，北京：新华出版社，2018 年。

内容简介：本书是一部关于 19 世纪末至今美国外交思想史的重要著作，作者全面回顾了塑造美国外交的理论与实践的 8 位人物的生平与思想，包括马汉、伍德罗·威尔逊、查尔斯·彼尔德、瓦尔特·李普曼、乔治·凯南、保罗·尼兹、亨利·基辛格、保罗·沃尔夫茨，最后结束于奥巴马时代的实用主义思潮的复兴。

[美] 格雷厄姆·艾利森、菲利普·泽利科：《决策的本质：还原古巴导弹危机的真相（第二版）》（Graham Allison, Philip Zelikow, *Essence of Decision：Explaining the Cuban Missile Crisis*, 2nd Edition），王伟光、王云萍译，北京：商务印书馆，2021 年。

内容简介：本书以独特的视角审视了冷战时期的关键事件，是国际关系、公共管理和决策研究等领域的一部经典著作，也是第二次世界大战后最有影响力的政治学著作之一。在本书的第二版中，作者交代了古巴导弹危机的始末，并利用解密的美苏档案与文件，提炼出三种决策模式，展示了重压之下的决策过程，为公众理解国家与政府行为提供了一种理论参考。

[美] 亨利·基辛格：《白宫密谈：美国两次重大危机的决策内幕》（Henry Kissinger, *Crisis：The Anatomy of Two Major Foreign Policy Crises*），闫明译，北京：人民日报出版社，2013 年。

内容简介：作者以 1973 年的赎罪日战争到 1975 年的越南战争中至今尚未公开发布的电话录音为材料，披露了曾被列为最高级别机密的外交危机背后的秘辛。书中介绍的两大对外政策危机，一次通过谈判成功度过，另一次则惨淡收场。当事者在应对危机时决断迅速，依仗的就是手中的电话。赎罪日战争随着历史长河的流动越走越远，作者将其中的细节一点一点呈现在世人的眼前。本书收录了大量与之有重大关联的谈话，包括基辛格与以色列首相戈尔迪·梅厄、以色列驻美大使司马查·蒂尼茨、埃及外长、苏联驻美大使、联合国秘书长以及其他国家或组织的领导人之间的对话，也包括和美国总统尼克松之间的谈话，展现了当时中东问题的全貌。

[美] 欧文·L. 贾尼斯：《小集团思维：决策及其失败的心理学研究》（Irving L. Janis, *Groupthink：Psychological Studies of Policy Decisions and Fiascoes*），张清敏、孙天旭、王姝奇译，北京：中央编译出版社，2016 年。

内容简介：本书作者将心理学理论用于组织过程研究，揭示了小团队决策过程与决策结果的关系，指出决策小团体的从众心理对决策结果的影响，使"小集团思维"成为政治学、管理学、心理学、市场学、传媒学等领域广为人知的一个概念和决策分析模式。以美国外交史为主要事实依据，本书研究内聚团体在决策过程中的小集团思维，即人数不多、成员相互熟悉、参与共同决策过程的团体在决策过程中的一种思维方式。作者通过美国历史上五个惨败的决策案例和两个成功的决策过程，分析、总结了这种思维方式的八个主要特征、产生的原因、后果以及避免的方法。

［美］约翰·加迪斯：《遏制战略：战后美国国家安全政策评析》（增订本）（John Lewis Gaddis, *Strategies of Containment: A Critical Appraisal of American National Security Policy during the Cold War*, Expanded and Revised Edition），时殷弘等译，北京：世界知识出版社，2019年。

内容简介：自乔治·凯南首次缔造"遏制战略"以来，它成为冷战中历届美国政府处理美苏竞争的指导性战略。此外，保罗·尼采、艾森豪威尔、基辛格等杰出的大战略家在不断赋予遏制战略新的内涵和手段。这一嬗变过程在本书中得到了全面透彻且视角独到的分析。本书视野宏大，是一部经典的国际关系史和战略史杰作，并且在大战略理论方面作出了重要贡献。加迪斯从战略的目标、对威胁的认识以及实现战略的手段三个方面，对遏制战略进行了系统考察，通过历史研究揭示了"新面貌战略""灵活反应战略""缓和战略"等各种不同版本的遏制战略的实施效果及优劣。

［美］约瑟夫·奈：《美国总统及其外交政策》（Joseph S. Nye, Jr., *Do Morals Matter? Presidents and Foreign Policy from FDR to Trump*），安刚译，北京：金城出版社，2022年。

内容简介：作者在本书中回顾了自一战前后从伍德罗·威尔逊到特朗普时期美国总统外交政策的演变轨迹，重点聚焦1945年二战结束以来的

14 位美国总统，以道德推理的三个维度（意图、手段和后果）作为方法论，研究道德在美国历任总统制定外交政策时发挥的作用，并为评判美国未来的总统提供了参考标准。

五、文化冷战

[美] 安德鲁·N. 鲁宾：《帝国权威的档案：帝国、文化与冷战》（Andrew N. Rubin, *Archives of Authority*：*Empire*，*Culture*，*and the Cold War*），言予馨译，北京：商务印书馆，2014 年。

内容简介：本书将文学、文化与政治历史相结合，并且在大量的档案研究基础上写作而成，其中还包括以前从未公开过的美国联邦调查局和中情局的文献。本书认为，文化政治——尤其是美国对于艺术的暗中资助的文化政治——在二战以后帝国权力从英国向美国转移的重要阶段发挥了至关重要的作用。作者认为这种权力转移重塑了战后的文学空间，同时揭示了在这个历史阶段，诸如广播、快速且在全球发行的杂志等新的高效的文化传输、复制和传播模式如何彻底改变了战后作家的地位以及世界文学的作用。

[美] 彼得·芬恩、[荷] 彼特拉·库维：《当图书成为武器——"日瓦戈事件"始末》（Peter Finn, Petra Couvée, *The Zhivago Affair*），贾令仪等译，北京：北京大学出版社，2015 年。

内容简介：1956 年 5 月，一位意大利书探专程拜访苏联诗人鲍里斯·帕斯捷尔纳克。他带走了帕斯捷尔纳克首部小说《日瓦戈医生》的原始书稿。帕氏相信该书不可能在苏联出版，因为官方认为此书攻击 1917 年革命，是一株无可救药的毒草。从意大利开始，《日瓦戈医生》的多种译本在世界各国出版；与此同时，帕斯捷尔纳克则在苏联国内遭遇了疾风骤雨般的舆论抨击。这部巨著也引起了美国中央情报局的注意，其秘密印刷了一批俄文版《日瓦戈医生》，偷运进苏联。《日瓦戈医生》由此被卷入冷战

双方意识形态斗争的旋涡。在半个世纪之后，这段历史由本书的两位作者
发掘整理，公之于世。

[英] 弗朗西丝·斯托纳·桑德斯：《文化冷战与中央情报局》（Frances
Stonor Saunders, *The Cultural Cold War*：*The CIA and the World of Arts and
Letters*），曹大鹏译，北京：国际文化公司，2020 年。

内容简介：本书将注意力集中在冷战的文化艺术领域，为读者提供了
中央情报局进行文化干预的秘密计划的令人震惊的证据，汇集了诸多解密
文件和专属采访，揭露了中央情报局的惊人"战役"。其间，他们将汉娜·
阿伦特、艾赛亚·伯林、伦纳德·伯恩斯坦、罗伯特·洛厄尔、乔治·奥
威尔和杰克逊·波洛克等人部署为冷战时期的文化"武器"。

[美] 丽贝卡·S. 洛温：《创建冷战大学：斯坦福大学的转型》（Rebecca
S. Lowen, *Creating the Cold War University*：*The Transformation of Stanford*），
叶赋桂、罗燕译，北京：清华大学出版社，2007 年。

内容简介：本书是一部跳出教育而从更广泛的角度谈论大学发展的著
作。作者运用诸多新材料、新视角和新方式，对美苏争霸的国际背景，对
这种背景下政府和工业界通过资助的方式介入大学教育与科研的过程，以
及这种资助和介入对大学的知识生产方式和办学理念所产生的影响进行了
深入分析。作者以斯坦福大学这一后起的私立高等教育机构为例，揭示了
大学发生变化的内在原因。作者指出，大学并非完全被动地为外在环境与
力量所左右，现代大学已经演变成由"工商业巨头"和"学问巨头"所管
理的"法人实体"，"美国大学的领导者连同资助者和一些科学家一起在冷
战大学的创建过程中施以重要影响"。

[美] 特里西娅·詹金斯：《好莱坞内部的中情局：中央情报局如何塑
造电影和电视》（Tricia Jenkins, *The CIA in Hollywood*：*How the Agency Shapes
Film and Television*），蓝胤淇译，北京：商务印书馆，2015 年。

内容简介：本书是第一部针对中央情报局与电影和电视产业的关系来展开全面探索的论著。作者与中央情报局的公共关系官员、行动官员以及历史学家们进行了大量的访谈，同时对曾经与中央情报局合作过的好莱坞的技术顾问、制片人和编剧进行了访谈，从而揭示了中央情报局在好莱坞所扮演的角色的本质特性。此外，作者深入研究了中央情报局及其官员参与制作的影视作品。作者的研究揭示了中央情报局如今对好莱坞施加的重要影响，并且对一个政府机构利用大众媒体操纵自身公共形象的道德伦理以及合法性提出了质疑。

六、地区危机与局部战争

［美］弗雷德里克·肯普：《柏林 1961：肯尼迪、赫鲁晓夫和世界上最危险的地方》（Frederick Kempe, *Berlin 1961: Kennedy, Khrushchev, and the Most Dangerous Place on Earth*），武凤君、汪小英译，北京：中国青年出版社，2013 年。

内容简介：本书共分为"棋手""暴雨将至""对峙"三部分。作者认为，整个冷战期间在柏林发生的一切有着更为重要的决定性意义。正是由于柏林墙的修建，标志了冷战双方在其后又持续了三十年的敌对关系。作者聚焦 1961 年美苏在柏林剑拔弩张的关系，以独特的记者视角、丰富的档案资料，以及充满张力的叙述方式，再现冷战期间柏林墙修建的始末和第三次世界大战得以避免的原因。领导人迥然不同的性格与行事方式，来自国内的政治压力，封闭狭窄的信息渠道，都为美苏两国发展积极的政治关系蒙上了一层阴影。作者通过全面展示大国领导人的博弈与较量，道出领袖领导力对世界局势走向的重要影响，揭示了复杂的政治机缘与个人因素在历史中发挥的潜在作用。

［美］弗雷德里克·罗格瓦尔：《战争的余烬：法兰西殖民帝国的灭亡及美国对越南的干预》（Fredrik Logevall, *Embers of War: The Fall of an Empire and the Making of America's Vietnam*），詹涓译，北京：社会科学文献出版社，2017 年。

内容简介：本书讲述了 1919 年凡尔赛会议至 1959 年间围绕越南发生的政治、军事和外交活动，以及各方领导人的一系列矛盾冲突最终导致了本可避免的、血腥和无休止的战争。作者罗格瓦尔花了长达 10 年时间，充分利用几个国家新解密的外交档案以及原始文献，深入研究了多方面的历史记录，以追踪在越南受到重创的两个西方国家——法国和美国。本书呈现了美国无视法国在越南的失败教训而步步陷入越南战争泥潭的过程。作者将法国在越南与美国在越南两个不同而又有着紧密联系的历史过程勾连在一起，对历史的断裂与承续作了梳理和分析。

［美］迈克尔·多布斯：《午夜将至：核战边缘的肯尼迪、赫鲁晓夫与卡斯特罗》（Michael Dobbs, *One Minute to Midnight：Kennedy, Khrushchev and Castro on the Brink of Nuclear War*），陶泽慧、赵进生译，北京：社会科学文献出版社，2015 年。

内容简介：1962 年的 10 月正值冷战的高峰，美苏几近核冲突的边缘，而其焦点就在于如何处置古巴境内的苏联导弹。本书记录了这些紧张的日子里的每时每刻，揭示出人类曾经与全面毁灭擦身而过。本书首次披露的内容包括赫鲁晓夫企图摧毁美国关塔那摩海军基地的计划，古巴境内的苏联核弹头的处理办法，以及一架迷路至苏联上空的 U-2 侦察机的精彩故事，而彼时正是导弹危机升级至顶峰的时刻。

［美］约瑟夫·古尔登：《朝鲜战争：未曾透露的真相》（Joseph Goulden, *Korea：The Untold Story of the War*），于滨、谈锋、蒋伟明译，北京：北京联合出版公司，2017 年。

内容简介：本书是一部研究朝鲜战争的综合性著作。作者充分利用 20 世纪 70 年代末开始解密的有关朝鲜战争的官方档案，收集到美国政府重要决策所依赖的原始情报数据，并在此后四年间采访众多当事者和知情人，经过整理而完成了这部作品。本书循着战争决策和实施的主线，从党派政治、国际关系、军事战略、战役以至战术等角度，详尽地描述和分析了朝鲜战争的起因、背景、发展和结局，全景式地再现了美国政界和军方决策和作战的真实进程。书中更有很多美国最高决策当局的内幕情节，向读者提供了一个观察美国军事政治决策出台、运行过程的极佳视窗，以及理解政治、战略和战场"互动"的全新视角。

七、其他专题

［美］艾伦·M. 霍恩布鲁姆等：《违童之愿——冷战时期美国儿童医学实验秘史》（Allen M. Hornblum, *Against Their Will：The Secret History of Medical Experimentation on Children in Cold War America*），丁立松译，北京：生活·读书·新知三联书店，2015 年。

内容简介：冷战时期，来自苏联的威胁所带来的恐惧，渗透了美国人生活的各个层面。冷战的氛围造成了战后美国数不尽的违规、医疗过剩以及潜在甚至事实上存在的医疗犯罪。本书记录了美国历史上黑暗的一面。这是一段令人震惊的历史，受 20 世纪优生学理论的影响，那些掌握着权力的医生、研究者以及研究机构，试图阻止"劣质人群"的生存和繁衍，将儿童当作实验品对待。

［加］安德烈·耶罗利玛托斯：《希腊内战：一场国际内战》（André Gerolymatos, *An International Civil War：Greece 1943-1949*），阙建容译，上海：格致出版社，2021 年。

内容简介：这是一部研究希腊内战及其对第二次世界大战后的世界的深刻影响的历史书。作者利用亲历者的采访、回忆录、日记，以及大量希腊、美国和英国的解密档案，对希腊近代史中的民众分裂、极端化进行了极具深度的剖析，并描绘了英国、苏联、南斯拉夫、保加利亚、阿尔巴尼亚、美国等国家是如何在希腊进行政治博弈，进而影响了整个希腊内战的进程的。

　　[美] 戴维·霍夫曼:《死亡之手:超级大国冷战军备竞赛及苏联解体后的核生化武器失控危局》(David Hoffman, *The Dead Hand: The Untold Story of the Cold War Arms Race and Its Dangerous Legacy*),张俊译,桂林:广西师范大学出版社,2014 年。

　　内容简介:本书通过采访当事人,利用新解密的档案,敏锐地捕捉到当时的美苏内幕,描述了冷战军备竞赛的最后一个时代。书名中的“死亡之手”源自苏联勃列日涅夫当政时期开始构建的世界末日装置,该系统可保证苏联领导人在被美国“斩首”后,苏联仍能发动报复性核攻击。本书获美国新闻出版界的最高荣誉普利策奖。

　　[英] 戴维·雷诺兹:《峰会:影响 20 世纪的六场元首会谈》(David Reynolds, *Summits: Six Meetings that Shaped the Twentieth Century*),马俊译,北京:中信出版社,2018 年。

　　内容简介:“峰会”(summit)一词最早由温斯顿·丘吉尔所创。峰会是一种外交手段,是在最高领导人之间开展的国家间对话。本书选取现代史上的六次峰会进行个案研究,具体包括:1939 年的慕尼黑会议、1945 年的雅尔塔会议、1961 年的维也纳会议、1972 年的莫斯科会议、1978 年的戴维营会议、1985 年的日内瓦会议。通过对这些峰会的分析,作者对一些传统问题提供了全新认识,为研究 20 世纪的国际关系打开了一个新局面。

　　[英] 戴维·P. 霍顿:《败退德黑兰:吉米·卡特的悲剧外交》(David P. Houghton, *U. S. Foreign Policy and the Iran Hostage Crisis*),蒋真译,北京:社会科学文献出版社,2018 年。

　　内容简介:1979 年美国驻伊朗大使馆被占领,60 多名美国外交官和平民被扣留为人质,时间长达 444 天。这是一场美国外交的悲剧,至今还影响着两国关系。作者对大量人质危机的案例作了对比,对当年参与人质解救行动的当事人进行采访，揭露了伊朗人质危机如何发生，军事营救行动如何失败，危机又如何将吉米·卡特带入总统连任的败局。本书对 20 世纪 70 年代末 80 年代初的美国外交政策进行了实例分析，也对美国和伊朗关系的转变进行了生动的描述。

[美] 弗拉迪斯拉夫·祖博克：《失败的帝国：从斯大林到戈尔巴乔夫》（Vladislav Zubok, *A Failed Empire*：*The Soviet Union in the Cold War from Stalin to Gorbatschov*），李晓江译，北京：社会科学文献出版社，2014 年。

内容简介：本书利用了最新解密的苏共中央政治局记录、密码电报、日记和谈话录音，是从苏方视角出发对冷战进行完整描述的第一部英文著作，其中所呈现出的历史与西方"胜利者"所写的历史大不相同。作者认为，自斯大林开始，长期对苏联领导人的对外决策产生重要影响的是革命-帝国范式，也就是说，意识形态和追求成为"社会主义帝国"这两大因素主导了苏联领导人在冷战中的决策。直至戈尔巴乔夫的出现，这一点才发生改变。另外，此书非常明显的一个特点是，作者认为在历史事件中，领导人的个人因素起到了决定性作用。

[英] 弗兰克·克洛斯：《最危险的间谍：多面特工与大国的核竞赛》（Frank Close, *Trinity*：*The Treachery and Pursuit of the Most Dangerous Spy in History*），朱邦芊译，北京：社会科学文献出版社，2022 年。

内容简介：作者追溯了英国核计划中的重要人物鲁道夫·派尔斯如何将德裔物理学家克劳斯·福克斯带入他的家庭和实验室，最终却遭到背叛的故事。作者将叙事的重心放在福克斯在伯明翰、洛斯阿拉莫斯、哈韦尔的三个时期，它们分别代表了他间谍生涯的起步、高潮和结束。福克斯的政治理念与处境是推动事件发展的主要动力，而他与派尔斯夫妇等人的温情关系，又将他的表面生活与间谍身份剥离开来；同时，各国情报机构的角力从外部促成了福克斯内心的转变，映射出波澜壮阔的时代背景。

［美］G. 约翰·伊肯伯里：《胜利之后：战后制度、战略约束与秩序重建》（修订版）（G. John Ikenberry, *After Victory: Institutions, Strategic Restraint, and the Rebuilding of Order after Major Wars*），严匡正译，上海：上海社会科学院出版社，2021 年。

内容简介：作者在本书中抛出了一个问题：战胜国要如何行使新掌握的权力，又将如何凭借这股力量构建新秩序？通过研究世界近现代史上的战后安排，作者认为，强国确实会寻求建立稳定的合作关系，但随之诞生的秩序类型取决于这些国家能在多大程度上作出承诺并约束自身权力。本书将比较政治与国际关系、历史与理论融为一体，在探究全球秩序的组织形式、世界政治中的制度作用，以及历史上的战后安排给当下带来的经验教训等方面，为读者提供了许多有益的思考。

［美］亨利·基辛格：《世界秩序》（Henry Kissinger, *World Order: Reflections on the Character of Nations and the Course of History*），胡利平译，北京：中信出版社，2015 年。

内容简介：本书视野广阔，所涉及的内容时间跨度较长，从威斯特伐利亚体系一直到后冷战时代。在作者看来，西方秩序趋于崩溃，美国逐渐失去领导地位，如何重建世界秩序成为 21 世纪人类面临的重大挑战。同时，作者认为，地区秩序观之间的冲突是当今最重要的国际问题。作者系统梳理了各地区的战略逻辑和地区秩序观，从文化、宗教、地缘等综合因素解读了这些不同的地区秩序观的形成、冲突和合作，并结合网络科技等当前新的战略要素，解析了当下时局的挑战与机遇。

［美］卡蒂·马顿：《布达佩斯往事：冷战时期一个东欧家庭的秘密档案》（Kati Marton, *Enemies of the People: My Family's Journey to America*），毛俊杰译，桂林：广西师范大学出版社，2016 年。

内容简介：本书通过冷战时期匈牙利秘密警察长达 20 年的档案，揭开了一部隐藏了几十年的家庭历史和时代侧记。冷战时期，匈牙利秘密警察通过庞大的告密网，试图全面控制匈牙利的政治生活。作者的父母原是匈牙利著名记者，他们的报道是西方了解匈牙利的重要信息来源。同时，他们也因此被视为"人民的敌人"，长期受秘密警察的监控，终因叛国罪和间谍罪而先后入狱。一家移居美国后，匈牙利政府却又异想天开地试图招募他们当间谍，而美国也对他们进行了几年的监控。书中不只还原了马顿夫妇被告密者包围的经历和遭遇，以及他们的抗争、坚守、脆弱和勇气，也展现了他们情感和内心的矛盾——夫妻之间相互的感情背叛与灾难中的支撑，父母子女之间的爱与亲情，人性的坚强与软弱。

[美] 理查德·H. 伊默曼：《中央情报局在危地马拉：外交干涉政策》(Richard H. Immerman：*The CIA in Guatemala：The Foreign Policy of Intervention*)，武崇申译，北京：世界知识出版社，2018 年。

内容简介：本书是一本探讨美国和危地马拉两国以及两国关系的著作。1954 年的危地马拉政变是美国冷战思维和冷战战略支配下的产物，它是美国中情局继 1953 年实施"阿贾克斯行动"推翻伊朗民选总理穆罕默德·摩萨台后又一次重要的秘密行动，并被作为之后隐蔽行动的样本。作者认为，两国之间冲突的根源是在冷战高度紧张的时期，美国政府和公众都不了解危地马拉人，美国在 1954 年取得的成功其实可能是一次非常严重的失败。

[英] 罗伯特·瑟维斯：《冷战的终结：1985—1991》(Robert Service，*The End of the Cold War：1985-1991*)，周方茹译，北京：社会科学文献出版社，2021 年。

内容简介：本书作者借助开创性的档案研究，通过对冷战最后几年的调查，明确了罗纳德·里根、戈尔巴乔夫、乔治·舒尔茨和谢瓦尔德纳泽之间的非凡关系——他们在那个全世界发生重大变化的时代找到了合作的方法。本书讲述了一小圈运筹帷幄的政客是如何坚定地在他们任期内结束冷战，并不可逆地改变了全球的政治图景。

[美] 梅尔文·P. 莱弗勒：《人心之争：美国、苏联与冷战》（Melvyn P. Leffler, *For the Soul of Mankind：The United State, the Soviet Union, and the Cold War*），廖蔚莹译，上海：华东师范大学出版社，2012 年。

内容简介：本书作者将读者带回到了美苏两国领导人试图纾解敌对状态的四个重要历史时刻，并探究了他们因何无功而返：1945 年斯大林和杜鲁门适时规划了新政策；1953 年马林科夫和艾森豪威尔探寻了和平的机会；1962 年肯尼迪、赫鲁晓夫、约翰逊尝试缓解紧张局势；1975 年勃列日涅夫和卡特希望维持缓和状态。作者指出，这些领导人无不窥探到了和平的曙光，然而由于意识形态和政治压力、同盟国的施压、国际体系的发展态势，以及自身的不快回忆，他们还是任由自己深陷似乎周而复始的敌对怪圈。莱弗勒用细致的分析展示了两极世界的格局如何重构而成，以及在历经数十年的对峙之后这一胜利具有何等重大的意义。

[英] 佩里·安德森：《新的旧世界》（Perry Anderson, *The New Old World*），高福进、杨晓玲、杨晓红、陈茂华、刘钊译，上海：上海人民出版社，2017 年。

内容简介：本书是一部直击欧洲一体化核心问题的巨著，也是欧盟及欧洲历史研究者的必备参考书。本书综述了第二次世界大战以来欧洲一体化的缘起、进程和结局，对欧盟三大核心国（德国、法国、意大利）共同市场形成之政治和文化背景作了详尽分析。本书还探讨了诸多有关土耳其与塞浦路斯之间相互关联问题的"东方议题"，追溯了自启蒙运动至今关于欧洲一体化的理论研究和实践总结，同时展望了欧盟的未来前景。

[美] 斯蒂芬·M. 沃尔特：《联盟的起源》（Stephen M. Walt, *The Origins of Alliance*），周丕启译，上海：上海人民出版社，2018 年。

内容简介：国家为什么结盟，以及国家如何选择自己的盟友，这是国际政治理论经常探讨的重要问题。本书作者认为，国家结盟主要是为了制衡威胁，而不仅仅是制衡权力。威胁主要源于综合实力、地缘的毗邻性、进攻实力和侵略意图四个方面。据此，作者提出了国家结盟原因的五个假设。作者得出结论，国家结盟的目的是制衡对自己构成威胁的国家，而不一定是实力强大的国家。在应对威胁时，国家更有可能进行制衡，而追随强者的行为只是那些孤立无援的弱小国家迫不得已的选择，意识形态、经济援助和跨国渗透在联盟形成过程中的作用则十分有限。

[美] 王作跃：《在卫星的阴影下：美国总统科学顾问委员会与冷战中的美国》（Zuoyue Wang, *In Sputnik's Shadow：The President's Science Advisory Committee and Cold War America*），安金辉、洪帆译，北京：北京大学出版社，2011 年。

内容简介：本书按照时间顺序，从对 20 世纪上半叶美国科学界与政府之间关系演变的简要历史回顾开始，考察了科学家们怎样在第二次世界大战中获得了影响力、试图在 20 世纪 50 年代早期的"红色恐怖"中拯救科学、利用了后"伴侣"号卫星时代的良机来强化他们的双重驱动力，以求增强国家对基础研究的支持和控制核军备竞赛，最后还要努力应对越南战争期间动荡的社会和政治环境。从机构上来讲，总统科学顾问委员会只是后"伴侣"号卫星时代庞大的科学咨询体系当中的一个组成部分。作者大体上把科学顾问与总统科学顾问委员会相提并论，但会在二者之间产生差别的时候予以指出。最后，作者在结语中还简要论及了后尼克松时代总统科学咨询的复兴。

[挪] 文安立：《全球冷战：美苏对第三世界的干涉与当代世界的形成》（Odd Arne Westad, *The Global Cold War：Third World Interventions and the Making of Our Times*），牛可等译，北京：世界图书出版公司，2014 年。

内容简介：本书是对冷战中超级大国对第三世界的干涉主义政策，及其在第三世界引发的反应、反抗和造成的影响最宏阔的研究。作者不但使用了公开出版的史料集、回忆录、博士论文，而且触及了大量多边档案。

作者详细地描述了美苏两国干涉第三世界国家的全景，并着重展现了二者彼此相异的意识形态诉求和策略手段。此外，作者将笔触一直延伸至21世纪初的当代世界，将冷战干涉史的影响与当代国际热点问题紧密联结，显现出其现实关怀的热情。本书在时间和地域上的跨度十分广泛，并充分汲取相关的社会学和社会人类学的知识，是一部名副其实的"国际史"。

[美] 沃伊切克·马斯特尼、朱立群主编：《冷战的历史遗产：对安全、合作与冲突的透视》（Vojtech Mastny, Zhu Liqun, eds., *The Legacy of the Cold War：Perspectives on Security，Cooperation，and Conflict*），聂文娟、樊超译，北京：社会科学文献出版社，2015年。

内容简介：本书由三部分组成，第一部分对全书收录的论文进行了简要概括，并介绍了冷战对国际安全的影响以及合作安全的概念；第二部分主要介绍西方的经验，关注合作安全在欧洲的发展情况，并分别以联合国、北约、华约、欧盟、欧安会作为案例进行分析；第三部分聚焦亚洲，主要讨论冷战期间这一地区出现的军事联盟和其他安全机制。本书试图通过对这些历史经验的讨论，帮助我们理解21世纪欧洲和亚洲所面临的安全挑战。

[美] 小杰克·F. 马特洛克：《苏联解体亲历记》（Jack F. Matlock, Jr., *Autopsy on an Empire：The American Ambassador's Account of the Collapse of the Soviet Union*），张敏谦等译，上海：上海三联书店，2021年。

内容简介：小杰克·F. 马特洛克在美国外交部门供职长达35年，是里根政府制定对苏政策的重要顾问。本书精辟分析了苏联制度的成就和问题，同时生动记述了导致苏联解体的人与事。马特洛克是在莫斯科、美国国务院和国家安全委员会任职多年的权威人士，他对20世纪最重大事件的近距离观察是其严谨治学和外交生涯的独特产物。

[俄] 亚历山大·富尔先科、[美] 蒂莫西·纳夫塔利：《赫鲁晓夫的

冷战：一个美国对手的内幕故事》（Aleksandr Fursenko, Timothy Naftali, *Khrushchev's Cold War：The Inside Story of an American Adversary*），王立平译，银川：宁夏人民出版社，2012年。

内容简介：赫鲁晓夫一直是20世纪最有争议和令人费解的领导人之一。作者借助苏共中央主席团会议记录等档案资料，从美国人和苏联人的视角，以古巴导弹危机为切入点，对美苏冷战中这段最危险的时期进行了详尽而深刻的探析和描述，其中也记述了赫鲁晓夫这位苏联最高领导人从1955年的上台直到1964年的下台的这段历史。

[美] 约翰·刘易斯·加迪斯：《长和平：冷战史考察》（John Lewis Gaddis, *The Long Peace：Inquiries into the History of the Cold War*），潘亚玲译，上海：上海人民出版社，2019年。

内容简介：尽管本书距首次出版已有30多年，但它仍为我们提供了观察冷战发展的全方位视角。首先，作者全面展现了冷战时期出现的新的体系性稳定要素，包括不干涉内政原则，超级大国如何避免发生直接冲突，对敌我阵营的内部分化的研判和利用，容忍相对安全等。其次，在指出重要的体系性稳定因素的同时，也避免了对历史的简单化处理，展示了历史的复杂性与多样性。最后，通过反思美苏关系的遗产及冷战时期"长和平"的各种机理，作者事实上指出了当今美国外交失败的核心原因，即一方面放弃了先前长期坚持的"不干涉内政"原则（当今美国推行民主输出）；另一方面放弃了冷战时期得到良好贯彻的容忍相对安全的原则（当今美国追求绝对安全）。

[美] 尤利娅·科姆斯卡：《冷战的静谧边界》（Yuliya Komska, *The Cold War's Quiet Border*），宋世锋译，济南：山东画报出版社，2018年。

内容简介：本书认为"铁幕"并非一条明确、完整的分界线，将冷战中的欧洲一分为二。它是由一系列独特的景观构成的，这些景观是在数十年不同的历史和文化势力的影响下形成的。本书着眼于捷克斯洛伐克和西德之间的森林，试图纠正对这种标志性划分的误解。在这一过程中，作者将西德静谧的森林边缘与"铁幕"沿线弥漫的悲剧氛围联系在了一起。本书借助对档案资料的爬梳和对各类文化遗存（被破坏的圣像、旅行者的摄影作品，以及诗歌和游记）的精微解读，打开了边界和冷战研究的全新视角。

［美］约翰·米尔斯海默：《大国政治的悲剧》（John J. Mearsheimer, *The Tragedy of Great Power Politics*），王义桅、唐小松译，上海：上海人民出版社，2021 年。

内容简介：随着冷战的结束，第二次世界大战以后美苏对抗的局面不复存在，随之而来的是人们对于大国关系前景的乐观态度。然而，作者却认为 21 世纪的世界仍然危机四伏，提出了进攻性现实主义国际关系理论，希望借本书"打破天下太平的迷梦"。在书中，作者考察了 1792 年法国大革命和拿破仑战争以来至 20 世纪末期的大国关系，解释了国家为什么争夺权力、大国过去如何表现以及可能怎样行动。作者提醒人们，国际政治从来都是一项残酷而危险的交易，在一个没有国际权威统治他国的世界里，大国一律损人利己，追逐权力，试图通过成为支配性国家来保护自身安全，在此过程中大国间必然产生冲突，这就是权力政治的悲剧。

［美］约翰·普拉多斯：《总统的秘密战：二战后美国遍布全球的隐蔽行动》（John Prados, *Presidents' Secret Wars：CIA and Pentagon Covert Operations from World War II through the Persian Gulf War*），彭凤玲译，西安：陕西人民出版社，2020 年。

内容简介：本书由美国国家安全档案馆外交、情报和军事事务高级研究员普拉多斯写成。作者依托一手的解密文件、军事命令、当事人回忆录、会议报告、听证会证词，全景式揭秘美国从二战结束到 1989 年两伊战争期间，如何运用隐蔽行动，试图影响和改变世界政治走向的历史。

21 世纪以来第二次世界大战译著书目 （2001—2022）

杨 东[*]

[编者按] 进入 21 世纪，我国翻译出版关于第二次世界大战的图书的趋势可以分为两个阶段。以 2015 年二战结束 70 周年为节点，2015 年及之后译介的相关图书明显增加，经典也得以再版。同时，这些图书的研究范围明显扩展，增加了有关二战中的信息传播、情报、核武器的使用、大屠杀纪念等过往关注较少的主题。

一、通史

[英] 理查德·奥弗里主编：《牛津二战史》（*The Oxford History of World War II*），戴帼君、孙文竹译，北京：新华出版社，2018 年。

内容简介：在本书中，几位顶尖的历史学家重新审视了第二次世界大战这场战争。他们不仅从作为反应一方的同盟国的角度探索了战争的全过程，也考虑了轴心国侵略者的视角。全书从战争肇始出发，相继回顾了主要战区当中的陆海空军事行动，审视了各国的战斗力水平与军事及科技变革、总体战争的经济学特征、战争的文化和宣传、战斗人员与平民的战争体验（以及种族屠杀），以 20 世纪 40 年代末从世界大战向冷战的转换作

---

* 杨东，《中央社会主义学院学报》编辑，主要从事国际关系史研究。

为收结。

　　［德］拉尔夫·格奥尔格·罗伊特：《第二次世界大战简史：希特勒的欧洲战场》（*Kurze Geschichte Des Zweiten Weltkriegs*），王尔东译，北京：商务印书馆，2022 年。

　　内容简介：对本书主角、二战的核心人物——希特勒，作者尽可能从客观、不带预先好恶的立场去描述。书中讲述了希特勒如何从一名下士发迹成为纳粹德国的最高领导人，其飞黄腾达的背后揭露了什么深刻的社会问题。作者还提出了影响第二次世界大战的关键性问题：第二次世界大战是第一次世界大战的续篇吗？作者的答案是，一战的停火和 1918 年的德国革命是二战历史的开端，但二战并不是一战的延续。

　　［德］格哈德·施赖伯：《第二次世界大战》（*Der Zwelte Weltkrieg*），何俊译，上海：上海三联书店，2020 年。

　　内容简介：本书是德国 C. H. 贝克出版社"贝克知识丛书"中的一部，概述了第二次世界大战的缘由、战前史以及相关战争进程。本书从全球视角出发，不仅描述了列强的战争目标及其军事和政治策略，而且涉及战争中出现的恐怖罪行。

　　［英］约翰·基根：《二战史》（*The Second World War*），李雯译，北京：北京大学出版社，2015 年。

　　内容简介：本书以二战战事本身作为主要关注点，从战争中的技术与人性两个角度进行了结构分明、层次清晰的叙述。在地域方面，作者把战争分为东线、西线、太平洋战场，并分别按照时间段加以叙述。作者首先关注各国领导人所面临的世界政治环境、他们的战略困境及其决策给战争进程带来的影响，进而以不列颠空战、克里特岛空降战、中途岛航母战、法莱斯装甲战、柏林城战和冲绳两栖登陆战为例，重点分析了六种新式、重要的战争形态，以及双方胜负的关键。

[英] J. F. C. 富勒：《第二次世界大战（1939—1945）：战略与战术的历史》［*The Second World War*（*1939-1945*）：*A Strategical and Tactical History*］，姚军译，北京：文化发展出版社，2018 年。

内容简介：本书是英国军事理论家 J. F. C. 富勒对第二次世界大战的总结和反思之作。富勒从德、英、苏、美、日、法、中等多个角度，从战略的高度对参战各方的战略目标和实现目标的具体手段之间的矛盾与冲突作了自己极具理论思考深度的论断。在富勒看来，交战双方都做了许多违背自己最终战略意图的行动，无论这些行动当时看起来有多么成功，都无益于整体目标的实现。

[英] 马丁·吉尔伯特：《第二次世界大战史》（*The Second World War：A Complete History*），王涛、胡向春、花爱萍、陈烨译，武汉：长江文艺出版社，2020 年。

内容简介：作为丘吉尔的助手及密友，本书作者吉尔伯特凭借丰富的资料，包括私密档案、日记、回忆录和文献资料，集十余年之功才完成这本单卷本的二战史著作。吉尔伯特以时间为主线，勾勒了这场战争的庞大规模，对其中的大小战役均有翔实的记述。

[美] 尼尔·卡根、[美] 史蒂芬·希斯洛普：《见证：第二次世界大战》（*Eyewitness to World War* Ⅱ），胡向春等译，武汉：长江文艺出版社，2016 年。

内容简介：本书以全球视野记述了第二次世界大战这曲撼动世界的战争史诗，时间从纳粹德国的兴起到日本帝国的衰亡。作者凭借参战者的自述，包括他们的日记、信件、回忆录和口述，并辅以 400 余件珍贵的照片、实物，呈现了第二次世界大战直接的证据，还原了战争的真实面貌。

二、史料

　　［美］约瑟夫·C. 格鲁：《使日十年：1932—1942 年美国驻日大使约瑟夫·C. 格鲁的日记及公私文件摘录》（*Ten Years in Japan*），沈青青译，北京：社会科学文献出版社，2020 年。

　　内容简介：本书由 1932—1942 年任美国驻日本大使的约瑟夫·C. 格鲁编撰。格鲁认为，他日记原稿中有不少内容并没有什么值得永久保存的历史价值，且重复之处也不少，加之有许多内容不适宜现在发表，所以只收录其日记原稿的一小部分。本书提供了十分贴近实际外交的观察视角，披露了美日在各领域的惊人斗争的内情，也展现了日本走向太平洋战争的全过程。

　　［日］近藤昭二、王选主编：《日本生物武器作战调查资料》，北京：社会科学文献出版社，2019 年。

　　内容简介：本书由日本细菌战专家近藤昭二和侵华日军细菌战中国受害者索赔诉讼原告团总代表王选等搜集并整理，有利于进一步披露日本在侵华战争期间使用生物武器的罪行。作者根据搜集到的有关"731 部队"的细菌战档案资料和美国国家档案馆、美国国会图书馆的资料，以及 2007 年 1 月美国国家档案馆"纳粹战争罪行和日本帝国政府档案机构间工作小组"（IWG）公布的 10 万页关于日本战争罪行的档案资料，就日本对华实施细菌战的意图等问题展开研讨。同时，作者对战后盟军的调查、美苏两国的博弈、美军接收的有关细菌战资料的下落以及日本国内的"731 部队"、细菌战资料追索新动向等问题，展开了系统性的追踪调查。资料中还包括细菌部队有关人体实验的报告等，揭露了日军的残忍暴行。

　　［德］菲利克斯·略莫尔：《窃听："二战"美军审讯营秘密监听档案解密》（*Kameraden：Die Wehrmacht von innen*），强朝晖、俞悦、高玉译，

北京：生活·读书·新知三联书店，2017年。

内容简介：1942—1945年，美国情报机构在华盛顿附近的亨特堡秘密营地对数千名德国战俘实施监听，并留下了厚达几十万页的记录。本书作者菲利克斯·略莫尔参与了对该档案的整理和研究，他的阐析为了解德国士兵在战争中的心态及其扮演的角色提供了新的视角。

[法] 夏尔·戴高乐：《战争回忆录》（*Memoires de Guerre*），陈焕章译，北京：中国人民大学出版社，2015年。

内容简介：1953年，"法兰西守护神"戴高乐退出政界、隐居乡间。此后，他耗费数年心血完成了《战争回忆录》。这部回忆录是戴高乐从个人和法国的角度，对第二次世界大战的整体性回忆。《战争回忆录》共分三卷：《召唤》《统一》《拯救》。第一卷的内容从1940年起到1942年年中，其中叙述了法国当局投降前后的一些情况和"自由法国"建立的经过，还以很多篇幅叙述了法国与英美的关系，特别是与英国的关系。第二卷叙述的历史时期从1942年7月纳粹德国的侵略气焰开始被阻遏到1944年8月戴高乐跟随美英军队回到巴黎为止，这正是斯大林格勒战役后希特勒节节败退终至灭亡的时期。在这个时期，戴高乐一方面积极争取盟国对法兰西民族解放委员会的正式承认，另一方面努力控制国内局势。本卷进一步突出地暴露了法国与英美，特别是与美国的矛盾。第三卷从1944年8月戴高乐回到巴黎写起，到1946年1月他被迫下台为止。这一时期正是希特勒德国从继续节节败退到无条件投降，美英法等国开始把注意力集中到国内问题上来，同时彼此之间的明争暗斗开始激化的时期。戴高乐从他自己和法国的角度出发，在本卷中主要描述了这方面的问题。在《战争回忆录》中，戴高乐批判性地审视二战期间自己和法国的行动，经常思考当时他是否可以采取其他的方法，从而对过去的行动重新作出评估。

[美] 厄尼·派尔：《二战随军记：厄尼·派尔战地纪实》（*The Story of G. I. Joe*），郭嘉明译，上海：上海古籍出版社，2022年。

内容简介：厄尼·派尔（Ernie Pyle）是美国著名战地记者，1944 年获得普利策新闻奖。他因专注于报道第二次世界大战时期的普通士兵而蜚声美国国内外，其专栏一度刊登在全国 300 多家报纸上。1945 年，他在冲绳岛附近被日军枪弹击中身亡。本书是厄尼·派尔写于二战时期的随军笔记，记述了二战期间欧洲战场的战况，保存了珍贵的新闻历史资料。

三、专题研究

（一）战争起源

［英］理查德·奥弗里：《二战爆发前十天》（*1939：Countdown to War*），吴弈俊译，海口：海南出版社，2019 年。

内容简介：本书以两次世界大战之间表面和平的二十年为背景，讲述不安与危机并存的二十年中的最后几天，战争各方主要决策者的艰难抉择。作者要阐释的是，历史上没有什么是不可避免的。制度与参与者之间的奇怪对话是历史叙事的核心，事件本身既可以是原因，也可以是结果。

［美］入江昭：《第二次世界大战在亚洲及太平洋的起源》（*The Origins of the Second Word War in Asia and the Pacific*），李响译，北京：社会科学文献出版社，2015 年。

内容简介：本书叙述了 1931—1941 年这十年间亚洲国际关系的发展历程，考察了这场战争的起源，回答一个关键问题：为什么日本在未能击败中国的情况下，还要对强大的同盟国开战？阐明了日本是如何一步步疏离，直至最终对抗它曾参与建立并维护的国际体系。

（二）战略与决策

［美］迈克尔·多布斯：《1945 年的六个月：从盟友到对抗》（*Six Months in 1945：FDR, Stalin, Churchill, and Truman：From World War to*

Cold War），董旻杰、王小伟译，北京：社会科学文献出版社，2021 年。

内容简介：1945 年 2 月，罗斯福、丘吉尔和斯大林在雅尔塔会晤时，希特勒败局已定。三巨头想要起草一份实现持久和平的蓝图，却为苏联和西方在欧洲长达 44 年之久的对峙埋下了伏笔。并肩作战近四年后，他们的政治联盟开始破裂。虽然较为引人注目的冷战仍未到来，但当 1945 年 8 月杜鲁门在广岛使用原子弹时，全球霸权的新斗争已然开始。

［美］迈克尔·内伯格：《1945：大国博弈下的世界秩序新格局》（*The End of World War Ⅱ and the Remaking of Europe*），宋世锋译，北京：民主与建设出版社，2019 年。

内容简介：本书聚焦二战后期的一个历史细节——波茨坦会议，描绘了苏、美、英三国之间矛盾重重的利益诉求，也对斯大林、杜鲁门、丘吉尔、艾德礼等政治人物作了生动的素描。作者在书中使用了美国陆军传承与教育中心（AHEC）、卡德伯里研究图书馆（Cadbury Research Library）、马里兰州帕克大学国家档案二馆（National Archives Ⅱ in College Park）、国会图书馆手稿部等机构的档案材料。

［英］伊恩·克肖：《命运攸关的抉择：1940—1941 年间改变世界的十个决策》（*Fateful Choices：Ten Decisions that Changed the World*），顾剑译，杭州：浙江人民出版社，2017 年。

内容简介：本书考察了 1940 年 5 月至 1941 年 12 月间，英国、美国、苏联、德国、意大利和日本 6 个主要国家作出的 10 个互相关联、具有巨大军事影响的政治决策。任何决策的制定都受到一系列条件的限制。政治体制、决策机制、意识形态、决策者所能掌握的情报信息、国内舆论、国际环境、决策者的理智与情感……这些无一不影响着二战中这些决策的形成过程。作者充分分析了这些因素对这 10 个决策的作用与影响，还专门分析了被决策者们抛弃的其他替代方案，并合理推测了选择这些替代方案可能产生的结果。

〔美〕约翰·托兰:《最后一百天:希特勒第三帝国覆亡记》(*The Last 100 Days: The Tumultuous and Controversial Story of the Final Days of World War II in Europe*),刘永刚译,重庆:重庆出版社,2009 年/杭州:浙江文艺出版社,2018 年。

〔美〕约翰·托兰:《大国博弈:全面解密二战中美苏英德法等大国的博弈及其对现代世界秩序的影响》,青山、松林译,北京:新世界出版社,2014 年。

〔美〕约翰·托兰:《大国格局:全面解密二战中美苏英德法等大国的格局及其对现代世界秩序的影响》,一兵编译,武汉:武汉出版社,2017 年。

内容简介:本书原著 1966 年出版,是美国著名作家、历史学家约翰·托兰的代表作之一,也被公认为 20 世纪最伟大的历史纪实作品之一。作者曾经对 21 个国家的见证者进行了数百次的访谈,此外,还运用了事后报告、参谋部的日志、大量绝密信件和私人文献,以宏大的构架和深具表现力的电影场景式笔法,向人们展示了二战后期欧洲战场一幅幅惊心动魄的场面:苏联俘虏对布拉格的保卫、希特勒在暗堡中的最后日子等。

〔美〕乔纳森·施内尔:《拯救不列颠:温斯顿·丘吉尔与他的战时内阁,1940—1945》(*Ministers at War: Winston Churchill and His War Cabinet, 1940-1945*),欧阳瑾、宋和坤译,上海:上海人民出版社,2018 年。

内容简介:本书以时间为线索,记叙了温斯顿·丘吉尔和他组建的战时内阁领导英国度过二战危机的情况,还原了第二次世界大战时期英国政界高层的活动场景。

〔美〕杰伊·温尼克:《1944:罗斯福与改变历史的一年》(*1944: FDR and the Year that Changed History*),李迎春、张园园、钱雨葭译,桂林:广西师范大学出版社,2018 年。

内容简介：本书从罗斯福的角度阐述了第二次世界大战的历史，讲述了罗斯福在经济崩坏、战争肆虐的年代里如何力挽狂澜，也毫不容情地指出了他在纳粹大屠杀问题上的犹豫不决。

［德］库特·冯·蒂佩尔斯基希：《二战的细节》（*The Details of the Second World War*），李娟编译，北京：民主与建设出版社，2017 年。

内容简介：本书是德国视角的二战史，书中叙述了各国特别是各大国的政治、外交活动及彼此之间的博弈。

［美］迈克尔·富利洛夫：《罗斯福和他的特使们：二战与美国命运相会》（*Rendezvous with Destiny*），张荣建、吴念、余哲梅译，重庆：重庆出版社，2014 年。

内容简介：本书讲述了德国 1939 年 9 月入侵波兰至日本 1941 年 12 月偷袭珍珠港之间的两年中，罗斯福前后派遣了 5 位优秀特使前往欧洲获取情报，并确立了苏美英三边关系，促成了美国参加二战的重大历史转折的历史故事。

［美］安妮·雅各布森：《回形针行动："二战"后期美国招揽纳粹科学家的绝密计划》（*Operation Paperclip*），王祖宁译，重庆：重庆出版社，2015 年。

内容简介：在二战后期的混乱岁月中，美国面临诸多艰难抉择，包括如何处理纳粹德国的科学家，而后者正是昔日纳粹无坚不摧的战争武器背后的智囊团。一项长达数十年、旨在将希特勒麾下的 1600 多名科学家转移至美国的秘密计划就此展开，这就是"回形针行动"。这些科学家大多被指控犯有战争罪，但他们在为美国效力后却在火箭技术、医疗以及太空科技领域取得了巨大的成就。通过对数十位"回形针行动"参与者的亲属、同事以及前情报人员进行独家专访，并参阅大量政府解密文件，作者梳理出 21 位著名德国科学家完整的人生轨迹。

（三）战时的宣传

［美］马克·哈里斯：《五个人的战争：好莱坞与第二次世界大战》（*Five Came Back*：*A Story of Hollywood and World War* II），黎绮妮译，北京：社会科学文献出版社，2017 年。

内容简介：本书是关于约翰·福特、乔治·史蒂文斯、约翰·休斯顿、威廉·惠勒、弗兰克·卡普拉五位好莱坞著名导演的故事，讲述了他们如何给第二次世界大战打上了自己的烙印，同时也被其所改变的。二战期间，美国政府将其战争宣传的工作外包给了好莱坞。政府让这些导演自由出入战区，他们的身影出现在美国的每个战场，并让美国公众形成了关于美国正在参与一场正义战争的集体意识。

［美］杰弗里·赫夫：《德意志公敌：第二次世界大战时期的纳粹宣传与大屠杀》（*The Jewish Enemy*），黄柳建译，南京：译林出版社，2019 年。

内容简介：本书探讨了第二次世界大战时期纳粹狂热的反犹宣传。希特勒及其纳粹宣传家们一直相信，反犹主义为世界历史提供了解释框架。他们编造了一个国际犹太人正在意图灭绝德国的故事，并以此作为"最终解决方案"的正当理由，坚信有必要在犹太人灭绝德国和德国人之前灭绝犹太人；而随着战争进程的推进，反犹宣传也逐步升级，并一直持续到纳粹政权的末日。虽然欧洲精英和大众的反犹主义传统由来已久，但对犹太人的大屠杀并不是德国或欧洲历史进程的必然结果，只有在战争的具体历史情境下，欧洲特别是德国纳粹和偏执的反犹主义浪潮才成为德国独裁者解说当时事件的重要因素，进而成为向大屠杀演进的推动力。

［美］约翰·W. 道尔：《无情之战：太平洋战争中的种族与强权》（*War without Mercy*），韩华译，北京：中信出版社，2019 年。

内容简介：由于在太平洋战争中交战双方出现的被扭曲的观念与无节制的暴行，因此太平洋战争提供了一个观察种族主义与战争之间关系的历史场景。对上百万的战争参与者来说，第二次世界大战也是一场种族战争。对垒的双方除了要在肉体上消灭对方，还要在宣传上污名化对方，以彰显自身战争行为的合理性。种族主义一旦成为战争工具，其威力堪比任何枪炮，有过之而无不及。在精心设计的宣传策略下，种族偏见助长了暴行，暴行又煽动起更严重的种族仇恨。战争暴露了原始的偏见，并被来自各方面的种族骄傲、自大与愤怒所激化。最终，它在全世界引起了一场种族意识上的革命，这场革命一直持续到了今天。

（四）非常规战

［日］堀荣三：《大本营情报参谋战记》，刘星译，北京：世界知识出版社，2022 年。

内容简介：本书是日军前参谋堀荣三关于其在第二次世界大战中在日军大本营情报部服役期间的回忆录。1943 年，堀荣三在陆军大学毕业后出任日军大本营情报部参谋，先后在情报部德国课、苏联课和英美课工作。全书以情报为主线，通过堀荣三的参谋经历，分析了日军二战期间在战略和情报方面的弱点。作者认为，战争期间，无论在收集还是使用情报方面，日本与美国都存在云泥之别。在战争的最后阶段，日本从忽视情报战进一步转向瞒报、谎报和虚报战果。情报战的系统性缺失加速了日本的战略溃败。

［英］德莫特·图灵：《布莱切利庄园的密码破译者》（*The Codebreakers of Bletchley Park*），刘晨曦译，北京：中国大百科全书出版社，2022 年。

内容简介：本书对英国二战中的秘密情报站——布莱切利庄园进行了揭秘。布莱切利庄园是丘吉尔赖以决策的信息中枢，直到 20 世纪 70 年代，该情报站的秘密才为世人所知。布莱切利庄园的密码破译者们以惊人的毅力、对保密的坚定承诺以及他们辉煌的新发明，共同确保了盟军的胜利。

［英］本·麦金泰尔：《痞子英雄：第二次世界大战期间的特种空勤

团》（*Rogue Heroes*），北京：社会科学文献出版社，2021年。

内容简介：1941年夏天，英国特种空勤团成立，标志着一种史无前例的战争形式的产生。与传统的正面对战不同，特种空勤团是一支在敌后制造混乱的小型秘密部队，旨在以最小的代价博取最大的战争收益，它也是二战后世界各地的特种部队的模板。2016年，特种空勤团首次公布它的秘密档案，本书作者利用这些此前从未公开的报告、备忘录、日记、信件、地图和照片，采访幸存者和那些认识他们的人，谱写了这个与众不同的英雄群体的战时史。

［澳］斯蒂芬·罗宾逊：《伪旗行动：第二次世界大战中的德国偷袭舰》（*False Flags：Disguised German Raiders of World War Ⅱ*），秦传安译，北京：中央编译出版社，2018年。

内容简介：本书讲述二战期间德国人在南海地区的行动。1940年，"猎户座"（Orion）、"彗星"（Komet）、"企鹅"（Pinguin）、"鸬鹚"（Kormoran）四条劫掠船离开德国，开始前往南海地区展开"海盗战争"，这是德国打击大英帝国海上国际贸易的一项战略。四条劫掠船穿越了大西洋、太平洋、印度洋，也到过北极和南极，它们的旅程意外地几乎覆盖了全球，成为海上航行的传奇。

（五）欧洲战场

［英］杰弗里·罗伯茨：《斯大林的战争》（*Stalin's Wars：From World War to Cold War，1939-1953*），李晓江译，北京：社会科学文献出版社，2013年。

内容简介：通过对有关会议和研讨会文件，特别是对已公开的苏联档案的研究，作者阐述了斯大林在苏联卫国战争和冷战时期的军事和政治领袖作用。作者认为，斯大林是一位在战争中起了很大作用也非常成功的领袖。当然，他也犯过许多错误。在冷战时期，斯大林采取的政策加速了冷战的爆发，但冷战的爆发并不是他的本意，因为他曾努力重新缓和与西方的关系。在二战后，斯大林对关于他本人的个人崇拜的盛行负有责任，但这也不是他一个人造成的。

[苏] 沃尔科夫：《二战内幕（苏联观点）》，彭训厚译，南京：江苏人民出版社，2015 年。

内容简介：本书是著名苏联历史学家沃尔科夫 1989 年推出的一部关于二战题材的巨著。全书主要内容是揭露西方列强在第二次世界大战中的外交和间谍活动，同时也涉及苏联及其反法西斯同盟各国的外交和政治活动。

[俄] 鲍里斯·瓦季莫维奇·索科洛夫：《二战秘密档案：苏联惨胜真相》，张凤、贾梁豫译，南京：江苏人民出版社，2009 年。

内容简介：作者研读了"俄罗斯社会政治历史国家档案资料""俄罗斯军事档案资料""历史档案资料""苏联外交政治文件"等档案材料，颠覆了广为流传的苏联卫国战争的神话。作者认为，苏联不只是战争受害者，还在战争中积极扩张，追求霸权，而卫国战争的胜利为苏联的极权政治提供了道义上的支持。这本书必然会引起争论，但有助于人们对过去的战争建立起一种多方位、多角度的思考方式。

[美] 贝文·亚历山大：《希特勒这样输掉了二战：德国的致命决策》(*How Hitler Could Have Won World War II：The Fatal Errors that Led to Nazi Defeat*)，江燕楠译，北京：新华出版社，2015 年。

内容简介：人们常认为，二战中盟军通过合理地运用军事力量和战略战术赢得了完胜。但鲜为人知的是，希特勒独特的个人品性和错误的军事战略也是德军彻底战败的重要原因。本书详细描述了二战中的重要战场，解答了一些令人疑惑的战略问题，并首次详细分析了希特勒面临的一些机会：他原本可以借此赢得胜利，但事实却南辕北辙，他的偏执心理和致命决策使纳粹接连犯下战略错误，并最终导致第三帝国的覆灭。

〔英〕H. R. 特雷弗-罗珀：《希特勒末日记》（*The Last Days of Hitler*），沈大銈、张子美译，上海：上海社会科学院出版社，2010年。

内容简介：本书作者 H. R. 特雷弗-罗珀（H. R. Trevor-Roper）原为英国情报官，曾受命揭露希特勒所犯的罪行，因此接触了大量的一手资料。本书对于研究二战末期的希特勒来说是一本很好的历史读物。

〔英〕迈克尔·琼斯：《希特勒死后：欧洲战场的最后十天》（*After Hitler：The Last Ten Days of World War II in Europe*），秦恺译，长沙：湖南人民出版社，2018年。

内容简介：全书以时间为轴，将多段欧战最后十天亲历者的回忆录、报道、书信穿插在历史事件中，呈现了大量历史细节，将这些看似碎片化的历史片段以时间为线串联起来，深度还原了诸多欧战最后十天的历史场景。本书的重心不在于对重大历史事件或者宏观脉络的梳理，而在于以丰富的细节将第二次世界大战欧洲战场最后十天的起伏变化予以呈现，于细微之处展现了二战局势的变化及其对战后世界格局的影响。

〔英〕马克斯·黑斯廷斯：《末日之战：1944—1945年的德国战场》（*Armageddon：The Battle for Germany 1944-1945*），闫晓峰译，北京：新华出版社，2017年。

内容简介：本书讲述了二战结束前8个月的欧洲战事。1944年9月，盟军相信希特勒的军队会被打败，希望战争能在圣诞节前结束。但是，盟军在荷兰灾难性的空降行动、美军在德国边境与贺根森林的挫败，以及阿登战役中艰难的战况，彻底打乱了预期计划。黑斯廷斯讲述了西线和东线两个战场的战事，并生动描绘了苏联红军进攻德国的场面。他搜集了主要参战人员的档案资料，采访了170名幸存者，让我们了解到那些战役如何展开，以及这些战役对战争中的美国、英国、德国、苏联士兵与平民的影响。

　　［德］泰奥·索梅尔：《1945：大转折的一年》（*1945—Die Biographie Eines Jahres*），任翔、徐洋译，北京：中央编译出版社，2006 年。

　　内容简介：本书分析了德国在 1945 年春天的灭亡已经不可逆转的原因，描绘了盟军轰炸德国、苏联人占领德国东部等事件，还考察了当时在雅尔塔和波茨坦试图决定德国未来命运的几个大国的观点。

　　［德］汉斯-阿道夫·雅各布森等：《二战的决定性战役（德国观点）》（*Decisive Battles of World War Ⅱ: The German View*），军事科学院外国军事研究部译，南京：江苏人民出版社，2015 年。

　　［德］汉斯-阿道夫·雅各布森等：《第二次世界大战决定性会战：德国人的见解》，钮先钟译，北京：新华出版社，2021 年。

　　内容简介：本书原由德国军事研究协会编辑出版，德文版 1960 年问世，英译本则由英国人爱德华·菲茨杰拉德翻译。全书记述了第二次世界大战中欧洲战场的 10 次重大战役，主要评述了德军与英、美军的决战情况。书中记述的 10 次重大战役分别由 10 名德国作者撰写，他们有的是曾亲自参战的德国将领，有的是研究战史的德国专家。他们所搜集的史料以德国为主，同时也采用了一些英美和苏联的资料。这些作者是站在德国人的角度来探讨德国在各大战役中失败的原因，它可以弥补英美各国及苏联出版的二战史图书所存在的局限性。

　　［美］科尼利厄斯·瑞恩：《最长的一天：1944 诺曼底登陆》（*The Longest Day*）、《遥远的桥：1944 市场-花园行动》（*A Bridge Too Far*）、《最后一役：1945 柏林战役》（*The Last Battle*），董旻杰译，北京：中信出版社，2022 年。

　　内容简介：本书是美国著名记者、作家科尼利厄斯·瑞恩的代表作品。这三本气势磅礴的巨作通过对二战欧洲战场三次重要战役（诺曼底登陆、荷兰的"市场-花园行动"和柏林战役）的记录，描绘了这场深刻改变了 20 世纪世界格局的战争所包含的方方面面。

［美］翁格瓦利·克里斯蒂安：《布达佩斯之围：第二次世界大战中的一百天》（*Budapest：The Siege of 100 Days in World War Ⅱ*），陆大鹏、刘晓晖译，北京：社会科学文献出版社，2021 年。

内容简介：布达佩斯围城战是二战中最漫长、最血腥的城市攻防战之一。作者通过搜寻档案，寻访战争的亲历者与幸存者，为这场影响深远但近乎被遗忘的战役撰写了一部军事史。

［美］威廉·L. 夏伊勒：《第三共和国的崩溃：1940 年法国沦陷之研究》（*The Collapse of the Third Republic：An Inquiry into the Fall of France in 1940*），戴大洪译，北京：新星出版社，2010 年。

［美］威廉·夏伊勒：《第三共和国的崩溃：一九四〇年法国沦陷之研究》，戴大洪译，南京：译林出版社，2022 年。

内容简介：本书借助对历史背景的展示，叙述了 1940 年法国面对希特勒军队的溃败，而历史背景本身即有助于阐明溃败的原因。

［英］李德·哈特：《英国的防卫》（*The Defence of British*），王毅译，上海：上海人民出版社，2022 年。

内容简介：本书系著名历史学家李德·哈特在 1939 年二战期间写给大众的关于英国防卫的作品。全书从问题、基础的安全、战争前沿、陆军的重组与军队的改革五个方面入手，深入浅出地分析了英国失利的深层原因，以及对于军队组织和战略战术军事思想方面进行改革的必要性和紧迫性。

（六）亚洲及太平洋战场

［英］威廉·斯利姆：《反败为胜：印缅战场对日决战（1942—1945）》（*Defeat into Victory：Battling Japan in Burma and India，1942-1945*），蒋经

飞译，北京：新华出版社，2021 年。

内容简介：威廉·斯利姆（William Slim，1891-1970）是英国陆军元帅，也是二战名将。1942 年 3 月，斯利姆临危受命，出任英缅军第一军军长，率军撤抵印度。此后，他历任英印军第 15 军军长、第 14 集团军司令官和第 11 集团军群总司令，率军收复缅甸。特别是在科希马和英帕尔战役之中，他率军决定性地击败日军，立下了赫赫战功，本书是其回忆录。

［美］多诺万·韦伯斯特：《滇缅公路：二战"中缅印战场"的壮丽史诗》（*The Burma Road：The Epic Story of the China-Burma-India Theater in World War Ⅱ*），朱靖江译，北京：九州出版社，2015 年。

内容简介：2002 年 11 月，受美国《国家地理》杂志的委托，记者兼作家多诺万·韦伯斯特从印度加尔各答启程，穿越缅甸境内的热带丛林，再度踏上了这条早已荒芜却在二战期间具有重要战略地位的滇缅公路。本书译者朱靖江亦应《国家地理》之邀，陪同韦伯斯特共同探访了这条战时公路在中国境内的路段。通过沿途极为艰苦的实地考察，多方探访当年的老兵以及修路者，韦伯斯特获取了大量材料，写就了这部非同凡响的史诗故事。

［英］弗兰克·麦克林恩：《缅甸战役：从灾难走向胜利（1942—1945）》（*The Burma Campaign：Disaster into Triumph 1942-45*），章启晔译，上海：上海三联书店，2015 年。

内容简介：缅甸战役常常被说成是"被遗忘的战争"，但它却是第二次世界大战中最艰辛、漫长、惊险的战役之一。作者在本书中描绘了四位参与缅甸战役的指挥官路易斯·蒙巴顿、奥德·温盖特、约瑟夫·史迪威和威廉·斯利姆的戏剧性故事，让我们看到将军和政治家的计划、意图和战略是如何转化为对身处其境的人们来说的严酷现实。

［英］马克斯·黑斯廷斯：《日本帝国衰亡》（*Nemesis：The Battle for*

Japan, 1944-1945），周仁华译，武汉：长江文艺出版社，2020 年。

内容简介：作者将其视角放置在 1944—1945 年二战的远东战场，以宏阔的笔触和入微的体察，尽展二战风云变幻的最后一年和日本法西斯的衰亡过程。与以往的西方作家不同，黑斯廷斯跳出"太平洋战争"的桎梏，着重探讨了长期以来被西方人忽略的战斗场面，尤其是中国的战场。他有勇气直面盟军宣传背后的主张，指出麦克阿瑟在菲律宾犯下的错误，分析原子弹轰炸广岛和长崎的决策过程，深入研究日本人的战时心态，以及战争给人类带来的巨大灾难。

〔美〕田谷治子、〔美〕西奥多·F. 库克：《日本人口述"二战"史：一部日本平民亲历者的战争反思录》（*Japan at War：An Oral History by Haruko Taya Cook and Theodore F. Cook*），小小冰人、潘丽君、易伊译，重庆：重庆出版社，2018 年。

内容简介：本书通过作者夫妇走访数百位日本的战争亲历者，参考众多未曾公开的信件、遗嘱、日记、军用笔记、政府档案等，力图重现战争全貌。本书的受访者众多，从外交官到"神风特攻队"队员、"731 部队"军医、战俘监管员、战犯、侵华士兵，从核弹受害者到记者、学生、"慰安妇"、在华商贩、画家等，他们都从自己的视角讲述了那场梦魇，直观地展现了以侵华战争为开端的战争冲突，是如何给包括日本平民在内的世界人民带来深重灾难的。

〔英〕R. P. W. 海沃斯：《樟宜战俘营（1942—1945）》（*Reassessing the Japanese Prisoner of War Experience：The Changi POW Camp, Singapore, 1942-5*），季我努译，重庆：重庆出版社，2015 年。

内容简介：新加坡樟宜战俘营是二战期间日军在东南亚地区所建立的最大的战俘营，关押在这里的战俘被陆续地送去修建缅泰"死亡铁路"，这里成了战俘们的中转站。作者查阅了大量的档案资料，包括收藏于英国伦敦的公共资料办公室和澳大利亚堪培拉的澳大利亚战争纪念馆的政府档案，还包括战俘撰写的档案资料、回忆录和日记，记录了各国战俘是如何密切团结、有组织地与日本看守抗争的。

（七）战争灾难

［美］苏珊·索萨德：《长崎：核劫余生》（*Nagasaki：Life after Nuclear War*），康洁译，上海：上海社会科学院出版社，2018 年。

内容简介：作者采访了多位长崎原子弹爆炸事件的相关人员，参阅了大量的文献资料，并以五位受害者的人生经历为主线，用冷静的语言再现了原子弹爆炸事件的前因后果，以克制的文字记述了受害者的跌宕人生。

［美］彼得·诺维克：《大屠杀与集体记忆》（*The Holocaust in American Life*），王志华译，南京：译林出版社，2019 年。

内容简介：本书考察了美国如何描述和纪念屠杀犹太人事件。从战后年代的低调处理，到 20 世纪 90 年代的"大屠杀热"，反映出不同时代中，集体记忆是如何因风气变化以及当前需要而变化，而族群谋求生存的主题始终贯穿其中。

［英］劳伦斯·里斯：《奥斯维辛：一部历史》（*Auschwitz：The Nazis and the "Final Solution"*），刘爽译，桂林：广西师范大学出版社，2016 年。

内容简介：本书讲述了 20 世纪最著名的纳粹集中营——奥斯维辛的故事。作者通过对目击者、战犯与前纳粹党卫军成员的访谈，分析奥斯维辛集中营的由来及其演变，将历史背景和个人回忆融入一体叙事。书中大量来自不同个体、不同视角的叙述，打破了以往对奥斯维辛大而化之的认识。

［以］吉迪恩·格雷夫：《无泪而泣：奥斯维辛》（*Auschwitz：We Wept without Tears*），广州：广东人民出版社，2022 年。

内容简介：本书是一本研究奥斯维辛"特别工作队"历史的著作。

"特别工作队"是在纳粹实施种族灭绝的集中营中被挑选出来、被迫在毒气室和焚尸炉旁工作的犹太奴工。他们目睹了人间地狱般的杀戮场景，被迫参与其中。作者通过多年的资料采集和访谈，以丰富的细节和严密的逻辑重构了"特别工作队"的生存状态，剖析了这批特殊幸存者的内心世界。

［美］汉娜·阿伦特：《艾希曼在耶路撒冷：一份关于平庸的恶的报告》（*Eichmann in Jerusalem：A Report on the Banality of Evil*），安尼译，南京：译林出版社，2017 年。

内容简介：1961 年，耶路撒冷地方法院对纳粹战犯、"犹太人问题最终解决方案"重要执行者阿道夫·艾希曼开展了一场旷日持久的审判。本书详细记录了这场引发全球关注的审判的全过程，并结合对大量历史资料的分析，提出了"平庸之恶"的概念。恶的化身未必是狂暴的恶魔，也有可能是平凡、敬业、忠诚的小公务员。艾希曼由于没有思想、盲目服从而犯下的罪并不能以"听命行事"或"国家行为"的借口得到赦免。

［美］德博拉·E. 利普斯塔特：《艾希曼审判》（*The Eichmann Trial*），刘颖洁译，南京：译林出版社，2022 年。

内容简介：1960 年 5 月，纳粹战犯、"最终解决方案"的重要执行者阿道夫·艾希曼在阿根廷被捕。随后，耶路撒冷地方法院对其进行了一场全球瞩目的审判。本书详述了艾希曼受审的过程，并对汉娜·阿伦特等哲学家在犹太人大屠杀方面的学术研究进行了补充论证。

［英］卡罗琳·穆尔黑德：《冬日列车：维希政权与纳粹集中营里的法国女性》（*A Train in Winter：An Extraordinary Story of Women，Friendship and Survival in World War Two*），徐臻译，北京：社会科学文献出版社，2022 年。

内容简介：本书通过对纳粹集中营幸存者及其家人进行访谈，以及在查阅诸多回忆录、信件、手稿以及档案的基础上，再现了二战时期那些勇敢的法国女性为反抗德国占领而展开的英勇无畏的反抗，以及为从奥斯维辛集中营里生还而进行的可歌可泣的求生努力。全书分为两部分，第一部分叙述了法国女性在抵抗运动中积极行动、不幸被捕以及被关押至法国监狱的经历；第二部分叙述了被捕女性乘坐"31000次列车"被从法国监狱押送至奥斯维辛集中营后时刻被死亡裹挟而挣扎着求生，以及战后重返家园、努力生活的故事。

［英］基思·罗威：《恐惧与自由：第二次世界大战如何改变了我们》（ *The Fear and the Freedom： How the Second World War Changed Us* ），朱邦芹译，北京：社会科学文献出版社，2020 年。

内容简介：作者对各大洲各个阶层饱受战争之苦的幸存者进行了探访，把那些看似孤立的个人故事整合起来，对战争广泛持久的影响力进行了创新性解读。作品深刻剖析了第二次世界大战给世界带来的重大变化，认为二战既是毁灭性的，又是建设性的。

［英］琳达·格特兹·赫尔姆斯：《不义之财：日本财阀压榨盟军战俘实录》（ *Unjust Enrichment： How Japan's Companies Built Postwar Fortunes Using American POWs* ），季我努译，重庆：重庆出版社，2015 年。

内容简介：本书主要研究日军在本土、朝鲜以及中国东北、台湾等地大量使用白人战俘和平民充当奴隶劳工的战争罪行。大约 25000 名美国和其他国家的战俘被迫在日本的私人工业企业中从事苦役，他们被迫与自己的祖国与袍泽为敌，以他们的劳力维持日本战争机器的运转。战俘营中充斥着殴打、疾病、饥饿以及营养不良，成千上万人在这样惨无人道的虐待之下死去。日本的所作所为完全违背了《日内瓦公约》，他们为此负有不可推卸的战争罪责。作者大量查阅了美国和日本档案，采访了众多美国战俘老兵，写成了这部不朽的力作。本书不仅对日本使用白人战俘的规模和死亡率进行了概括和分析，更难能可贵的是作者能够精确到具体的日本公司，如用专章分别对三井、三菱等日本财阀进行了揭露。

[美] 伊斯特方·迪克:《审问欧洲:二战时期的合作、抵抗与报复》(*Europe on Trial: The Story of Collaboration, Resistance, and Retribution during World War Ⅱ*),舒琦译,北京:中信出版社,2018 年。

内容简介:在本书中,作者通过考察德国、意大利和其他军事力量统治下的国家和人民的经历,探究了第二次世界大战时期的合作、抵抗与报复这三个主题。这些被占领者面临着诸多道德和伦理困境:是与占领者合作呢?是在战争中保持中立以求幸存呢?还是冒着生命危险成为抵抗者呢?大多数人根据战争在不同时期的不同情况,选择了所有这三种方式。作者讨论了在残酷的战争之后对那些确凿的或可疑的战争以及战时合作者的肃清,这主要是通过形形色色的暴力、驱逐以及在纽伦堡国际法庭和其他许多地方法庭上进行的司法审判等。

[美] 埃德温·布莱克:《IBM 和纳粹:美国商业巨头如何帮助纳粹德国实现种族灭绝》(*IBM and the Holocaust: The Strategic Alliance between Nazi Germany and America's Most Powerful Corporation*),郭楚强译,广州:广东人民出版社,2018 年。

内容简介:在第二次世界大战中,纳粹德国对近 600 万犹太人进行了惨绝人寰的大屠杀。其间,德国需要对国内以及被占地区所有人的身份信息进行登记归档,需要对劫掠的财产进行记录和分类,需要将被捕的犹太人根据性别、年龄、职业等特征进行分选,还需要对庞大的铁路运输系统进行复杂的调度。这是一项浩大的工程,如果没有先进而完善的技术支持,这些活动将耗费掉纳粹德国巨大的人力和物力资源,甚至根本就无法完成。为了解决这些问题,希特勒在大洋彼岸的美国找到了他的合作伙伴——国际商业机器公司(IBM)。

[美] 林美(Mary M. Lane):《希特勒最后的人质:被劫掠的艺术品和第三帝国的幽灵》(*Hitler's Last Hostages: Looted Art and the Soul of the*

Third Reich），北京：社会科学文献出版社，2022 年。

内容简介：本书以格罗斯、希特勒和希尔德布兰特这三个与第三帝国艺术界息息相关的人物为中心，揭示了纳粹劫掠艺术品的罪行。

四、二战与中国

[英] 拉纳·米特：《中国，被遗忘的盟友：西方人眼中的抗日战争全史》（*Forgotten Ally*：*China's World War* Ⅱ，*1937-1945*），蒋永强、陈逾前、陈心心译，北京：新世界出版社，2015 年。

内容简介：数十年来，西方人眼中的二战始终是一场美英苏领衔抗击法西斯的血腥战争，亚洲战场上英勇抗击日本的中国却因种种原因被遗忘。基于最新解禁档案，西方著名历史学家拉纳·米特披露了 1937—1945 年发生在中国战场上的一连串入侵、屠杀与抗争的史实：从日本悍然发动的七七事变，到骇人听闻的南京大屠杀；从蒋介石忍痛炸毁黄河堤坝"以水代兵"，到其派遣军队远征他国；从与罗斯福、丘吉尔、史迪威的国际周旋，到蒋介石、汪精卫等个人命运……八年艰苦抗战中，无数悲天恸地的事件，万千大小人物的命运变迁，共同构成了这部扣人心弦的战争史诗。

[日] 堀场一雄：《日本对华战争指导史》，北京：世界知识出版社，2017 年。

内容简介：本书作者是旧日军的精英官僚、陆军大佐堀场一雄。在日本全面侵华战争期间，他始终在策划侵华战争的核心机要部门担任要职。战争结束后，堀场一雄撰写了《日本对华战争指导史》（原名为《支那事变战争指导史》）一书，经过日军防卫研修所战史研究室编辑加工，于1962 年由日本时事通信社出版发行。从内容来看，作者从日本旧军人的立场、观点出发，系统地叙述了从卢沟桥事变开始的日本全面侵华战争，介绍了战争各阶段、各次作战的形势、双方态势、战争指导方针、作战原则。由于作者曾在日军机要部门工作，在书中使用了不少从未发表过的绝密、机密、秘密资料，因此本书具有重要的参考价值。

［日］石田米子、内田知行主编：《发生在黄土村庄里的日军性暴力》（*Sexual Violence in Yuxian：Their War Is Not Over*），赵金贵译，北京：社会科学文献出版社，2008 年。

内容简介：本书是日本民间学术团体"从性暴力视角看日中战争的历史性格"和日本民间组织"搞清日军性暴力实情，支援请求赔偿诉讼会"的全体成员历经十多年的辛勤工作，在先后走访当地 20 多次，形成了 150 多盘 120 分钟盒式录音带的基础上，经过反复整理、核实后完成的一部力作。作者的调查对象主要为侵华日军在山西省盂县实施性暴力犯罪的受害者。通过长期和受害者女性本人的交流，以及紧紧扣住每一个具体的受害事件，作者再现了当年的历史情景，勾画出日军性暴力犯罪的种种形态。同时，在完成日军性暴力犯罪调查的基础上，作者也展开了对日军性暴力犯罪的深层次、多角度研究。

［日］前田哲男：《从重庆通往伦敦、东京、广岛的道路：二战时期的战略大轰炸》（战略轰炸の思想），王希亮译，北京：中华书局，2007 年。

内容简介：本书是作者在其 1987 年在《朝日杂志》上连载的文章基础上增补而成。作者以重庆为中心，结合世界范围的无差别轰炸的发生、发展历史，揭露了侵华日军的决策内幕和和实施过程及其在重庆和其他城市造成的巨大灾难。

［美］华百纳（Bernard Wasserstein）：《上海秘密战：第二次世界大战期间的谍战、阴谋与背叛》（*Secret War in Shanghai*），周书垚、周育民译，上海：上海社会科学院出版社，2015 年。

内容简介：本书对第二次世界大战期间各国在上海租界的情报战和情报人员的活动情况进行了还原和剖析，其内容基于对英、美、德、法等各国情报部门的档案。二战期间，由于在远东有着至关重要的经济、战略利益，各主要大国在上海以各种方式编织各自的情报网，这些情报网是列强之间在全球范围内互相角逐的微观缩影。

征稿启事

《外交与军事历史评论》是首都师范大学文明区划研究中心和国际关系史研究中心共同创办的学术集刊，旨在从外交与军事互动的新视角来探讨国际关系史上应对国际争端的典型案例，为解决现实问题提供历史借鉴。

《外交与军事历史评论》愿为广大专家和学者提供一个成果展示和相互交流的平台。本刊前两辑的主题分别聚焦两次世界大战，第三辑拟重点围绕冷战期间的国际冲突和大国关系组稿，竭诚欢迎学界各位专家同人不吝赐稿。具体说明如下。

一、栏目设置

主要包括"热点问题""专题研究""青年论坛""史料译介""书讯与书评""学术信息"等栏目。栏目设置灵活，根据实际需要和当期来稿情况，可随时变更或设置新的栏目以期以更好的方式呈现论文成果。

二、稿件基本要求

论文内容需符合本刊主旨，力求清晰地提出研究和探讨的问题；在研究创新上要具有新观点、新方法或新史料；在论证上要尽可能逻辑清晰、层次分明。

每篇稿件字数在 8000—15000 字；书评和学术信息在 2000—3000 字。行文体例格式请务必符合本刊规范。

三、体例

请按题目（中英文）、作者姓名、中文摘要（300—500 字）、关键词（3—5 个）、基金项目（可选）、正文之次序撰写。文末附作者简介及联系方式。

正文节次或内容编号请按一、（一）、1、（1）……之顺序排列。所有引注均需详列来源。

四、注释

正文注释采用"页下脚注"，注释序号用①、②、③……标识，每页单独排序。具体格式可参考《中华人民共和国新闻出版行业标准》（CY/T 121—2015）中的"学术出版规范·注释"，或通过邮箱索取范本。

五、投稿方式

稿件用电子版 Word 格式通过邮箱投稿，请在文末提供作者简介及联系方式，写明作者真实姓名、单位、职称、研究专长、通信地址、联系电话、联系邮箱等。

收稿邮箱：wjjs2020@163.com

联系地址：北京市西三环北路 83 号首都师范大学北一区文科楼 415

邮编：100089

联系人：张北晨　梁占军

六、其他事项说明

请严格遵守学术道德规范，严禁剽窃、抄袭等行为，请勿一稿多投。来稿一律文责自负。

《外交与军事历史评论》编委会

2021 年 6 月 1 日

附:

《外交与军事历史评论》引证注释规范

一、书籍

1. 中文

（1）专著

示例:

徐蓝:《英国与中日战争 1931—1941》, 首都师范大学出版社, 2010。

（2）编著

示例:

王绳祖等主编《国际关系史》（第 12 卷）, 世界知识出版社, 1995。

（3）译著

示例:

E. H. 卡尔:《两次世界大战之间的国际关系（1919—1939）》, 徐蓝译, 商务印书馆, 2009。

（4）析出文献

示例:

李世安:《第一次世界大战在人类历史长河中的地位》, 载齐世荣主编《一战百年:"第一次世界大战爆发一百周年"学术研讨会论文集》, 世界知识出版社, 2016, 第 11—21 页。

2. 外文

（1）专著

示例:

A. J. P. Taylor, *The Struggle for Mastery in Europe, 1848 - 1918* （New

York: Oxford University Press, 1980).

(2) 编著

示例:

Arnold Toynbee (eds.), *Survey of International Affairs, 1939–1946: Hitler's Europe* (New York: Oxford University Press, 1954).

(3) 译著

示例:

Franz Kurowski, *Deadlock Before Moscow: Army Group Center, 1942–43*, Trans. Joseph G. Walsh, West Chester (PA.: Schiffer Publishing, 1992).

(4) 析出文献

示例:

Robert Gilpin, "Peloponnesian War and Cold War," in *Hegemonic Rivalry: From Thucydides to the Nuclear Age*, eds. Richard Ned Lebow and Barry S. Strauss (Boulder, Colorado: Westview Press, 1991), pp. 31–49.

二、论文

1. 中文

(1) 期刊

示例:

胡德坤:《中国抗战与日本西进战略的破产》,《世界历史》2009 年第 4 期。

(2) 报纸

示例:

江建国:《二战: 不能 "历史化" 的过去》,《人民日报》2005 年 4 月 29 日, 第 7 版。

(3) 未刊论文

示例:

任东来:《对国际体制和国际制度的理解和翻译》, 全球化与亚太区域化国际研讨会论文，天津，2000年6月，第9页。

朱大伟：《第二次世界大战与战后世界发展模式转换》，博士学位论文，武汉大学，2010。

2. 外文

（1）期刊

示例：

David A. Messenger, "The Course of Military History in the United States since World War Ⅱ," *The Journal of Military History* 20, No. 4（November 2011）, pp. 455–478.

（2）报纸

示例：

Joseph S. Nye Jr. , "Work with China, Don't Contain It," *New York Times*, January 26, 2013, p. 19.

（3）未刊论文

示例：

Symeon A. Giannakos, "Greek-Soviet Relations since World War Ⅱ" (Ph. D. diss. , University of Virginia, 1990).

三、档案文献

1. 中文

示例：

《斯大林与毛泽东会谈记录》，1949年12月16日，俄总统档案馆，全宗45，目录1，案宗239，第9—17页。

2. 外文

示例：

U. S. Department of States, Foreign Relations of the United States, 1932, Vol. Ⅲ, The Far East（Washington, D. C. : Government Printing Office, 1948）, p. 8.

四、电子资源

来源于互联网的电子资源，除注明作者、题目、发表日期等信息外，还应注明完整网址。

1. 中文

示例：

习近平：《在纪念中国人民抗日战争暨世界反法西斯战争胜利 70 周年招待会上的讲话》，新华网，2015 年 9 月 3 日，http：//www. xinhuanet. com/politics/2015-09/03/c_1116458457. htm，访问时间：2015 年 9 月 4 日。

2. 外文

示例：

Stephen Badsey，"The Western Front and the Birth of Total War，" BBC，Mar. 8，2011，http：//www. bbc. co. uk/history/worldwars/wwone/total_war_01. shtml，accessed at Apr. 1，2011.

五、其他

1. 再次引证时的项目简化

第一次引用应注明全名与出版项，再次引用可以简化为"作者、著作（可只保留主标题）、页码"。

示例：

悉德尼·布拉德肖·费伊：《第一次世界大战的起源：大国博弈之殇》，于熙俭译，文化发展出版社，2019。

悉德尼·布拉德肖·费伊：《第一次世界大战的起源》，第 28 页。

2. 间接引文的标注

间接引文通常以"参见"或"详见"等引领词引导，反映出与正文行文的呼应，标注时应注出具体参考引证的起止页码或章节。标注项目、顺序与格式同直接引文。

示例：

参见理查德·内德·勒博：《国家为何而战？过去与未来的战争动机》，陈定定等译，上海人民出版社，2014，第 28 页。